COLLECTION

COMPLÈTE

DES MÉMOIRES

RELATIFS

A L'HISTOIRE DE FRANCE.

―――

P. de L'Estoile, tome 5.
Louise Bourgeois; J. Gillot; Cl. Groulard;
Michel de Marillac.

DE L'IMPRIMERIE DE RIGNOUX.

COLLECTION

COMPLÈTE

DES MÉMOIRES

RELATIFS

A L'HISTOIRE DE FRANCE,

DEPUIS LE RÈGNE DE PHILIPPE-AUGUSTE, JUSQU'AU COMMENCEMENT
DU DIX-SEPTIÈME SIÈCLE;

AVEC DES NOTICES SUR CHAQUE AUTEUR,
ET DES OBSERVATIONS SUR CHAQUE OUVRAGE,

Par M. PETITOT.

TOME XLIX.

PARIS,

FOUCAULT, LIBRAIRE, RUE DE SORBONNE, N° 9.

1826.

REGISTRES JOURNAUX

DE

PIERRE DE L'ESTOILE,

SUR LE RÈGNE DE LOUIS XIII,

DEPUIS LE 15 MAI 1610 JUSQU'AU 15 MAI 1611.

REGISTRES JOURNAUX

DE

PIERRE DE L'ESTOILE.

[MAY 1610.] Le samedi 15 du présent mois de may, nostre nouveau roy Loys XIII vinst avec la Roine sa mere en sa cour de parlement qui se tenoit aux Augustins à Paris, accompagné d'un grand nombre de princes, ducs, pairs, seingneurs, gentilshommes, et officiers de sa couronne, tant ecclesiastiques que laics.

Pour aller au devant de Sa Majesté, furent deputés par la cour messieurs les presidents Potier et Forget, messieurs Jean Le Voix, Prospere Bouin et Jean Scarron, conseillers, qui le furent recevoir à la porte du cloistre sortant la rue, où le Roy, monté sur une petite hacquenée blanche, mist pied à terre avec la Roine sa mere, voilée d'un crespe noir. Et, pour la foule du peuple qui estoit dans la cour, eurent de la peine beaucoup à passer jusques en la grand chambre, où tous les sept presidens estoient, et les conseillers en nombre de six vingts et six. Là Leurs Majestés aïans pris place, le Roy seant en son lit de justice, par l'avis des dits princes et officiers, oy et requerant son procureur general, declara, conformement à l'arrest donné en sa cour de parlement le jour de devant, la Roine sa mere regente en France, pour avoir soin de l'education et nourriture de sa personne, et l'administration des affaires de son dit roiaume pendant son bas aage.

Ordonna la cour que le present arrest seroit publié et enregistré en tous les bailliages, seneschaussées, et autres sieges roiaux du ressort de la dite cour, et en toutes les autres cours de parlement du roiaume.

En ceste triste action, M. le premier president, avec sa gravité tetrique (1), mais modeste, aiiant les larmes aux yeux, se rendit admirable à bien dire. M. Servin fist bien aussi, et par sa docte et elegante harangue contenta fort toute l'assistance; mais la Roine entre autres, laquelle avec une douce et grave majesté, qui portoit sur le front empraìnte la magnanimité, donna subject à la cour de bien penser d'elle, et rendist content ung chacun.

Mais ce qui plus releva, en ceste publique consternation et prodigieux accident, les cœurs des pauvres François desolés et abbatus, fut la reunion des princes et seingneurs, ausquels on vid à tous porter en ceste journée le cœur sur le front, et s'unir pour le bien de l'Estat (qui à la verité estoit aussi le leur) à la conservation du Roy et de sa couronne. De fait, M. de Maienne et le mareschal de Brissac (que le dit de Maienne depuis la reduction de Paris n'avoit voulu ne voir ne parler) se reconcilierent, s'embrasserent, et se profrirent et jurerent toute fidelité et amitié. M. d'Esparnon et de Sully en firent autant, et plusieurs autres. Ce qui faut reconnoistre de là haut, et non d'ailleurs.

M. de Guise, par dessus les autres princes et seingneurs, aprés plusieurs compliments et offres de son

---

(1) *Tetrique* : austère.

service, qui ne coustent gueres aux grands comme lui, fist de hautes et solennelles protestations à la cour de sa syncere affection au bien de l'Estat et couronne, manutention de leur auctorité à jamais en tout ce qui dependroit de lui : pour la conservation de laquelle, ensemble de la personne du Roy leur souverain seingneur, il emploiieroit tousjours tout ce que Dieu lui avoit donné de moiens, voire sa vie, et son sang jusques à la derniere goutte.

Auquel M. le premier president fist une response digne de son renc et gravité accoustumée : car aprés l'avoir remercié au nom de la cour, il le pria de se souvenir des promesses et protestations qu'il leur faisoit, et d'y bien penser, pour ce qu'il en feroit charger les registres de la cour, à fin qu'elle peust les lui ramentevoir en temps et en lieu. Il rembarra aussi fort gravement et à propos l'audace du sieur de Conchine, qui, sans respect de la cour, s'estoit ingeré de parler, et dit tout haut qu'il estoit temps de faire descendre la Roine. « Ce n'est à vous de parler ici, lui dit le premier pre« sident; » censurant en deux mots l'indiscrete parole de cest homme, qu'on disoit n'avoir ni façon ni grace respondante au lieu et renc qu'il tenoit prés Sa Majesté.

Aprés la levée de la cour, et le serment presté par la Roine, qui s'en alla fort contente d'eux, et eux d'elle; et que nostre petit Roy (que Dieu benisse!) eust fait sa harangue, et dit ce qui se pouvoit dire pour la portée de son aage, M. le chancelier aiiant pris la parole pour lui (qui ne dit pas grande chose) : Sa Majesté, assistée de tous ses princes, seingneurs et gentilshommes, fort entourée de gardes, et en grande compagnie, fut conduitte à Nostre Dame, où tout le peuple, comme en reconfort de son malheur, cria à plaine voix (hautement, mais tristement) *vive le Roy!*

Ung petit coquin de manant, beuvant ce jour en un cabaret des faux bourgs Saint Marceau, comme on vinst à parler de ce miserable qui avoit tué le Roy, et que chacun le detestast, et criast au traistre et au meschant, ce maraud au contraire va dire qu'il n'avoit fait acte que d'homme de bien. Et sur ce qu'on lui repliqua qu'il estoit plus damné que Judas, respondit qu'il n'en croiioit rien; et qu'il lui donneroit, estant mort, un *De profundis* de bon cœur, et lui feroit dire des messes. Pour lesquelles paroles fust saisi et apprehendé, et aussitost envoiié prisonnier. On le voulut excuser, sur le vin dont il estoit plain; mais en telles matieres il faut pendre doublement ces galans là, et comme ivrongnes, et comme seditieus.

Ce jour mesme, de l'ordonnance du lieutenant criminel, fust constitué prisonnier à Paris ung homme de moiens, ainsi qu'on disoit, vivant de ses rentes, qu'on estimoit à trois mil livres bien venans, pour avoir le jour de devant, lorsque le Roy fust tué, dit tout haut que c'estoit un beau coup et belle despeche. Parole verifiée contre lui par bons tesmoings, qui ne meritoit rien moins que la corde et le gibet : non obstant laquelle il trouva tant de faveur, et fut si bien recommandé et solicité, que le lieutenant criminel, par la priere et importunité des plus grands, aiiant esté contraint de le mettre dehors, aussi tost qu'il fust sorti de la prison (ce qui rendist ce fait plus esmerveillable) attenta à la vie du lieutenant criminel : lequel allant au chastelet monté sur sa mule, il voulust tuer d'une pistole (¹) qu'on lui trouva toute bandée et amorsée. Ce qu'aiiant mesme confessé, et remprisonné de rechef, l'exécution infaillible de sa condamnation fust retardée, empeschée, et finalement du tout rompue pour la seconde fois par les dits grands, qui s'en meslerent si avant que le dit lieutenant criminel fust comme forcé de le laisser aller, contre son interest propre, celui du publiq, et tout ordre et forme de justice. On disoit qu'il s'avouoit de la maison de M. le connestable et d'Esparnon. Ce qui donna subject de nouveaux discours à beaucoup.

Les jesuistes, comme s'ils eussent repris cœur par la mort du Roy, mirent ce jour, qui en estoit le lendemain, cinquante ouvriers en besongne en leur maison, pour y travailler et continuer leurs ouvrages encommencés; qu'ils avoient fait laisser là il y avoit long tems. Ce que j'ay pensé digne de remarque.

Le parricide Ravaillac fust tiré ce jour de l'hostel d'Esparnon où on l'avoit mis, et conduit dans un carrosse fermé aux prisons de la Conciergerie : contre lequel le peuple, aiiant oui le bruict qu'il estoit dedans, jecta quelques pierres; et s'il eust esté descouvert, on eust eu peine de le sauver des mains de la populasse, qui l'eust saccagé et mis en pieces, tant elle estoit furieusement animée et acharnée contre cest assassin, qu'on mist en la tour quarrée, où on a de coustume de loger les grands seingneurs, et non guères les gueus et maraüds comme cestuici, qui se moquoit de tout le monde, mesmes des interrogatoires que lui faisoient M. le premier président, le président Janin, et autres.

Ce jour mesme, le corps du feu Roy fust ouvert :

(¹) *D'une pistole :* d'un pistolet.

duquel toutes les parties nobles furent trouvées si saines et entieres (hors mis les poulmons, qui estoient aucunement interessés, mais peu), que les medecins disoient que, selon le cours de nature, il pouvoit vivre encores vingt ans : qui eust esté ung grand bien pour la France, s'il eust pleu à Dieu le permettre.

Son cœur estoit petit, mais gros et serré, et merveilleusement sain : duquel messieurs les jesuistes ont herité à la fin, et l'ont eu et emporté, comme dés long temps ils le desiroient.

M. Justel m'a donné ce jour son livre imprimé à Paris, in-8°, græq et latin, par Adrian Beys, et duquel il m'avoit communiqué la copie avant que le faire imprimer. Il est intitulé *Codex canonum Ecclesiæ universæ, à Justiniano, imperatore, confirmatus.* Œuvre digne de lui et de son esprit, à laquelle tous les gens de bien, et nommement ceux qui affectent la reunion et reformation de l'Eglise, ont contribué ce qu'ils ont peu, et aydé le dit Justel de leurs vieux registres et livres tant manuscripts græqs qu'autres, servans à ceste matiere (dont il m'en a monstré un bon nombre). Je lui presté le manuscript græq de feu mon pere, qu'il a mis le premier à son *Index auctorum*, en ces mots : *Acta concilii Ephesini; mss. è bibliotheca V. C. Petri Stellæ, græcè.*

De moy, j'estime fort et tiens pour utile à l'Eglise ce labeur de M. Justel, pour ce qu'il ne dit rien de soi mesme, mais se sert de la lumiere de toute l'antiquité romaine, qu'il est malaisé de desdire et desavouer pour esclairer nos tenebres en ce temps, où on ferme les yeux à la verité.

Aussy tost que je l'ay eu leu, j'en ay accreu mes

pacquets que j'ai fait sur la reunion de l'Eglise, sous les cottes de trois QQQ, que j'ai commencé à ramasser dés long temps, et dans lesquels on trouvera plus de six vingts traictés divers sur ceste matiere, tant anciens que modernes.

Le dimanche 16, comme nostre petit Roy passoit par la rue Saint Honoré pour aller à la messe aux Fœillans, se rencontra un gentilhomme qui, s'estant arresté pour le voir, demanda si c'estoit le Roy. Auquel aiiant esté respondu qu'oui : « Voila un chaud roy ! dist il « tout haut, se prenant à rire. » Pour laquelle parole il fust aussi tost saisi, et mené prisonnier.

Ce jour, on fist le presche à Charanton comme de coustume, mais en moindre compagnie beaucoup : car plusieurs, intimidés et tout estourdis du coup, quelque asseurance qu'on leur donnast, aimerent mieux garder leurs maisons, que de prendre le hazard d'y aller.

M. de Maienne, le jour de devant, avoit averti la Roine de donner ordre à la porte Saint Antoine, afin que quelque tumulte n'avinst, usant de ces mots : « Ne « doutés point, madame, que comme nous autres catho- « liques serions marris de perdre demain la messe sans « y aller, qu'eux aussi ne veuillent perdre leur presche « sans s'y trouver. » Ce que la Roine receust de bonne part. Mais l'ordre s'y trouva si aisé, qu'il n'en falust point d'autre que celui que le peuple y apporta de soi mesme : car on ne le vid jamais plus quoy et paisible ; et ce contre l'opinion, voire l'intention, de beaucoup, qui ne s'attendoient pas que le peuple se deust monstrer si sage.

Le ministre Du Moulin prescha ; et sur la mort du Roy (lequel il loua fort et regretta) fist pleurer toute l'assistance, laquelle il exhorta à penitence et amandement de vie, disant que nos pecchés l'avoient tué. Recommanda sur tout la paix, l'union et concorde fraternelle avec les catholiques, bien que de contraire religion. Le mesme fust presché ce jour par les curés et docteurs catholiques en la plus part des eglises et paroisses de Paris. Chose merveilleuse, et qui ne pouvoit proceder que de Dieu, veu la malice du siecle, et l'intention toute contraire de ceux qui ont si miserablement fait tuer et assassiner nostre Roy.

Le lundi 17, M. le comte de Soissons, fort accompagné, arriva à Paris, et fust tout aussi tost au Louvre baiser les mains au nouveau Roy, et à la Roine regente sa mere, laquelle lui fist un grand accueil, et le receust avec tout le bon visage qu'il eust peu esperer. Lui, qui de son costé n'a jamais eu faute de belles paroles, aprés plusieurs complimens et offres de services, pour tesmoingner le ressentiment qu'il avoit de l'honneur qu'il recevoit de Sa Majesté en ceste bonne reception, commença premierement à detester l'infame parricide et cruel assassinat commis en la personne du Roy son seingneur, lequel il protesta de venger. Puis descendant aux souspirs et regrets, qui en matiere de princes sont bien autant ou plus à la langue qu'au cœur, finist par les protestations ordinaires d'employer tout ce que Dieu lui avoit donné, et tout ce qui pouvoit dependre de lui, jusques à sa vie et à son sang, pour le bien et salut de l'Estat, manutention de son auctorité, sous les justes commandemens de sa regence, à la conservation de la couronne du Roy son fils, son prince naturel et souverain seingneur.

Il en protesta autant à la noblesse qui en grande

compagnie le reconduisit en son logis; se loua fort à eux de la Roine, qui par sa courtoisie l'avoit eternellement obligé : sur les louanges de laquelle il s'estendit bien avant, comme aussi sur celles du feu Roy, lequel il regretta avec tant de passion, que comme il est prince bien disant, beaucoup ne sçavoient ce qu'ils en devoient croire. Si qu'il attira ce jour à soy les yeux et les cœurs de ceste belle noblesse qui l'accompagnoit.

M. de Sully, qui, pour le regret de la mort du Roy, estoit hors soubçon de toute feinte, et duquel aiiant perdu son bon maistre, on pouvoit dire : *Ploratur lacrimis amissa pecunia veris*, ne fust des derniers à rechercher les bonnes graces de ce prince, qu'il sçavoit avoir offensé. Si que, pour faire sa paix, il l'alla incontinent trouver; et aprés plusieurs excuses et basses soubmissions, qu'il n'eust faites vivant son maistre, supplia Son Excellence de lui en vouloir pardonner la faute, attendu qu'elle n'estoit proprement sienne, mais du feu Roy, par le commandement duquel il avoit fait tout ce qu'il avoit fait. De laquelle satisfaction M. le comte se contenta, ou fist semblant de se contenter ; et l'aiiant estroictement embrassé, se dit son ami comme devant : et Sully proteste estre son serviteur comme il avoit tousjours esté.

Ce jour, deux ou trois heures seulement avant l'arrivée de M. le comte, avoit esté arresté dans l'antichambre de la Roine un gentilhomme françois, qui voiiant les filles de la Roine pleurer la mort du Roy, s'en estoit moqué, et leur auroit dit qu'elles gardassent hardiment leurs larmes à quand elles en verroient d'autres; et qu'elles en auroient lors plus affaire qu'à ceste heure là. Ce que la dite Roine comta au dit comte de Soissons.

Le jour mesme, fust constitué prisonnier à Paris, par le prevost Defunctis, un meschant garnement de soldat nommé Saint Martin, qui avoit esté prestre, et depuis de la compagnie du capitaine Saint Matthieu : la veufve duquel le decela, et le fist prendre prisonnier, pour les propos que le dit soldat lui avoit tenus entre Paris et Charanton, où elle alloit au presche, le dimanche de devant le vendredi que le Roy fust tué; qui estoient en somme, ainsi que je les ay appris d'elle mesme, que devant qu'il fust huict jours il y auroit un grand esclandre à Paris, et que bien heureux seroit celui qui en seroit dehors; que de lui, il lui conseilloit en ami d'en sortir plus tost que plus tard, pour ce qu'il n'i feroit gueres bon pour elle ni pour d'autres. Et pour ce qu'elle s'excusoit sur les affaires qu'elle y avoit, lui conseilla de les laisser toutes là, si elle estoit sage; et qu'elle l'en creust hardiment. Puis l'aiiant conduitte jusques à l'entrée du temple de Charanton : « Je « ne veux, dit il, ouir vostre presche; mais bien voir, « dit il en riant, la disposition de vos gardes, » qui sont une multitude de pauvres arrangés en hayie des deux costés à l'entrée du temple. Les aiiant contemplés, il dit à ceste damoiselle : « Voiés vous pas ces soldats « meslés parmi ces pauvres qui demandent l'ausmone ? « Il n'y en a un seul que je ne connoisse de tous ceux « qui sont là : ce sont voleurs et espions du roi d'Es- « pagne. » Entre les autres lui en monstra ung qui avoit ung faux bras de pendu dont il faisoit monstre, et en avoit un bon, et le sien naturel, attaché par derriere; et lui dit que c'estoit un des plus mauvais et principaux espions du roy d'Espagne, determinés avec d'autres pour faire de mauvais coups : et sur tout ung habillé de vert, qui ne voiioit point là (qui estoit Ravaillac), et s'estonnoit qu'il n'i estoit. Du depuis et avant le coup du Roy, l'auroit entretenue de semblables discours.

Finalement, le samedi d'aprés, qui estoit le lendemain de l'assassinat du Roy, ce soldat estant revenu de rechef vers elle en son logis à Paris (dont elle fust si estonnée qu'il l'avoit peü trouver, qu'elle l'apela sorcier), et lui aiiant continué les mesmes et semblables propos, parlé de rechef du soldat qui avoit un bras de pendu, et menassé de pis encores que ce qui estoit arrivé, et l'aiiant priée plus que devant qu'elle s'en allast et quittast Paris : ceste damoyselle, songeant à la consequence du fait, et craingnant aussi d'en estre en peine si elle n'en venoit à revelation, s'en estant conseillée à ses amis, fist prendre prisonnier le soldat ; lequel faisant assés paroistre par ses propos et discours qu'il en sçavoit des nouvelles, sembloit estre aussi un moiien fort propre d'en apprendre davantage, voire tirer de sa bouche, estant prisonnier, une partie du fonds de ceste malheureuse menée et conjuration, de laquelle y avoit apparence qu'il n'estoit ignorant, et qu'on en pouvoit aisement venir à bout : si ce n'est d'avanture que les lasches procedures qu'on a commencées à tenir en la disquisition de ce fait tant important, auquel il semble qu'on craingne de trouver ce qu'on cherche, n'en empeschent le fruict et les effets. Ce que je crains beaucoup, avec tous les gens de bien.

On crioit ce jour par ceste ville les nouveautés suivantes, que j'acheté cinq sols, pour croistre mes paquets et liasses des fadezes de ce siecle :

Le discours lamantable sur la mort du Roy, fait par Pelletier, qu'on disoit s'estre bien peu passer d'y mettre son nom, n'estant qu'une fadeze mensongere au principal, dont mesmes il auroit esté defendu. Les Souspirs de la France, d'un mesme air, et aussi fade que l'autre.

Les deux arrests du 14 et 15 may, pour la regence de la Roine pendant le bas aage du Roy, que la necessité a auctorizés, et qui se trouveront possible meilleurs et plus utiles à cest Estat que beaucoup n'ont pensé.

Le pourtrait en taille douce de nostre nouveau petit roy Loys XIII, qu'on appeloit il n'y a que trois jours le Dauphin (lequel on aimeroit mieux voir pourtraict encores en ceste qualité qu'en celle de roy; avec un treizain imprimé en une feuille sur les quatorze lettres de son nom renversées.

Le Roy songea ceste nuit qu'on le vouloit assassiner : si que, pour l'asseurer et relever de ceste peine, on fust contraint de le transporter de son lit en celui de la Roine. « Gardés moy bien, disoit il ordinairement à « ses gardes, de peur qu'on ne me tue comme on a fait « le feu Roy mon pere. »

Le mardi 18, la cour assemblée delibera sur les formes et procedures qu'on devoit tenir au jugement et procés de condamnation du parricide Ravaillac; et à cest effect des questions et tortures les plus extraordinaires et cruelles, où il estoit besoing d'appliquer ce miserable : sans lesquelles il n'i avoit apparence qu'il deust jamais rien reveler, dire ne confesser, moins deceler aucun de ses fauteurs et complices; pour ce que de jour en jour il se rendoit plus resolu et opiniastre, ne se faisant que moquer tant des menaces que des promesses qui à cest effect lui estoient journellement proposées par ses juges, pour l'amener à quelque raison et reconnoissance. Pour ces causes et autres, fust deliberé ce jour, en ceste assemblée, de se servir en ce fait extraordinaire d'extraordinaires questions, mesmes des estrangeres, et de toutes autres sortes de tourments les plus cruels, inventés pour tirer la verité de la bouche de ceux qui ne la veulent dire.

Fust proposée entre autres celle de Geneve, qu'on nomme *la barate* ou *la beurriere* : question si pressante et si cruelle, qu'on dit qu'il n'y a jamais eu criminel à qui on l'ait donnée qui n'ait esté contraint de parler. Sur quoi les opinions se trouverent fort diverses. Les uns, qui estoient les plus anciens, et par consequent les plus sages et les meilleurs, l'aprouverent; autres, timides, nageans entre deux eaux, subjects à changer d'opinion et à revenir, ne firent rien qui vaille. Il y en eust beaucoup qui remonstrerent, mais mal à propos (comme si en ce grand fait il n'eust esté question que d'un meurtre ou assassinat d'un particulier), que c'estoit chose inaudite, et contre les formes ordinaires de la cour, de se servir de questions et tortures extraordinaires, mesmes estrangeres; et mendier de nos voisins ce dont nous estions suffisamment garnis chés nous, ne manquans point, graces à Dieu, d'aussi bons outils et instrumens qu'eux pour extorquer la verité de ceux qui ne la voudroient dire. Il s'en trouva quelques uns, que je ne puis autrement appeler que badins et oisons cornus, lesquels se fondans simplement et oisonnement sur la religion, dirent que quand l'invention en eust esté la meilleure du monde, toutesfois que venant de la part des heretiques, et mesmement de Geneve, oh ne s'en pouvoit servir utilement : ains qu'elle devoit, à pur et à plain, estre rejettée.

Ainsi la plus part de nos conseillers, qui ne se connoissent qu'à courir aprés le sacq et l'argent, aiians opiné *in mitiorem*, ou plus tost *deteriorem*, l'emporterent ce jour par dessus les autres.

Tacite, au sixieme livre de ses Annales, dit qu'il faut que les juges soient suffisans à manier affaires : mais qu'ils ne facent pas les suffisans. Les conseillers d'aujourd'hui ne sçavent que c'est du premier, mais prattiquent prou le dernier.

Ce jour, comme plusieurs seingneurs et gentilshommes se trouvans au Louvre en la chambre du Roy, discourans de l'infortune avenue en la personne du feu Roy son pere, les uns d'une façon, autres d'autre, chacun le regrettant, mais plus ou moins, selon les occasions qu'il en pensoit avoir : M. le grand, qui estoit de ceux du plus, et non sans cause, s'adressant au comte Du Lude, qui estoit de la classe des moins, lui disoit qu'outre les commodités et bienfaits qu'il avoit receu et recevoit ordinairement de Sa Majesté, il lui disoit tousjours de si bonnes et belles paroles, que quand il n'en eust eu autre chose, elles estoient seules suffisantes pour le contenter, mesmes sortantes, dit il, de la bouche d'un prince le plus affable, le meilleur et le plus debonnaire qui fust sous la cappe du ciel. Le comte Du Lude, auquel les rencontres et reparties n'ont jamais manqué, lui va respondre : « Je vous dirai, monsieur, si les belles paroles
« vous le font tant regretter : Vous avés M. le comte
« son lieutenant qui vient d'arriver, qui vous conten-
« tera prou de ce costé là : si que recouvrirés aisement

« pour ce regard, en cestuici, ce qu'avés perdu en l'autre. »

Le mecredi 19, cest infame parricide et detestable assassin François Ravaillac fust interrogé par M. le premier president : lequel voiiant qu'il ne lui estoit possible de rien tirer de cest homme, pour l'intimider s'avisa de lui dire (qui fust un bruict qu'on sema mesmes à ce desseing à Paris et par tout) que la cour avoit depesché à Angoulesme en toute diligence, pour amener prisonniers à Paris son pere, sa mere, voire et ses autres parens; où estans arrivés, s'il ne vouloit dire autre chose, la cour s'estoit resolue de faire mourir cruellement en sa presence son pere et sa mere; puis passant au reste si besoing estoit, esteindre par le supplice de feu jusques au dernier de sa maudite race. Chose (lui dit le premier president) permise et auctorisée par les loix divines et prophanes, en un crime tant enorme et de si grande consequence que le sien. A quoy ce paillard voulut repliquer, niant impudemment au dit premier president que jamais cela eust esté prattiqué ni aprouvé par loix quelconques, ni divines ni humaines. Sur quoi on disoit que M. le premier president lui avoit allegué quelque concile. Quoi que c'en soit, on le vid fort esmeu et troublé de ceste proposition et menasse, sans que toutes fois pour tout cela il fust induit de dire ou confesser quelque chose plus qu'au paravant.

Ung pere jesuiste nommé d'Aubigni, qui l'avoit confessé, et qui pour cela avoit esté mis en arrest, lui fust confronté : mais ils en sortirent tous deux à leur honneur. Aussi l'un n'eust pas bien entendu son mestier, et l'autre eust esté mauvais jesuiste, s'ils ne s'en eussent sceu dextrement depestrer.

Le dit jesuiste fust oui et interrogé, particulierement par M. le premier president, sur le secret de la confession de Ravaillac : mais il n'en peust tirer autre chose, si non que comme il y en avoit ausquels avoit esté donné de Dieu le don des langues, aux autres le don de prophetie, revelation, etc., ainsi lui avoit esté donné le don d'oubliance des confessions. Au surplus, qu'ils estoient pauvres religieus qui ne sçavoient que c'estoit que du monde ; ne se mesloient ni n'entendoient rien aux affaires d'icelui. Auquel M. le premier president repliqua qu'il trouvoit au contraire qu'ils en sçavoient assés, et ne s'en mesloient que trop ; et s'ils n'eussent point tant esté du monde comme ils disoient, que tout se fust mieux porté qu'il ne faisoit.

Il se trouva en mesme temps un jeune valet d'apotiquaire de ceste ville, aagé de quinze à seize ans seulement, pauvre innocent et idiot, qui se voulant faire de ceste feste à credit, pour se faire possible pendre à bon escient, se vantoit, sans qu'on lui demandast, d'avoir souvent parlé et communiqué avec Ravaillac. De fait, il lui fust confronté ; mais ce miserable se moqua de lui, et en fin le deschargea de tout : comme aussi la junesse et le peu d'experience qu'avoit ce pauvre garçon l'avoit conduit à ce precipice.

Beaucoup de personnes de toutes qualités alloient voir Ravaillac en la prison, et la plus part plus par curiosité que pour autre cause, encores que ceste liberté, permise indifferemment à tout le monde, ne pleust gueres à beaucoup de gens de bien, eu esgard à l'enormité et gravité du crime.

- Le pere Coton y alla, et entre autres propos lui dit qu'il regardast bien à ne mettre pas en peine les gens

de bien (parole qui ne tumba pas à terre). Puis lui voulut persuader qu'il estoit huguenot, disant qu'un bon catholique tel qui se disoit n'eust jamais perpetré ung si meschant et malheureux acte. Mais Ravaillac se moqua de lui, bien que jesuiste, comme il faisoit ordinairement des autres qui venoient pour l'arraisonner là dessus. « Vous seriés bien estonné, leur di-
« soit il, si je soustenois que ce fust vous qui me l'au-
« riés fait faire. » Il ne tinst pas ce langage au pere Coton : car beaucoup l'eussent pris à bon escient; et en lui, tout meschant qu'il estoit, il restoit encore quelque scrupule de conscience pour ne point scandalizer les freres de sa Societé.

Le jeudi 20, jour et feste de l'Ascension, tous les predicateurs tant de Paris que de Charanton exhorterent unanimement le peuple à paix, union et concorde mutuelle, et à se tenir unis et serrés sous l'obeissance du Roy et de ses edits, et les justes commandemens de la Roine regente; ornerent la memoire du feu Roy de tiltres et eloges magnifiques, condamnans avec imprecations et maledictions le detestable parricide commis en la personne sacrée de Sa Majesté.

Vinrent aussi nouvelles de tous les costés de la bonne union des villes et provinces du royaume, et sages comportemens des peuples par tout : chose rare, voire, diray je hardiment, impossible, pour le regard d'un peuple, si Dieu n'i eust tenu la main, comme il a fait visiblement en ce grand trouble d'Estat et commotion universelle.

Les catholiques, dans les villes où ils se trouverent les plus forts, prirent les huguenots en leur protection, comme aussi firent les huguenots les catholiques,

2.

où ils se trouverent les maistres; se jurerent les uns aux autres inviolable fidelité et mutuel secours, au cas qu'on les voulust offenser.

Nouvelles autant agreables aux bons François, comme mal receues des autres, qui, vrais bastards et espagnolizés, ne demandent que la guerre et le trouble.

Le vendredi 21, le parlement, qui se tenoit dans les Augustins avec toutes les incommodités du monde, retourna au Palais; mais par une plus incommode occasion, qui tiroit les larmes des yeux de la plus part de ceux qui y rentroient.

Le samedi 22, la plus part des portes de Paris demeurerent fermées jusques à dix heures du matin; et ce à l'occasion d'un homme qu'on y cherchoit, duquel on avoit baillé le pourtrait à la Roine, qui la devoit tuer, elle et le Roy son fils. On le designoit pour estre grand, chauve, portant barbe blonde, et qui avoit un cheval dont les quatre pieds estoient blancs. Les quarteniers et dixeniers de Paris furent empeschés toute la nuit à le chercher, et coururent toutes les hostelleries; mais ils ne trouverent rien.

Le dimanche 23, le pere Portugais, cordelier, avec quelques curés de Paris, entre autres celui de Saint Berthelemi et Saint Pol, prosnerent les jesuistes, et en paroles couvertes (mais non tant toutes fois qu'ils ne fussent intelligibles) les taxerent comme fauteurs et complices de l'assassinat du feu Roy, les arguans et convaincans par leurs propres escrits et livres, nommement de Mariana et Becanus. Par la lecture desquels il semble qu'on puisse justement colliger [1] qu'une

---

[1] *Colliger* : recueillir.

des principales charités de ces gens soit d'envoier de bonne heure en paradis les rois et les princes qui ne les favorizent assés à leur gré, ou qui ne soient pas bons catholiques à la Mariane.

Le mardi 25, mourut à Paris mon procureur en chastelet, nommé Vorse. Je ne regrette pas volontiers telles gens : mais cestuici me servoit fidelement, et estoit homme de bien; et voudrois que mon procureur en la cour, nommé Ragu, fust en sa place. J'aurois perdu ce que je veux perdre.

Le jeudi 27, fust prononcé et executé à Paris l'arrest de la cour de parlement, donné contre le tresmeschant parricide François Ravaillac, qui fust amené à dix heures du matin, à la levée de la cour, dans la chambre de la beuvette, où on lui commanda de se mettre à genoux; et lors le greffier lui prononça son dit arrest, que chacun a oui et veu, et se peult par tout lire imprimé : suivant lequel, pour revelation de ses complices, il fust appliqué à la question des brodequins, où il ne confessa rien : seulement pria la cour, le Roy, la Roine et tout le monde, lui pardonner, reconnoissant de rechef, comme il avoit fait à la cour, avoir commis une grande faute, dont il esperoit toutes fois la misericorde de Dieu plus grande qu'il n'estoit peccheur; mais qu'autre que lui n'avoit fait le coup, n'en avoit esté prié, solicité ni induit par personne, ne grand ne petit, combien qu'il ne doutast point qu'il y en eust prou des uns et des autres qui en fussent bien aises. Sur les trois heures on le tira de la chapelle pour aller au supplice, où il y eust une grande huée sur lui, depuis la dite chapelle jusques à la porte de la Conciergerie, de tous les prisonniers, qui, se mettans à crier *au traistre!* et *au chien!* se vouloient ruer dessus, sans l'empeschement des archers, qui y tindrent la main forte. Sortant de la Conciergerie pour monter au tumbereau, il se trouva un si grand concours et affluence de peuple, cruellement animé et acharné contre ce meschant parricide, à cause de la mort de son Roy, que les gardes et archers, bien qu'en grand nombre, et armés, comme on dit, jusques aux dents, eurent bien de la peine de le sauver de sa fureur, chacun y voulant mettre la main, hommes, femmes, filles, et jusques aux petits enfans, avec tel tumulte, cris et hurlemens de tout le monde, imprecations et maledictions, qu'on ne s'entendoit pas l'un l'autre : si qu'il sembloit que le ciel et la terre se deussent mesler ensemble. Et quelque grande garde qu'on lui eust donnée pour en garder le peuple d'en approcher, si ne le peust on sauver de force horions et gourmades qu'on lui donna, mesmes de quelques femmes qui y laisserent imprimées les marques de leurs dents et ongles, tant la rage de ce peuple se monstra grande à l'endroit de ce miserable.

La plus grande part des princes et seingneurs estans lors à Paris se trouverent à l'hostel de ville pour en voir l'execution : aucuns desquels, selon le dire et opinion de beaucoup (mais on apelle ces gens là des mesdisans), la regarderent d'yeux fort seqs, estans seulement marris qu'ils ne se pouvoient mieux servir, et à une plus grande œuvre, des mains et cœurs de ce peuple passionné, et trop affectionné, à leur gré, à la memoire de leur bon roy et prince. Finalement, ce malheureux et miserable assassin estant parvenu au lieu du supplice, se voiiant prest d'estre tiré et desmembré par les chevaux, et qu'un certain homme estant prés de l'eschaffaut estoit descendu de son cheval pour le mettre en la place d'ung qui estoit recreu, à fin de le mieux tirer : « On m'a bien trompé, va il dire, quand « on m'a voulu persuader que le coup que je ferois « seroit bien receu du peuple, puis qu'il fournist lui « mesme les chevaux pour me deschirer. » Et aiiant fait demander au peuple ung *Salve regina*, en aiiant esté esconduit avec tumulte et violence de toute ceste populasse, qui commença à crier plus que devant qu'il ne lui en falloit point, et qu'il estoit damné comme Judas : se retournant vers son confesseur, le pria de lui donner l'absolution, pour ce qu'il n'en pouvoit plus. Ce que lui aiiant refusé, disant que cela leur estoit defendu, mesmes en crime de leze majesté au premier chef, tel qu'estoit le sien, s'il ne vouloit reveler ses fauteurs et complices ; aiiant respondu qu'il n'en avoit point, comme il lui avoit souvent protesté et le protestoit encores de rechef, son confesseur ne voulant passer outre : « Donnés la moy, dit ce paillard, au « moins à condition, au cas que ce que je dis soit vray : « c'est chose que vous, ni autre de vostre profession, « ne me peult refuser. — Je le veux, lui respondit « l'autre ; mais à ceste condition voirement qu'au cas « qu'il ne soit ainsi, vostre ame, au sortir de ceste vie « que vous allés perdre, s'en va droit en enfer, et à « tous les diables. Ce que je vous denonce de la part « de Dieu, comme bien certain et infaillible. — Je « l'accepte et la reçois, dit-il, à ceste condition. » Ce fut la derniere parole qui dit à M. de Filesac, qu'on lui avoit donné pour confesseur avec M. Gamache, tous deux honnestes hommes et doctes, gens de bien, et des premiers et plus suffisans docteurs en theologie de toute la Sorbonne. Peu au paravant, le greffier, pour l'induire à se reconnoistre et confesser la verité, l'aiiant fort pressé de descharger sa conscience de ceux qui lui avoient fait faire, et que l'indignation du peuple tant grande contre lui en estoit le jugement : « J'en « suis bien marri, lui respondit il ; mais que veult il « que j'y face ? Que me demandés vous aussi tant ? Je « vous l'ai desja dit, et vous le dis encores, qu'il n'i a « que moy qui l'aie fait. »

Ainsi mourust Ravaillac, qui estoit homme de moienne taille, bien fourni de membres ; la couleur du visage et le poil tirant sur le roux noir, comme on disoit qu'avoit Judas, traistre au surplus et non moins meschant que lui.

Aussi tost qu'il fust mort (car il expira à la deuxieme ou troisieme tirade des chevaux, pour ce qu'il n'en pouvoit presque plus quand on l'y appliqua), le bourreau l'aiiant desmembré voulust en jetter les membres et quartiers dans le feu. Mais le peuple se ruant impetueusement dessus, il n'i eust fils de bonne mere qui n'en voulust avoir sa piece, jusques aux enfans, qui en firent du feu aux coings des rues. Quelques villageois mesmes d'alentour de Paris aiians trouvé moien d'en avoir quelques lopins et entrailles, les trainerent brusler jusques en leurs villages.

Voila avec quelle furie et rage tout le peuple, tant des champs que de la ville, tesmoingna le grand regret qu'il avoit à la mort de ce bon Roy : ce qu'on n'eust creu aisement, si on ne l'eust veu. Que si les procedures de nos magistrats, à l'endroit de ce monstre de nature, eussent esté aussi chaudes à en descouvrir ses aucteurs et complices, comme se sont monstrées eschauffées à la vengeance mesmes de sa charongne morte celles de ce peuple, on ne seroit aujourd'hui en peine comme on est de craindre ce dont avec bonne raison on se desfist. Mais la lascheté y a esté telle et si grande, mesmes à l'endroit de ceux qu'on a pris, qui en sçavoient des nouvelles, qu'elle fait mal au cœur à tous les gens de bien, et particulierement à moy, auquel la douleur que j'en ay me fait tumber la plume des doigts et de la main.

Le vendredi 28, M. le mareschal de Bouillon, moiennement accompagné, arriva à Paris, et aussi tost s'en alla au Louvre saluer le nouveau Roy, et baiser les mains à la Roine regente sa mere, laquelle lui fist fort bon accueil et reception.

Le samedi 29, fust pris prisonnier prés du Temple, à Paris, un grand vauneant de masson, que chacun tenoit pour un tresmeschant garnement; auquel, accusé d'avoir mesdit par plusieurs fois du feu Roy, menassé cestuici et la Roine, furent trouvées des lettres, avec un grand cousteau de la forme et façon de celui de Ravaillac, sur lequel mesme on disoit que ces mots estoient gravés : *Je le ferai à mon tour.* Il fust pris par un commissaire nommé Cointereau, demeurant à la Banniere de France au marché Palus, que j'ay veu servir de clerc à M. le lieutenant criminel. Ce maraud de masson estoit pensionnaire de l'archiduc, duquel il avoit receu encores depuis peu deux cents pistoles.

Le jour de devant, dans la ville d'Auxerre ung semblable garnement aiiant loué tout haut Ravaillac du coup qu'il avoit fait, denigré publiquement du feu

Roy, et dit que c'estoit une belle despesche; aiiant esté constitué prisonnier et envoiié à Paris, aprés que M. Bulion, maistre des requestes, en eust mis les pieces et informations par devers M. le chancelier, et qui sont demeurées au sac comme celles du masson, on n'a depuis oui parler de l'un ni de l'autre pour en faire justice.

On crioit ce jour par Paris l'arrest de Ravaillac, au supplice duquel il semble qu'on veuille arrester toute la vengeance de la mort du Roy. Il m'a cousté ung sol.

On me donna aussi ce jour l'oraison funebre de G. Critton sur la mort du feu Roy, inscripte : *Parentalia Henrico IV, Franciæ Navarræque regi optimo, parenti patriæ.* Il l'avoit prononcée à Cambray le 24 de ce mois ; laquelle on defendist de vendre, et ne sçai pourquoy : car elle est comme toutes les autres de ce temps, *id est* pedente, et assés mal faite.

Nostre nouveau Roy fust fouetté ce jour, par commandement exprés de la Roine regente sa mere, pour s'estre opiniastré à ne point vouloir prier Dieu. M. de Souvray son gouverneur, auquel en avoit esté donné la commission, n'y vouloit mettre la main, jusques à ce que, estant comme forcé par la Roine, fust contraint de passer outre. Ce jeune prince se voiiant pris, et qu'il lui en falloit passer par là : « Ne frappés gueres fort « au moins, dit il à M. de Souvray. » Puis peu aprés estant allé trouver la Roine, Sa Majesté s'estant levée pour lui faire la reverence comme de coustume: « J'ai- « merois mieux, va dire ce prince tout brusquement, « qu'on ne me fist point tant de reverences et tant « d'honneur, et qu'on ne me fist point fouetter. » Traict qui fist rire la Roine, et fust remarqué pour un de ceux du feu Roy son pere, qui ne manquoit jamais de reparties promptes et fort à propos.

Le dimanche 30, jour de la Pentecoste, les predicateurs de Paris se trouverent unis avec ceux de Charanton à prescher l'union entre les peuples : car après avoir unanimement detesté l'execrable parricide commis en la personne du Roy, et fait des panegyriques de ses vertus, exhorterent fort le peuple à l'amour, obeissance et fidelité qu'ils devoient rendre à cestuici, soubs l'auctorité et justes commandemens de la Roine regente sa mere.

Le ministre Durant, qui prescha ce jour à Charanton, acommodant son presche à ce subject, tira les larmes des yeux de la plus part de ceux de l'assistance, par la grande perte qui remonstra au peuple qu'il avoit faite en la mort de ce bon prince, que Dieu leur avoit osté en sa fureur; et ce pendant laissé ung exemple de l'union fraternelle qui devoit estre entre eux, sans esgard de la diversité de la religion, que Sa Majesté avoit composée par ses edits, pour les faire vivre en paix et en repos; lequel ce bon Roy, comme pere du peuple, lui avoit tousjours procuré, aux despens de sa vie et de son sang.

Un capussin prescha presque le semblable, ce jour, dans l'eglise Saint André des Ars; adjousta que les disputes de la religion devoient estre renvoiées aux escoles et à la Sorbonne : qu'elles estoient proprement de leur gibier, et non de celui du peuple, lequel se devoit contenter de suivre simplement les voix de ses pasteurs, et obeir aux edits du Roy, mesmes de ceux de pacification, « que ce grand patron et restaurateur « de l'Estat, dit-il, ce grand Henri vostre bon roy,

« par raison d'Estat avoit jugé necessaires pour vostre
« repos, salut et conservation de sa couronne; que sui-
« vans ceste bonne guide, nous ne pouvions faillir. »

M. l'evesque de Paris, pour induire le peuple à penitence et devotion en ceste grande affliction et calamité publicque, fist publier ung mandement pour l'oraison des quarante heures dans les eglises de Paris, choisies par lui à cest effect. Les ministres à Charanton, sur le mesme subject, firent publier le jusne au mecredi 2 du mois prochain.

Ainsi et l'un et l'autre (chacun à sa mode), par la voix commune et exhortation de ses pasteurs, se prepara à la penitence, qu'on ne pouvoit faire assés exacte, veu le temps. Mais je crains que nous ne l'aiions fait ung peu bien legere, attendu le peu d'amandement qu'on a veu depuis aux uns et aux autres.

Le lundi 31, dernier de ce mois, les jesuistes aiians eu et obtenu ce que dés long temps ils avoient desiré et pourchassé, à sçavoir le cœur du Roy, partirent de Paris pour l'emporter quant et eux à La Flesche, où, selon les accords et stipulations passées entre Sa Majesté et eux, ils le devoient pompeusement et solennellement enterrer. Dés le samedi 15 de ce mois, M. le prince de Conti, aprés s'estre mis à genoux devant ce cœur roial, et fait une priere pour l'ame du deffunt, l'aiiant pris sur un coussin paré d'une gaze broché d'or, l'avoit mis entre les mains du pere Jacquinot, superieur de la maison Saint Loys; lequel, revestu d'un surplis et d'une estole, l'avoit receu au nom de toute la Societé avec infinies graces et remerciemens; puis, avec trois ou quatre de ses compagnons, et deux gentilshommes, entré dans le mesme carrosse où le Roy avoit esté tué : qui est une remarque qu'on n'a pas oubliée. Estant arrivé à leur maison de Saint Loys, en la rue Saint Antoine, entre sept et huit heures du soir, l'auroit fait poser dans la chapelle domestique de la dite maison, où le mesme jour, non obstant l'incommodité de l'heure et le mauvais temps, grand nombre de petit peuple, devot à la jesuiste, l'allerent baiser, et jetter de l'eau beniste.

Finalement, pour mettre fin à ce bel œuvre ou farce jesuitique, ce jour, qui estoit le dernier du mois, vingt ou vingt deux jesuistes, aprés avoir dit la messe de grand matin, entrerent dans les carrosses qui les attendoient à la porte de leur eglise Saint Loys, environ les quatre heures du matin, pour conduire ce cœur roial à La Flesche.

Le pere Armand, provincial des jesuistes, aiiant esté mandé exprés de Nevers, où il estoit quand le Roy fust tué, pour estre conducteur de ceste cerimonie, prist sa place dans le carrosse du Roy avec quatre ou cinq jesuistes; au fonds duquel il se mist en surplis et en estole, tenant le cœur roial sur un carreau de veloux noir, couvert d'un crespe.

Grand nombre de cavallerie des principaux seingneurs de la noblesse estans lors à Paris les conduisirent jusques au Bourg la Roine seulement, et rentrerent dans la ville qu'il estoit encores bien matin. Aussi en estoient ils partis avant cinq heures.

Entre les autres y estoient M. le mareschal de Bouillon, bien qu'assés mauvais jesuiste; messieurs d'Esparnon, le grand, Montbazon; et M. de La Varanne, leur bon patron, pere et protecteur, qui les conduisist jusques à La Flesche, et ne les abandonna point qu'il ne les y eust rendus dedans à sauveté. Guide que meritoit une telle compagnie : car c'estoit un homme vertueux, et de ceux dont parle le prophete Jeremie, chap. v, qui estoient à l'endroit des femmes comme chevaux amoureux, et comme les estalons. Un chacun, dit le prophete, hennissoit aprés la femme de son prochain : qui estoit le temps du feu Roy, qui a possible avancé et fait regner cestuici.

Il y en a qui ont voulu dire (mesmes des hommes d'affaires et d'Estat) que si on fust sorti ce jour de Paris deux heures plus tard, que jamais les jesuistes ne fussent venus à bout d'emporter le cœur du Roy sans quelque tumulte et esmotion. Je m'en rapporte à ce qui en est, et à ceux qui en sçavent plus que moy : car, pour mon regard, je n'i trouve aucune raison ni apparence.

Pendant ce mois, et mesmes avant la mort du Roy, regnerent à Paris force maladies phrenetiques, alienations d'esprit, humeurs melancoliques, hipocondriaques, fort estranges et fascheuses, plus que les medecins n'en avoient jamais veu. Mesmes la nuict precedente le malheureux assassinat du Roy, au mont Saint Hilaire à Paris, et en une mesmes rue, avinrent trois prodigieux accidens, comme presages de malheur à venir : l'ung d'un prestre, lequel soudainement, et sans aucun mal precedent, perdit l'esprit, et encores aujourd'hui, comme on m'a asseuré, court les rues ; l'autre d'ung qui sans estre malade se precipita du haut d'une fenestre, et se rompist le col tout net ; le troisiesme est d'une femme jeune et robuste, qui en moins de vingt quatre heures perdit la vie, d'un simple desvoiement.

Pour mon regard, ayant eu en ce mois quelques adjournemens de prés pour me preparer au voyage des autres; et Dieu toutes fois, sur la fin d'icelui, m'ayant donné quelque relasche, j'ay pris de mon mal un petit demi congé seulement, m'attendant bien qu'il ne demeurera pas fort long temps sans me venir revoir.

Supplément tiré de l'édition de 1736.

Le samedi 15 du mois de may, le corps du Roy fut ouvert en présence de vingt-six medecins ou chirurgiens, qui lui trouverent toutes les parties si bien conditionnées qu'il auroit pû vivre encore trente ans, selon le cours de la nature. Ses entrailles ont été portées le même jour à Saint Denis, et le cœur gardé pour être transporté au college de La Fléche.

Vers les huit heures du matin, le parlement s'est assemblé derechef aux Augustins, les présidens avec leurs manteaux et mortiers, et les conseillers avec leurs robes et chaperons d'écarlate. Demi-heure après est arrivé le sieur de Sillery, chancelier de France, accompagné de plusieurs maîtres des requêtes : au devant d'icelui sont allez les sieurs Jean Le Voix et Jean Courtin, qui l'ont reçu hors du parquet des huissiers. Ledit sieur chancelier, revêtu d'une robe de velours noir, s'est placé au-dessus de M. le premier président. Ensuite sont arrivez séparement le duc de Mayenne, le connétable, les cardinaux et prélats.

En attendant l'arrivée de Sa Majesté, on a fait l'information de vie et mœurs de l'abbé de Saint Denis, frere de M. de Guise, pourvû de l'archevêché de Reims, mais non sacré; afin qu'il pût prendre place audit parlement en cette qualité, et non comme abbé commendataire. L'information faite, il prêta serment de pair de France, et puis prit séance.

Sur les dix heures, Sa Majesté arriva, revêtu d'un habit violet, monté sur une petite haquenée blanche, assisté des princes, ducs, seigneurs, et principaux officiers de la couronne, tous à pied. La Reine en son carrosse arriva aussi, accompagnée des princesses et duchesses, habillée, non des beaux habits qu'on lui avoit préparez pour son entrée (*non est conveniens luctibus ille color*), mais couverte d'un grand crêpe noir.

Leurs Majestez étant arrivées à la porte des Augustins, le capitaine de ses gardes fut s'emparer des huis du parlement, et les députez nommez pour aller au-devant de Leurs Majestez, sçavoir : messieurs les présidens Potier et Forget, messieurs Jean Le Voix, Jean Courtin, Prosper Bovin et Jean Scarron, conseillers, qui reçurent Leurs Majestez à la porte du cloître sortant la rue, où le Roy mit pied à terre, et la Reine sa mere; et les conduisirent avec prou de peine (à cause de la multitude du peuple) jusques à la grand'chambre. Lesdits députez entrerent devant le Roy, suivis de la Reine, des princes et seigneurs, qui prirent tous leurs places destinées par les maîtres de cérémonies, sçavoir :

Le Roy seul, séant en son lit de justice; la Reine sa mere à son côté droit, une place vuide toutes-fois entre deux. Plus bas, aux hauts sieges, le prince de Conty, le comte d'Anguien, fils du comte de Soissons absent; le duc de Guise, pair; le duc de Montmorency, pair; le duc d'Espernon, pair; le duc de Sully, pair;

le maréchal de Brissac, le maréchal de Lavardin, le maréchal de Bois-Dauphin.

Aux hauts siéges du côté senestre, le cardinal de Joyeuse, le cardinal de Gondy, le cardinal de Sourdis, le cardinal Du Perron, l'archevêque de Rheims, duc et pair; l'evêque de Beauvais, comte et pair; l'évêque de Noyon, comte et pair; l'evêque de Paris, non pair, mais conseiller né au parlement.

Au côté du Roy en bas, sur la premiere marche de son trône, étoit le sieur de Souvré, son gouverneur, à genoux; sur la seconde marche, à ses pieds, le duc d'Elbœuf pour le grand chambellan; aux pieds du chambellan, le baron de Chappe, prevôt de Paris.

En la chaire qui étoit au-dessous à part, étoit M. le chancelier; aux bas sieges du greffier de la cour et des gens du Roy, messieurs les sept présidens à mortier: Du Harlay, premier président; Potier, Forget, de Thou, Seguier, Molé, Camus.

Dans le parquet, devant lesdits sieurs présidens, en une chaire à cause de son indisposition, le duc de Mayenne, pair.

Aux bas sieges dans le parquet, l'evêque de Beziers, grand aumônier de la Reine; de L'Aubespine et Camus, conseillers d'Etat; et plusieurs maîtres des requêtes.

Aux bas sieges du parquet, et au barreau du côté senestre, les conseillers de la cour, au nombre de six-vingt-quatre.

Le silence fait, la Reine fit l'ouverture de l'assemblée par une harangue courte et succincte, qu'elle eut assez de peine de faire, à raison des soupirs qui étouffoient ses paroles, et qui étoient précédez de grosses larmes, qui étoient autant de témoignages irréprochables du deuil qu'elle avoit dans l'interieur, de la perte de son cher et bien aimé époux. Après qu'elle eût tellement quellement fini son discours, elle r'abaissa son voile, et descendit pour se retirer; mais les princes et toute la compagnie la supplierent de rester, et d'honorer l'assemblée de sa présence. Ce que, après quelques refus, elle accorda, et reprit sa place.

Puis le Roy surmontant la grandeur de son âge, profera quelques paroles sur le sujet de sa venue, avec une grace et une gravité vrayment royale.

Après se leva M. le chancelier; et ayant fait deux grandes reverences, représenta en peu de paroles la grande esperance que l'on devoit avoir de Sa Majesté; et ensuite déclara la sage conduite de la Reine sa mere, la haute estime qu'avoit fait de sa royale personne le Roy défunt avant son décès, l'ayant jugée très-digne d'administrer et régir son royaume, si tant étoit qu'il plût à Dieu l'appeller à soi avant que son fils eût atteint l'âge competant d'être majeur, et de pouvoir conduire le timon d'un empire que ses soins laborieux, que ses travaux infatigables, et que la valeur de ses bras victorieux, lui laissoient paisible.

Ensuite M. le premier président Du Harlay commença sa harangue, et après lui M. Servin, avocat du Roy en ladite cour, pour le procureur général, qui conspiroient à une même fin et un même but, qui étoit que la Reine fût éluë régente en France, pour avoir soin de la personne royale de son fils, et la conduite et administration des affaires de ses royaumes, à l'imitation des reines Blanche, mere du roy saint Louis; et de Marguerite sa chère épouse, toutes deux très-sages, très-vertueuses et très-pieuses princesses : ainsi qu'il avoit été arrêté au parlement, les chambres assemblées, le jour d'auparavant.

Après ces harangues, qui seront sans doute imprimées tout au long, M. le chancelier alla au conseil du Roy seul, de lui à la Reine sa mere seule, lui faisant entendre l'avis et la volonté du Roy; puis descendit, prit l'avis de messieurs les présidens, et remonta pour prendre celui des princes, ducs, pairs; ensuite, de l'autre côté, celui des prélats. Enfin redescendu, il prit l'avis de ceux qui étoient en bas, et des conseillers; et ce fait, retourna en sa place, et prononça l'arrêt qui s'ensuit :

« Le Roy séant en son lit de justice, par l'avis des
« princes de son sang, autres princes, prélats, ducs,
« pairs, et officiers de la couronne, ouï et requerant
« son procureur général, a déclaré et déclare, con-
« formément à l'arrêt donné en sa cour de parlement
« le jour d'hier, la Reine sa mere régente en France,
« pour avoir soin de l'éducation et nourriture de sa
« personne, et l'administration des affaires de son
« royaume pendant son bas âge : et sera le présent
« arrêt publié et registré en tous les bailliages, séné-
« chaussées et autres siéges royaux du ressort de ladite
« cour, et en toutes les autres cours de parlement de
« sondit royaume. Fait en parlement le quinziéme jour
« de may mil six cens dix. »

Après la levée de la cour, la Reine, très-affligée mais aussi très-satisfaite de ce qui venoit d'être fait, se rendit au Louvre; et le Roi, accompagné des princes, seigneurs et gentilshommes, entouré de ses gardes, alla à Notre-Dame, où tout le peuple cria fort haut *vive le Roi!* mais la plûpart les larmes aux yeux.

Sur le soir, les gardes posez en plusieurs places et carrefours furent levez; les armes furent laissées ès mains des habitans, qui par leur douleur et leur tristesse marquoient le vif ressentiment qu'ils avoient de la mort du Roy, et l'amour qu'ils portoient à son fils regnant.

Pendant tous ces jours, grand nombre de personnes de tout état furent au Louvre y voir le corps du Roy défunt. Il étoit couché sur son lit la face découverte, vêtu d'un pourpoint de satin blanc, avec un bonnet de velours rouge, brodé d'or. Autour de son lit étoient des religieux et des prêtres des monasteres de Paris, qui étoient mandez pour dire les vigiles des morts, lesquels se relevent les uns après les autres.

Ce même jour, le parricide François Ravaillac, qui après son assassinat avoit été gardé par des archers dans l'hôtel de Raix, fut conduit prisonnier à la Conciergerie, et enfermé dans la tour qu'on appelle de Montgomery; et dans icelle il fut assis et lié en une chaire, ayant les fers aux pieds et les mains liées derriere le dos, gardé et observé jour et nuit, où plusieurs personnes furent le voir, par curiosité ou par d'autres motifs. Ce que bon nombre de personnes graves et judicieuses ont trouvé fort mauvais, disant que les juges ne se soucioient pas de connoître les instigateurs (1).

Le dimanche 16 de mai, on ne parloit que de la mort du Roy; on répétoit les histoires tragiques de tous les tems, qui avoient quelque trait approchant à cette mort. Aucuns étudioient les almanachs; et m'en

---

(1) *Les juges ne se soucioient pas de connoître les instigateurs*: On croyoit que Ravaillac avoit des complices; et plusieurs circonstances qui n'ont jamais été bien éclaircies sembloient justifier cette opinion.

fut montré un qui portoit que dans le mois de may de cette année un vieillard mourroit : ce qu'on applique à notre bon Roy, comme si dans le même mois plusieurs autres vieillards dans Paris et dans toute la France ne sont pas morts, et s'il faut avoir quelque confiance à ces débiteurs de rêveries et d'imaginations.

D'autres disoient hautement qu'il falloit retrancher de la société certains prêcheurs et défenseurs qui par ci-devant ont dit et écrit qu'il est loisible de tuer un tyran ; et que cette erreur avoit été la cause des attentats commis tant sur le roy Henry III que sur notre bon Roy.

Supplément tiré de l'édition de 1732.

Le mardi 25, il y eut prise entre M. de Lomenie et le pere Cotton en plein conseil; auquel Lomenie dit que c'étoit lui voirement qui avoit tué le Roy, et la Société de ses jesuistes. Et sur ce que ceux du conseil lui dirent qu'il apportât un peu plus de moderation, dit que le regret qu'il avoit de la mort de son bon maître lui pouvoit bien causer un peu trop de passion en paroles; mais qu'il ne parloit qu'en présence de la Reine. En même tems Beringuan en eut à Delorme, premier médecin de la Reine, qui soutenoit les jesuites, et lui en dit autant.

Le jeudi 27, fut prononcé et exécuté à Paris l'arrêt de la cour du parlement donné contre le très-méchant parricide François Ravaillac; duquel la teneur s'ensuit :

« Veu par la cour, les grand-chambre, tournelle et de l'edit assemblées, le procès criminel fait par les présidens et conseillers à ce commis, à la requête du procureur-général du Roy, à l'encontre de François Ravaillac, praticien de la ville d'Angoulesme, prisonnier en la Conciergerie du Palais; informations, interrogatoires, confessions, dénegations, confrontation de témoins; conclusions du procureur-général du Roy; ouï et interrogé par ladite cour sur les cas à lui imposez; procès-verbal des interrogatoires à lui faits à la question, à laquelle, de l'ordonnance de la cour, auroit été appliqué le 25 de ce mois pour la révélation de ses complices : tout consideré, DIT A ESTÉ que ladite cour a déclaré et déclare ledit Ravaillac dûement atteint et convaincu du crime de leze-majesté divine et humaine au premier chef, pour le très-méchant, très-abominable et très-détestable parricide commis en la personne du feu roy Henry IV, de très-bonne et très-louable mémoire. Pour réparation duquel l'a condamné et condamne à faire amende honorable devant la principale porte de l'eglise de Paris, où il sera mené et conduit dans un tombereau; là nud et en chemise, tenant une torche ardente du poids de deux livres, dire et déclarer que malheureusement et proditoirement il a commis ledit très-méchant et très-détestable parricide, et tué ledit seigneur Roy de deux coups de couteau dans le corps : dont se repent, demande pardon à Dieu, au Roy et à la justice. De là conduit à la place de Greve, et sur un échaffaut qui y sera dressé, tenaillé aux mamelles, bras, cuisses, et gras des jambes : sa main dextre, y tenant le couteau duquel a commis ledit parricide, arse et brûlée de feu de soufre; et sur les endroits où il sera tenaillé, jetté du plomb fondu, de l'huile bouillante, de la poix resine, brûlé de la cire et soufre fondus. Ce fait, son corps tiré et démembré à quatre chevaux, ses corps et membres consommez au feu, reduits en cendres jettées au vent. A déclaré et déclare tous ses biens acquis et confisquez au Roy; ordonné que la maison où il avoit été né sera démolie; celui à qui elle appartient préalablement indemnisé, sans que sur le fonds puisse à l'avenir être fait autre bâtiment; et que dans quinzaine après la publication du présent arrêt, à son de trompe et cri public, son pere et sa mere vuideront le royaume, avec deffenses d'y venir jamais, à peine d'être pendus et étranglez, sans autre forme ni figure de procès. A fait et fait deffenses à ses freres, sœurs, oncles et autres, porter cyaprès ledit nom de Ravaillac; leur enjoint le changer en autre sur les mêmes peines; et au substitut du procureur général du Roy, faire publier et exécuter le present arrêt, à peine de s'en prendre à lui. Et avant l'exécution dudit Ravaillac, ordonné qu'il sera derechef appliqué à la question, pour la révélation de ses complices. *Signé* Voisin. »

Supplément tiré de l'édition de 1736.

Le même jour, sur les plaintes portées à la cour par l'archevêque d'Aix, par le pere Cœffeteau, et par autres personnes sages, que ledit Ravaillac, interrogé par eux sur le parricide par lui commis, leur avoit répondu conformément aux maximes de Mariana, de Becanus, et autres qui ont écrit qu'il étoit permis de tuer les tyrans; ladite cour a donné un arrêt qui ordonne qu'à la diligence du doyen et syndic de la Faculté de théologie, ladite Faculté sera assemblée au premier jour pour délibérer sur la confirmation du decret d'icelle du 13 décembre 1413, confirmé par le concile de Constance : *Qu'il n'est pas loisible à aucun, pour quelque cause et occasion que puisse être, d'attenter aux personnes sacrées des rois et autres princes souverains ;* et que le decret qui interviendra sera soussigné de tous les docteurs de ladite Faculté, ayant assisté à ladite déliberation, etc.

[JUIN.] Le mecredi 2 de ce mois, la curiosité m'a fait oster d'un gros livre de police relié en bazanne violette in-8°, dans lequel on trouvera ramassés trente cinq vieux edits et ordonnances diverses sur le fait de la dite police, des lettres patentes du roy Henri II, données à Compiegne le 14 may 1554, avec l'arrest de la cour sur icelles : faisantes mention entre autres choses de la demolition de quelques loges, boutiques et eschoppes construites dans et le long de la rue de la Ferronnerie à Paris, joignant le cimetiere des Innocens, qui estoit de la croisée de la ville, et le passage du Roy pour aller de son chasteau du Louvre en sa maison des Tournelles. Et l'ay osté du dit livre exprés pour l'inserer en mes ramas que je fais sur la mort de Henri IV, laquelle se trouve avenue le mesme jour de la dacte de ces lettres de Henri II : sçavoir le 14 may, en la mesme rue de la Ferronnerie, et comme Sa Majesté passoit de son chasteau du Louvre pour aller en sa maison des Tournelles. Remarque curieuse que je n'ay peu laisser passer, et dont j'ay esté premierement avisé par M. Pavillon, advocat en la cour.

Le jeudi 3, fust publiée à la cour une nouvelle declaration du Roy pour la manutention des edits de pacification : laquelle, aussi tost imprimée et criée, j'ay acheté un sol.

Le samedi 5, j'ay receu des lettres d'Angleterre d'un mien ami, dactées de Londres du 25 du mois passé, par lesquelles il me donne avis (comme il fait ordinairement de tout ce qui se passe par de là) sur la nouvelle de la mort du Roy, et autres particularités, ainsi qu'il s'ensuit : « Le Roy, dés qu'il eust receu ceste mal« heureuse nouvelle, qui en fournist aujourd'hui à « tout le monde, envoia exprés un grand seingneur « de là où il estoit, à prés de cinquante lieus de Lon« dres, à M. l'ambassadeur pour le consoler, et lui « dire qu'il asseurast son jeune maistre et la Roine sa « mere que, suivant le bon accord fait par M. de « Victri entre le Roy son feu frere et lui que le sur« vivant se porteroit pour pere des enfans du decedé, il « lui offroit entierement tout son aide et pouvoir, sans « aucune reservation. La Roine en a abandonné son « balet de deuil; le prince en a pleuré; M. le grand « tresorier en a parlé divinement en plaine assemblée « d'Estats, jusques à dire que le bras droit d'Angleterre « estoit perdu. Brief, tous ceux qui s'en licentierent « quelquesfois d'en mesdire ont aujourd'hui ses louanges « en la bouche, avec le plus de regret et recomman« dation ; et la ligue offensive et defensive encommencée « envers tous et contre tous ne tiendra pas moins.

« Le Roy assiste vigoureusement la guerre de Cleves; « il traicta hier en sa chambre privée les ambassadeurs « des Estats, ausquels il commença lui mesmes à boire, « et au bon succés de ceste guerre; et pour ce faire se « leva en pied (chose qui n'a pas autrement fort accous« tumée), leur recommanda estroictement l'union. « Brief, ils s'en vont bien contents de Sa Majesté. »

Le dimanche 6, frere Anselme Cochu, jacobin, à

Saint Gervais le matin, et aprés disner l'abbé Du Bois, de l'ordre de Cisteaus, à Saint Eustace, donnerent fort sur les jesuistes, prescherent contre eux, arguerent la doctrine erronée contenue en leurs escrits et livres, alleguans entre les autres ceux de Mariana et Becanus. L'abbé Du Bois prescha violemment contre, jusques à dire qu'ils estoient cause en partie du malheureux assassinat commis en la personne sacrée du feu Roy; et que les jesuistes l'avoient tué. Brief, declama un peu en soldat et capitaine eschauffé, qui estoit, disoit on, sa premiere profession, aprés avoir quitté celle de moine celestin, encores que ce fust avec dispense et sans scandale. Le feu roy Henri III l'avoit surnommé *l'empereur des moines*, et faisoit cas de sa valeur. Au reste, homme du monde aussi bien que les jesuistes, mais non si accort et retenu qu'eux.

Le lundi 7, fust verifiée à la cour une declaration faite par le Roy pour la defense du port des armes.

Le mardi 8, la cour assemblée sur le fait des jesuistes, qui avoient des amis et des ennemis en ceste compagnie, aprés avoir demeuré aux opinions jusques à prés de midi, finalement condamna et adjugea au feu le livre de Mariana (1), comme impie, heretique, mal parlant de l'auctorité des rois, et pernicieus à cest Estat. Ce qu'encores qu'il fut notoirement vrai, si ne laissa il d'y avoir concert d'opinions sur le brusler. M. des Landes entre autres, se roidissant fort contre ceste opinion, dit que si nous bruslions les livres des jesuistes, à plus forte raison nous devions brusler ceux de Calvin et de Luther. Auquel repliqua plaisamment, mais à propos, un conseiller d'Eglise qui estoit prés de

---

(1) *Le livre de Mariana* : Il est intitulé *de Rege et Regis Institutione*.

lui, que les livres de Luther et Calvin avoient esté condamnés et bruslés il y avoit long temps : qu'on n'avoit pas accoustumé de brusler des livres deux fois; et més que ceux des jesuistes l'eussent esté une fois, qu'on n'en parleroit plus.

Il fut proposé aussi en ceste assemblée de defendre les chaises publiques aux jesuistes, et qu'ils ne peussent plus prescher, si non à leurs assemblées et congregations particulieres. Mais ceste opinion fust fort contredite, et entre autres par un president de là dedans, leur bon ami, avec telle passion et animosité, qu'il dit tout haut qu'il prenoit dés lors congé de la cour, pour jamais ne rentrer au Palais si elle avoit lieu.

Ainsi on se contenta de faire brusler le livre de Mariana, comme il fust ce jour; et l'arrest executé publiquement, et par la main du bourreau, devant la grande eglise Nostre Dame, *suppresso tamen nomine jesuitarum* : comme si ce mot de jesuiste eust fait peur à la cour. Ce livre soustient apertement le fait de frere Clement, et a esté imprimé en deux façons : l'un en petit folio, où il apelle ce frere *æternum Galliæ decus;* l'autre, in-8° (que j'ay), duquel on a osté et rayié ces trois mots.

Le mecredi 9, M. le premier president alla au Louvre trouver la Roine regente, qui l'avoit mandé sur les plaintes et oppositions de l'evesque de Paris à l'arrest donné par la cour contre le livre de Mariana, duquel aussi se plaignoit le nonce du Pape, que la Roine desiroit contenter. Mais M. le premier president soustinst vertueusement l'arrest comme saint et juste contre l'un et l'autre; et quant à ce qu'alleguoit l'evesque de Paris, que la cour n'avoit peu passer juridiquement au jugement de ce livre que premierement il n'y fust appelé, attendu que c'estoit un fait purement ecclesiastique, lequel lui devoit estre communiqué : le dit premier president fist response à M. le chancelier, qui lui en faisoit la remonstrance en presence de la Roine, que l'evesque de Paris ne l'entendoit pas; qu'il n'avoit pour ce regard aucun subject de se plaindre de la cour, qui n'avoit rien fait que ce qu'elle devoit faire; et que quand il plairoit à Sa Majesté, elle le diroit au dit evesque de Paris en sa presence, et lui apprendroit ce qu'il ne sçavoit pas. Puis estant entré sur le discours des jesuistes, les traicta à la façon accoustumée, c'est à dire parla librement et hardiment contre.

Qui est tout ce que j'en sçay en gros : car pour les particularités qui en courent, interruptions de M. d'Esparnon, et braves reparties faites sur ce subject à ce seingneur, tant par le dit premier president que par le president de Thou, ausquelles on ajouste quelques boutades de Servin (bien qu'elles meritent d'estre solennellement enregistrées, pour la vertu de ces personnages, amis de l'Estat et de la verité), si est ce que pour ne les tenir pas fort certaines, et ne les pouvoir croire, veu la variation qu'on y remarque, je remettrai à les escrire à quand j'en auray appris plus certaines nouvelles. Une chose sçay je bien : que M. d'Esparnon parlant sur ce subject, et par la bouche, ainsi qu'on disoit, de son president, dit qu'il ne suffisoit pas de faire les choses justes, si on ne les faisoit justement; et que parlant des jesuistes à la Roine un peu auparavant, il lui avoit declaré que quiconque toucheroit les jesuistes, qu'il le toucheroit; et qu'avant que souffrir qu'on leur fist tort, qu'il y perdroit les moiens et la vie.

Ce qui avoit intimidé la Roine, et fait proposer au conseil de defendre la chaire à l'abbé Du Bois, et à tous ceux qui s'ingereroient doresnavant de parler et prescher contre les dits jesuistes. Auroit aussi rendu vains et inutiles beaucoup de bons conseils de plusieurs gens de bien, affectionnés à cest Estat et au repos publiq. Pour le regard de la cour, le dementi, comme on dit communement, lui en est demeuré, et en garde les gages, une plus grande auctorité aiiant flestri et absorbé la leur : si qu'ils n'ont peu jusques à aujourd'hui faire publier et imprimer leur arrest que secrettement. Ce qu'il faut joindre à la suppression qu'ils ont fait par icelui du nom de jesuiste; et les aiiant mis ensemble, on trouvera qu'ils valent autant l'un que l'autre.

Le vendredi 11, les jesuistes qui estoient sortis de Paris le dernier du passé pour conduire le cœur du Roy à La Flesche, y rentrerent ce jour avec M. de La Varanne leur guide et conducteur, lequel leur donna à tous à disner (et estoient vingt-quatre); et aprés le disner leur tinst les propos suivans, que j'ay apris d'un mien ami qui n'en estoit pas loing :

« Mes peres, vous n'ignorés point combien de tout
« temps j'ay aimé et honoré vostre compagnie, et de quel
« pied j'ay tousjours marché pour la defense, augmenta-
« tion et conservation d'icelle. Mesmes du vivant du feu
« Roy mon bon maistre aiiant esté mise bas, et comme
« atterrée par les mauvais comportemens et indiscretions
« de quelques uns des vostres, j'employai toute la fa-
« veur et credit que Dieu m'avoit donné prés Sa Ma-
« jesté pour reconsolider ceste playe qui n'estoit pas
« petite, et refaire vostre paix avec Sa Majesté, laquelle
« vous restablist en fin et remist où vous estes mainte-

« nant, après plusieurs traverses et difficultés, et à con-
« dition (dont je demeurai plaige et garant) que vous
« ne vous entremesleriés aucunement des affaires de
« l'Estat, ains doucement vous contiendriés dans les ter-
« mes et limites de vostre profession. Ce que me pro-
« mistes tous, et le jurastes tresexpressement et religieu-
« sement : et toutesfois tresirreligieusement l'avés trans-
« gressé ; dont j'ay eu reproches et plaintes de beaucoup
« de bons catholiques mesmes, et gens de bien, qu'on
« me continue tous les jours, et plus depuis la mort du
« feu Roy que devant. Je vous advise, messieurs, que si
« ne regardés d'effacer ces sinistres opinions qu'on a
« conceu de vous et de vostre Societé par de meilleures
« et contraires actions correspondantes à vostre nom et
« profession, et au serment qu'avés fait, que de tant que
« vous m'avés eu pour ami vous m'aurés pour ennemi ;
« et qu'au lieu que j'ay procuré vostre paix, repos et re-
« tour, j'en soliciterai la ruine, pour vous renvoier en-
« cores plus loing que de là où vous estes revenus. Quant
« à ce qu'on dit que beaucoup d'entre vous se trouve-
« ront coupables, complices et fauteurs de l'assassinat
« du feu Roy, c'est chose que je n'ay jamais creu : mais
« si tant estoit, et que je le puisse descouvrir, je vous
« declare dés maintenant et tout haut que je vous en-
« voierai tous querir les uns aprés les autres, et vous
« ferai estrangler dans mon escurie. »

Voila la harangue de La Varanne aux jesuistes ;
mais il est bien temps, disoit l'on, de fermer l'estable
quand les chevaux s'en sont allés. La Varanne les a
tousjours portés en crouppe, et *malè* pour cest Estat :
il vient à ceste heure, et aprés le coup fait, trop tard
pour en amander le defaut. Il eust mieux valu que

c'eust esté devant : car encores qu'il n'en ait rien sceu ni creu, ceste croiance ne nous guairist de rien, et ne nous sauve du malheur que ce perfide coup nous apporte.

On disoit que le feu Roy, à la recommandation en partie de cest homme, leur avoit donné La Fleche; et que pour recompense ils la lui avoient mise au cœur.

Le dimanche 13, le pere Gontier, dans leur eglise du petit Saint Antoine, fist un sermon aussi jesuistique et seditieus que ceux de son quaresme dernier à Saint Eustace. Faisant tumber son propos sur le livre de Mariana qu'on avoit bruslé, dit qu'ils estoient douze mil de leur congregation qui tous souscriroient à la condemnation du livre, et que ceux de leur Societé avoient escrit contre. Mais toutesfois que pour tout cela il ne seroit jamais trouvé juste de l'avoir condamné avant que de les ouir; et que pour ung demi feuillet du livre qu'il estoit aisé d'en oster, il sembloit dur de brusler tout le livre. Mais qu'en ceste noble et celebre compagnie de la cour il y en avoit qui avoient des cœurs de plomb, lesquels ne pardonnoient jamais, plus meus de leur passion que du zele de la justice. Il fist aprés une distinction de catholiques, prattiquée par la Ligue, et qui a cher cousté à beaucoup de gens de bien, qui est le mesme but des jesuistes d'aujourd'hui; sçavoir, qu'il y en avoit parmi nous qui se disoient catholiques, et ne l'estoient point : pires beaucoup et plus dangereus que les huguenos, d'autant qu'il estoit plus malaisé de se garder d'un ennemi couvert que d'ung descouvert; que tous ces faux catholiques là estoient autant de serpens que la France couvoit dans son sein.

Puis parla de l'abbé Du Bois, et autres qui avoient presché contre ceux de leur Societé : mais avec mespris, comme jugeant leur ignorance indigne de responce. Et pour le regard de ceste grande question, *An tirannum occidere liceat*, laquelle il avoit promis de traicter, et où beaucoup l'attendoient, estans venus exprés à son sermon pour l'ouir là dessus; aprés l'avoir ung bien peu entamée, la laissa là tout à plat, sans en rien decider. Et tournant le tout en charlatannerie, et en une apostrophe ridicule : « Mon prince, va « il dire (adressant son propos au Roy deffunct, qui « estoit le lieu où toutes fois on croid qu'il le deman-« doit il y avoit long temps); qu'as tu jamais fait en « ta vie pourquoi on te deust tenir pour tiran? Mais « qu'est ce que tu n'as point fait au contraire pour « estre reconneu un grand et saint roy, tel que tu es-« tois? » Et comme s'il eust voulu dresser une apologie pour la defense de ce que personne n'impugnoit (si ce n'estoit lui d'avanture, et ceux de sa faction), se rendist ridicule à tous les hommes d'esprit; et ce pendant vrai jesuiste, c'est à dire fin, accort et desguisé, et tout propre à beffler et tromper un peuple, qui se paie de paroles, et de la superficie.

J'obmettois une particularité notable de son sermon, mais assés ridicule comme tout le reste, et de laquelle il me vient de souvenir : sçavoir, la comparaison de son vipere de Mariana avec le bon pere Origene; et des escrits d'icelui avec les siens, desquels on pouvoit dire le mesme qu'on faisoit de ceux d'Origene : *Ubi benè, nihil melius; ubi malè, nemo pejus.*

Ce jour, fust fait l'accord de M. de Bouillon et de M. de Sully, mal traicté et mené quelques jours au paravant par le dit sieur de Bouillon : lequel, sans l'intervention de M. de Guise, l'eust encores plus mal manié. Entre autres paroles qui fascherent fort le dit de Sully, fust que M. de Bouillon le voiiant parler audacieusement, et trop hautement, ce lui sembla, pour sa qualité, lui dit qu'il ne se haussast point davantage : autrement qu'il le feroit baisser; qu'il n'avoit pas tousjours esté ce qu'il estoit. Mais pour le regard de lui et des seigneurs de sa qualité, ils avoient tousjours esté et seroient ce qu'ils estoient; et lui n'estoit plus ce qu'il avoit esté.

On disoit que leur different procedoit du gouvernement et des comptes de l'artillerie, que le duc de Sully avoit desdaigné de communiquer à M. de Bouillon : dont il s'estoit senti offensé. Mais leur querelle s'ourdoit de bien plus hault, à sçavoir du siege de Sedan, duquel M. de Bouillon tenoit pour aucteur et instigateur principal envers le feu Roy M. de Sully, qu'il n'avoit jamais gueres veu ni regardé depuis de bon œil. La raison toutesfois de l'estat present et de la religion, conjoints ensemble et faits inseparables, mesmes depuis ce nouvel accident et mutation, causerent ceste paix et reconciliation necessaire, et fist que M. de Bouillon s'accorda de donner au publiq de la cause son interest particulier. A quoi les ministres travaillerent fort; et mesmes ce jour de dimanche M. de Bouillon estant allé au presche à Charanton, le ministre Du Ferrier, qui y preschoit, aiiant traicté exprés ce subject en sa predication avec doctrine et vehemence, avanca cest accord. Si que M. de Bouillon, au sortir du presche, alla voir M. de Sully à l'Arsenal, où aprés avoir long temps discouru de la necessité qu'ils avoient de s'accorder, et de l'artifice de leurs ennemis à les desunir, se donnerent les mains, s'embrasserent; et aprés s'estre jurés et promis une sincere amitié et reconciliation fraternelle (*aliàs* forcée, à la mode des grands), se departirent bons amis, au grand contentement de tous les bons François, regret et desplaisir des autres faciendaires d'Espagne, ennemis de cest Estat et du repos publiq.

Le mardi 15, on m'a donné la copie suivante de la lettre qui couroit ici, escrite par M. le prince de Condé à madame la princesse sa mere, dactée de Millan du dernier du mois passé :

« Madame ma mere, je vous envoie deux lettres : l'une au Roy, l'autre à la Roine, pour me condouloir avec eux de l'horrible assassinat commis en la personne du feu Roy mon seingneur, et leur tesmoingner l'extreme regret que j'en ay eu : comme aussi leur offrir mon treshumble service. La Roine sçait mieux que personne la juste cause que j'ay eu de sortir de France. C'est pourquoi je vous supplie l'asseurer que tout ce qu'on lui peut avoir dit que j'aye parlé hors de ceste cause là est tresfaus : lui aiiant tousjours gardé et au Roy mon seingneur son fils, en paroles et effects, l'honneur et respect que doit un treshumble subject. Et pour ce que vostre prudence sçaura mieux lui donner par vos discours ceste asseurance de la verité de mes paroles, je m'y remettrai, attendant l'honneur de ses commandemens et des vostres ; et demeurerai pour jamais, madame ma mere, vostre treshumble, tres-obeissant fils et serviteur,

« Henri DE BOURBON.

« A Millan, ce dernier may 1610. »

Le mecredi 16, un meschant petit garsonnet, apprenti d'un tisserran de ceste ville, qui se disoit aagé de prés de quatorze ans, mais qui n'en monstroit pas avoir plus de douze, fust condamné par sentence du chastelet à estre pendu et estranglé, non obstant son aage, pour avoir dit, et impudemment perseveré à dire, que s'il eust peu recouvrir un cherme et un cousteau, il eust tué le Roy et la Roine.

Son maistre et ses parens mesme deposerent que ce petit maraud estoit tellement mal né, qu'il ne se plaisoit qu'à mal faire, enclin à tout vice et meschanceté. Ce que mon nepveu, advocat du Roy au dit chastelet, qui l'avoit interrogé, me confirma; et qu'en sa vie il n'avoit veu une plus traistre mine, ni un plus resolu petit paillard. Ce qui fut cause de le condamner au gibet, pour estouffer en sa naissance ce petit vipereau, qui en croissant ne pouvoit faire que beaucoup de mal.

Il appela de sa sentence à la cour : laquelle aiiant esgard à son aage, commua la peine de mort, donnée par la sentence du chastelet, au simple fouet et aux galeres; et lui sauva la vie, encores qu'elle semblast ne pouvoir estre assés courte, veu les indices qu'il donnoit de son meschant et depravé naturel. « Au « moins, dit quelcun duquel je ne puis improuver « l'opinion, si, en lui remettant la vie à l'esgard de la « junesse, on lui eust crevé les deux yeux, et confiné « pour le reste de ses jours dans les Quinzevingts de « Paris, avec une plaque attachée au devant de sa « robbe, dans laquelle il y eust eu gravé en grosse « lettre : *Pour avoir voulu tuer le Roy et la Roine,* « on se fust asseuré de lui pour ne pouvoir jamais faire « mal; et si eust servi d'instruccion et d'exemple au

« peuple, et d'un *donne garde* à la junesse d'aujour-
« d'hui, la plus part impie et desbordée du tout : où
« n'aiiant esté condamné qu'aux galeres, le simple cre-
« dit d'un jesuiste l'en peut tirer, et le remettre en la
« mesme voie qu'il estoit (bonne possible selon eux,
« mais meschante, et pernicieuse au publiq.) »

Le jeudi 17, M. le president Vergne m'a donné un nouvel escrit de l'abbé Du Bois contre les jesuistes (qui ne babillent pas tant que ledit abbé, mais font), intitulé *les douze Articles de foy politiques des jesuistes de France;* avec les treize contraires à iceux, des catholiques, apostoliques et romains. Qui ne sont, en un mot, que redittes et fadezes; et vaudroit mieux ne pas tant dire, mais faire.

Maistre Pierre de La Planche, advocat en la cour, mon fillol, me donna ce mesme jour un extrait de plusieurs passages tirés de Luther, Calvin, et autres docteurs tenus pour heretiques, que les dits jesuistes faisoient courir par tout, pour la justification de leur livre de Mariana, pour ce qu'ils parloient contre la puissance et auctorité des rois et princes souverains. Ce qui semble toutesfois ne faire gueres pour eux, et ne servir qu'à monstrer que les marianistes en cela ne valent pas mieux que les huguenots.

Le vendredi 18, la fille d'une lavandiere fust prise prisonniere à Paris en la rue Saint Thomas du Louvre, pour s'estre vantée tout haut de tuer, avec un cousteau qu'elle avoit, le Roy et la Roine. Puisque les lavandieres se meslent de ce mestier, je vous laisse à penser que ce sera du reste.

Le samedi 19, le corps mort du prevost des mareschaux de Pluviers, après avoir esté trainé sur une clayie des prisons de la Conciergerie, où on l'avoit serré il y avoit environ huit jours, fust pendu par les pieds, puis bruslé en la place de Greve à Paris.

Cest homme, tresmal famé et renommé, et qui avoit deux fils jesuistes (*quod notandum*), reconneu de tous pour mauvais serviteur du Roy, et tresbon de la maison d'Antragues et de la marquise de Verneuil, tenu au pays pour un voleur et concussionnaire, fust deferé, accusé et convaincu par bons tesmoins, d'avoir dit dans Pluviers, jouant ou regardant jouer à la courte boule dans un jardin, et à l'heure mesmes que le Roy fust tué : « Le Roy est mort ! il vient d'estre tué tout « maintenant ! Et n'en doutés point. » Lequel langage ou semblable on lui avoit oui tenir desja par deux ou trois fois, mais auquel on n'avoit autrement pris garde, jusques à ce que la fortune avenue fist croire que cest homme sçavoit l'entreprise (comme il y a apparence), et qu'il estoit des complices de ce malheureux assassin. Tellement qu'aiiant esté veillé, guetté et couru en toute diligence, fust finalement atrappé, conduit et mené prisonnier à Paris, où on lui donna la Conciergerie du Palais pour prison, dans laquelle, à quelques jours de là, fust trouvé mort, estranglé, ainsi qu'on disoit, des cordons de ces calçons.

La cour de parlement, tout mort qu'il estoit, ne laissa de lui faire son procés : doublement criminel, et pour s'estre desfait soimesmes, et pour s'estre rendu coupable du crime de leze majesté. Mais, au bout, un homme mort ne parle point (qui estoit ce qu'on demandoit) : car s'il eust parlé, comme il avoit bien commencé (*loquela sua eum manifestum faciens*), il en eust à la fin trop dit pour l'honneur et proufit de beaucoup qu'on n'avoit pas envie de fascher. C'est pourquoi on a eu opinion que d'autres gens que le diable avoient mis la main à ceste execution. Je m'en rapporte à ce qui en est; mais pour mon regard, considerant d'un costé nos procedures si lasches en la recherche de ce cruel et execrable assassinat, et de l'autre la vie et mort de cest homme miserable, et la façon dont on dit qu'elle est avenue, je me laisse aisement emporter, non au bruit commun de nos Parisiens, qui en attribuent l'occasion au desespoir, et à l'instigation du diable, qui lui a aidé à s'estrangler : mais au simple dire et grossier de ces bons pieds plats de Beausserons, qui par tout, à Pluviers et aux environs, vont disans : « Mon Dieu, que la mort de ce meschant homme, « ainsi avenue par qui que ce soit, vient bien à point « pour M. d'Antragues, madame la marquize sa fille, et « tous ceux de sa maison! Par Nostre Dame, quand ce « seroit le diable mesme qui s'en seroit meslé, comme « on dit, il leur auroit fait à tous ung beau et gros « service. »

On trouva à ce miserable ung outil et instrument de faux monnoieur, qu'ils apelent une jument : duquel on pensoit que cest homme, qui avoit le bruit de s'en mesler, s'aidast pour la fausse monnoie. Mais on trouva que c'estoit un engin fait exprés pour rompre des treillis et barreaux de fer, voire des plus forts, comme sont ceux de la Bastille; et disoit on que c'estoit pour en tirer le comte d'Auvergne.

M. d'Esparnon partist ce jour de Paris pour aller à Compiegne querir le corps du feu roy Henri III, son bon maistre, et de là le conduire à Saint Denis, et l'y faire enterrer. On blasmoit le feu Roy de l'avoir laissé là plus de vingt ans, sans l'honorer de ce que bien lui apartenoit, et ne s'en estre autrement soucié.

Il y en a qui ont voulu alleguer, pour cause principale de ceste negligence, la prophetie d'un *Aio te Æacida*, qui avoit dit à Sa Majesté qu'il eust à se garder d'une pompe qui lui seroit funeste. Et que le Roy l'aiiant entendu de celle qu'il se preparoit de faire pour l'enterrement du feu Roy son frere, au lieu qu'il la falloit prendre pour celle de l'entrée de la Roine, avoit tousjours differé, et finalement resolu de ne la point faire. Mais ce discours s'accorde mal avec l'humeur du Roy : il ne nous l'a fait que trop sentir à nos despens. Plus tost croirois je que ceste pompe funebre estant funeste à sa bourse, auroit esté volontiers differée, et aisement oubliée de Sa Majesté.

Le dimanche 20, M. Targer m'a monstré dans les Augustins une lettre qu'il avoit receue de Zelande, dactée du 8 de ce mois, par laquelle on lui donnoit avis comme tous ceux de ce pays là avoient eu un extreme regret et desplaisir de la mort du Roy, de laquelle toutesfois ils n'avoient esté autrement tant estonnés, pour ce que, plus de quinze jours au paravant qu'elle avinst, ils avoient tous les jours advis sur advis qu'il se brassoit quelque chose de grand contre la France, ainsi qu'on estimoit; et qu'à ceste occasion par toutes les terres de l'obeissance de l'archiduc se faisoient nuict et jour prieres commandées, publiques et particulieres, pour la direction et bonne yssue de la dite entreprise. Le dit Targer me dit qu'il porteroit ce jour mesme la susdite lettre à M. le premier president.

Le mecredi 23 de ce mois, veille de la Saint Jean, fust fait à Saint Denis l'enterrement du feu roy Henri III, sans pompe ni autre solennité roiale; et si peu de cerimonie qu'on y observa fust avec desordre et confusion, simbolizante avec la fin du regne de ce pauvre prince, auquel les gens d'Eglise et moines aiians, par une detestable ingratitude, tourné le dos et persecuté à la mort, n'en firent pas moins après: car il fallut que les valets de pied, au defaut des moines de Saint Denis, qui n'y voulurent aller, pour quelques droits pretendus par eux, sur lesquels ils se fondoient, et qu'ils alleguoient pour excuse, bien que l'avarice en fust le vrai fondement, allassent querir le corps au cabaret de l'Espée roiale, où on l'avoit mis, et l'apportassent à l'eglise, au milieu de laquelle encores le laisserent ils tumber.

Un seul des princes ne s'y trouva, fors messieurs les comtes de Saint Pol et de Lauraguais, fils du comte d'Auvergne (encores tous deux bastards: ce qu'on remarqua); pas un de ceux de la maison de Lorraine: ce qu'ils avoient protesté dés long temps, à cause de la mort de leurs parens à Blois, aiians accoustumé de mieux venger le sang des leurs que nous ne faisons celui de nos rois, sur lesquels ils ont eu bien la hardiesse de le repeter, comme nous avons veu. Nous, au contraire, sommes devenus aujourd'hui si poltrons et si lasches, que nous craingnons de fascher le plus petit seingneur de la cour en la juste recherche des meurtres et assassinats de nos rois, comme il paroist en celle des deux derniers, qui se trouveront enfin vengées l'une comme l'autre.

M. d'Esparnon, M. le grand, M. le premier president, le sieur de Liancour, Benoise, et quelques autres seingneurs, officiers et domestiques de sa maison, que ce prince avoit obligés par ses liberalités, assisterent à cest enterrement et service, mais peu. M. le cardinal de Joieuse fist l'office : d'oraison funebre, il n'y en eust point. Brief, les traicts et lineamens de la Ligue (qu'on eust volontiers fait revivre si on eust peu) effacerent le lustre de si peu de cerimonies qu'on observa à l'enterrement de ce grand prince, vraiement bon s'il eust rencontré un bon siecle.

On a taxé ce Roy d'estre mol et effeminé, et aimer trop ses aises et son repos : ce qui pourroit bien estre; mais il me semble que tout le monde est roy de ce costé là.

Le feu de Saint Jean en Greve, à cause de la mort du Roy survenue, et encores toute fresche, se fist ce jour sans aucune cerimonie, sans may, sans canonnades, sans collation à la ville, et sans aucune autre fanfare. Sagement à la verité, mais encores plus à propos et utilement pour le peuple, si, en estaingnant ces grands feux de resjouissance et cerimonie, on en allumoit d'autres pour reduire et consommer en cendres tant de meschans garnemens, complices de la mort de nostre bon Roy et boutefeus de cest Estat, qu'on se contente de prendre tous les jours, sans en faire aucune justice.

Ce jour 25 du mois, le Roy, accompagné de tous les princes, seingneurs, et de la plus part des gentilshommes de sa cour, alla solennellement donner de l'eau beniste au feu Roy son pere. Pendant laquelle cerimonie (qui fust belle) on se saisist au Louvre, par soubçon, d'un homme desguisé en paysant, qui estoit vestu d'une squenille de toile fort jaune, comme portent ces vignerons de Solongne. On disoit qu'il s'estoit efforcé de tirer l'espée d'un de ceux qui le menoient prisonnier. Mais celui qui le conduisist jusques au For Levesque, homme veritable et de mes amis, ne vid rien de tout cela. C'est pourquoi je le tiens pour fabuleus : « Bien, me dit il, qu'il avoit de belles mains et blan-« ches, qui ne sentoient point son vigneron. »

Le samedi 26, j'ay receu d'Angleterre une lettre d'un mien ami, dactée de Londres du 16 de ce mois, par laquelle il me mande ce qui s'ensuit :

« Aujourd'hui toutes les nouvelles que je vous pourrois dire ne sont que festes, balets, tournois et magnificences, pour la creation de M. le prince de Gales, qui fust avant hier. Mais, comme on dit, s'il y a quelque chose de plus, le porteur vous dira le reste. Il y a edit du Roy, d'hier seulement, à tous papistes de se retirer chés eux, et n'approcher la cour du Roy et de la Roine, ou du prince, ni Londres, de cinq lieus à la ronde, et d'estre desarmés par tout le roiaume ; comme aussi à tous prestres et jesuistes d'en vider dans quinzaine. J'espere vous faire voir cest edit bien tost, avec une tresbelle harangue du Roy, etc. »

Le lundi 28, M. le president Vergne me fist voir les denombrements des compagnies et forces que M. le mareschal de La Chastre, comme lieutenant general de Sa Majesté, au refus de M. le mareschal de Bouillon, mene en Cleves.

Elles passent, au moins en papier, dix mil hommes ; avec lesquelles les jesuistes craingnans qu'à l'avanture il fist trop d'exploit, et sur tout voulans pourvoir au salut de l'ame de ce seingneur, unie autres fois avec la leur par le serment de la sainte Union, l'allerent trouver, et lui remonstrerent que ceste guerre estoit proprement une guerre de religion, qui ne tendoit qu'à l'establissement des huguenos et ruine des catholiques : et pourtant ne s'en pouvoit mesler, ni en accepter la charge, qu'au detriment de son ame et de sa reputation. Mais ce seingneur, resolu au contraire, ne les voulut escouter là dessus, et le redit à la Roine : dont ils furent fort faschés.

Avant que partir, il alla voir M. le president de Thou, avec lequel il disna, et lui dit qu'il n'avoit plus que trois ou quatre ans dans le ventre; et qu'il desiroit combler de gloire la fin de son aage, en bien faisant pour le salut de la France, conservation de l'Estat, et service du petit Roy son maistre; et marcher en ceste guerre de bon pied et en homme de bien : « A fin, « lui dit il, aussi, monsieur, que je puisse avoir part « en quelque petit coing de vostre Histoire. » S'il le fait, comme tous les gens de bien le souhaittent, les jesuistes le raieront de leur livre de vie, mais pour estre escrit en un autre meilleur et plus authentique que le leur.

Ce jour, sur le soir bien tard, la Roine alla donner de l'eau beniste au feu Roy.

Le mardi 29, jour Saint Pierre, le corps du feu Roy fust porté du Louvre à Nostre Dame, avec les cerimonies, pompes et solennités qu'on a accoustumé d'observer aux obseques et enterremens des rois de France. La foule du peuple estoit si grande à le voir passer, qu'on s'y entretuoit.

En la preseance et ordre de marcher se meurent entre les compagnies force debats et altercations : chose assés ordinaire en telles cerimonies. Et y en eust une grande entre l'evesque de Paris et la cour de parlement, sur la place que doit tenir la cour prés l'effigie du Roy, de laquelle s'empara en fin violamment et contre toute raison l'evesque de Paris, qui l'emporta de haute lutte par dessus la cour, favorisé et soustenu, ainsi qu'on disoit, de M. le comte de Soissons, qui en fist boire à la cour l'affront tout entier.

Les autres compagnies firent à coups de poing; principalement ceux des aydes contre les comptes, où les gourmades et horions donnerent la preseance à ceux qui sceurent mieux s'aider des pieds et des mains.

Ce jour, M. de Guise (qui estoit aussi prodigue de bonnetades au peuple de Paris qu'avoit esté feu son pere, qui souloit saluer jusques aux crocheteux et harangeres de la ville) passant par la rue Saint Honoré et y saluant tout le monde, se rencontrerent sous une porte deux ou trois pauvres femmes, lesquelles le dit seingneur de Guise aiiant saluées, l'une d'elles va crier et dire tout haut : « Ma foy, tu as beau nous
« saluer : nous n'avons que faire de tes salutations,
« non plus que de celles de ton pere. C'estoit un grand
« salueus, aussi bien comme toy; mais ses salutations
« nous ont cousté bien cher : elles nous ont fait man-
« ger du chevau et de la vache enragée. Nous n'i re-
« tournerons plus. »

Le mecredi 3o et dernier du mois, le corps de Sa Majesté fust porté de Nostre Dame à Saint Denis en pareille pompe et magnificence que le jour de devant; et le lendemain premier de juillet, aprés son service fait en la dite eglise, fust solennellement enterré, et mis en la tombe de ses predecesseurs. En ceste ceri- monie, y eust recharge de bravades à la cour : M. le comte de Soissons refusa de rompre le baston en leur presence, encores que de toute ancienneté on eust accoustumé de ce faire. La celebration des graces à leur table ne se fist point, lequel honneur toutesfois ne leur avoit jamais esté denié ni debattu.

M. le premier president, vray Atlas de ceste compagnie, et le Piso de nostre aage, descrit par Tacite au sixieme livre de ses Annales, qui n'enclinoit jamais à opinion qui sentist son homme lasche, fust d'avis de poursuivre à bon escient la reparation du tort qu'on faisoit à la cour en ceste partie comme en beaucoup d'autres; et pour le restablissement de son auctorité mist en avant plusieurs bons et salutaires conseils. Mais il fust si mal secondé, qu'il fust contraint d'en quitter la poursuitte, et se plaindre, non sans cause, que les principaux de ses collegues et compagnons, qui le devoient soustenir, et defendre la dignité de la cour, estoient ceux qui l'opprimoient sous main et la trahissoient, connivans aux mauvaises prattiques des ennemis de la dite cour, qui n'en respiroient que la ruine et l'aneantissement.

Sur la fin de ce mois, par toutes les eglises et paroisses de Paris, on fist des services solennels pour le remede de l'ame du feu Roy, et force sermons et oraisons funebres en l'honneur et recommandation de Sa Majesté. Le pere Portugais commença le mardi 22 de ce mois à Saint Jacques de la Boucherie : qui ne fist pas grande chose, et où à l'yssue de son sermon s'esmeust une dispute entre un prestre de la dite paroisse et ung medecin appelé Dovinet, que je connois pour honneste homme ; et ce, sur l'article d'un concile qu'avoit allegué le pere Portugais en son sermon, qui declare tous assassins de roys perdus et damnés. A quoi ce bon prestre, comme favorisant les assassins, contrarioit ouvertement, et si violamment, que se voiiant fermement contredit du medecin, s'eschappa de telle façon, qu'aiiant lasché des traits contre le Roy et contre l'Estat, voire jusques à en mesdire apertement, fust par le dit Dovinet accusé et deferé à M. le premier president, qui le fist prendre prisonnier.

L'abbé Du Bois, à Saint Leu et Saint Gilles, traicta plus doucement que de coustume les jesuistes : si qu'on disoit qu'il avoit chanté la palinodie, et fait comme une forme de quelque retractation sur ce qu'il avoit presché contre eux à Saint Eustace. Ce que toutesfois le dit abbé nioit fort et ferme, ni qu'il y eust jamais pensé : car mesmes s'estant trouvé le lendemain au logis du president Vergne où j'estois, nous monstra et leust le double du sermon qu'il y avoit fait, bien eslongné de ce qu'on en disoit. Mais, comme on dit, le papier souffre tout.

Le curé de Saint Pol, à Saint Pol, les traicta rudement, et plus qu'il n'avoit encores fait. Pour laquelle cause aiiant esté mandé de M. le chancelier, l'alla trouver, accompagné de quinze ou vingt de ses paroissiens, auquel il soustinst et persista en ce qu'il avoit presché contre les dits jesuistes ; et en dit encores autant et plus de mal qu'il n'avoit fait en sa chaire. Mais M. le chancelier aiiant esgard à l'humeur du personnage, et aussi qu'il estoit curé d'une des plus grandes paroisses de Paris, où il estoit supporté et aimé, le renvoiia fort doucement, et plus qu'il n'eust fait un plus habile que lui. Son oraison, au reste, ne fust que pietrerie et fadeze.

Coiffeteau à Saint Benoist ne parla des dits jesuistes

ni en bien ni en mal; loua fort le Roy, recommanda au peuple sa memoire; et fust louée et estimée son oraison, pour la belle disposition et suitte qu'on y remarqua, accompagnée d'elegance et modestie.

Le bon homme de Saint Germain, à Saint André, n'en parla point non plus; et disoit on qu'il n'avoit fait ne bien ne mal. Toutesfois je trouve qu'il devoit estre loué du premier, en ce qu'après avoir fort regretté et loué le feu Roy selon sa capacité, recommanda l'union et la paix au peuple.

Des Landes, à Saint Marri, fust celui qui fist le mieux, au rapport de tous ceux qui s'y connoissent: car, sans s'arrester aux comtes et verités dont la plus part des autres ont esté notés (mesmes celui du pere Portugais); sans faire mention de jesuistes, ni semblables fadezes, fist un sermon vraiement chrestien, substantieus et edificatif, à l'honneur et recommandation du feu Roy, lequel il loua fort, gravant au cœur du peuple sa memoire : mais sur tout lui recommandant en ceste perte si grande une vraie et vive conversion à Dieu, par une droite penitence et amandement de vie.

Pour moy, je tiens ce jacobin, que j'ay oui prescher l'advent dernier à Saint Sevrin, pour le predicateur de Paris qui presche le mieux aujourd'hui, et le plus purement.

Cospeau, evesque d'Aire, le jour Saint Pierre, à Nostre Dame, où le corps du Roy fust apporté, fist son oraison funebre avec apparat, *hoc est* beaucoup de moustre et peu de rapport; loua le Roy et les jesuistes, et prescha *el pauco* en Espagnol, disoit lon, duquel il a le visage, la garbe (¹) et la contenance.

(¹) *La garbe* : l'orgueil.

M. d'Angers finalement en ferma le pas à Saint Denis, par celle qu'il y fist dans la grande eglise le jour de l'enterrement, où, entre autres choses fort communes et triviales pour louer les jesuistes, denigra et blasma ceux de la cour y assistans, à leur nés. « Ceste « sainte compagnie, dit il parlant des jesuistes, qui a « esté injustement condamnée et maintenant est calom- « niée : » qui estoit leur donner droit à la visiere.

Il y eust prou d'autres sermons, panegyrics et oraisons funebres qui se firent sur la mort de ce grand Roy : comme aussi c'estoit la monnoie de ce temps là, plus aisée et courante entre le peuple pour le paiement de cet assassinat. Mais les sus escrites sont les principales, et de nos principaux docteurs et orateurs : à la plus part desquels, quand on eust fait faire les mesmes defenses qu'on fust d'avis de faire à ceux qui vouloient pourtraire Alexandre le Grand, on n'eust que bien fait, ce me semble, puis qu'ils n'y entendoient rien, non plus qu'eux.

Le pere Coton, accompagné de deux des siens, alla trouver M. le procureur general ce jour, pour le supplier, au nom de toute leur Société, leur vouloir permettre de faire imprimer une apologie pour la defense des calomnies toutes apparentes dont on avoit chargé et chargeoit on tous les jours leur compagnie; avec commandement et inhibition expresse à toutes personnes, de quelque qualité qu'elles fussent, de les contredire et impugner, ou y faire response en façon que ce fust. De laquelle requeste, comme incivile et impertinente, ils furent tout à plat deboutés et refusés sur le champ par le dit procureur general, et par un jeune conseiller de la cour qui s'y trouva. Leur fust dit qu'attendu l'impudence de leur demande, quand il n'i eust eu que lui pour y respondre, qu'il l'eust fait.

En ce mois de juing, et au commencement d'icelui, mourust M. l'archevesque de Rouen, frere bastard du feu Roy. La Roine regente en aiiant eu la nouvelle, donna tout aussi tost deux de ses abbayes : celle de Saint Florent à M. de Souvray, gouverneur de nostre Roy son fils ; celle de Marmoustier, qui estoit beaucoup meilleure, voire une des belles et bonnes de la France, et que M. de Souvrai avoit demandé (dont il avoit esté esconduit de Sa Majesté), au frere de la Consine (1) sa favorite, qui estoit un grand personnage, lequel apprenant à lire depuis quatre ans, n'i pouvoit encores mordre.

On appeloit cest homme le magot de la cour, pour ce qu'outre ce qu'il estoit laid et difforme, il avoit si mauvaise mine, que jamais le sieur Conssine n'avoit ozé prendre la hardiesse de le presenter au feu Roy, craingnant que Sa Majesté s'en moquast. Les moines de Marmoustier n'en vouloient point aussi pour leur abbé ; disoient qu'ils avoient accoustumé d'estre commandés par des princes, et non par des menusiers comme cestuici, qu'on avoit veu manier le rabot en une boutique.

Et combien que le Pape ait prou de pouvoir pour leur en faire passer la carriere, si est ce que comme dit un abbé ces jours passés, parlant d'eux en bonne compagnie : *Hoc genus dæmoniorum non ejicitur foras, nisi jejunio et oratione.*

---

(1) *Au frere de la Consine :* Etienne Galigaï. Il fut depuis archevêque de Tours, et se retira en Italie après la mort du maréchal d'Ancre et de sa femme.

Au surplus, on a fait une remarque digne de consideration en la mort de ce prelat, bon serviteur du Roy. C'est qu'à l'heure mesme que Sa Majesté fust assassinée, il prist à ce prince, qu'on dit n'avoir jamais sceu sa mort, une saingnée de nés du costé gauche, qui lui a duré jusques à la fin de sa vie.

Au mesme temps, la Roine regente, sur un faux advis qu'elle receust de la mort de M. de Boëce, gouverneur de Bourg en Bresse, brave seingneur et valureus, mais qui estoit de la religion, donna tout aussi tost ce gouvernement d'importance à Consine, italien, son favorit : dont il y eust du murmure à la cour. Et le dit Boëce estant revenu en convalescence, sans avoir esté malade, ainsi qu'on disoit, bien adverti de tout ce qui s'estoit passé et se passoit, vinst trouver la Roine ; et se plaingnant de la precipitation dont on avoit usé, lui dit qu'il ne doutoit point que Sa Majesté n'eust esté surprise, lors qu'elle avoit si promtement accordé la provision de son gouvernement, attendu qu'il en avoit la promesse et lettres du feu Roy pour la survivance à son fils. Dont il supplioit treshumblement Sa Majesté lui en vouloir donner la confirmation ; et que se portans bien, graces à Dieu, l'un et l'autre, ils estoient aussi resolus et deliberés que jamais de bien et fidelement servir Leurs Majestés. Au reste, qu'il savoit fort bien d'où tout ce mesnage estoit procedé, et qu'il la supplioit treshumblement de tant faire, que M. le grand et lui n'eussent rien à demesler ensemble. Ce que la Roine lui accorda en partie ; et pour le regard de la survivance de son gouvernement à son fils, lui en donna la confirmation, bien qu'à l'envis et à regret, selon le bruict tout commung de la cour.

Sur la fin de ce mesme mois, arriverent à Paris les principaux seingneurs, gouverneurs et capitaines des places que commandoient ceux de la religion en Poictou, Xaintonge, Angoumois et Languedoc, pour prester le serment de fidelité au nouveau Roy, et à la Roine regente sa mere. Ce qu'ils firent sans exception aucune ni reservation, fors de leur edit, auquel ils supplierent Leurs Majestés les vouloir entretenir.

M. d'Aubigni entre les autres, gouverneur de la ville de Maillezois en Poictou, brave gentilhomme et docte, parla fort, et se fist ouir au conseil; dit qu'ils estoient d'une religion en laquelle, comme en beaucoup d'autres, ni pape, ni cardinal, ni prelat, evesque, ne quelconque autre personne, ne les pouvoient dispenser de la subjection naturelle et obeissance qu'ils devoient à leurs rois et princes souverains, laquelle ils reconnoissoient leur estre legitimement et absolument deue, selon Dieu et sa parole.

Ce fust ce gentilhomme qui dit au feu Roy, lors qu'il fust blessé par Chastel à la levre, que de sa levre il avoit renoncé Dieu, et pourtant que Dieu l'y avoit frappé; mais qu'il prist garde à ce que le second coup ne fust point au cœur. Parole trop hardie d'un subject à son roy, voire criminelle et capitale à tout autre qu'à d'Aubigni, auquel Sa Majesté, pour ce qu'il l'aimoit, avoit donné liberté de tout dire, et ne trouvoit rien mauvais de lui : aussi qu'il lui avoit commandé à l'heure de lui dire librement ce qu'il pensoit de ce coup. Sur quoy il lui fist la response d'un vray et franc huguenot, et toutesfois un peu bien eslongnée, ce semble, de ce grand respect et obeissance qu'ils protestent de rendre à leurs rois.

Les autres seingneurs et gentilshommes deputés de la religion tindrent le mesme langage à la Roine et au conseil que cestuici, et parlerent tous fort librement : sur tout un du Dauphiné, qu'on disoit estre ministre, lequel en presence du pere Coton, appuié sur le manteau de la cheminée de la chambre du conseil, sembloit vouloir instruire un procés contre les jesuistes, lors qu'il dit que les escrits de quelques uns de ce temps, qui avoient denigré de la puissance legitime et auctorité souveraine de nos rois, pour l'assujettir à une simplement spirituelle qui n'y avoit que voir et controller, avoit causé la mort de ce grand prince, et en causeroit à l'avanture d'autres, si on ne donnoit ordre de les reprimer.

Tel ou semblable fust le sommaire des harangues de ceux de la religion au conseil, que la Roine acueillist benignement, et les contenta prou de paroles et belles promesses : si qu'ils s'en retournerent fort satisfaits de Sa Majesté et de sa cour, où toutesfois ils sçavoient bien qu'ils n'estoient tant aimés que craints.

La querelle survenue en ce temps entre M. le prince de Conti et M. le comte de Soissons, à raison du gouvernement de Normandie accordé par la Roine regente au dit comte de Soissons, trouble Paris et divise la cour. Le duc d'Esparnon d'autre costé, confirmé par Sa Majesté en l'usurpation de son nouveau regne d'Austrasie, s'en fait croire par tout, possede la Roine regente ; et appuié de l'auctorité et faveur du comte de Soissons, qui se sert de lui pour contrequarrer les desseins de monseingneur le prince de Conti, et par mesme moien ceux de la maison de Guise ses proches parens et alliés, fait faire une partie de ce qu'il veult à la Roine : et couvert de cest umbre, n'y a rien de si difficile qui se presente dont il ne se promette d'en pouvoir venir à bout.

Messieurs de Bouillon et de Sully, avec ceux de la religion, se tiennent unis et serrés par reigle et raison d'Estat, regardent ce jeu; et craingnans en fin que tout retumbe sur eux, se tiennent sur leurs gardes, aiians esté bien avertis que M. d'Esparnon, parlant d'eux, avoit dit qu'il faloit commencer par les rechasser à Ablon, et que Charanton n'estoit qu'une tolerance pour un temps, contraire à leur edit mesme. « Mais « cela n'est pas si aisé à faire comme M. d'Esparnon « pense (dit M. de Bouillon l'aiiant entendu), duquel « et de M. de Sully ceux de Guise se disent amis. » Qui n'ont toutesfois grande occasion, ce semble, de s'y fier, si ce n'est sur bons gages.

Voila quelle estoit la division de nos princes et seingneurs, laquelle on disoit que la Roine, mieux conseillée, devoit estouffer de bonne heure, et en graine, comme on dit : car l'issue des querelles entre les princes et grands seingneurs est telle, qu'il s'ensuit ordinairement ce que dit Ciceron en sa harangue *de Aruspicum resp.* : ruine de l'Estat, ou nouvelle domination de celui qui demeure le plus fort.

Mais il semble, par les procedures qu'on tient en la conduitte de cest Estat, que nous aiions plus d'envie d'en fomenter la division que de l'estaindre, pour ce qu'on ne se sert aujourd'hui, ce dit on, que d'une maniere de gens qui ont les mains habiles, et trop plus serrantes que les griffes des chats. Tellement que si nous courons fortune du costé de l'ambition, nous n'en courons gueres moins du costé de l'avarice, qui fourrage frauduleusement. Au reste, grands hommes d'Estat, mais pour tout conchier (1) et gaster, fermans nostre cabinet à nos bons François et vieux conseillers, pour l'ouvrir à des estrangers et nouveaux qui n'en sçauront jamais tant que ceux ci en ont oublié, et avec lesquels toutesfois nous resouldons les plus graves et importans affaires de nostre roiaume.

Telle est la voix du peuple, et les discours ordinaires des compagnies de Paris. Et pour le comble de la farce, on dit que la Conssine, inspiritée, a des inspirations et revelations nocturnes qui l'inspirent de dire à la Roine que si elle veult que le Roy son fils regne seurement avec elle et longuement, qu'il ne faut plus qu'elle tolere ni souffre en aucune façon l'exercice de deux religions en son roiaume, ains d'une seule : sçavoir, la catholique, apostolique et romaine; et que le malheur du coup du Roy n'estoit procedé que de là.

En ce temps, divers advis sur la mort du feu Roy furent envoiés de Romme à Paris, où ils coururent fort. Un mien ami m'en communiqua un fort particulier que lui escrivoit un abbé de ses amis, et des miens aussi, par lequel il lui mandoit que le 23 de may, à une heure après minuit, le Pape estant dedans son lit, avoit receu la nouvelle du prodigieus assassinat commis en la personne de Henri IV, roi de France et de Navarre; et que n'en aiiant peu contenir ses larmes, auroit à l'instant envoié advertir l'ambassadeur de France de ce triste et funeste accident, avec commandement de le venir trouver aussi tost qu'il seroit jour. Ce que le dit ambassadeur aiiant fait, Sa Sainteté dés qu'il l'eust aperceu, fondant tout en larmes, se jetta

---

(1) *Tout conchier* : tout corrompre.

à son col, le tenant embrassé un long temps, avec des demonstrations d'amitié et grande privauté, qui ne sont pas communes aux papes, et lesquelles ne se prattiquent gueres qu'en une extremité de douleur ou de joie. « Ha! « mon ami, lui dit il, vous avés perdu vostre Roy et « vostre bon maistre, et moy j'ai perdu mon bon fils « aisné : prince grand, magnanime, sage et incompa- « rable, vray fils de l'Eglise, affectionné à ce Saint Siege. « Nous nous devons tous ressentir de ceste cruelle mort : « vostre France plus ira avant, et plus en sentira la « perte; il n'y aura coing de la terre qui ne pleure ce « grand monarque; et de moy, qui ay cest honneur de « porter le tiltre de chef de l'Eglise, je veux par un « privilege singulier en honorer la memoire au dessus « de tous les rois qui l'ont precedé. » De fait, Sa Sainteté celebra ce jour solennellement la messe; et le 28 de ce mois en fist faire en sa chapelle les funerailles magnifiques, ausquelles il assista en personne, comme aussi à l'oraison funebre. Ce qui n'a jamais esté remarqué en pape quelconque : car encores que quelques fois, mais bien rarement, ils se soient trouvé aux obseques, jamais pourtant à oraison funebre qui se fist en icelles; et disoit on à Romme que cestuici estoit le premier.

Voila la substance de la lettre de l'abbé, de l'extrait de laquelle je n'eusse chargé ce papier, n'estoit que je connois le dit abbé pour homme veritable, et aussi qui en peult parler, comme estant camerier de Sa Sainteté, et qui couche en sa chambre. Le pis que je voie en tout cela, c'est que nos François heretiques (et beaucoup d'autres qui ne le sont pas) font des risées de toutes ces cerimonies affectées et extraordinaires, disans que les Romanistes sont gens à la verité fort accorts, fins et deguisés; mais que les François aujourd'hui sont desniaisés.

En ce mois, ung se disant gentilhomme eust la teste trenchée dans la ville d'Estampes, pour avoir outrageusement mesdit du feu Roy, de cestuici et de la Roine, et avoir voulu soustenir que la couronne apartenoit à M. le prince de Condé, et non à autre. Desquels propos information aiiant esté faite, et par bons tesmoins verifiés contre lui : aprés que le tout eust esté envoié à Paris, et mis entre les mains de M. le premier president, icelui, comme bon et fidele serviteur du Roy et de cest Estat, craingnant, si on l'amenoit à Paris, qu'il en avinst comme de beaucoup d'autres, ausquels en pareil crime la temporization et faveur avoient sauvé la vie, fust d'avis de l'executer là où il estoit, promtement et à petit bruit : ce qui fust fait. De quoi nous sommes tenus au dit premier president, comme de beaucoup d'autres bonnes justices.

En ce mois, la Sainte Beuve ne se voulant monstrer moins charitable aux jesuistes qu'aux ligueus, qu'elle avoit souvent obligés et cachés entre sa chair et sa chemise (le tout par une simple devotion et catholique intention), donna aux dits jesuistes l'hostel de Mezieres, sis aux faux bourgs Saint Germain, qu'on disoit avoir expressement acheté pour eux, mais sans en rien paier, comme on dit, selon la caballe jesuitique, de laquelle il faut aprendre ce secret misterieux. Les jesuistes s'en monstrerent si fort contens, que faisans d'une Thais une Lucrece, le pere Maschaut dit que Dieu merci et ceste sainte dame, ils tenoient en leurs mains l'Université de Paris bouclée.

Les ministres de Charanton, par ordonnance du

consistoire, en ce mesme mois firent mettre à bas, dans leur cimetiere de Saint Pere, les tumbes qu'on y avoit dressées à plusieurs diverses personnes, comme ne tendantes ni ne pouvans servir à autre chose, disoient ils, qu'à remettre sus les cerimonies et superstitions papistiques, qu'ils appelent.

Ung peintre demeurant au bout du pont Saint Michel à Paris, aiiant peint nostre petit Roy avec une pique sur l'espaule, et en aiiant estalé le pourtrait en plaine rue, donna subject de risée à quelques uns, aux autres de murmure, et à beaucoup de curieus comme moy de remarque : car telles armes n'ont point accoustumé d'estre données en pourtraiture à nos roys, moins à cestuici, duquel les espaules ne sont encores assés fortes pour soustenir une pique. Aussi lui fust-il fait commandement de l'oster.

Petites observations du temps curieuses, mais vraies, extraictes d'un petit Memoire d'un mien ami, qu'il m'a communiqué ce mecredi dernier du present mois de juing 1610.

A l'heure que le Roy fust tué, la Roine estant dans le Louvre, s'y esleva un grand bruit, duquel Sa Majesté toute effraiiée mist la teste à la fenestre, demandant que c'estoit. Le premier qu'elle advisa fust M. de Souvray, auquel aiiant demandé que c'estoit, et si son fils d'Orleans n'avoit point quelque mal, ou s'il n'estoit point mort, et qu'on ne lui en celast rien ; le dit sieur de Souvray lui aiiant fait response que non, et qu'il se portoit bien, Dieu merci, mais que le Roy venoit d'estre blessé : se laissant à l'instant aller aux pleurs et aux sanglots, dit qu'elle le vouloit aller voir.

Sur quoi M. le chancelier entra, tenant nostre petit Roy par la main, et le monstrant à la Roine lui dit ces mots : « Voila le Roy, madame; vous n'en « pouvés plus voir ni avoir, ne vous ne nous, d'autre « que cestui là. Au surplus, vostre sagesse et cons- « tance, madame, doit suppleer à l'indicible malheur « qui vient d'arriver : pour la reparation duquel, et « conservation du demeurant, le Roy vostre fils icy « present, messieurs vos autres enfans, ce pauvre Estat « en general, et nous tous, avons besoing de vostre « invincible vertu, et non de vos larmes. »

Celui qui osta au Roy mort sa chemise fust ung chirurgien d'Auvergne nommé Berards, qui, contre l'opinion de tous les autres medecins et chirurgiens, guairist le Roy à Monsseaux, il y a dix ou douze ans, d'une carnosité qu'on avoit tenue pour incurable : qui avoit esté la cause de le faire aimer de Sa Majesté.

M. de Vicq, gouverneur de Calais, outré d'indicible regret et desplaisir, comme grand serviteur du Roy qu'il estoit, s'y estant trouvé, et fondant tout en larmes, pria qu'on lui en donnast la chemise, laquelle toute percée et sanglante il mist dans ses chausses, et l'emporta quant et lui.

M. d'Orleans, frere du Roy, outre la portée de son aage, et avec estonnement et admiration de tout le monde, fust si fort touché de ceste perte qu'il se voulut tuer : demanda pour ce faire un poingnard (autres disent le cousteau avec lequel ce miserable avoit assassiné son pere), criant qu'il ne vouloit point sur- vivre son papa. Ce que le lendemain la Roine toute espleurée recita à son disner, où le pere Coton estoit: lequel entrant là dessus en discours, loua la generosité et magnanimité de ce jeune prince, et comme telles pensées et resolutions n'avoient jamais saisi les ames viles et basses du commung; et qu'il n'y avoit que les cœurs genereux, comme d'un duc d'Orleans, qui en fussent capables. Puis restraingnant aucunement son dit discours au christianisme, à raison principalement de sa profession, se rendit ridicule : en sorte qu'il ne fust estimé autre que profane et flateur, indigne d'un bon chrestien et jesuiste.

Ceux à la verité qui ont l'honneur d'approcher la personne de ce jeune prince en font tous un jugement non vulgaire d'un grand esprit, courage et valeur inestimable; mais sur d'autres conjectures que celles du pere Coton, qui sont purement paiennes, et non chrestiennes.

Les bastisseurs des horoscopes et revolutions des nativités des grands (encores que je ne sois de ceux qui fussent d'avis de s'y arrester) disent tous que ce prince sera si grand et vaillant, qu'il fera parler de lui par tout le monde, sera roy aprés cestui ci, vengera cruellement et exemplairement la mort du Roy son pere (comme dés maintenant il n'a autre chose en la bouche, si non qu'il veut venger la mort de son papa); le tiennent pour devoir estre ennemi du Pape, jusques à ruiner Romme, et chasser la Sainteté de son siege. Ce qu'aiiant esté raporté à la Roine, dit que si Dieu lui donnoit vie, elle l'empescheroit bien d'en aller jusques là.

Quant à nostre Roy, on n'en fait pas jugement d'un si grand esprit que de l'autre, bien que genereux et guerrier, mais fort colere, opiniastre, et malaisé à desmouvoir de ce qu'il veult.

Il aime la chasse et la peinture, science de laquelle on dit que jamais teste de lourdaut ne fust capable. En ses autres actions, enfant enfantissime.

Ces jours passés, lui aiiant esté donné ung passereau, et ne sachant quelle creste il lui devoit donner, ou rouge ou jaune, en voulut avoir l'advis de M. le grand; et quelque chose qu'on lui peust dire au contraire, commanda qu'on le lui fist venir pour en avoir son conseil. Lequel sieur venu, remist la couleur de la creste de son moineau à la discretion de Sa Majesté, comme chose indifferente.

Il ne monstre point aimer beaucoup aucun prince ni seingneur de sa cour, fors le chevalier de Vendosme : mais particulierement on n'a peu jusques à aujourd'hui lui faire gouster son frere aisné M. de Vendosme; moins encores le marquis d'Ancre. Ung petit pied plat de Saint Germain en Layie, nommé Pierrot, qui lui faisoit passer le temps à jouer, et lui fournissoit de moineaux pendant qu'il y demeuroit estant M. le Dauphin, seroit des premiers de sa cour s'il en estoit creu.

Pour le regard des jesuistes, qu'on approche aujourd'hui de sa personne le plus prés qu'on peult, et qui s'y ingerent assés d'eux mesmes sans les y pousser davantage : on ne juge pas (de tant qu'on en peult conjecturer en ce petit aage où il est) que jamais Sa Majesté les affectionne beaucoup, ni qu'il les aime prés de lui, pour ce que son humeur est toute contraire à la leur, et pour le temporel et pour le spirituel. Qui est un grand bien, d'autant que je tiens ces gens pour ennemis formels et conjurés de son Estat.

Quand la nouvelle fust apportée à Prague de la

mort du feu Roy, il se trouva un jesuiste aagé de bien soixante dix ans, qui, ne s'estant peu contenir de monstrer publiquement, par gestes et par paroles, la joye qu'il en avoit, fust d'abondant si impudent et effronté de demander qui seroit celui qui lui pourroit succeder à la couronne? Auquel aiiant esté respondu que son successeur estoit dés long temps tout designé et bien certain (qui estoit monseigneur le Dauphin son fils aisné), il repliqua qu'il ne le pouvoit estre, ni pas un des enfans de la Roine, pour ce qu'ils estoient tous bastards.

Je sçay que le susdit advis, extraict d'une lettre du fils de Largentier, escrite de Prague à son pere, a esté debattu comme faux par les jesuistes, encores qu'il soit tresvrai, tesmoigné par gens d'honneur irreprochables.

Ung autre vipere jesuiste, grand criart, clabaudeux et charlatan, non à Prague, mais à Paris, où il n'estoit toutesfois quand le coup fust fait, en aiiant receu la nouvelle de ses compagnons, et leu assés gaiement la lettre qu'ils lui en escrivoient en une compagnie de catholiques zelés (qu'on appelle), demanda à un d'entre eux une paire d'Heures, pour voir quel saint y estoit marqué ce jour de vendredi 14, que le Roy fust tué. Aiiant trouvé que c'estoit saint Boniface : « Voila que « c'est, mes amis, dit il ! ce saint ne peut rien faire que « bien. » Aussi ne leur fist jamais autre chose le feu Roy, qu'ils ont toutesfois fait mourir. Mais si cestuici m'en croid, il ne sera jamais leur Boniface comme a esté son pere.

Le medecin Duret, descheu tout à coup de la grace et faveur de la Roine regente, eust son congé de la cour en ce mois, avec commandement exprés de se retirer, et n'entrer dans le Louvre pour y exercer et prattiquer sa medecine. Ce revers si soudain estonna beaucoup de gens, pour ce que le dit Duret estoit des amis des dieux, favori de la deesse Conssine, et du conseil de la petite escritoire. Ung des plus grands, enquis sur ceste mutation par un personnage de Paris de grande qualité, qui estoit de ses amis, et qui desiroit d'en apprendre quelque chose de lui, n'en eust autre response, si non que telle avoit esté la volonté des dieux, et que par raison d'Estat ce qui avoit esté fait se devoit faire.

Au mesme temps, un conseiller d'Estat, contredisant l'opinion commune (que je tiens toutesfois pour bien vraie) touchant Ravaillac, que chacun disoit n'avoir rien revelé ni confessé sur l'assassinat du feu Roy, donnoit sourdement à entendre à beaucoup de gens qu'il en avoit prou dit et descouvert; mais que tout estoit demeuré caché à cause de la minorité du Roy, pendant laquelle on avoit trouvé bon de ne rien remuer. Si nous n'estions François, j'en croirois quelque chose; mais l'estans, et par consequent *pleni rimarum* (comme dit le comique), *qui hac atque illac perfluunt*, je tiens la garde d'un tel secret pour impossible entre nous.

Le lendemain de la mort du Roy, on trouva escrit en grosse lettre sur la porte de l'hostel de Sully : *Valet à louer*; et sur celle de la maison de Maupeou : *Maison à louer pour le terme de la Saint Jean*.

Environ ce temps, et peu de jours avant la mort du Roy, l'execution cruelle et inhumaine d'une pauvre femme des champs pour la taille (à laquelle les sergens aiians tout pris, vendirent pour le dernier une vache qui seule lui restoit pour la nourriture d'elle et de six petits enfans) causa un triste et prodigieus accident : qui fust que ceste pauvre femme s'estant desesperée, pendist premierement ses six enfans, puis se pendist aprés elle mesme.

On fist recit au Roy de cest acte vraiement tragique et espouvantable. Et le jour precedent sa mort, le frere de ceste miserable (qui estoit un pauvre homme tout troué et desloqueté) se vinst jetter aux pieds de Sa Majesté pour lui en demander justice; mais tant s'en fault que le Roy s'en moustrast aucunement touché ni esmeu, qu'au contraire aiiant rudement repoussé et renvoié ce pauvre homme, lui dit qu'ils estoient tous des canailles, et qu'il eust voulu, pour ung, qu'il y en eust eu cent qui se fussent pendus. L'autre aprés ces propos s'estant levé, jettant les yeux au ciel, dit ces mots : « Puisque le Roy ne tient comte de me faire justice, « je m'asseure que celui de là haut, qui est Dieu, me « la fera, et bien tost. » Le lendemain le Roy fust tué.

Ce n'est pas pour entrer là dessus aux secrets de Dieu : il les faut laisser à Dieu mesme; l'homme chrestien se doit contenter que Dieu le face de sa cour, sans le faire de son conseil. Les rois aussi ont de bonnes heures et de mauvaises, et d'autres discours en la teste que nous n'avons pas, qui les faschent et troublent quelques fois bien importamment. Il faut dire que ce bon homme s'y rencontra à la mauvaise, veu la response qu'il lui fist, du tout eslongnée du naturel bening et misericordieus de Sa Majesté : et ne lairra toutesfois pour cela d'estre accouplé au *facti species* de Suetone, *in quo jus violavit.*

De moy, je n'en eusse chargé ce registre, ne l'aiiant sçeu au vrai que trois mois aprés, si un de mes amis, homme d'honneur et de qualité, ne me l'eust asseuré pour veritable, l'aiiant apris de M. Forin, gouverneur du marquis de Rosny, qui estoit present, et prés du Roy lors que tout cela fust dit.

Je ferai suivre cestuici d'un autre non moins vrai et remarquable que le precedent, mais qui rencontra le Roy à meilleure heure que nostre bon homme : tellement qu'au contraire de cestuici il conniva et passa sans mot dire une response par trop impudente et hardie que lui fist un prestre agrafé.

Ce fust pere Gontier, jesuiste, auquel ce mesme jour Sa Majesté revenant de Saint Denis, l'aiiant avisé, dit ces mots : « Et bien, mon pere, je m'en vay en mon « armée. Més que j'y sois, prierés vous pas Dieu ici « pour nous? — Hé, sire, lui respondit ce caffard, com- « ment pourrions nous prier Dieu pour vous, qui vous « en allés, en un pays plain d'heretiques, exterminer « une petite poinguée de catholiques qui y restent ! » Le Roy tournant la teste de l'autre costé : « C'est le zele, « dit il en riant, qui transporte ce bon homme, et le « fait parler de ceste façon. » Et n'en dit autre chose, combien que ce traict fust plus digne de sa colere que la requeste du pauvre paysan.

Celui qui me l'a dit y estoit, et l'a entendu de ses deux oreilles; et si sçay qu'il ne ment point. C'est pourquoi je l'ay escrit ici tout aussi tost.

[JUILLET.] Le samedi 3 de ce mois, la Roine regente fist sa premiere sortie du Louvre depuis la mort du feu Roy son mari, alla à Nostre Dame dans son carrosse, qui estoit suivi de six autres. Au reste, fort accompagnée, et entourée de tous les costés de gardes, soldats et harquebusiers, que conduisoit La Chastaingneraie, capitaine de ses gardes.

Tous les princes, hors mis M. le comte de Soissons, entouroient son carrosse, avec force cavalliere noblesse, entre laquelle paroissoit par dessus tous les autres M. d'Esparnon, brave et fort en couche, rajeuni de plus de dix ans depuis la mort de son maistre, portant sa teste aussi haute que celle de son cheval, sur lequel il monta, pour accompagner la Roine, dans la cour mesme du Louvre. Ce qui fut bien remarqué, et trouvé estrange, comme n'appartenant qu'aux princes du sang : messieurs de Guise ne l'aiiant jamais entrepris durant leurs plus grandes prosperités. M. de Montpensier, le bon homme, tout prince du sang qu'il estoit, en faisoit de la difficulté, et n'i montoit gueres sans s'en faire prier.

L'apres disnée de ce jour, la Roine continuant ses devotions, alla à Saint Victor, où elle fust conduitte avec pareille garde et suitte que celle du matin. Sa Majesté a tousjours fort aimé et honoré ceste eglise, où Nostre Dame de Bonnes Nouvelles (qu'elle y visite souvent) fait sa residence.

J'acheté, ce jour, deux sols le pourtrait du feu Roy en son lit de deuil, fait en taille douce, mais si mal, qu'il sembloit proprement qu'on l'eust fait exprés tailler de ceste façon pour s'en moquer : car il ressembloit mieux à ung gribouri ou à ung hibou que non pas au Roy.

Ung meschant heretique dit ce jour dans le Palais, et en sema le bruit par tout, que les jesuistes l'avoient fait faire.

Le lundi 5, j'ai acheté trois sols une lettre du pere

Coton qu'on crioit par ceste ville, imprimée nouvellement par Chapelet, intitulée *Lettre declaratoire de la doctrine des jesuistes, conforme aux decrets du concile de Constance; adressée à la Roine mere du Roy, regente en France, par le pere*, etc.

Ceste lettre est artificieuse, douce, et succrée par dessus, mais plate et molle comme coton.

Le jeudi 8, la roine Marguerite donna la collation magnifique et sumptueuse à la Roine regente en sa belle maison d'Issy; au sortir de laquelle Sa Majesté monta sur un genet d'Espagne, qu'elle galoppa bravement jusques à l'entrée du faux bourg Saint Germain, où elle rentra, et se remist dans son carrosse, entouré de force gardes. Et y eust une pauvre et simple femme du dit faux bourg, laquelle la voiiant passer si bien gardée et accompagnée, commença à crier tout haut, tant que la Roine l'entendit : « Pleust à Dieu, madame, « qu'on eust fait aussi bonne garde de nostre pauvre « Roy comme on fait de vous! nous ne serions pas en « la peine où nous sommes. »

Le vendredi 9, M. de Bouillon sortist de Paris pour aller au devant de M. le prince de Condé avec madame la princesse sa mere, M. de La Trimouille et plusieurs autres seingneurs et dames. La Roine ne trouva bon que les princes y allassent, et leur en fist faire defenses, fondées, ainsi qu'on disoit, sur leurs querelles.

Le mardi 13, fust pris prisonnier à Paris Gilles Robinot, pour avoir imprimé, dés l'an passé 1609, un livre intitulé *les Triomfes du Roy*. Livre rempli de fadezes infinies, vain babil, et mesdisances sanglantes contre ceux de la religion; où il y a aussi des traicts contre l'Estat, couverts du venin de l'amorce des louanges du Roy, dont toutes les pages de ce beau discours sont remplies, mais de quoi on s'est advisé bien tard : car l'imprimeur en ayant obtenu un privilege, il s'est vendu si publiquement, qu'il n'i avoit boutique au Palais sur lequel le dit livre ne trainast. Et l'aucteur mesme (qui est l'abbé de La Frenade), l'avouant hautement et publiquement pour sien, devoit mettre hors de peine l'imprimeur, si la justice eust esté bonne : qui tout au contraire a adjugé la prison à l'innocent et donné la liberté au coulpable, auquel l'hostel de M. d'Esparnon, à qui il a dedié son beau livre, a servi et sert encores aujourd'hui de garand et retraite, au veu et sceu de tout le monde, et de messieurs de la justice mesme.

Le mecredi 14, M. le president Vergne m'a donné la response imprimée faite par l'abbé Du Bois à la Lettre declaratoire du pere Coton, qui, à mon jugement, ne vault gueres mieux que l'autre.

Le vendredi 16, ung *fratri ignoranti* s'estant adressé pour demander l'ausmonne avec sa boitte à un orloger tenant sa boutique au Palais en la place du Change, se voiiant un peu rudement esconduit de lui, pour ce qu'il l'importunoit un peu beaucoup, se tournant à la passion et aux injures, appela le dit orloger huguenot et lutherano (encores qu'il fust tout au contraire grand catholique romain); le menassa d'une seconde Saint Berthelemi, criant tout haut que le roy Charles ix n'estoit pas mort, et qu'il en feroit encores une plus tost qu'on ne pensoit. Et là dessus empoingnant une platine de cuivre qui estoit sur sa boutique, la rua à la teste de l'orloger, et l'en assena par le nés, qui le fist fort saingner. A raison de quoi le dit frere aiiant esté saisi et arresté par le peuple, qui s'estoit là amassé à foulle au bruit et cri de ses seditieuses paroles et propos, le voulut trainer en prison comme seditieux. Mais il lui fust fait voie par quelques uns, qui le firent evader, en aiiant esté le dit frater quitte pour quelques horions et gourmades : ce que n'eust esté un plus homme de bien que lui.

Les bruits couroient par tout d'une Saint Berthelemi prochaine, semés et apostés à dessein par quelques brouillons d'Estat, qui taschoient par tels artifices d'y porter le peuple ; mais lequel pour tout cela ne vouloit point mordre à l'appast, estant fait sage par les exemples du passé. « Nous n'avons que faire des querelles « des grands, disoit il. Qu'ils s'accordent, s'ils veulent, « ou si peuvent, tout ainsi qu'ils voudront; mais qu'ils « ne nous y meslent point : car nous ne sçavons que « trop comme ces gens là ont accoustumé de traicter « leurs amis. Nous en avons mangé du chien, du chat « et du chevau : nous ne sommes plus d'avis d'y retour- « ner pour le pris. Qui trouvera goust à telles viandes, « qu'il ne les espargne pas. De nous, nous en sommes « si saouls et si haudis (1), que nous avons perdu « l'envie de plus en taster. » Et telle estoit la voix de tout le peuple, et le commun langage de tous les crocheteus et femmes par tous les marchés et places de Paris.

La Chastaingneraie, capitaine des gardes de la Roine, conta ce jour, à ung gentilhomme de ma connoissance, comme le jour de devant il s'estoit saisi au Louvre d'un certain garnement qui asseuroit tout haut que dans la fin du mois d'aoust il se feroit une seconde

(1) *Si haudis* : si fatigués.

Saint Berthelemi à Paris plaine et entiere, où on verroit couler le sang de tous costés par les rues. Et au cas qu'il n'avinst ce qu'il disoit, vouloit qu'on le tirast à quatre chevaux.

L'abbé Du Bois, le mesme jour, estant sur M. le president Vergne, nous conta qu'au logis du lieutenant civil il y avoit veu deux compagnons qui se disoient prestres, mais qui ne l'estoient point, aiians pris ceste fausse qualité exprés pour tromper leurs creanciers : lesquels s'estans obligés par corps d'une somme d'argent à un certain personnage, et voiians que non obstant la contestation qu'ils faisoient devant M. le lieutenant de leur qualité de prebstre, il les vouloit envoier prisonniers, comme ne lui apparoissant rien de la susdite qualité dont ils s'armoient, commencerent à crier tout haut que tout Paris s'en alloit huguenot, et qu'il n'i avoit que les heretiques qui y fussent supportés ; mais qu'il n'en iroit pas tousjours ainsi, et que bien tost on en verroit les effects. Desquels propos le dit abbé se sentant offensé, pria M. le lieutenant civil de leur faire donner les estrivieres, et qu'il seroit le premier qui y mettroit la main, pour leur apprendre d'estre si impudens de tenir un tel seditieus langage en sa presence. Auquel effrontement ils vont respondre qu'ils s'estonnoient, veu l'habit qu'il portoit, comme il estoit si impudent lui mesme de parler pour les huguenos, et les supporter.

Alors le dit abbé entrant en colere, les menassa de leur donner des coups de baston, sans le respect de M. le lieutenant, qui aiiant fait le hola, les envoiia sur l'heure prisonniers.

M. d'Esparnon ce jour, qui avoit fait doubler les

gardes, et proposé, quelques jours au paravant, de mettre des garnisons à Paris sous l'auctorité de M. le comte de Soissons, principalement aux maisons et avenues proches des portes de la ville (ce qui avoit donné l'allarme à M. le prince de Condé, qui estoit prest d'y entrer), sortist de Paris accompagné de bien cent chevaux, pour aller au devant de lui. Comme aussi fist M. de Sully avec plus de deux cents, aiiant remporté l'honneur de l'avoir rencontré ce jour avec une des plus belles trouppes de toutes celles qui estoient sorties pour aller au devant de lui.

Son Excellence disna au Bourget, où estant à peine arrivé, rebroussa chemin pour aller à Saint Denis donner de l'eau beniste au feu Roy. A quoi le porta principalement (encores que sans cela il n'eust laissé possible de le faire) l'avis que lui en envoiia de Paris par homme exprés madame d'Angoulesme, lui faisant entendre que la Roine regente auroit fort agreable qu'il y allast; et que desja par plusieurs fois elle lui avoit demandé s'il iroit point.

Aprés disner, le dit sieur prince s'acchemina du Bourget à Paris, et sur le chemin (entretenu long temps par M. de Sully) receust force billets et advertissemens de se donner garde, et n'entrer si legerement à Paris. Finalement il en receust un de la part de M. le president de Thou, par lequel il lui donnoit advis que tous ces bruits qu'on avoit fait courir estoient vains et faux, et semés à desseing, et qu'il pouvoit venir en toute seureté. Ce qui le rasseura ung petit : si que poursuivant son chemin, il arriva, comme quatre heures sonnoient, à la porte Saint Martin, où, pour la grande compagnie et trouppe de cavallerie qui s'y trouva (que les uns contoient à deux mil chevaux, autres à dix huit cens, et les moindres à douze et quinze cens), fust contraint de s'arrester ung fort long temps.

Il estoit monté sur une hacquenée pie tresbelle, que l'archiduc lui avoit donnée; aiiant à sa main droite M. le prince d'Orange son beau frere, et à la gauche le comte de Beaumont, fils de M. le premier president, qui lui parloit; et marchoit entre ces deux, tout habillé de noir, fort triste, et comme un homme qui a perdu sa contenance. Se jouoit tanstost au collet de sa chemise, puis à ses gands, qu'il mordoit; aprés à sa barbe et à son menton : et voiioit on bien qu'il n'escoutoit gueres ce qu'on lui disoit, et qu'il pensoit ailleurs. Toutes ces actions furent fort remarquées, comme sont celles des princes ordinairement, jusques aux plus petites. Arrivé au Louvre, bien qu'il se composast de tout ce qu'il estoit possible, si ne laissa on pas de remarquer à son port et à son visage qu'il avoit de l'apprehension, laquelle lui redoubla quand il vid qu'en entrant on avoit fermé la porte à la plus grand part de ceux de sa suitte, et qu'on n'avoit voulu laisser entrer sa personne qu'en petite compagnie.

Finalement, venu jusques prés de l'entrée de la chambre du Roy, aiiant sceu que Sa Majesté estoit en celle de la Roine, s'y acchemina tout aussi tost pour le saluer, et lui baiser les mains : comme il fist, et à la Roine regente, qui le contenta tant par son bon accueil et reception, qu'au sortir il dit tout haut que la Roine l'avoit eternellement obligé. Avec laquelle aiiant demeuré fort peu, en sortist, grandement accompagné de gentilshommes et seingneurs, entre lesquels estoit M. de Guise, qui alloit coste à coste de lui sur le Pont Neuf, où je le vis passer sur les six heures du soir, portant un visage plus guay et asseuré, et toutesfois triste encores et melancolique. Il fust conduit par toute ceste belle trouppe jusques en son logis de l'hostel de Lyon, proche du mien, où il n'estoit pas fils de bonne mere qui ne le vinst saluer, reconnoistre, et y faire sa cour.

M. le comte de Soissons, fort accompagné, aiiant comme un bataillon dressé de trois hocqs de cavallerie, le vinst voir sur le tard; et aprés plusieurs complimens de toutes sortes, et avoir parlé un assés long temps ensemble, se departirent, ainsi qu'on disoit, grands cousins et amis. C'est tout ce que j'en sçay : car pour le regard des propos qu'ils eurent ensemble (qu'on desguise aujourd'hui en mille sortes, et que beaucoup se meslent de reciter, qui n'en ont jamais entendu un mot), les plus sages qui les empruntent les renvoient sur la conscience de ceux desquels ils les ont pris.

Sur les neuf heures du soir de ce jour, le dit sieur prince retourna au Louvre en grande compagnie, pour se trouver au coucher du Roy, lequel il desguilleta [1], lui tira ses chausses, et n'en partist qu'il ne l'eust mis dans son lit. Puis s'en alla, avant que se retirer, à la chambre de la Roine, lui donner le bon soir. Dequoi Sa Majesté se monstra trescontente.

On disoit que le dit sieur prince ne respiroit que le service de Leurs Majestés, et qu'il avoit protesté ne tenir jamais parti que celui du Roy et de la Roine, selon la sage instruction et conseil de M. le connestable son beau pere, et de M. de Bouillon, l'un et l'autre grands practiqs, et exercités des plus aux affaires d'Estat : le-

---

[1] *Il desguilleta* : il déshabilla.

quel quiconque entreprend de remuer est volontiers absorbé en sa ruine, le fruict du trouble ne demeurant jamais gueres à celui qui l'a esmeu.

Le samedi 17, la Roine, à son disner, dit tout haut qu'il y avoit à Paris des gens meschans et seditieus, aucteurs de mauvais bruicts et faux, mesme contre elle; laquelle ils avoient dit et publié vouloir faire une Saint Berthelemi de ceux de la religion; et que l'advis qu'elle en avoit eu venoit de la roine Marguerite, qui l'en avoit asseurée. Qui estoit toutesfois une chose tres-fausse, et à laquelle jamais elle n'avoit pensé, et qu'elle ne voudroit faire quand elle pourroit, sachant bien que ce seroit le vrai moien de ruiner l'Estat et roiaume de son fils, la conservation duquel elle affectionnoit plus que sa propre vie. Mais qu'elle connoissoit bien par là que ceux de Paris la tenoient pour femme de peu d'esprit et de jugement : ce qu'elle n'estoit point, graces à Dieu, et leur feroit paroistre, faisant si bonne justice de tels discoureurs où elle les pourroit descouvrir, qu'ils serviroient d'exemple aux autres. Elle en dit autant à M. de Villarnon et autres deputés de la religion, qui lui en estoient venus faire leurs plaintes.

Ce jour, M. le comte de Soissons estant dans sa chambre, où il y avoit jusques à trente ou quarante gentilshommes, menassa de donner de son poingnard dans le sein au premier qui seroit si hardi de dire que les jesuistes avoient fait mourir le Roy; qu'il sçavoit que ce langage estoit commung à Paris et à la cour; mais que le premier qui s'ingereroit de le tenir, qu'il lui en cousteroit la vie, et qu'il s'en asseurast. Ung gentilhomme des siens qui estoit dans sa chambre me l'asseura, pour l'avoir oui.

La nuict de ce jour, fust crié aux armes à Paris, prés le Palais, par gens attiltrés, comme on descouvrit depuis, mis à ceste besongne par quelques grands exprés, ainsi qu'on disoit, pour sonder le guay, et les cœurs du peuple; et voir s'il y auroit point moien de le pousser à une revolte, sedition ou massacre. Mais tout au contraire les merciers et boutiquiers de là autour estans sortis avec leurs armes, se ruerent dessus, et les contraingnirent de se retirer plus viste que le pas, en aiiant eu un d'entre eux blessé d'un coup de pique. Ce qu'aiiant entendu le lendemain M. le premier president, dit qu'on avoit fait faute de le blesser; et qu'il le falloit tuer, ou prendre prisonnier.

Celui qui me le comta fust un mercier rousseau, nommé Saint Germain, qui tient sa boutique en la place du Change, au Palais; bon bourgeois et homme de bien, qui avec ses armes sortist pour donner la chasse à ceste canaille, et alla trouver M. le premier president le lendemain avec les autres, pour lui demander justice de tels mutins et perturbateurs.

M. de La Varanne presenta ce jour à M. le prince le pere Gontier, jesuiste, avec le suivant eloge (aussi veritable et recommandable de la part du presentant que du presenté): Que c'estoit le plus homme de bien qui fust au monde, le plus digne de sa charge, et le premier de ceux de sa profession. Au reste, bon serviteur du Roy et de son Estat, et particulierement de Son Excellence, à laquelle il avoit voué de tout temps, et vouoit encores, son treshumble et eternel service.

M. le prince le remercia fort, et le receut avec un bon visage, comme il fait tout le monde : sauf toutesfois à s'informer, disoit on, plus particulierement de ceux qui avoient oui ses sermons pendant le karesme, et aprés en avoir pris un mot de conseil de M. de Bouillon.

M. le president Seguier, qui ne les hait pas, vinst ce mesme jour saluer M. le prince; et aprés les complimens ordinaires (qui ne lui coustoient pas tant à faire que les arrests du Palais) exhorta fort ce jeune prince à la manutention de l'Estat et de la religion sous les justes commandemens du Roy, auctorisés de la Roine regente sa mere. Pour le premier, que l'union des princes, et particulierement la sienne avec M. le comte de Soissons, y estoit tresrequise et necessaire; la seconde, concernante la religion, de maintenir et approcher prés la personne de Leurs Majestés et la sienne les bons docteurs et prelats de vie et doctrine aprouvée; les ouir et les croire, et n'en eslongner pas ceux qui par la division de nos opinions, estant hays et calomniés injustement, pouvoient, estant maintenus, servir beaucoup et à la religion et à l'Estat (entendant les jesuistes, desquels il a tousjours esté bon patron et bon ami.)

Le dimanche 18, le pere jesuiste Gontier, qui preschoit à Saint Estienne du Mont, continuant ses sanglantes predications, y fist un sermon fort seditieus et scandaleus, au dire mesme des plus grands catholiques, non seditieus comme lui, mais gens de bien, amateurs de la paix et repos publiq.

M. d'Esparnon y estoit, lequel le predicateur attendist jusques à deux heures passées. Il n'y failloit point, ni à toutes les autres devotions populaires qui se faisoient, desquelles on a accoustumé (principalement à Paris) d'amuser l'ignorance du peuple. Je croy que par là il vouloit faire croire qu'il estoit ce que possible il n'estoit point. En quoy toutesfois on ne trouvoit pas qu'il avançast beaucoup, mais le contraire. La fortune de son bon maistre Henri III lui en doit servir d'instruction.

« J'ay veu (dit Montagne en ses Essais, liv. 1, ch. 29, « *de la Moderation*) tel grand blesser la reputation « de sa religion, pour se monstrer religieus outre tout « exemple des hommes de sa sorte. » Le traict semble ne convenir pas mal à ce seingneur, sur lequel estant tumbé ce matin, comme je passois le temps à lire les dits Essais, que j'aime et ay ordinairement à la main, l'ay transcript l'aprés disnée sur ce papier, et accommodé à ceste matiere.

Quant à nostre jesuiste, il n'i avoit que huict jours qu'en la presence du dit sieur d'Esparnon, et dans la mesme eglise, il avoit presché que les huguenos s'estoient vantés d'estre neuf cent mil ames de leur religion en France. « C'est beaucoup, dit il, mes amis; mais « quand ainsi seroit, et que le comte en fust bon, qu'est « ce au pris de celui de nous autres bons catholiques? « Je m'asseure que nous nous trouverons estre cinq fois, « voire six et sept, plus qu'eux; et qu'il n'y en a pas « pour un bon desjuner. » Il sembloit proprement que nous fussions à la veille de dresser un rolle et denombrement des forces des deux partis, pour s'aller choquer en campagne rase; et que ceste extravagance, hors son evangile de desunion et sedition, ne tendoit qu'à crier au peuple *aux armes!* Il n'en dit gueres moins ce jour, auquel il corna la guerre comme au preecdent.

Maistre Antoine Fuzil, curé de Saint Berthelemi, au contraire du jesuiste, exhorta ce jour à paix, union et concorde tous ses paroissiens, et à une bonne vie et exemplaire : qui peust servir à ramener les desvoiés de la foy au giron de l'Eglise. Pour cest effect, qu'ils n'en creussent ceux qui par la guerre et desunion pretendoient faire ce que la seule charité chrestienne pouvoit effectuer. « Mais sur tout, mes amis, dit il (qui estoit « le bon mot), donués vous garde de ces gens qui vont « demandant l'ausmone en carrosse. »

Le lundi 19, il y eust un serrurier à Paris qui tua tout roide mort, sur le pas de la porte de l'eglise Saint Pol, un prestre duquel il venoit d'ouir la messe. Estant pris, le confessa sans aucune autre contrainte, disant tout haut que puisque le prestre estoit mort, qu'il avoit fait ce qu'il vouloit faire, et ne se soucioit plus de mourir.

La nuict de ce jour fust tumultueuse à Paris. Les maisons et hostels des grands, barricadés, remplis d'armes et corps de garde, donnerent l'espouvante au peuple, qui ne sçavoit à qui on en vouloit; et lequel cependant on eust bien voulu faire de feste, et mettre à la dance, si on eust peu.

M. de Bouillon aiiant eu advis des gardes doublées par M. d'Esparnon, et qu'il avoit changé le mot, veilla toute la nuict; et se tenant sur ses gardes, arma fort. Comme aussi firent messieurs de Guise et de Sully, qui tinrent toute la nuict leurs chevaux bridés et sellés, prests à monter dessus au premier signal.

Les huguenos particuliers, qui faisoient plus les asseurés qu'ils n'estoient, firent aussi bon guet, aiians peur que le jeu ne tournast contre eux, et que les mastins du trouppeau, huguenos d'Estat, n'abandonnassent aux loups les pauvres huguenos de religion.

Ce qui plus allarmoit le peuple en tout ceci estoit une jeune noblesse françoise qui couroit les rues de

Paris toute la nuict, avec tel bruit et insolence, et si grand cliquetis d'armes et chevaux, qu'on les eust pris proprement pour ces jeunes escoliers qui, aiians perdu leur maistre et secoué le joug, font les chevaux eschappés et les fous; où, du vivant du feu Roy, un seul cling d'œil de Sa Majesté contenoit en devoir grands et petits, rengeant les plus grands à la raison, à la seule veue de la discipline qu'il tenoit en sa main : si qu'à juste tiltre on pouvoit appeler ce grand Roy *flagellum principum et magnatum.*

« O que si nostre petit homme pouvoit revenir, di-« soit la marquize de Verneuil là dessus, comme il em-« pongneroit le fouët pour chasser tous ces marchans « hors du temple! »

L'aprés disnée de ce jour, on trouva quatre soldats jouans à la courte boule dans la grande salle dorée du Palais, impudemment, et sans aucun respect de la justice qui se rend en ce lieu. Ce que leur aiiant esté remonstré par un advocat de la cour, qui se mist en peine de les faire sortir, tant s'en falut qu'ils s'en esmeussent, qu'au contraire continuans leur jeu, le renvoierent avec broccards et injures. Le greffier Voisin en passant les y vid; mais empesché aprés sa prattique, les laissa là. A cause des mauvais bruits qui couroient en ce temps à Paris, on en fist une remarque de mauvais presage, curieuse à la verité, mais non hors de propos.

La nuict du mardi 20 de ce mois, y eust à Paris renfort de bruits tumultueus, cavallerie par ville, force allans et venans qui portoient advis de se donner garde. M. le prince mesme fait faire sentinelles et corps de garde en son logis, où Conssine sur la minuict le vinst trouver, pour l'asseurer de la part de la Roine, et lui offrir le Louvre, au cas qu'il ne se trouvast assés asseuré en sa maison. On disoit que toutes ces meffiances procedoient d'un avis donné le soir de devant à M. le prince, par la dame de La Trimouille, de se tenir sur ses gardes, pour ce qu'on l'avoit advertie pour certain qu'on vouloit attenter à la vie et personne du dit sieur prince; et que Son Excellence l'aiiant redit à la Roine, il en avoit eu assés froide response. Je m'en rapporte à ce qui en est : une chose sçay je bien, qu'en matiere de princes le jeu qu'ils jouent sur ce theatre nous est couvert; les avis qui courent contre eux viennent ordinairement d'eux mesmes, qui se les font donner exprés pour tromper et abuser le monde : leurs peurs et desfiances sont artificielles. Je tiens cela pour maxime indubitable. C'est pourquoi le plus seur est de dire : Je n'y connois rien, comme de ma part je ne fais. Aussi donnay je ici en ceste sotte et fantasque fricassée de mes brouillenouvelles ce qui est de la creance du commun, non pour ce qui est à croire : *famæ rerum standum est.* J'en escris icy plus que je n'en croi, et seulement pour passer mon temps, non pour le faire passer aux autres, ausquels je conseillerai tousjours de le mieux emploier qu'en telles fadezes, que je juge bien telles. Mais le malheur de mon mal, que Dieu seul congnoist (aussi vient il de lui, et non d'autre), m'y enfondre de plus en plus, à mon grand regret et maugré que j'en ayie, desirant m'en retirer et ne pouvant; et a falu que ceste boutade ici mesme en escrivant me soit eschappée. Qui ne s'en moqueroit, puis que je m'en moque moimesme?

Le pere Coton et l'abbé Du Bois estans entrés en

conférence ensemble par permission de la Roine, qui desiroit les accorder : aprés avoir demeuré cinq heures entieres au logis du lieutenant civil, à argumenter et ergoter le *pro* et le *contrà*, et n'aiians peu tumber d'accord, le pere Coton piqué, entrant en colere contre l'abbé, qui ne l'estoit pas moins que lui, va lui demander s'il pensoit que les jesuistes eussent fait mourir le feu Roy, et s'il croiioit point qu'il l'eust tué? L'autre voiiant que l'interrogat du jesuiste ne tendoit qu'à le surprendre, pour aprés le mettre en peine, lui respondit que non. Mais à l'instant jurant une bonne mordieu d'abbé : « Si je croiiois, lui dit il, que ce fust « vous qui l'eussiés fait faire, je vous sauterois à la « gorge tout maintenant, et vous estranglerois; puis « vous jetterois par ces fenestres. » Il lui demanda aprés si les jesuistes n'estoient point catholiques? « Comme le diable, dit l'abbé; » lequel sçavoit bien (et c'estoit ce qui le mettoit en fougue) que le pere Coton l'avoit calomnié envers la Roine, et deferé comme seditieus et heretique, jusques à l'avoir fort priée de le chasser. A quoi Sa Majesté auroit fait responponse qu'elle ne pouvoit, pour ce qu'il estoit son serviteur aussi bien que lui; et que les tenant tous deux pour tels, elle desiroit les accorder. Sur quoi elle ordonna ceste conference, laquelle (pour estre preoccupés l'un et l'autre de passion et animosité) ne produisit en fin, pour la conclusion, que les susdits plaisans dialogues, mais qui valoient mieux que tous leurs ergots et disputes; desquelles aussi bien eust on tiré aussi malaisement une bonne resolution, qu'ung pet d'un asne mort.

Le mecredi 21, messieurs de Villarnou et Mirande,

deputés des eglises pretendues reformées, allerent trouver la Roine regente pour lui faire plainte des mauvais bruits qu'on faisoit courir par tout à leur desavantage et deshonneur : tellement que, sous l'adveu de son auctorité, on s'aprestoit de leur courir sus. Ce qu'ils ne s'estoient jamais peu persuader de Sa Majesté, veu les solennels sermens et promesses qu'elle leur avoit fait de les maintenir, voire depuis peu : comme aussi il ne se trouveroit point que de leur costé ils eussent en rien enfraint ou contrevenu aux protestations et serment de fidelité qu'ils avoient juré et presté entre ses mains; dont ils ne vouloient autre meilleur tesmoing que Sa Majesté mesmes, en la subjection et obeissance de laquelle ils protestoient de rechef vouloir vivre et mourir, et ce pendant lui demandoient justice des factieus et perturbateurs du repos publiq.

La Roine leur fist response que c'estoient tous faux bruits que quelques mutins et brouillons, mauvais serviteurs du Roy, de son Estat et d'elle, faisoient courir, à son grand regret. Mais qu'ils n'en entrassent point davantage en alarme pour cela : qu'elle vouloit que tout ainsi qu'elle s'asseuroit de leur parole et fidelité, qu'ils prissent aussi asseurance certaine de sa protection et bienveillance envers eux tous, laquelle ne leur defaudroit jamais, non plus qu'avoit fait celle du feu Roy, son treshonoré mari et seingneur. Les prioit de le faire entendre à leurs eglises, ausquelles elle deliberoit d'escrire elle mesme de sa main, à fin qu'ils conneussent le soing qu'elle avoit d'eux et de leur conservation, qu'elle affectoit par dessus toute autre chose. Au surplus, qu'elle veilloit tous les jours à descouvrir les aucteurs de ses rumeurs et factions, pour après les avoir descouverts y donner ordre, et faire si bonne justice des coupables que les autres y prissent exemple. C'estoient belles paroles, et qui estoient medecinales pour le mal de ce temps.

Le jeudi 22, furent publiées des defenses à Paris, criées par les quarrefours de la ville à quatre trompettes, de tirer coup d'harquebuse ni de mosquet passé sept heures du soir; et ce, sur peine de la vie. Car à Paris, depuis la mort du feu Roy, l'usage de telles scopeteries estoit si commung, et plus la nuict que le jour, qu'il sembloit proprement qu'on fust à la veille des Barricades. Ce qui estonnoit le peuple, qui commençoit fort à murmurer, et menasser tout haut du cousteau et du sac tous ces tireurs et coureurs de nuict par les rues, qui estoient pour la pluspart jeunes mignons, courtizans fraizés, frizés et emmoustachés, « lesquels (comme dit le pere Coton preschant un jour « dans la salle du Louvre) quand ils retroussoient leurs « moustaches pour regarder en haut, vous eussiés dit « qu'ils alloient prendre les estoilles au ciel, pour les « manger en capirotade. »

On me donna, ce jour, une nouvelle fadeze jesuitique portante ce tiltre : *Le Convoy du cœur de Henry quatriesme, treschrestien roy de France et de Navarre, depuis Paris jusqu'à son college royal de La Fleche* (1).

---

(1) *Son college royal de La Fleche* : L'église du collége n'étoit pas encore bâtie; le cœur de Henri IV ne put y être placé qu'en 1634. Jusqu'à cette époque, il resta déposé dans une salle qui avoit été disposée en chapelle ardente. En 1793, la boîte qui le renfermoit fut brisée, et on le brûla sur la place publique. Cette profanation eut lieu d'après les ordres d'un membre de la Convention, et d'un général républicain qui l'accompagnoit. Non seulement les habitans n'y prirent

JUILLET 1610.

Le pere Gontier prescha ce jour à Saint Estienne du Mont comme de coustume, horsmis qu'il y chanta comme une demie palinodie de ce qu'il avoit presché les jours precedens et mesmes le dernier dimanche,

aucune part, mais l'un d'eux trouva moyen de recueillir une partie des cendres du bûcher. On les conserva dans sa famille jusqu'en 1814, et elles furent remises à la même place où le cœur de Henri IV avoit été déposé pendant deux siècles. Nous donnons ici le procès-verbal qui a été dressé à ce sujet le 6 juillet 1814 :

« Du registre des délibérations du conseil municipal de la ville de La Flèche a été extrait ce qui suit :

« L'an mil huit cent quatorze, le six juillet, nous, maire, adjoints et membres du conseil municipal de la ville de La Flèche, vu l'exposé des moyens par lesquels M. Charles Boucher, chirurgien en cette ville, a recueilli et sauvé les restes précieux du cœur du grand Henri, déposés, en vertu du testament de ce prince généreux, dans l'église du collége royal de La Flèche : en rendant hommage aux sentimens d'amour et de fidélité pour l'auguste famille des Bourbons qui distinguèrent M. Boucher aux temps de la révolution les plus orageux, au courage et au zèle qu'il fit éclater pour sauver du plus affreux désastre le dépôt précieux des restes du meilleur des rois, l'auguste bienfaiteur de cette cité ;

« Arrête que M. le maire est invité d'accompagner M. Rojou, avocat-avoué, ancien législateur, membre du conseil de la commune, à l'effet de faire à M. le général Duteil, commandant le Prytanée royal militaire, la remise de ces restes précieux, pour être rétablis à cette même place qu'ils occupèrent dans l'église de ce beau collége de cette ville, monument de la munificence, où ils furent exposés pendant deux siècles à la vénération publique ;

« Que l'exposé mentionné ci-dessus sera transcrit littéralement à la suite du présent, collationné et certifié par le corps municipal ; qu'expédition en sera adressée tant à M. le général commandant le Prytanée royal militaire, qu'à M. Rojou. — Suit l'exposé.

« La ville de La Flèche éprouvoit toutes les secousses de la guerre civile, lorsque le représentant T....n y arriva, accompagné du général F.......d.

« Le cœur de Henri-le-Grand reposoit dans l'église du collége, où il avoit été déposé d'après le testament de ce bon prince. Cette église servoit aux assemblées du club. L'œil du représentant, dans une séance, aperçut le monument. Le lendemain, 7 vendémiaire an 2,

7.

auquel il avoit en son sermon appelé les catholiques de Paris lethargiques, qui ne sentoient, dit il, les affronts que leur faisoient les huguenos tous les jours; lesquels ils souffroient devant leurs yeux prendre tel accrois-

des ordres furent donnés pour jeter au feu les restes du cœur de ce héros. La troupe sous les ordres du général prit les armes ; des ouvriers furent commandés pour détruire ce monument, qui consistoit dans une boîte de chêne dorée, en forme de cœur. Elle fut brisée, et couvroit une autre boîte en plomb, aussi en forme de cœur, sur laquelle étoit inscrit en lettres d'or : *Cy gît le cœur de Henry le Grand.* Celle-ci fermoit à cadenas. La clef n'y étant pas, on l'ouvrit avec un ciseau ; la poussière des aromates qui avoient servi à l'embaumement s'éleva, et fit un petit nuage. On donna quelques secousses à toute la boîte ; on vit et on entendit un corps d'un brun noir, solide.

« On marcha ensuite sur la place de la Révolution ; on envoya chercher du menu bois chez un boulanger voisin ; le feu fut pris à la forge d'un serrurier. La flamme ayant éclaté, on fit sortir de sa boîte ce cœur autrefois si magnanime, desséché par le temps ; et dans un instant il fut réduit en cendres.

« La troupe retirée, celui qui écrit ceci s'approcha peu à peu du petit bûcher. Il le laissa s'éteindre, se promenant sur la place d'un air indifférent ; puis jugeant que les cendres étoient refroidies, et n'apercevant plus que des enfans qui jouoient à l'extrémité de la place, il jeta un mouchoir sur l'emplacement, qui étoit couvert de cendres et de charbons noirs. Il en rassembla par ce moyen tout ce qui lui fut possible, et l'emporta sous son vêtement.

« Arrivé dans sa maison, il rassembla sa femme, sa fille et son gendre, et leur dit : « Mes amis, tandis que les honnêtes gens se sont
« renfermés chez eux pour ne pas être témoins du sacrilége qui vient
« de se commettre ; mu par un sentiment d'amour et de respect, j'ai
« voulu sauver les cendres du cœur du bon Henri. Les voici : elles
« seront pour nous et nos enfans un objet de vénération, et peut-
« être un jour elles pourront être rendues à la vénération publique.
« Ces temps sont encore éloignés : ils ne reviendront peut-être que sous
« une autre génération ; pendant ce temps, nous aurons tout à
« craindre pour notre vie : mais j'espère que du moins le Ciel veillera
« sur celle de quelqu'un de nous quatre, qui survivra pour conserver
« ce monument précieux. »

« En conséquence on mit les cendres dans une bouteille, sans aucune inscription qui pût désigner la nature du dépôt, de crainte

sement, qu'il y avoit grand danger que bien tost ils n'en sentissent de tristes effects, s'ils ne les prevenoient, et bientost. Et autres scandaleus propos qui ne pouvoient tendre qu'à sedition.

Mais ce jour, tout au contraire, il prescha comme une demie union avec eux; et que pour les reduire il n'i faloit emploier le fer, ni les armes materielles, mais les spirituelles, qui estoient l'exemple et bonne vie.

On disoit que M. de Maienne estoit cause en partie de ceste mutation en mieux du dit jesuiste (reversion toutesfois qui ne se fait gueres en matiere principalement de jesuiste), pour avoir severement reprimendé

qu'elles ne fussent découvertes dans les fouilles auxquelles les maisons de ceux appelés royalistes étoient exposées.

« Le calme ayant succédé à l'orage, on voulut jouir du plaisir de jeter de temps en temps un coup d'œil sur ces restes précieux. On imagina un tableau un peu profond sous verre, à la partie supérieure duquel la figure très-naturelle du bon Henri a été placée. Au-dessous on lit :

« *Henricus Magnus Francos amavit;*
Flescicuses dilexit.

Au-dessous de cette inscription est un flacon transparent, contenant une partie des cendres de ce grand homme; l'autre partie est restée dans la bouteille. Ce flacon est entouré de l'inscription suivante :

« *Cineres cordis Henrici Magni, pietate et gratâ memoriâ, ob educationis pretium, servati à C. Boucher, chirurgico.*

« Ce petit monument de famille restoit toujours ignoré du public, lorsque M. Maurin, supérieur du collége, se rappelant les temps heureux de cette maison, et gémissant sur l'abandon auquel elle sembloit destinée, s'écria : « Le bonheur, la gloire, ont abandonné ce « collége au moment où le cœur de son fondateur a disparu. » Attaché depuis trente ans à ce bel établissement, partageant les sentimens de M. Maurin, je lui serrai les mains, et je lui dis : « Non, non, le « cœur de Henri est encore parmi nous : il n'a fait que changer de « forme...... » Alors je lui racontai ce qu'on vient de lire. Messieurs le sous-préfet et le maire en furent instruits; l'oreille de M. le préfet en fut frappée, son cœur en fut vivement ému : lui qui, à la distribution

et chastié de paroles fort aigres l'impudence temeraire de quelques uns de leur Societé, deputés par devers lui pour lui remonstrer et faire entendre le mescontentement qu'avoient les bons catholiques de ce que s'estant tousjours, avec les princes de sa maison, opposé pour la defense d'eux et de la foy catholique aux armes et factions des heretiques, maintenant ils les supportoient, et n'avoient point de meilleurs amis que lui et ceux de sa maison. Ce que M. de Maienne receust de si mauvaise part, que les aiiant apelés eux mesmes destructeurs de la religion et de l'Estat, hipocrites et factieux, les renvoiia avec menasses de les

des prix, manifesta sa profonde vénération pour le fondateur du collége.

« Les choses en étoient à ce point, lorsque M. le sénateur, dans sa visite, a voulu que nous lui rendissions compte de la manière dont les cendres du cœur de Henri IV ont été conservées. Nous nous sommes fait un devoir sacré d'exécuter ses ordres, et de ne lui exposer que la vérité : nous osons la lui affirmer sincère....

« La Flèche, le 2 messidor an 13. *Signé*, sur l'original, BOUCHER, membre correspondant de la ci-devant Académie de chirurgie, et membre de la Société libre des Arts du Mans.

« *Extrait du testament olographe de M. Boucher, du 29 octobre 1811.*

« Je désire que ma famille garde parmi elle le petit monument que
« j'ai élevé au cœur de Henri IV. Ma famille peut être persuadée que
« j'ai très-réellement recueilli ce que j'ai pu des cendres du bûcher
« où le cœur de ce grand et bon roi fut brûlé : c'est une vérité que
« j'affirme sur tout ce qui peut être affirmé par un chrétien et par un
« homme d'honneur. *Signé* BOUCHER, chirurgien. »

« Aussitôt M. le maire, accompagné de messieurs les adjoints, d'après le vœu du conseil s'est rendu au domicile de M. Rojou, gendre du feu sieur Charles Boucher; lequel, chargé du dépôt précieux, s'est rendu avec eux auprès de M. le général Duteil, commandant le Prytanée royal militaire. Arrivés en sa présence, M. le maire a dit :

« M. le général, l'objet que nous avons l'honneur de vous présenter
« contient les cendres du cœur du bon Henri, sauvées par les soins
« courageux de M. Boucher, notre ancien compatriote. Il étoit Flé-

faire chastier, s'ils continuoient en leurs factions et scandaleuses predications. Encores que je n'ajouste gueres de foy aux bruits qui courent, je tiens toutesfois le susdit veritable, pour l'avoir apris de la bouche d'un des officiers du dit sieur de Maienne, honneste homme, et qui aime la verité.

On remarqua que M. d'Esparnon ne se trouva point ce jour au sermon de son jesuiste, encores qu'il n'eust jamais accoustumé d'y faillir.

M. le prince de Conty, qui mal content s'estoit retiré de Paris et de la cour, y rentra ce jour sur les six heures du soir avec M. le prince de Condé son ne-

« chois : il remplit le vœu de ses concitoyens. Pénétrés de la plus vive
« reconnoissance pour ce grand roi, notre généreux bienfaiteur, nous
« vous prions, M. le général, au nom du corps municipal, de vouloir
« bien faire placer ce précieux dépôt au même lieu où ce cœur ma-
« gnanime fut exposé pendant près de deux siècles aux regards et à la
« vénération de tous les habitans de cette ville. »

« M. le général a répondu : « Je reçois avec reconnoissance, au
« nom du Prytanée, le dépôt précieux remis entre mes mains. Reli-
« gieusement placé dans ce temple sous les yeux de la jeunesse qui
« m'est confiée, il lui rappellera sans cesse les plus nobles souvenirs.

« Il ne nous reste donc, messieurs, du cœur si bon et si généreux
« de Henri IV, que les cendres inanimées échappées aux orages révo-
« lutionnaires par les soins de M. Boucher, officier de santé attaché
« à cet établissement, dont nous regrettons toujours la perte. Remer-
« cions le Ciel, messieurs, d'avoir retrouvé Henri-le-Grand tout en-
« tier dans le souverain qui nous est rendu ! »

« Leur mission ainsi terminée, messieurs les maire et adjoints, ainsi
que M. Rojou, sont restés à l'hôtel-de-ville, où le présent a été rédigé.

« Fait en séance les jour, mois et an que dessus. Le registre est
signé *Fourmy*, *Rajou*, *Lepron*, *Guchery*, *de Ravenes*, *Juchereau*,
Estourneau, *Rocher*, *Lefebure*, *Auvé*, *J. J. C. Frin*, *Meignan*, *Mandroux*.

« Pour copie conforme :

« *Le Maire de la ville de La Flèche.*

« Frizon de Reges, chev. de Saint-Louis, adjoint. »

veu, tous deux fort accompagnés de seingneurs et de noblesse. On disoit que l'accord, duquel M. le prince avoit esté le principal moienneur, s'estoit fait moiennant la somme de cinquante mil escus que la Roine regente avoit promis de donner au dit sieur prince de Conty, avec le premier gouvernement qui viendroit à vacquer.

On disoit aussi qu'elle avoit promis à M. de Guise deux cents mil escus, pour lui aider à acquitter ses debtes; et à d'autres grands encores de bonnes sommes, principalement à ceux qui sçavoient un peu contrefaire les mauvais.

Ainsi se vidoit petit à petit l'argent de nostre Arcenal, que ce pauvre prince avec tant de peine y avoit amassé et fait serrer par son confident Sully, auquel il en faisoit assés de mal au cœur, mais lequel n'en eust osé parler qu'à demie bouche.

Le vendredi 23, M. le prince de Condé, avec M. le prince de Conti son oncle, accompagnés de force noblesse, seingneurs et princes, et entre autres de tous ceux de la maison de Guise, vinrent au parlement, où ils prirent leur seance accoustumée. Et aprés avoir ouï une cause assés belle, mais mal plaidée par messieurs de La Bionniere et Paris, qui firent tous deux l'un comme l'autre, c'est à dire rien qui vaille, se leverent, sans avoir rien esté dit ni harangué. L'un se fust trouvé bien empesché de le faire; l'autre se contentoit de se monstrer à la cour, pour lui dire : « Je m'en estois allé; « me voila revenu. »

Fut sagement ordonné par la dite cour que les princes seuls y sieroient, pour ceste fois seulement; et ce à cause de la dispute de preseance survenue entre les pairs laics et ecclesiastiques, qui ja en estoient entrés bien avant aux prises : M. de Montbazon aiiant dit à messieurs les evesques de Beauvais et de Noyion que c'estoit chose qu'ils ne pourroient jamais souffrir, de dire qu'ils les precedassent. Toutesfois, s'ils leur vouloient promettre qu'à la premiere bataille rengée qui se donneroit ils seroient les premiers à la teste, ils les lairroient passer devant, et eux prendroient le derriere, pour estre à l'abri des coups. Mais cela fust sur le champ appointé : de façon que messieurs les evesques de Beauvais et de Noyion, avec messieurs de Montbazon, Sully et autres, tant ecclesiastiques que laics, demeurerent, comme on dit, entre deux selles le cul à terre; et n'i eust que les princes qui eurent seance.

M. le comte de Soissons, prenant excuse sur sa maladie, ne s'y trouva point, non plus que M. d'Esparnon, qui prist la sienne sur ce qu'il ne s'y vouloit pas trouver.

Le lundi 26, on prist prisonnier un soldat des gardes de la compagnie du capitaine Bonouvrier, qu'on disoit avoir parlé de tuer le Roy et la Roine; et fust dés le lendemain interrogé par le president Janin, auquel M. de Lomenie en cest acte servist de greffier. Il fust condamné aux galeres seulement, mais avec un *retentum*, ainsi qu'on disoit, de le jetter dans la mer aussi tost qu'il seroit arrivé à Marseille.

Ce jour mesme, le seingneur de Conssine, italien, fust receu conseiller d'Estat, et en presta le serment au Louvre, entre les mains de la Roine regente, sa bonne maistresse.

Pour bien donner conseil en matiere d'Estat, selon Ciceron, au deuxieme livre de son Orateur, le point principal est de bien connoistre l'Estat. Si cest estranger le connoist ou non, j'en remets la decision non au conseil de la petite escritoire, où on dit qu'elle a esté prise, et dont on parle tant sans savoir possible que c'est ; mais à celui de la grande espée de ces bons vieux François d'Estat, serviteurs de la couronne, et anciens officiers d'icelle.

Le mecredi 28, jour Sainte Anne, on m'a donné l'oraison funebre prononcée à Romme en la chapelle du Saint Pere au Vatican, aux obseques du feu Roy, par Jaques Seguier, philosophe et theologien françois, de la ville de Rhodés; imprimée à Paris par J. Du Carroy. Elle est courte et mal faite; et telle l'a jugée comme moy M. J., qui me l'a donnée.

Ce jour, un mien ami me fist parler dans les Augustins (où je demeurai exprés pour cela jusques à midi : dont bien me faschoit) à un augustin du dit couvent, nommé frere Daniel, confesseur de madame de Nemoux, prieur de Montargis, à fin d'apprendre de sa propre bouche une particularité tresnotable sur l'assassinat perpetré depuis par ceste ame damnée de Ravaillac en la personne du feu Roy, contenu en un advis envoié à ce bon prieur dés l'an 1607, qu'on m'avoit asseuré pour veritable, et lequel toutesfois je n'avois peu croire jusques à ce jour, que j'en fus esclairci par lui mesme. Voici au vray ce qu'il m'en dit :

« Le 15 octobre 1607, qui estoit le lendemain de la
« foire qu'on tient à Montargis, comme un de mes
« prestres, dit il, s'apprestoit à dire la messe, il trouva
« sur l'autel une lettre liée avec du fil blanc; l'inscrip-
« tion de laquelle portoit : *Au prieur de Montargis.*
« Me l'aiiant tout aussi tost apportée, et l'aiiant ou-

« verte, je trouvé (sans en pouvoir aucunement recon-
« noistre ni l'escrivain ni l'escriture, qui estoit assés
« mauvaise, et la lettre assés mal couchée) que som-
« mairement il me donnoit un advis, qu'il disoit estre
« bien certain, d'un grand homme rousseau natif d'An-
« goulesme, lequel, avant qu'il fust trois ans, devoit
« tuer le Roy d'un coup de cousteau dont il lui don-
« neroit dans le cœur; et qu'avec ses fauteurs et com-
« plices ils avoient une image de cire blanche qui pi-
« quoient tous les jours au cœur pour cest effect; et
« pourtant que j'eusse à en tenir advertie Sa Majesté.
« De lui, s'il eust peu, il l'eust fait; mais qu'il sçavoit
« qu'aussi tost on le feroit mourir, et qu'il n'i alloit que
« de sa vie.

« La mesme lettre fust trouvée attachée ce jour à la
« porte du chasteau de la ville, et estoit adressée à
« madame des Hayies, femme du gouverneur, absent
« pour lors de Montargis.

« Qui se trouva bien empesché, ce fust moy, nous
« disoit ce bon prieur, ne sachant le moien que je de-
« vois tenir en la procedure de cest avertissement.
« Finalement, m'estant avec les principaux et plus ap-
« parans de la ville transporté au logis du lieutenant
« general; après avoir tous ensemble pris conseil sur ce
« qui estoit à faire en ceste occurrence, fust trouvé bon
« d'envoier en cour par homme exprés les deux susdites
« lettres, avec le procés verbal qu'on en avoit fait; et
« le tout deposer entre les mains de M. le chancelier,
« qui en aviseroit comme il lui plairoit, et en adverti-
« roit le Roy. Ce qui fust fait; mais le dit chancelier
« n'en fist autrement grand estat, s'estant contenté de
« louer nostre diligence et bonne affection au service

« du Roy, sans autrement en avertir Sa Majesté (au
« moins qu'il soit venu à nostre congnoissance) : car
« onques puis on n'en ouit parler, si non aprés le coup
« fait, qui l'a reveillé, et resveille encores tous les jours
« beaucoup d'esprits pour y penser. »

Voila au vrai le discours que nous en fist le prieur, lequel j'eus à peine le loisir de disner, pour l'enregistrer fidelement ici, comme digne de memoire.

On me donna ce mesme jour, sur le soir, le suivant quatrain, qu'on disoit avoir esté trouvé dans les Centuries de Nostradamus :

> Cinq decades et sept n'auront borné la course
> Du grand lyon celtic, qu'un jeune leonceau,
> Avecques sa lionne, aiiant recours à l'ourse,
> Fuitif, de son rival trenchera le fuseau.

Un mois ou deux avant la mort du Roy, ces quatre vers coururent toutes les chambres et cabinets du Louvre, où on les trouvoit par tout semés, et n'en faisoit on nul conte. Mais la fortune avenue, on fist de ceste baguenaude une grande prophetie.

Ces gens qui se perchent à chevauchons sur l'epicycle de Mercure, et voient si avant dans le ciel, m'arracchent les dents, aussi bien qu'au sieur de Montagne, duquel est ce traict, que je lisois encores hier, liv. II de ses Essais, chap. 17, *de la Presomption*.

Le vendredi 30, un soldat des gardes ayant esté condamné à passer par les armes, pour avoir tué de sa fourchette un autre soldat son compagnon, fut, sur l'heure de l'execution, et comme ja il estoit attacché au posteau, delivré par la grace que lui en envoya le Roy : l'autre qui avoit esté tué estant reconneu de tous pour un hargneus et querelleus, et comme tel descrié par tous les corps de garde. Ce qui avoit facilité la remission de ce pauvre condamné de soldat, lequel, non obstant son pardon, se trouva saisi d'une si vive apprehension, qu'en ayant perdu à l'instant la parole, que les saignuées reiterées ne lui peurent faire revenir, courut grande fortune de sa vie.

Ce jour mesme, un homme d'assés bonne façon, habillé de noir, fut pris prisonnier au Louvre à une heure aprés midi, accusé d'avoir voulu attenter à la personne du Roy. Il fust conduit par treize archers au For Levesque, s'estant efforcé, ainsi que chacun disoit, de se transonner la langue.

On n'oyioit parler à Paris et par tout que de l'emprisonnement de telles gens, qu'on ne sçavoit en fin qu'ils devenoient. Ce qui me fait croire que ce n'estoient pour la plus part qu'artifices et feintes, pour couvrir le peu de recherche qu'on faisoit d'un mal qui estoit bien vray et plus grand.

On eust, ce mesme jour 30 de ce mois, advis de la mort du comte de Fuentes, avenue le 22 juillet, à une heure aprés minuit. Il estoit aagé de quatre vingt cinq ans; et aprés avoir combattu contre la mort soixante quatre jours entiers (selon l'advis que j'en ay veu), finist sa vie en faisant encores des depesches de tous costés : prattiquant par ceste continuelle action ce que l'empereur Julian disoit, qu'ung galant homme ne devoit pas seulement respirer; et ce que nous lisons avoir esté fait à la mort par le bon Vespasian et Adrian, tous deux empereurs.

Ce comte de Fuentes estoit bon serviteur du roy d'Espagne son maistre, grand guerrier, grand politique et sage, homme de bien. Ce que, pour mon regard, j'entends à comparaison des autres : car, en un siecle fort depravé comme est le nostre, on est estimé homme de bien à bon marché. Més que vous ne soiés qu'un peu b....., parricide et athée, vous ne laissés de passer pour un homme d'honneur (en espagnol principalement, comme cestuici.)

La nouvelle venue à Paris en ce temps de l'execution faite en ce mois à Romme du pere Fulgence, cordelier, pour avoir escrit contre le Pape en la cause des Venitiens, descrie plus Sa Sainteté à l'endroit des catholiques mesmes, qu'il ne la recommande : pour ce que ce bon pere aiiant esté attiré à Romme finement, sous esperance de belles promesses, et de son pardon de la part du Pape, aussi tost qu'il y fust arrivé, on lui donna pour sa grace le feu et la corde, dont on disoit communement : *Du Pape la misericorde, le feu, le fer, et la corde.*

Il y eust mesmes un conseiller de la cour, faisant profession catholique, auquel il eschappa en plain parlement, comme on en parloit, de dire ces mots : « Qui « peult dire que le Pape, faisant ces choses, ne soit « l'antechrist ? »

En ce mesme temps l'estat du conseiller Brissonnet, decedé nouvellement à Paris, fust vendu cinquante mil francs : qui estoit un pris excessif. Pour couvrir ceste ambition et avarice, on dit que nous ne sommes pas nés pour nostre particulier, ains pour le publiq. Mais toute ceste infame tracasserie des estats et charges d'aujourd'hui ne se recherche que pour tirer du publiq son proufit particulier. De moy, je le crois ainsi, pour ce que je le voy tous les jours prattiquer de ceste façon, que s'il se trouvoit quelcun en ce temps miserable qui en usast autrement, je ne doute point qu'on ne le fist pourvoir d'un curateur comme un fol, ou on le mettroit en tutele comme un enfant. Aux gens de justice et de robbe longue, l'honneur ne se connoist plus qu'à la lueur de l'argent ; aux autres de la courte et de l'espée, ce n'est pas le fer qui les honore, mais l'or. On ne dit plus : *Un tel est vaillant;* mais *Il a tant de vaillant.*

Pour le regard de la vertu et crainte de Dieu, comment sçauroit l'on ce qu'on ne veult point apprendre? On ne peult jamais apprendre, ce me semble, ce qu'on ne veult point sçavoir. Brief, les hommes de ce temps couvrent aujourd'hui du manteau de justice l'injustice, à fin de la rendre plus durable : de laquelle l'ardeur grande et extreme avec laquelle nous recherchons les magistrats est un signe infaillible et manifeste. Il a falu qu'en escrivant, ceste verité sans y penser me soit eschappée à pieces descousues et ramassées de çà et de là, comme il m'avient souvent, et selon que ma memoire en peult fournir. Au reste, les lois ont beau estre sacrées et saintes (j'ajousterai encores ce mot conforme au trictrac de nostre siecle), si ceux qui les doivent faire garder les vont effaçans continuellement avec le ciseau d'argent et de corruption. Je conclus par ceste escapade.

La paix entre nos jeunes princes fust faite et arrestée sur la fin de ce mois (non possible tant arrestée qu'elle ne branslast encores bien fort) : mais quelle qu'elle fust, tousjours à nostre avantage, puis qu'elle arrestoit les menées et mauvais desseins de ceux qui vouloient nous jeter en une guerre civile, laquelle est une mer de malheurs, et qui rend le petit et l'inferieur

pareil au grand. « Il vaudroit mieux à l'avanture (dit
« ung sage conseiller de nostre Estat) troubler les au-
« tres, que de se perdre soi-mesmes. »

Le pere Baldouin, jesuiste, desguisé soubs le nom
du sieur Antonio Venero, aiiant esté descouvert comme
il passoit à Heidelberg environ ce temps, y fut arresté
prisonnier. Il estoit estimé grand faciendaire, et qui
sçavoit plus qu'homme du monde des nouvelles de l'assassinat de nostre pauvre Roy, et toute la menée de la
conjuration d'Angleterre : qui estoit la cause que le roy
d'Angleterre requist qu'on le lui envoiiast. Lui, qui ne
craingnoit rien tant que cela, trouva moïen d'advertir
l'archiduc qu'à quelque pris que ce fust, par amis, par
argent, par recommandation du Pape, des princes catholiques, voire heretiques à ung besoing, ou par quelque autre voye, on trouvast moien de le delivrer ou recourir, et
pour cause. Voire passa à telle impudence de prier Son
Altesze d'y employer les forces et l'armée qu'il avoit lors
sur pied; et qu'on ne pourroit le faire à meilleure occasion. On n'en fist rien pour cela, car on ne jugea pas
que le subject le valust; bien y employa l'archiduc,
avec les Espagnols et catholiques zelés, tout ce qui se
peust pour tirer hors de peine ce bon pere. Tous les
jesuistes aussi, comme y aiians le principal interest,
s'en meslerent bien avant. Mais comme ces gens là ont
aujourd'hui plus d'ennemis à Nostre Dame qu'à Charanton, à la messe qu'au presche, leurs mines aiians
esté esvantées comme celles des autres, le pauvre Baldouin ne peust se sauver qu'il ne fust mené et conduit
en Angleterre, et rendu dans la tour de Londres, où il
est encores aujourd'hui.

M. le prince de Condé en mesme temps, imbu des

maximes jesuistiques, dit à un abbé (qui le redit aprés en une compagnie où j'estois) que, pour ce qui touchoit le fait de la religion, il croiioit que le Pape pouvoit aviser aux roiaumes; et quand les rois venoient à estre excommuniés, qu'il avoit puissance d'en ordonner, et disposer de leurs Estats comme il lui plaisoit. Qui est l'erreur des gnostiques, desquels saint Irenée fait mention en son troisieme livre, chap. 4, que Dieu, commandant d'obeir aux puissances superieures, avoit voulu s'acommoder à la condition des personnes et des temps; mais que maintenant l'Eglise estoit hors de page, et assés forte pour commander. Dieu veuille oster aux abuseurs le pretexte, aux abusés le voile; aux nicodemites la crainte, et aux partizans la passion; et avoir pitié du peuple, qui a bon besoing en cela d'une bonne guide, pour ce que, comme dit Seneque, *il chemine non pas là où il faut aller, mais là où l'on va!*

La Roine donna en ce mois à M. le prince de Condé l'hostel de Gondi; à M. de Guise (ainsi qu'on disoit) ses deux cents mil escus qu'elle lui avoit promis; au sieur Conssine ce qu'il voulust : lequel en ce temps aiiant repoussé M. de Bouillon de la porte de la Roine, en eust une reprimende, et advis de se mesurer à la fortune de sa maistresse, et non pas à la sienne.

Pour M. d'Esparnon, il ne se parloit point que Sa Majesté lui eust rien donné. Il s'estoit parti [1] des premiers, et non point mal, selon le bruit commun de la cour.

Le samedi, dernier du present mois de juillet, j'ay payé Champrose des arerrages de la rente dont je suis respondant pour feu M. Du Gast; et combien que la

---

[1] *Il s'estoit parti* : il s'étoit partagé.

somme ne fust que de cent francs, si ay je eu de la peine beaucoup à la recouvrir, et me l'a falu emprunter et la boursiller comme un gueus : car je ne trouve plus, comme autre fois, des cœurs francs, vraiement reconnoissans et amis. Ce que je n'impute tant à la malignité du siecle et de la saison, encores qu'elle soit tresmauvaise et desnaturée, qu'à un coup de la justice de Dieu sur moy, qui a permis que comme je l'ay oublié en ma junesse, les hommes aussi m'ont mis en oubli en ma vieillesse.

Au reste, il n'y a rien au monde si facile que de dire *qu'il faloit faire telle chose ou telle; s'il eust fait ceci ou cela, s'il m'eust voulu croire.* J'ay les oreilles battues et rebattues de tels propos, ausquels je ne m'arreste, bien qu'ils ne me plaisent pas beaucoup : car de tout homme qui fait mal ses affaires comme moi, on en accuse plus tost le defaut de sa prudence que de son bonheur. Ceux qui perdent sont tousjours condamnés, et ne reçoit on jamais bien leurs excuses. C'est pourquoi je m'en prens à mes pecchés et aux delicts de ma junesse, que Dieu a voulu chastier par une vieillesse qui me donne maladive et affairée, que j'estime, entre toutes les passions douloureuses que l'homme peult endurer en ceste vie, la plus grande et la plus violente : car, pour le regard des hommes, de n'estre point hay, jamais personne n'en donna plus d'occasion d'estre aimé. Je confesse que mon humeur solitaire et ma conversation un peu farouche (que m'a causé depuis quelques années la maladie penible et estrange dont il a pleu à Dieu me visiter) m'ont derobbé (et non possible sans raison) l'amitié et bienveillance de plusieurs personnes, qui l'ont pris d'un autre sens et biais qu'il ne faloit. Dequoi je les excuse bien, tant s'en faut que je leur en veuille aucun mal; et ne respondrai à tout cela que le mot de Socrates, qui est aujourd'hui le mien : *Selon qu'on peult.*

Le pis est, en tout ceci, que je ne puis rien du tout, estant combattu de deux extremités insupportables à mon aage et à mon naturel : si non en tant que Dieu me preste la main, et parfait sa vertu visiblement et comme miraculeusement en mon infirmité, me faisant vivre au milieu de ces deux morts : car c'est bien mourir, que souffrir en vivant des peines plus cruelles que la mort, dont la plus piquante douleur est l'apprehension. Ceux qui en ont tasté comme moy en peuvent parler, pour le regard de la necessité qui menace mes derniers jours, laquelle ne me tourmente gueres moins que l'autre du corps, qui en est inseparable pour y avoir pris son fondement : à peine que je ne sois de l'opinion de ce vieux courtizan qui disoit qu'il eust aimé mieux estre un sot et avoir des moiens, que d'estre le plus honneste homme du monde, et en manquer. « Car avec mon bien, disoit il, j'auctoriserois « ma sottise, là où tout l'entendement du monde ne « sçauroit donner à vivre à un homme de bien, s'il « n'en a de soi. » Je trouve qu'il a raison. Aussi bien n'est il point de vertu aujourd'hui sans richesse; mais il est beaucoup de richesse sans vertu.

Le mespris sur tout que causent d'ordinaire les maladies dont je suis affligé est insupportable à l'homme genereux. C'est mon grand mal que cestui là. Mais je fais ma retraicte à Dieu : c'est l'asyle des refugiés, et le refuge des affligés.

En ce mois de juillet, les moines de Marmoustier,

8.

baissans la teste et faisants joug sous le commandement du Pape, receurent et reconnurent pour leur abbé le frere de la Conssine, et le mirent en possession de la dite abbaye que la Roine regente lui avoit donnée. Et sur l'allegation de son premier mestier derogeant à noblesse, qui estoit du rabot (dont il se fust mieux aidé, pour l'avoir appris, que non pas d'un breviaire), la decision de ceste matiere un peu rabboteuse fut remise en une autre saison. Pour le regard de la suffisance, si tous les moines, abbés et gens d'Eglise ne crocquoient que latin, les bandes demeureroient bien mal fournies, car la plus part d'eux ressemblent aux sols rongnés : ils sont sans lettres. Aussi ceux de Marmoustier n'insisterent pas beaucoup là dessus, pour ce qu'au temps qui court il n'y en a pas ung d'entre eux qui n'aimast mieux estre asne que cheval, pour ce que les chevaux courent les benefices, et les asnes les emportent.

[AOUST.] Le mardi 3 de ce mois, la roine Marguerite fist le pain benist magnifique à Saint Estienne du Mont, aiiant voulu honorer de sa presence la celebrité de la feste de la dite eglise, qui estoit ce jour; auquel mesme elle posa de sa main la premiere pierre au fondement d'ung portail qu'on y bastissoit, et y donna mil escus.

Le general Rollant, homme d'esprit, mais grand ligueur et factieux, en estoit marguillier, et avoit esté cause en partie d'y faire prescher le pere Gontier, lequel, continuant ses seditieuses predications sous son leurre ordinaire de Calvin, qu'il apportoit tous les jours en sa chaire, vouloit aussi faire continuer en la charge de marguillier son compagnon Rollant, de mesme humeur et farine que lui. Mais les bons catholiques de la paroisse s'y opposerent, et l'empescherent: entre autres un nommé J. Le Clerc, marguillier comme lui, avec lequel il eust de grandes prises pour cela, comme il m'a conté lui mesmes.

Supporter les factieus en un Estat, et mesmement au nostre, ainsi qu'il est aujourd'hui composé, est faire des Poltrots (1), des Salcedes, des Gerards, des Clemens et des Ravaillacs.

Le mecredi 4, j'ay acheté les fadezes suivantes imprimées, qui couroient ici, desquelles, encores que je les achete, je me piquerois volontiers, n'estoit que je considere qu'il n'est point de plus grande fadeze que de s'esmouvoir des fadezes du monde; et qu'il faudroit que moi mesmes je m'en piquasse le premier, puis que je ne dis ni n'escris ordinairement que des fadezes, desquelles je fais magasin, tant j'y suis sottement aheurté.

L'oraison funebre faite par un docteur en theologie à Paris, chanoine de Troyes, dans la grande eglise de la dite ville.

Autre d'un jesuiste nommé Vrevin, dans la grande eglise de Rouen.

Autre d'un pere Jacques George, aussi jesuiste à Lyon, intitulée *Mausolée royal*, *Funus Regium*, *les Obseques du Roy*.

La nuit de ce jour, mourust à Paris madame de Chevri, femme en troisiesmes nopces de Duret, sieur de Chevri, president de la chambre des comptes à

---

(1) *Des Poltrots* : Jean Poltrot de Méré avoit assassiné François, duc de Guise, en 1563.

Paris. Elle n'avoit que trente trois ans : son premier mariage fust avec M. de Chermeaus, president des comptes, honneste homme et fort riche, duquel elle tira de grands avantages : mais si extremement gras et replet, et si fort incommodé de sa personne, qu'il dormoit presque tousjours, et expira en dormant.

Son second fust avec Vienne, president aussi des comptes, prodigieusement riche pour ung homme de son premier mestier. Les tiltres de sa noble extraction, *bonne vie et preud'hommie*, se trouvent encores aujourd'hui, ainsi qu'on dit, riere les registres de l'Arsenal.

Le tiers, president comme les autres, riche, et parvenu par les honnestes moiens que chacun sçait, mais plus brusque et gaillard, a tiré le rideau de la farce de sa vie, comme on lui fera quand il aura achevé de jouer la sienne, vraiement farcesque.

Ainsi va le monde et son trictrac; et ce que j'en escris ici n'est que ce qu'on en dit, n'estant garant que du bruit commung, non plus que des autres inanités et fadezes qui pourront se rencontrer sur ce registre, incommunicable à tout autre qu'à moy.

Le vendredi 6, j'ai vendu ma Cosmographie de Belleforest, reliée en veau rouge doré en deux tomes; et un Breviaire du Roy en deux gros tomes, aussi relié en veau noir doré, soixante douze livres. Ils m'en avoient cousté soixante; et si j'eusse eu un peu de patience, à l'avanture que j'eusse gangné dessus vingt quatre francs au lieu de douze : mais j'avois affaire d'argent.

Le dimanche 8, je vis sur le Pont Neuf un hermitte enfroqué jusques au bout du nés, portant un chapelet au col avec des reliques; et sur l'estomach la figure d'une mort. Il avoit au derriere de son habit une ouverture faite en forme de fenestre, par où il s'alloit fouettant avec un fouet qu'il tenoit en sa main, au bout duquel y avoit des chenettes avec lesquelles il frappoit ses espaules, mais non pas bien fort, ains comme les avocats quand ils jettent leurs bourrelets sur leurs espaules tout doucement. Ce qui me fist croire qu'il n'estoit pas si fol que je m'estois imaginé du commencement que je le vids. Il alloit criant : *Pardonne au peuple leurs pecchés!* et parloit de Sodome et de Gomorrhe. Il disoit tout plain d'autres folies, et faisoit mille singeries.

Je passai une heure de temps, avec deux de mes amis qui me vinrent querir jusques chés moi pour cest effect, à voir le battelage de cest homme, que je contemplai toutesfois avec plus de desdain que de plaisir, selon mon humeur, qui s'offense de toute superstition, et hait cruellement l'irreligion.

Le mecredi 11, j'ay acheté la harangue funebre du docteur Valladier sur la mort du Roy, prononcée par lui à Mets le 21 juing. Il estoit vicaire general du cardinal de Givri en l'evesché de Mets : sans lequel, lors que les jesuistes le chasserent de leur compagnie, il s'alloit rendre huguenot. Mais le dit cardinal fist tant envers le Pape, qu'il l'absolut des vœus qu'il avoit fait aux jesuistes, et lui promist de lui faire donner dequoi vivre en l'Estat de l'Eglise : ce qui lui en fist passer l'envie; et n'ont eu depuis les huguenots un plus grand adversaire que cest homme, qui s'estant mesme rapatrié avec les jesuistes, monstre assés, par son oraison, qu'il n'a pas tout oublié de ce qu'ils lui ont monstré.

J'ai acheté, ce jour mesme, l'histoire latine de cotemps, faite par Boterajus, advocat au grand conseif, et imprimée en ceste ville par Chevalier; in-8° en deux volumes. C'est du latin et du langage, et puis c'est tout.

Je l'ai leue d'un bout à l'autre; et comme je griffonne tousjours, aprés l'avoir courue j'ay mis au commencement du livre, promptement et sans premeditation, le jugement suivant que j'en fais, sauf la correction d'un plus entendu que moy : *Verborum flumen ubique, judicii vix gutta, nundinæ loquacitatis*, de saint Augustin.

Les deux volumes, reliés en parchemin, m'ont cousté cinquante sols.

Le dimanche 15, à deux heures aprés minuict, est mort en ceste ville de Paris M. de Vicq, gouverneur de Calais, bon et fidele serviteur du Roi et de son Estat, et qui avoit fait de grands services à ceste couronne.

Le cœur de ce genereux seingneur n'aiiant peu porter de voir celui de son maistre si indignement et cruellement navré et percé, en devinst tellement flestri, qu'il ne le survescut gueres aprés.

C'est à tels seingneurs que les rois doivent leurs cœurs vivans, non pas à ceux qui les vont marchandant avant leur mort.

Le gouvernement de M. de Vicq fust donné à M. d'Arquien, brave gentilhomme, auquel avoit esté promis le premier gouvernement qui viendroit à vacquer, pour avoir esté despouillé de celui de la citadelle de Mets par M. d'Esparnon. La Roine neantmoins l'eust bien voulu donner au seingneur de Conssine son favorit, qui ja lui avoit demandé; et de fait il bransla fort pour lui : mais les opinions de messieurs de Bouillon, Sully et Villeroy, par devers lequel la Roine l'avoit depesché exprés à Conflans, où il donnoit ce jour à disner à messieurs de Bouillon et Sully au sortir de Charenton, s'y trouvans contraires, lui firent lascher prise toutes fois. Ce qui y donna le plus grand coup furent les propos qu'on ouist tenir à d'Arquien tout haut, lesquels furent rapportés à la Roine et à Consine : qu'il alloit faire ses pasques, et qu'au sortir de là il iroit tuer Consine, fust il entre les bras de la Roine, ne lui estant possible de survivre une si grande supercherie.

On pensa qu'il estoit homme qui avoit du cœur assés pour le faire : qui fust cause que Sa Majesté en commanda elle mesmes et en hasta les expeditions et provisions, non qu'elle ne l'eust plus tost souhaitté entre les mains de l'autre que de cestuici (car elle lui eust tout donné si elle eust peu), mais de crainte qui la saisist d'un trouble et remuement tout apparant.

M. le comte de Quairlus dit ce jour à M. Duranti mon gendre qu'il avoit veu mener un homme prisonnier, qui disoit avoir eu une revelation pour aller dire à la Roine qu'elle ne devoit souffrir deux religions : autrement qu'il lui en prendroit mal. Il faut enfiler celles ci avec les autres susescrites de la Consine inspiritée.

Le mardi 17, on m'a donné la suivante recherche curieuse sur le nombre de 14, fatal au Roy deffunct.

Premierement, il est né 14 siecles, 14 decades et 14 ans aprés la nativité de Nostre Seingneur;

2° Le premier jour qu'il a veu a esté le 14 de decembre, et le dernier le 14 may;

3° Quatorze lettres en son nom;

4° A vescu quatre fois 14 ans, quatre fois 14 jours, et 14 semaines;

5° A esté roy, tant de France que de Navarre, 14 trestcrides;

6° Fust blessé par J. Chastel 14 jours aprés le 14 decembre, en l'année 1594 : entre lequel temps et celui de sa mort n'i a que 14 ans, 14 mois, et 14 fois cinq jours ;

7° Quatorze jours aprés le 13 febvrier, qui est le 27 du dit mois, en l'année 94, il fust sacré à Chartres;

8° Le 14 mars, gangna la bataille d'Ivri;

9° M. le Dauphin nasquist 14 jours aprés le 14 septembre;

10° Fust baptizé le 14 aoust;

11° Le Roy fust tué le 14 may, 14 siecles, 14 olympiades ou lustres aprés l'Incarnation;

12° Ce fut deux fois 14 heures aprés que la Roine entra en pompe roiale en l'eglise Saint Denis pour y estre couronnée;

13° Ravaillac fut executé 14 jours aprés la mort du Roy en l'an 1610, laquelle se divise justement par 14;

14° Cent quinze fois 14 font 1610.

Le 21, M. de Verdun, premier president en la cour du parlement de Tolose, arriva à Paris en grande compagnie, et plus grande, ce sembloit, que sa qualité ne portoit : car il estoit accompagné de bien cent chevaux, et avoit à sa suitte dix ou onze carrosses. Il est vrai que la plus part de ce train n'estoit sien, mais de ceux qui lui estoient allés au devant comme amis. Son logis fut à l'hostel de Roquelaure.

Dés ceste heure là, on lui donnoit l'estat de premier president de Paris, dont on disoit que M. de Harlay estoit en propos de se desfaire. Et combien qu'il en ait esté honoré depuis, si se moquoit on de ce bruict, et personne ne le croiioit. Ne faisoit il pas lui mesmes, et aussi peu, son resignataire? Mais les providences des hommes sont incertaines, et se gouvernent par celle de là haut. Cest exemple nous le monstre.

Le lundi 23, M. Justel, arrivé le jour de devant bien tard de Rouen, me conta comme, le vendredi auparavant, le bruit commun de la ville estoit que M. de Bouillon avoit esté poingnardé à Paris, et que tout y estoit en trouble et combustion; et que mesme M. le premier president de Rouen ne sachant qu'en croire, l'avoit envoié querir pour cest effect. Dés le matin de ce jour, M. de Bouillon, qui avoit eu advis de ce bruit, envoia querir le dit Justel, qui le lui confirma. Les grands, en apparance, negligent ces bruits et s'en moquent; mais en effet ils s'en servent comme d'un avertissement de dire : « Donnés vous garde! » Et ne doutez point que ce seingneur, froid et accort comme il est ; n'y ait possible pensé pour en tirer du proufit.

Il a fait le dit Justel son secretaire, qui m'a fait cest honneur, comme à son ami, de m'en communiquer. Je ne trouve petit avantage pour lui (estant bien appointé comme il est) d'entrer au service d'un tel seingneur que M. de Bouillon; mais je le trouve encores plus grand du costé du maistre que du valet, pour ce que ce n'est peu de chose en ce temps à un seingneur (de la qualité et religion de M. de Bouillon principalement) de rencontrer un bon serviteur, fidele et homme de bien, tel que je connois le dit Justel. La rencontre en est rare.

Le pere Coton, accompagné d'un autre jesuiste, presenta ce jour à M. de Bouillon son instruccion catholique, diametralement contraire et opposée à l'institution de Calvin. M. de Bouillon la receut fort gracieusement, les en remercia, et leur dit qu'encores qu'il fust mauvais theologien, toutesfois que pour l'amour d'eux il la liroit et la verroit. Puis estans sortis, dit ces mots : « Ce livre est proprement du gibier de nos « ministres de Sedan. Je m'en vay l'y envoier. »

Ceste instruction, imprimée nouvellement à Paris, in-4° en deux volumes, par Claude Chapelet, estoit en bruit en ceste ville, où on ne parloit d'autre chose. De moy, pour ne l'avoir leue, je m'en suis rapporté et m'en rapporte au jugement des plus judicieus et moins passionnés catholiques, ausquels j'ai oui dire qu'osté de ce livre la preface à ceux de la religion, qui est bien faite, le reste n'est pas grande chose, et que tout en est fort commung et trivial.

J'ay presté ce jour à l'ambassadeur de Venise mon Guicciardin, commenté de M. de La Noue, relié en parchemin en deux volumes in-8°, lequel me l'a rendu le premier septembre ensuivant.

Le vendredi 27, fut pendu au bout du Pont Neuf un soldat, pour avoir tué un valet de pied du Roy.

Le samedi 28, le Roy assist la premiere pierre fondamentale du nouveau college que le feu Roy son pere avoit desseingné faire à Cambrai. M. de Sully, qui l'y avoit accompagné, presenta à Sa Majesté une truelle d'argent avec laquelle il massonna la dite pierre, et y mist quatre medalles, ausquelles son pourtrait estoit gravé : deux d'or et deux d'argent.

Le dimanche 29, le Roy alla aux Cordeliers, où estant entré dans le refectoire, prist plaisir à voir disner les moines, qui cassoient proprement en freres briffaus ; les interrogea sur leurs vivres ordinaires et reigles de leur couvent, et leur fist tout plain d'autres questions curieuses et plaisantes, convenantes à son aage.

Il alla aprés voir sa bibliotheque, où il fut conduit par le pere Coton et Casaubon, qui entrerent en dispute et conference ensemble de la religion : lesquelles conferences ne servent de gueres, et reussissent aussi peu au bien particulier qu'au publiq.

Le lundi 30, un mien ami de la religion, fort curieux, me donna les vers latins suivans, qu'il avoit faits sur la rencontre dans l'an des deux morts du fils du Pape et du fils aisné de l'Eglise, avenues à Paris, où l'un fust pendu et l'autre assassiné; et tous les deux, dit il, par le commandement et connivence de leur pere.

> *Nunc annus alter exit ex quo filius*
> *Papæ misello finiit suspendio*
> *Vitam innocentem, patre suadente hoc scelus;*
> *Ast annus iste (proh nefas!) Ecclesiæ*
> *Natum, inter omnes christianum maximum,*
> *Vidit peremptum dexterâ sicarii,*
> *Se somniantis jam futurum martirem.*
> *Hominum ac deorum jam testor sanctam fidem :*
> *Quisquamne posthac perfidam Romæ fidem*
> *Probare pergat, cùm sit æquè punica*
> *Papæque natis filiisque Ecclesiæ;*
> *Nec sancta Mater servet à sicariis*
> *Istos, nec illos sanctus à furcâ Pater?*

Le mardi dernier de ce mois, j'ay vendu à un curieux, *id est* à ung fol comme moi, pour cinquante francs de vieilles medalles de bronze et de cuivre qu'on tenoit pour antiques : car de moi je confesse que je n'y connois rien du tout, et n'y a que l'opinion en cela.

J'ai donné à un nommé Pierre Leroux, qui me les a fait vendre, quarante sols pour sa peine : que je ne plains point, m'en aiiant fait rendre à un escu prés ou environ de ce qu'elles m'avoient cousté. Que j'estime beaucoup, pour une marchandise de vieille feraille, pietre et inutile comme elle est.

Ce n'est pas assés en ce monde d'avoir une connoissance en gros, qu'on n'est gueres sage : il faut, en detail et en particulier, que chacun reconnoisse, comme je fais, qu'il n'est qu'un sot.

J'ai acheté ce jour mesme un miracle imprimé ici, fait par le bien heureux pere Ignace, fondateur de la compagnie de Jesus, en la ville de Bourbourg, diocese de Saint Omer, le 15 de juillet 1610, et authentiqué par M. le reverendissime du dit lieu à Liege, par Leonard Streel; jouxte la copie imprimée à Tournay.

Le miracle est tel en substance :

Une fille ayant demeuré vingt sept jours sans uriner, Theodore Rosnier, jesuiste, lui apporta les reliques du beat pere Ignace dans une boitte bien sellée et cachetée : lesquelles il lui pendist au col, lui ayant fait au prealable protester qu'au cas que le bon pere Ignace la guairist, elle jusneroit toutes les veilles de sa solennité, se confesseroit et communieroit. Ce que la dite fille ayant promis et executé, auroit esté, avec l'estonnement d'un chacun, plainement guairie de ce mal et de tous les autres. On a depuis appelé ce miracle le miracle pisseus.

J'en ay paiié deux sols, et l'ay inseré au pacquet des fadezes superstitieuses de ce temps.

Les reliques des saints ont esté venerables aux anciens, et tout chrestien les doit reverer : mais aujourd'hui pour la pluspart c'est marchandise supposée, joint que les jesuistes sont nouveaux saints qui n'ont gueres fait de miracles en nostre temps qu'à reculons, et desquels les reliques ne peuvent avoir grande vertu.

En ce mois, la compagnie de M. le comte de Soissons aiiant sejourné huict jours seulement autour de Dreux, et rodé ces quartiers là, y fist tort de six vingt mille francs : car ils se faisoient traicter en rois ; et l'avoine leur faillant, mettoient les chevaux dans les bleds. C'est le bien qu'apporte une licence soldatesque mal disciplinée, et point reprimée.

En ce temps, le pere Coton voiiant nostre petit Roy tout pensif, lui demanda ce qu'il avoit. « Je n'ay garde « de vous le dire, lui respondit le Roy, car vous l'es- « cririés tout aussi tost en Hespagne. » De quoi le dit pere se plaingnist à la Roine, comme sachant bien, disoit il, que ceste attaque ne venoit point du Roy, mais de quelques ennemis de leur compagnie, qui conscilloient mal Sa Majesté, et le poussoient à tenir ce langage. Sa nourrisse en fust en peine; et le Roy, tansé de la Roine, dit qu'il ne seroit pas tousjours petit, et qu'ils se souvinssent qu'ils l'avoient fait tanser.

Aiiant esté en mesme temps fait present à Sa Majesté d'un petit faon de bische : prenant plaisir dans les Thuilleries à chasser aprés, lui prist une fantasie (assés commune aux enfans, et que les grands toutesfois prattiquent aussi bien que les petits, estant assés ordinaire au feu Roy son pere) de se desrobber de la compagnie finement sans estre apperceu, et se cacher quelque part, comme il fist dans ung buisson, où personne ne le vid entrer : si qu'on ne savoit pour tout où il estoit. Incontinent l'alarme s'en donna avec effroy, tant pour la saison, plaine d'ombrages, soubçons et desfiances, que pour le petit aage de Sa Majesté. En fin, aprés une assés longue recherche, aiiant esté trouvé, M. de Souvrai son gouverneur, qui en estoit en grande peine, le voulust fouëtter : mais il lui dit que s'il le fouëttoit pour cela, que jamais il ne l'aimeroit, encores que pour l'amour de la Rôine il lui fist tousjours bonne mine. Dont Sa Majesté estant advertie, qui en avoit eu la principale peur : aprés qu'elle l'en eust fort tansé, lui dit que s'il lui advenoit plus, ce ne seroit pas M. de Souvrai qui le fouëtteroit, mais elle. Le Roy lui promist de plus n'y retourner : de quoi la Roine, contente, lui pardonna.

La nouvelle de la mort de M. Daphis, premier president en la cour de parlement de Bordeaus, personnage tressuffisant, docte, et digne de ceste charge, fust apportée en ce temps à la cour; en la place duquel, aprés plusieurs remises et difficultés, fust pourveu M. Nemond, president en la troisieme chambre du dit parlement de Bordeaus. *Homo nequam,* disoient quelques uns, mais riche de quatre cents mil escus : qui estoit le bon mot en ce temps, où l'or a plus de force que la raison et la justice, qui fait que toutes choses vont defaillans de la perfection de leurs estats.

Son pere estoit lieutenant d'Angoulesme, fils, ainsi qu'on dit, d'un vendeur de sabots, serviteur de M. d'Esparnon : la faveur duquel n'a point nuit à son fils, en la promotion de cest estat de premier president.

En ce mois, un nommé Pierrot de Saint Germain (qu'on apeloit ainsi pour ce que c'estoit ung pauvre garson du village de Saint Germain en Laye, mais plus content de sa fortune que le premier de la cour du Roy, voire que le Roy mesmes, lequel l'aimoit, pour jouer ordinairement avec lui au dit Saint Germain, et lui faire passer le temps pendant qu'il estoit encores dauphin) vinst à Paris; et sachant que Sa Majesté estoit aux Thuilleries, l'y alla trouver. Le Roy, qui s'amusoit à regarder l'estang, accompagné de force noblesse, aussi tost qu'il eust advisé Pierrot son ancien compagnon (qui ne l'apeloit encore que M. le Dauphin, et à ceux qui l'en reprenoient juroit son mordienne de pied plat qu'il ne l'eust sceu apeler autrement), les quitte trestous là pour aller voir Pierrot, auquel il saute au col, et le baise devant tout le monde; dit à M. de Souvrai qu'il veult qu'on l'habille dés le lendemain, et qu'on le retienne prés de sa personne. Mais Pierrot s'en excuse, dit qu'il faut qu'il s'en retourne : autrement qu'il seroit battu, pour ce que son pere et sa mere ne vouloient pas qu'il vinst à Paris voir M. le Dauphin (ainsi tout naivement apeloit il le Roy, auquel il avoit aporté des moineaux).

Simplicité rustique remarquable, autant innocente que la courtizanne ambition est vaine et malicieuse; et nostre petit Roy louable en ce qui ne desprise point le pauvre, pour estre riche; et qu'eslevé au haut degré d'honneur, ne se mesconnoist point, ains embrasse tousjours le pauvre Pierrot pour son compagnon.

Je sçay qu'on dira que le traict est fort enfantin : ce que je confesse, et ne peult estre autre, venant d'où il vient. Mais si est il, à mon jugement, indice d'un bon naturel en un roy : qui est cause de me l'avoir fait escrire ici, tout ainsi que M. de Souvrai l'a conté à un de mes amis.

Pour mon regard, de tant que m'est desagreable la fastueuse et ridicule ambition de la cour, autant me plaist et revient la rustique simplicité et naiveté de messire Pierrot de Saint Germain.

> *Rusticus es, Corydon, nec munera curat Alexis.*

Sont proprement de mes gens que ceux là.

En ce temps, le chevalier Desmarais, avec ses deux freres, demeslerent en la campagne une querelle qu'ils avoient avec M. de Dunes, fils de M. de Dunes qu'on apeloit Antraguet, qui tua Quelus, mignon du feu roy Henry III, sous le regne duquel ne se parloit que de lui. Le dit de Dunes fust tué : aussi fust le chevalier Desmarais avec un de ses freres. Les duels du feu Roy prohibés, tournés en batailles rangées, permises et auctorisées par connivences, traineront avec soy une dangereuse queue, si on n'y pourvoit. La peur me le fait dire, comme à beaucoup d'autres plus sages que moy.

On disoit en ce temps qu'on avoit tiré sept millions de livres de l'Arsenal, depuis la mort du Roy jusques au 15 du present mois d'aoust. Le bruit en estoit tout commung, car ainsi l'avoit on donné à entendre au peuple. A quoy je ne m'arreste : car, comme dit Quintilien en sa deuxiesme Declamation, il n'y a rien plus aisé que de pousser le peuple en telle passion que vous voulés, lequel, comme dit Tacite, croid des choses qu'il oit beaucoup davantage que ne porte la verité, prompt à cœillir et ramasser toutes nouvelles, sur tout les fascheuses. J'en crois ce qui en est : une chose sçay je bien, que nous ne sommes pas si grands mesnagers que le feu Roy.

Les jesuistes aiians obtenu, sur la fin de ce mois, lettres patentes de la Roine regente (qui les aimoit) pour ouvrir leur college dans Paris et y faire leçon, les presenterent à la cour de parlement, pour estre verifiées : mais l'Université de Paris s'y opposa. Sur quoi jour fust donné pour en venir à l'audiance le sixiesme septembre; puis le lendemain, dernier jour du parlement. Et pour ce que les advocats n'estoient instruits pour plaider, à cause de la briefveté du temps, la cause fut remise aprés la Saint Martin.

L'advocat des jesuistes estoit M. de Monthelon, mon cousin, qui ne les haïioit pas; celui de l'Université, M. de La Martilliere, gendre de M. le grand, conseiller en la grand chambre, qui ne les aimoit gueres.

Pour trouver la verité, on n'a que faire de jesuistes, mais bien de la voix de Jesus, interpretée et esclaircie par les bons peres et docteurs de l'Eglise primitive. Quant aux arts et sciences humaines, nos peres et peres grands, qui ont esté plus doctes et sçavans que nous ne sommes, n'ont point esté instruits par les jesuistes, ni estudié en autres colleges qu'aux communs de l'Université, et n'ont laissé pour cela de florir en doctrine et pieté (qui est le principal) plus que ceux qui ont esté nourris toute leur vie aux jesuistes. Puis, l'innovation des choses est tousjours à craindre. Platon la hayoit bien tant, que mesmes il ne permettoit changer les tons de la musique.

Voila mon opinion sur ce point. *Si melius quid habes, accerse, vel imperium fer.*

Supplément tiré de l'édition de 1732.

M. de Villeroy en ce tems, fort mal content de la cour et de la Reine, à laquelle il refusa signer un écrit patent de quarante mille écus pour Conchine, pour acheter le gouvernement de Montdidier, Roye et Peronne, que M. de Crequi lui avoit vendu : la Reine avoit envoyé querir M. de Sully pour lui demander s'il n'y avoit point moyen de trouver cette somme sans toucher à l'argent de l'Arsenal. Lui ayant répondu que non, la vérification à la cour presentée est refusée, disant que c'est un bien pupillaire auquel il n'étoit loisible de toucher. Les douze cents mille écus de Puget fouettez.

Sept millions de livres tirez de l'Arsenal, depuis la mort du Roy jusques au premier aoust.

[SEPTEMBRE.] Le jeudi 2 de ce mois, selon l'accord et capitulation faite, arrestée et signée le jour de devant, premier du mois, la ville et chasteau de Julliers fust rendue et remise entre les mains de messieurs les princes de Brandebourg et de Neubourg, en la possession desquels, par un mesme moien, demeura toute la duché. Le siege dura quatre semaines sept jours; il s'y perdist de deux à trois mil hommes. Le mareschal de La Chastre revinst avec ses trouppes en France; le prince d'Anhalt repassa le Rhin avec ses reistres; et le comte Maurice, auquel on en donnoit le principal honneur, reconduit ses trouppes en Hollande.

Et ainsi prist fin la guerre de Cleves, juste à la verité, puisqu'il y alloit de la foy du feu Roy et de la nostre, qui nous commandoit de secourir ceux avec qui nous avions fait alliance defensive. C'est pourquoi Aristote, en sa Rethorique à Alexandre, dit que ceux qu'on outrage ne doivent seulement prendre les armes pour se defendre, mais aussi doivent secourir leurs alliés qu'on offense. Toutesfois, si une guerre, quoique juste, est tousjours detestable, selon l'opinion de saint

Augustin au dix neuviesme livre de la Cité de Dieu, et surtout en un prince debonnaire et chrestien, une mauvaise paix vaudra tousjours mieux qu'une bonne guerre: aussi qu'on ne void gueres d'autres gens s'en mesler que des audacieus et brouillons, qui poussent les souverains dans ce feu, hommes, comme dit Thucydide, nés pour ne laisser jamais ni eux ni les autres à repos.

Le samedi 4 de ce mois, par arrest de la cour de parlement de Paris, furent pendus en la place de Greve les seingneurs Du Jarrige, poictevin; de Chefbobin, escossois, qu'on disoit y avoir plus de trente ans qu'il faisoit sa demeure en Poictou, avec un sien fils nommé Champmartin, convaincus d'avoir fait ung manifeste pour tascher à esmouvoir le peuple de Poictou à une revolte, et à prendre les armes contre le feu Roy, leur prince naturel et souverain seingneur, sous couleur de bien publiq : qui est le pretexte ordinaire de tous les troublepeuples, à fin de pescher en eau trouble. A quoi le peuple se laisse aisement aller : car, comme dit Plutarque en ses Enseingnemens politiques, parlant de ces malveillances populaires et legeres : « En tout peuple « se trouve je ne sais quelle malignité et plainte ordi- « naire contre ceux qui lui commandent. » C'est pourquoi il est necessaire de faire bonne et prompte justice de ceux qui poussent et entretiennent les peuples en telles rebellions; et ne leur doit on jamais pardonner, pour ce que ce sont gens meschans et incorrigibles, desquels il ne faut jamais rien esperer de bon, estans meschans et ingrats envers leur propre patrie. L'abbatis d'une teste en cela fauche bien souvent toutes les autres; et ce supplice n'est pas tant proprement à cause d'eux qu'à cause de l'Estat.

Ils estoient prisonniers dés le vivant du feu Roy, qui les avoit voulu voir et leur parler. Comme il avoit fait, et tiré les vers du nés de quelques uns d'entre eux, mesmement de Jarrige, qui estoit de la religion ; et ce par une subtile prudence qu'avoit le feu Roy, laquelle, dit Lipse en ses Politiques, ne perd point son nom, pour estre arrousée de quelques gouttes de finesse. A quoi Sa Majesté se connoissoit fort bien : car si de droite route il ne pouvoit gangner le port, il changeoit les voiles, et y arrivoit en tournoiant : qui est le conseil de Ciceron en la neuviesme epistre à Lentulus. En telles affaires toutesfois, la plus grande finesse que j'y trouve c'est que le prince soit homme de bien, droicturier, et non exacteur. Son innocence est sa sauvegarde.

Le mecredi 8 de ce mois, le duc de Feria, envoié ici, de la part du roy d'Espagne son maistre, vers Leurs Majestés, pour se condouloir de la mort du feu Roy et leur desirer tout accroissement (ou diminution) de grandeur et prosperité, arriva à Paris avec une belle suitte. Au devant duquel aussi furent de quatre à cinq cents chevaux françois, pour le bien veignier [1] et receuillir. Il estoit fils du duc de Feria, qui pendant la Ligue regenta si bien Paris avec ses garnisons espagnoles, et y estoit encores quand la ville fust reduitte sous l'obeissance de Sa Majesté, laquelle le contraingnist d'en sortir.

Les archiducs de Flandres (nos plus proches et mauvais voisins) y envoierent en mesme temps, et à mesme fin, le comte de Buquoy. Ambassade composée de gens yvres la pluspart du temps, vrais vitels qui,

---

[1] *Le bien veignier :* lui faire bon accueil.

suivant le naturel des veaux, demeurent couchés tout de leur long si vous leur donnés force pasture.

Suivist le milord Vuouton, de la part du roy d'Angleterre, qui se disoit bien nostre bon ami : mais on ne sçavoit bonnement ce qu'on en devoit croire. Il apporta au Roy l'ordre de la Jarretiere, la cerimonie de laquelle se fist le jour Sainte Croix à vespres, en l'eglise des Feuillans, aprés que Sa Majesté eust donné à disner magnifiquement au dit milord dans sa maison des Tuilleries. Il ne traicta point le duc de Feria : ce qui fust remarqué. Mais le Roy avoit plus d'occasion d'aimer et se fier de l'un que non pas de l'autre, bien que tous deux estrangers, joint que son inclination ne l'a jamais porté à aimer l'Espagnol, duquel avec le laict et la mamelle il semble avoir succé la haine; car il n'avoit gueres que deux ans, et estoit encores au berceau, qu'aiiant oui dire qu'un seingneur espagnol estoit arrivé ici qui desiroit le voir, à ce mot d'espagnol estant entré en colere, commença à crier qu'on lui apportast son espée. Ce qui fust noté dés lors, comme sont volontiers les actions des princes, principalement en tel aage, où elles sont purement naturelles et non desguisées.

En mesme temps les princes alemans alliés de la couronne, portans les cœurs vraiement francs et nets de toute perfidie et trahison (laquelle ils abhorrent naturellement), y envoierent leurs ambassades : comme aussi firent les ducs de Savoie et de Lorraine, l'ung peu ami de la France, aussi tortu de l'ame que du corps; l'autre, nostre allié et ami, ne pouvant gueres estre autre quand il voudroit. Les Estats des Provinces unies de Hollande et Zelande, vraiement dolens de la mort du feu Roy, laquelle ils ont plus pleurée que nous, et pleurent encores tous les jours, et en affectent la vengeance, qui semble estre du tout esteinte et morte au cœur du François, ne furent des derniers à tesmoigner le regret qu'ils en avoient, et leur desir à conserver l'honneur de la memoire de ce grand prince, qu'ils appeloient leur pere et bienfaicteur.

Les autres princes et republiques (marchandise meslée pour ce regard) firent les mesmes condoleances et desirs par leurs ambassadeurs. Finalement, la seingneurie de Venize, estroictement alliée et obligée au feu Roy, duquel elle regrettoit la perte de cœur et d'affection, y envoiia les seingneurs Nanni et Grossi, qui arriverent à Paris au commencement du mois d'octobre.

Voila une partie des ambassadeurs estrangers qu'on envoiia ici sur ce triste subject : lesquels je croi (au moins pour la pluspart) ne devoir jamais bien faire à la France que quand ils ne pourront plus lui faire mal. Et soiions hardiment sages, si nous pouvons.

En ce mois, un grand joueur de cartes et dés, blasphemateur ordinaire du nom de Dieu (comme l'un ne va jamais gueres sans l'autre), nommé Penichon, natif de Persenac, prisonnier en la Conciergerie du Palais à Paris, y mourust d'une mort merveilleusement subite et effraiiable. Cest homme ne se pouvoit garder de jouer et blasphemer; et pour ce qu'il perdoit souvent, se donnoit à tous coups au diable, et faisoit d'horribles imprecations sur son corps et sur son ame, au cas que jamais il jouast aux cartes : se jouant ainsi de Dieu, et prenant miserablement son nom en vain. Il avoit fait, quelques jours auparavant, telles malheureuses protestations au lieu mesme, où Dieu l'ayant bien sceu trouver, le jugea : car ayant recommencé à jouer avec ceux de sa chambre, estans entrés en dispute sur quelque escart de carte, commença à despiter, et regnier Dieu outrageusement. Ce que lui ayant esté remonstré par quelcun de la compagnie, tant s'en faut que ce miserable s'en esmeut, qu'au contraire se moquant de Dieu et de lui, se mist à jurer de plus belles. Mais voici qu'à l'instant comme trois cartes lui eussent esté données, et qu'il les eust mises dans son chapeau qu'il tenoit renversé devant lui pour les y regarder, ayant les deux bras accoudés sur la table et la face penchée dedans, il y va rendre l'ame si subitement, qu'un de ces joueurs lui ayant dit *Joués*, et l'autre l'ayant poulsé du coulde pensant qu'il dormist, fust trouvé tout roide mort. Jugement de Dieu visible à tout homme qui a les yeux d'homme, et non point de taulpe ou de chauve-souris.

Nous lisons dans saint Ciprian, au traicté qu'il a fait contre les jeus de sort et de hazard, une remarque notable sur nostre propos touchant le jeu de cartes, trop commun et auctorizé entre nous, et mesmes dans ceste ville de Paris.

Il dit donq que Mercure, dieu des Payens, qu'on tient avoir esté inventeur du jeu de cartes, s'y fist peindre, et ordonna que pour l'entrée de ce passe temps on lui sacrifieroit, en baisant la carte ou espandant du vin à l'honneur de sa peinture. Or les chrestiens, dist il, recevans ceste corruption des idolatres, y ont changé seulement les images, en mettant celle d'un roy, d'une roine et d'un valet, en lieu de celles des idoles paiennes. Parquoi aussi nous pouvons bien dire, dist ce bon pere, que jouer à de tels jeux c'est prendre plaisir aux œuvres du diable, rafraischir et confirmer l'ancienne idolatrie en quelque maniere, au lieu d'en abolir du tout la memoire.

Nous conclurrons donc avec ce saint personnage que tous jeus de hazard sont dangereux, dignes de mort et plains de folies; que pour estre vrais enfans de Dieu, il ne faut estre joueurs de cartes et de dés : mais, selon sa sainte instruccion, espandre nostre argent sur la table du Seingneur, où Christ preside et les anges nous voient, à fin qu'il soit distribué aux pauvres, et non pas perdu follement, de peur que nous n'encourions la peine sus escrite de cest impie et profane, que le jugement de Dieu a accablé tout d'un coup : lequel à ceste occasion j'ay enregistré ici, bien qu'ailleurs imprimé comme assés averé et congneu, mais que le monde d'aujourd'hui oublie aisement, pour estre confict en toute espece de vice et dissolution.

Le jeudi 2 du present mois de septembre, Dieu redoubla sa verge sur ma maison, me visitant d'une fascheuse et penible maladie, accompagnée de diverses infirmités : la moindre desquelles estoit suffisante de m'atterer, sans ceste forte et puissante main d'en haut qui m'a tousjours soustenu et relevé, contre toute l'esperance des hommes, et la mienne propre. Tous lesquels maux me rendirent tant attenué et debile, que croiiant certainement que Dieu voulust faire sa volonté de moy (en laquelle opinion estoient aussi la pluspart de ceux qui m'assistoient, et mes medecins mesmes), je demandai que le saint sacrement, selon l'ordonnance de l'Eglise, me fust apporté et administré : comme il fust par le vicaire de Saint André, le mardi 14 de ce mois.

C'estoit le *viaticum* des chrestiens de la primitive

Eglise, qu'il estoit enjoint de porter aux malades qu'on voiioit en danger de mort, selon le canon 13 du concile de Nice.

Le lundi 13 de ce mois, voulant me reconcilier et confesser, je priai qu'on me donnast un jacobin nommé pere des Landes, lequel j'avois oui, ce me sembloit, prescher plus purement que les autres. Icelui estant venu, me consola fort et contenta. Son but fust, aprés m'avoir fort doctement et chrestiennement admonnesté, remonstré mes fautes et offenses, et fait demander pardon d'icelles à Dieu, tirer de moy une protestation de mourir en la foy de l'Eglise catholique, apostolique et romaine. Des deux premiers, il n'y eust nulle difficulté : je le lui protesté franc et net; mais pour le regard du troisiesme, sur lequel il insistoit et me pressoit fort (me remonstrant qu'il estoit de necessité de salut de croire tout ce que l'Eglise romaine croiioit, et qu'elle ne pouvoit errer), je ne lui pouvois accorder cestui là, veu le contraire qui se voiioit en plusieurs points de sa doctrine; jusques à ce que, vaincu de la foiblesse du corps et de l'esprit, qui ne me permettoit d'y contester davantage, je le passai, sous caution qu'on me feroit voir que la doctrine et traditions de l'Eglise romaine d'aujourd'hui estoient en tout et par tout conformes à celle de l'antique et vieille romaine, qui estoit du temps des apostres et de saint Pol, qui n'avoient presché qu'ung Jesuschrist crucifié, ni reconneu autre fondement de salut en l'Eglise que cestui là : en laquelle foy romaine j'avois tousjours vescu, et y voulois mourir. Ce qui me promist de me monstrer, si Dieu me renvoiioit ma santé (dont je me desfie fort qu'il le puisse faire, quelque habile homme qu'il soit). Aussi en sommes nous demeurés là, et ay peur que nous y demeurions.

Quelques autres propos sur ce subject furent tenus en ceste privée confession et conference, desquels j'ai perdu la memoire. D'ung je me suis tousjours souvenu et me souvient, que me parlant de l'invocation des saints, receuë et approuvée en ceste Eglise et en beaucoup d'autres, je lui fis response qu'au Ciel je ne connoissois qu'un seul maistre des requestes, Jesuschrist, mon sauveur et seul mediateur; et, quelque pauvre peccheur et miserable que je fusse, que je m'asseurois, venant à lui comme il m'y convioit tant doucement par sa parole, que je n'en serois jamais rebuté ni desdaingné, puis que j'estois de ces pauvres travaillés qu'il avoit appelé pour leur donner soulagement. Sur quoi il ne m'insista pas beaucoup, aprés que je lui eus dit que je sçavois que la priere des saints, et mesme celle des morts, estoit fort ancienne en l'Eglise, et que j'eusse bien desiré d'estre esclairci de ce point par quelque homme de bien et sçavant docteur comme lui, qui me l'eust accordé avec l'Escriture sainte, où on n'en trouvoit rien : ce qui m'en rendoit la croiance difficile.

Pour conclusion, j'ay bien de quoi me contenter de la patience de ce bon moine, que j'aimerai et honnorerai tousjours, pour m'avoir doucement supporté en mon infirmité et liberté de parler en ce dernier rolle (que j'estimois : mais Dieu en a disposé autrement) de la mort et de moi, où, comme dit Montagne en ses Essais, il n'y a plus que faindre : il faut parler françois, et monstrer ce qu'il y a de bon et de net dans le fond du pot. C'est pourquoi quand il ne m'en eust pas donné la liberté, je l'eusse prise : car mon naturel est tel, qu'il tourneroit tousjours plus tost à la meschanceté aperte qu'à l'hipocrisie. Toutesfois Dieu me garde de l'un et de l'autre! Je suis seulement marri que ce bon pere croie (comme il a redit depuis) que je tienne des opinions erronées et heretiques, discordantes de la foy de l'Eglise catholique, apostolique et romaine : ce que je n'ay jamais entendu, si non en tant que le discord que j'aurois sur quelques points avec la derniere s'accordast (comme je crois qu'il fait) avec la parole de Dieu, que je prefererai tousjours à tous les mandemens et traditions des papes et des hommes. J'ai sceu aussi qu'il avoit dit à mon fils que j'avois une grande quantité de livres heretiques de toutes sortes, que j'avois fort leus, qui estoient en partie cause de m'entretenir en mes erreurs. Sur quoi il me vient de souvenir que le bon homme m'en parla pendant que j'estois si fort malade, et m'exhorta de m'en desfaire, et ne les plus lire. En quoy je sçai qu'il procedoit d'un bon zele qu'il avoit à mon salut. Mais pour les avoir leus, je n'en suis point devenu, par la grace de Dieu, plus mauvais chrestien : car je n'y cherchai jamais, pour m'y arrester, la decision des controverses qui sont aujourd'hui en la religion : plus tost l'eussay je cherchée dans les escrits et livres des anciens peres de l'Eglise, que je prefere de beaucoup aux modernes; et suis marri que le temps que j'ay emploié à lire ceux ci, je ne l'ai donné aux vieux : tenant mesmes pour heretiques tous ceux qui leur sont ennemis et contraires. Et toutesfois pour cela je ne rejette point les nouveaux en ce qu'ils ont bien dit, ains me resouds sur ceste matiere au dire d'un ancien : *In terrâ*, dit il, *aurum queritur, et de fluviorum alveis splendens profertur glarea, Pactolus-*

que cœno ditior est quàm fluento; antiqui legendi, singula probanda, bona retinenda, à fide Ecclesiœ catholicœ non recedendum. Et pour ne nous en eslongner jamais, il faut suivre l'Escriture sainte : car c'est la parole du Dieu vivant, qui doit estre nostre guide et nostre ourse, comme elle a esté de tous les peres anciens. De moy, je n'estime qu'un livre au monde, qui est toute ma consolation : c'est la Bible et le Nouveau Testament; et dis avec ce bon pere saint Bernard, sermon 9ᵉ *in Cœ. Dom.* : Tout ce qui n'est point de Jesuschrist, tant s'en faut que je le cherche, que mesmes je le rejette et abhorre comme un fumier pourri. Pour le regard des cerimonies et traditions de l'Eglise, qu'on debat aujourd'hui pour ce qu'elles ne se trouvent point dans l'Escriture sainte, je tiens une maxime indubitable : qui est que l'estat de l'Eglise n'a onc esté ni n'est tellement reiglé par la parole de Dieu, qu'il n'en faille reconnoistre quelque chose hors des Escritures; mais rien jamais contre les Escritures : car le mesme esprit qui preside à l'escrit et à la tradition n'est point contraire à soimesme. Pour conclusion, je suis enfant de l'Eglise romaine, puis qu'en icelle j'ay receu le charactere et marque des enfans de Dieu, à laquelle je m'asseure que Dieu me reconnoist et reconnoistra tousjours pour sien. Je n'ignore point ce pendant combien ceste Eglise a degeneré de la primitive, de laquelle on n'y remarque que des traicts effacés, bien que le fondement (qui est le principal) y soit demeuré. D'en advouer et defendre les erreurs, je ne le puis faire, pour ce que Dieu me le defend. J'en embrasserai tousjours de bon cœur la reformation, mais je n'en consentirai jamais la dissipation; et quand mesmes elle seroit p..... (comme les huguenos veulent), encores seroit ce ma mere, à laquelle les souverains magistrats doivent rendre sa chasteté et premiers habits nuptiaus. En attendant, je prierai Dieu pour son amandement : mais je ne la quitterai pas, ni n'en sortirai pour me renger à l'autre, où je trouve autant de deffaus aux mœurs et en la doctrine qu'en celle ci; et croy que si elle avoit duré la moitié d'autant seulement, on la pourroit bien apeler difformée, et non reformée : car dés ceste heure elle ne l'est gueres. Je ne dis pas que des deux on n'en peust faire une bonne, ostant de l'une ce qu'il y a de trop, et ajoustant à l'autre ce qu'il y a bien de trop peu. Mais trois choses nous en engardent : le defaut de charité, le peu de zele que nous avons à la gloire de Dieu, et l'opiniastreté, qui est le dernier retranchement des ignorans.

Je me tiendrai donc à ce vieux tronc (bien que pourri) de la papauté, en laquelle on trouve l'Eglise, bien qu'icelle ne soit pas l'Eglise. *Papatus non est Ecclesia, sed Ecclesia est in papatu*, dit le bon homme M. Perrot, ministre de Geneve, à un de mes amis. Sur quoy j'ay noté un passage de Luther sur le premier chapitre des Galates, sur ce mot, aux eglises de Galatie, que saint Pol toutesfois appelle renversées : « Ainsi, dit il, page 10, nous apelons aujourd'hui « l'Eglise romaine sainte, et tous eveschés saints, ja- « çoient qu'ils soient renversés, et que les evesques et « ministres d'iceux soient infideles et meschans : car « Dieu regne au milieu de ses ennemis, et avec ce l'an- « techrist est assis au temple de Dieu, et Sathan est « present au milieu des enfans de Dieu. Et pourtant, « combien que l'Eglise soit au milieu d'une nation per-

« verse et maudite, comme dit saint Pol aux Philipp.,
« et combien qu'elle soit au milieu des loups et des
« brigands, c'est à dire des tirans spirituels, toutesfois
« elle ne laisse point d'estre Eglise, elle ne laisse point
« d'estre à Romme, combien que Romme soit pire que
« Sodome et Gomorrhe : le baptesme est là, le sacre-
« ment est là, et le texte de l'Evangile, la sainte Es-
« criture, les ministeres, le nom de Christ, et le nom
« de Dieu. Qui ont quelque chose de ceci l'ont; ceux
« qui n'en ont rien n'en sont point excusés, car le tre-
« sor y est. L'Eglise romaine est sainte, pour ce qu'elle
« a le saint nom de Dieu; elle a l'Evangile et le bap-
« tesme. Si un peuple aussi a ces choses, il est apelé
« saint, etc. »

Voila comme, par le tesmoingnage des lutheriens mesmes et des calvinistes, on peut demeurer en l'Eglise romaine, quelque corrompue qu'elle soit, et y faire son salut. Ce qui m'y a fait arrester : car si je l'eusse creu autrement, pieça en fussai je sorti, veu la nourriture et instruccion toute contraire qu'on m'a donnée. Une chose enregistrerai je ici, puis qu'aussi bien je m'y peinds tout entier et tout nud, non tant pour moy que pour ceux qui viennent aprés moy, qui ont possible à me perdre bientost : Que rien n'eust esté plus capable, ni ne seroit encores, de me faire quitter l'Eglise romaine, que si on me vouloit astraindre à l'observation de plusieurs cerimonies et services superstitieus qui y ont la vogue, comme on a fait pendant la Ligue, sous la tirannie et contrainte de laquelle j'ay sué souvent d'ahan de ce costé là. Maintenant toutes ces choses estans laissées en la liberté d'un chacun, je me suis resolu d'y vivre et d'y mourir, suivant l'instruccion de feu mon pere à la mort : homme de bien, et craingnant Dieu des plus, comme chacun sçait; et lequel aiiant connoissance des abus, en souspiroit la reformation, et ne trouvoit pour cela aucunement bon d'en sortir.

Les dernieres paroles de ce bon homme, aprés qu'il m'eust donné sa benediction, estant lors aagé de douze ans seulement, furent à maistre Matthieu Beroald mon maistre, en ces termes : « Maistre Matthieu « mon ami, je vous recommande mon fils que voila; « je le depose en vos mains, comme un des plus pre- « cieux gages que Dieu m'a donné. Je vous prie sur « tout de l'instruire en la pieté et crainte de Dieu; et « pour le regard de la religion (connoissant bien le dit « maistre Matthieu), je ne veux pas que vous me l'os- « tiés de ceste Eglise : je vous le defends. Mais aussi ne « veux je pas, lui dit il, que vous me le nourrissiés « aux abus et superstitions d'icelle. »

Ceste derniere volonté d'un si bon pere m'est tous-jours demeurée, et demeurera eternellement, gravée dans le plus profond de mon cœur et de mon ame : priant Dieu me faire la grace d'aussi bien vivre et mourir comme il a fait, à sçavoir en la foy du fils de Dieu crucifié, qui a esté sa seule et unique esperance, qui est la mienne aussi; et desire qu'elle passe à mes enfans, à ce qu'ils ne reconnoissent jamais autre purgation de leurs pecchés que le sang de Jesuschrist, ni n'embrassent autre satisfaction que celle que ce bon sauveur nous a acquis à tous par sa mort et passion.

Ces mois derniers se trouveront courts de plusieurs remarques particulieres de ce temps, que ma maladie m'a fait perdre. En quoi toutes fois je trouve que je gangne plus que je ne perds : car aussi ne sont ce pour la plus part que fadezes et perte de temps, lequel j'essaie à passer le plus guaiement que je puis, et non le faire passer aux autres, qui s'en moqueroient aussi bien, et moy d'eux, ne m'estant proposé, en tout ce que je griffonne ici, aucune fin que domestique et privée, servant à ma commodité, et non à celle d'autrui.

[OCTOBRE.] Le lundi 11 de ce mois, fust pendu au bout du Pont Neuf, à Paris, un de ces tiremanteaus sur la brune, pauvre garson qui n'avoit que le cul et les dents. Je ne dis pas que ce ne soit bien fait de purger la ville de tels matois, brigandeaus et tirelames, de peur d'y ouvrir la porte au meurtre et au brigandage; mais de laisser aller impunis les gros larrons, espargner les assassins, comme on fait tous les jours, et ne point punir les seditieux, qui doivent avoir pour partage le corbeau et la fourche, je dis que c'est faire la justice en guise d'araingnes : tuer beaucoup de mousches, mais non pas les gros bourdons. Car quand nos juges font justice aujourd'hui, ils ne la font gueres que d'hommes bas et vils.

« J'ay veu pendre beaucoup de belistres et maraus, « dit le sieur Fioravanti, bolonnois; mais je n'ay jamais « veu au gibet ni à la potence un homme duquel l'ha- « billement valut plus d'un escu. Et cela vient, dit « il, que les juges sont bien certains que tels pauvres « miserables n'ont ni parens ni amis pour se venger « du juge. »

Le mardi 12, un mien ami de la religion, nommé M. P. D., homme docte, me communiqua un traité qu'il avoit fait et inscript *de la Verité;* lequel il me pria fort de voir, pour lui donner aprés advis s'il le devoit mettre en lumiere, ou non.

J'estois lors encore fort foible de ma maladie, et n'avois la teste gueres forte pour estudier telles matieres : qui fust la cause qui me le fist prier de m'en excuser. Toutesfois, aprés avoir entendu de lui la fin du dessein de son livre, qui tendoit à une reunion des deux religions, mais plus par les maximes de la sienne que de celles de l'antiquité (encores qu'il ne la rejettast point); et qu'en l'Eglise pretendue reformée il vouloit faire trouver ceste verité (qui estoit entrer au labyrinthe ordinaire et inextricable des disputes, d'où on ne sort jamais, et où elle se perd plus tost qu'elle ne se retrouve) : je lui conseillé resolument de ne point faire imprimer son escrit, pour ce que la verité (comme je lui dis) n'est point double ni douteuse : ce n'est que simplicité et lumiere; une mesme chose ne peult estre vraie et fausse tout ensemble. Et toutesfois aujourd'hui chacun en sa religion a bon droit à l'ouir dire; et si n'est pas possible que quelqu'un n'aie tort. C'est pourquoi je ne tiens que pour brouillons et gastepapiers (bien que leur zele soit possible bon) ceux qui se meslent d'escrire aujourd'hui là dessus pour accorder deux choses si differentes. Ils perdent leur ancre et leur peine.

Je sçai bien que ce bon empereur catholique Joviman avoit accoustumé de dire qu'il hayoit les contentions et les querelles, mais qu'il aimoit ceux qui tendoient à une bonne concorde en la religion et à la paix : ce qui semble favoriser les escrits de ceux qui s'emploient à ce bon œuvre. Je les aime et honore, pour mon regard, autant qu'homme du monde; mais je suis

marri de leur voir perdre leur temps. J'en coucherai
quelques raisons sur ce papier, qui souffre tout, et
auquel j'en fais souffrir assés d'autres. Premierement,
de tous les deux costés ceux qui sont à leur aise n'affectent point de reformation : ils aiment bien la verité,
triomphent d'en discourir, et en oyent volontiers parler ; mais de lui aider, point de nouvelles : car s'il y
va tant soit peu de leur interest, ou de la diminution
en quelque chose de leurs commodités, ils l'aban-
donnent tout aussi tost, la fuient et l'abhorrent comme
la peste. Quant à nos prelats, ils n'ont autre solici-
tude, au moins pour la pluspart, que celle d'Epicure;
suivent le naturel des bestes brutes et de ces ventres
plus que brutaus, *quibus est modulus vitæ culina*,
dit un grand personnage de nostre temps; *quippe nul-
los deos norunt, præter Edusam et Potinam*. Pour
les ministres de la religion, encores qu'ils soient pietres
et mal appointés au pris des autres (dont ils sont bien
marris, et ne tient pas à eux qu'ils ne soient mieux),
estans contraints de se contenter de ce qu'ils ont, se
rendent visiblement opiniastres à tout ce qu'on pro-
pose pour la reformation de l'Eglise, bien qu'ils n'aient
autre chose en la bouche que la gloire et verité de
Dieu; mais je crains que ce ne soit qu'au bout des
levres. J'en excepte quelques uns d'entre eux, mais peu.

Au regard du commun peuple, nostre nation françoise a cela qu'en matiere de religion elle se laisse fort
emporter à la coustume, à l'imitation de la supersti-
tieuse Hierosolimitaine, *gens superstitioni obnoxia,
religioni adversa.*

Je ne sçay donc en quel quartier on pourroit trouver logis à ceste verité, de laquelle chacun se dit ami,

et personne ne lui aide; ni comme guairir les plaies de nostre Eglise malade, veu que pour la descendre en la piscine et au lavoir elle n'a personne. C'est le paralitique de l'Evangile, aussi bien que nostre publiq d'aujourd'hui : *hominem non habet*. La proposition d'un docte archevesque de nostre temps sur ce subject est tresremarquable et belle pour la reunion des deux religions, contenant en peu de mots, mais substantieux, ce qu'on devroit faire pour y parvenir.

« Il faut, dit il, aider à arracher de l'Eglise, sans fer
« ne outil manuel, ces deux plantes bastardes, papistes
« et huguenos; et rendre la catholique bien reformée,
« et la reformée catholique. ».

Mais le defaut de charité qui entretient l'opiniastreté des deux costés rend et rendra impraticable le conseil de ce grand prelat, avec regret de tous les gens de bien, zelateurs de la gloire de Dieu, et de la paix et reunion de l'Eglise.

Le jeudi 14 de ce mois, nostre petit Roy, qui dés la fin du mois passé estoit sorti de Paris avec la Roine sa mere pour aller à Monceaux, et de là s'accheminer à Rheims pour y estre sacré, y fist son entrée, où il fut receu magnifiquement, avec les cerimonies et solennités accoustumées d'estre gardées aux entrées et preparatifs des sacres des rois de France.

On fist cas d'une gentille repartie de ce prince à la Roine, qui, le voiiant tout las et recreu du chemin qu'il avoit fait, lui demanda en riant si pour estre sacré il eust bien voulu prendre encores une autres fois la peine qu'il avoit prise? « Oui, madame, lui dit
« il, pourveu que ce fust pour un autre roiaume; mais
« non pas autrement. »

Le samedi 16, veille du sacre, le Roy alla aux religieuses Saint Pierre, et de là à Nostre Dame, où il assista aux vespres et au sermon que fist le pere Coton sur la divine institution du sacre et onction des rois de France; et aussi sur le sacrement de confirmation, que Sa Majesté receust par les mains du cardinal de Joieuse, auquel il fust presenté par la roine Marguerite et par M. le prince de Condé.

Le dimanche 17, le Roy fut sacré à Rheims par le cardinal de Joieuse. L'ordre qu'on y tinst, et les cerimonies qu'on y observa, se voient et lisent par tout imprimées.

Le lundi 18, le Roy receust le collier de l'ordre du Saint Esprit par les mains du cardinal de Joieuse, qui l'avoit sacré dans la grande eglise de Nostre Dame de Rheims. M. le prince de Condé fust fait seul chevalier par le Roy en ceste cerimonie, en laquelle il fust conduit vers l'autel par messieurs les ducs d'Esparnon et de Montbazon, allant devant lui le sieur de Rodes, maistre des cerimonies, le herault et l'huissier de l'ordre. Le cardinal de Joieuse (ainsi qu'on disoit) en fust mal content, pretendant que cest honneur lui estoit deu.

Le mardi 19, Sa Majesté tinst sur les fons de baptesme le fils du baron de Tour, qu'on remarqua estre le premier enfant qu'il avoit tenu.

Le mecredi 20, le Roy partist de Rheims, et s'en alla à Saint Marcou, où il toucha les malades des escrouelles, dont la guairison est particulierement donnée de Dieu aux roys de France.

Le samedi 30, Leurs Majestés rentrerent à Paris. M. de Sully, grand maistre de l'artillerie, avoit fait tirer de l'Arcenal jusques à cent pieces de canon, ainsi qu'on disoit; mais il ne s'en trouva que quatre vingt neuf, qu'il fist mettre sur le boulevert de la porte Saint Antoine, et border de quantité de bouëttes pour saluer Sa Majesté à son entrée. Ce qu'on fist; et s'arresta Sa dite Majesté pendant qu'ils jouerent, regardant d'un œil guay et attentif tirer ces bouches à feu: à quoi il monstroit prendre fort grand plaisir. Aprés les harangues ordinaires, il fust conduit avec les flambeaux au Louvre, recevant par tout une milliasse de prieres et benedictions, accompagnées d'un continuel cri de *vive le Roy!*

[NOVEMBRE.] Au commencement de ce mois, messieurs les jesuistes, *quibus insitum et fatale turbare*, remuent tout le monde, et font de grandes brigues pour l'establissement de leur college, et pour gangner s'ils peuvent leur cause, remise à estre plaidée le 18 de ce mois, laquelle ils voudroient bien estre reculée à dix huit ans de là. Au contraire, M. le recteur, au nom de l'Université, en presse fort le plaidoier, comme avantageus pour eux, et nuisible aux jesuistes. M. le premier president, et tous les meilleurs et plus gens de bien de la cour, favorisent la cause de l'Université; mais la Roine est pour les jesuistes (qui est le pis, car la plus grande auctorité absorbe tousjours la moindre).

Les langues des mesdisans s'eschauffent là dessus, qui, ressemblans au ressort d'une orloge qu'on a desbandé, ne peuvent s'arrester tant qu'ils aient devidé tout ce qu'ils ont à dire. La plus part d'eux, au reste, si esventés et legers du cerveau, qu'une once de saffran les emporteroit à la balance, s'ils y estoient bien pezés.

Ferax calumniarum œvum, dit nostre Lipse, lequel produisist en ce temps infinis petits livrets et libelles diffamatoires tant d'une part que d'autre, qui coururent et trotterent assés librement partout, et que j'ay recouverts depuis ma maladie, pour enregistrer ici à la fin de ceste année. Les deux meilleurs, et qui pour des escrits satiriques furent jugés sans passion les mieux faits, fust une remonstrance de l'Université (bien que desadvouée d'elle) à la Roine regente, directement contre les jesuistes; avec un autre appelé l'*Anticoton*, sans nom d'aucteur ni d'imprimeur, auquel fust faite une response pour les jesuistes, intitulée *le Fleau d'Aristogiton*, qui estoit une pure fadeze renviée et repliquée à trois jours de là par une autre si non aussi fade, pour le moins aussi boufonne et plus injurieuse, à laquelle le nom qu'on lui avoit donné, d'*un remerciement de beurrieres*, ne convenoit pas mal.

Le jeudi 18 de ce mois, la cause des jesuistes estant preste d'estre plaidée, fust, par la menée des dits jesuistes, differée encores, et remise à huittaine; qui venoit au vendredi d'après 26 du mois, pour ce que le jeudi estoit la feste Sainte Catherine. On appeloit en françois cé delay un deni de justice (qui souvent cause de grands maux), prattiqué finement par les juges mesmes, qui sourdement et accortement favorizoient ceste meschante cause jesuistique, combien que la plus belle finesse qui soit au monde, principalement à un juge, soit d'estre homme de bien, et faire justice.

Le vendredi 26, la Roine regente, de plaine autorité et puissance absolue, empescha que la cause des jesuistes ne fust plaidée, mettant à neant pour ce regard la deliberation et resolution de la cour, laquelle, pour ne demeurer oisive, censura et donna un arrest notable contre un nouveau livre du cardinal Bellarmin qui couroit, et sur lequel chacun se mesloit de discourir, et plus ceux qui ne l'avoient point leu que les autres. Livre à la verité trespernicieus et meschant, et toutesfois (*grandioris famæ quàm rei*) de la caballe des jesuistes, et qui suit en tout et partout les maximes ordinaires et assés communes des dits jesuistes, lesquels, s'ils pouvoient, feroient le pape monarque absolut du Ciel et de la terre, rengeans sous les pieds de Sa Sainteté les puissances souveraines de tous les rois et princes de ce monde. Voici la teneur de l'arrest de la cour, donné ce jour contre le dit livre, extraict des registres de parlement :

« Veu par la cour, les grands chambres de la tournelle et de l'edict assemblées, le livre intitulé *Tractatus de potestate Summi Pontificis in temporalibus, adversus Guillelmum Barclaium, auctore Roberto sanctæ Ecclesiæ romanæ cardinali Bellarmino*, imprimé à Romme par Barthelemi Zannetti, l'an present 1610; conclusions du procureur general du Roy, et tout consideré : la dite cour a fait et fait inhibitions et defenses à toutes personnes de quelque qualité et condition qu'elles soient, sur peine de crime de leze majesté, recevoir, retenir, communiquer, imprimer, faire imprimer ou exposer en vente le dit livre, contenant une fausse et detestable proposition, tendante à l'eversion des puissances souveraines ordonnées et establies de Dieu, souslevemens des subjets contre leur prince, substraction de leur obeissance, induction d'attenter à leurs personnes et Estats, et troubler le repos et tranquillité publique. Enjoinct à ceux qui auront exemplaires du dit livre, ou auront connoissance de ceux qui en seront saisis, le declarer promptement aux juges ordinaires, pour en estre fait perquisition à la requeste des substituts du dit procureur general, et proceder contre les coulpables ainsi que de raison. A faict et faict pareilles inhibitions et defenses, sur la mesme peine, à tous docteurs, professeurs et autres, de traicter, discuter, escrire ni enseingner, directement ou indirectement, en leurs escoles, colleges, et tous autres lieus, la susdite proposition.

« Ordonne la dite cour que le present arrest sera envoié aux bailliages et seneschaussées de ce ressort, pour y estre leu, publié, registré, gardé et observé selon sa forme et teneur.

« Enjoinct aux dits substituts du dit procureur general du Roy de tenir la main à l'execution, et certifier la dite cour de leurs diligences au mois.

« Faict en parlement le vendredi vingt sixiesme novembre mil six cens dix. — *Signé* Voysin. »

Trois ou quatre mois avant que le feu Roy fust tué, Sa Majesté avoit eu advis de Romme de son ambassadeur que ce livre estoit sur la presse. Dequoi il fust tant offensé, qu'il escrivist aussi tost au Pape qu'il eust à le faire supprimer : autrement qu'il iroit lui mesmes à Romme pour le faire faire. Et est bien certain que de son vivant il n'eust jamais veu la lumiere : car encores qu'on die que les Rommains sont de la nature des crestes du coq, et qu'ils veulent tousjours tenir le haut bout, si est ce qu'une plus longue vie de ce grand Roy (que Dieu nous a osté en sa fureur) en eust bien abaissé les crestes.

Quant aux jesuistes, on les a veu tousjours fort asprement courir, crier et se formalizer, pour maintenir l'auctorité du Pape; mais il ne se trouvera point qu'ils aient jamais jetté un verre d'eau pour esteindre nos dissentions civiles.

Le samedi 27, M. le premier president aiiant eu advis que le nonce du Pape et l'evesque de Paris, assistés de quelques ecclesiastiques, estoient sur le point de s'assembler pour empescher la publication et impression de leur arrest, manda à l'avocat du Roy Servin qu'il usast de toute diligence pour le faire imprimer. Ce qu'il fist avec telle promptitude, que dés le soir du jour mesme la ville estoit remplie d'imprimés, tant en placcards qu'en demiefeuilles.

Le mardi 30, la Roine regente se voiiant pressée et importunée de plaintes que lui faisoient continuellement quelques evesques et autres ecclesiastiques jesuistes, de l'arrest donné par ceux de la cour contre le livre du cardinal Bellarmin (en quoi toutesfois on trouvoit qu'ils n'avoient failli qu'en une chose, qui estoit de n'avoir pas fait brusler le dit livre au pied des degrés du Palais); mais sur tout faschée de se voir ordinairement assiegée du nonce du Pape, qu'elle avoit tousjours pendu à ses oreilles, qui crioit et tempestoit contre, menassant de s'en aller au cas qu'on ne lui en fist raison, manda M. le premier president : lequel venu se fist ouir, et parla fort vertueusement et hardiment; dit que ce livre estoit une canonization du dernier malheur advenu; et que si le feu Roy eust vescu, on n'eust osé penser seulement à lui faire voir la lumiere; qu'il estoit meschant, rempli de tresdangereuses et pernicieuses maximes contre l'Estat; que l'arrest donné contre icelui estoit juste et saint, et tel le vouloit il maintenir. « Si les propositions contenues « en ce beau livre, madame (dit il à la Roine, se re-« tournant vers elle), avoient lieu, Vostre Majesté ne « seroit plus roine ni regente : nous n'aurions affaire « ni de l'un ni de l'autre, aussi peu de princes; vous ne « vous pourriés plus dire, messieurs, princes du sang. « De moy, dit il, je n'i ay interest que pour le lieu que « je tiens, auquel je suis obligé de rendre justice, et « maintenir l'auctorité des rois mes maistres. » A quoi la Roine repliqua qu'elle n'entendoit pas bien ces matieres là, et qu'elle ne vouloit empescher le cours de la justice, principalement en ce qui concernoit la manutention de cest Estat, duquel on lui avoit fait cest honneur de lui commettre le gouvernement et la regence, en la conduitte duquel elle se vouloit du tout gouverner par leurs prudens conseils et advis; mais aussi desiroit elle de ne point mescontenter le Pape. Et quand on l'auroit rendu content et satisfait, lui et son nonce qui estoit ici, qu'ils fissent aprés tout ce qu'ils voudroient. A quoi M. le premier president respondit qu'il faloit sçavoir premierement si le Pape avouoit le livre : ce qu'il ne croiioit pas; mais si tant estoit, qu'on en laissast faire la cour; et que pourveu qu'on ne lui liast point les mains, qu'elle y sçauroit bien pourvoir et donner bon ordre. Sur quoi M. le chancelier dit que ce que la Roine avoit proposé de contenter en ceci Sa Sainteté estoit grandement considerable, et qu'il faloit apporter de l'acommodation en ceste affaire. « Je ne m'acommode,

« dit M. le premier president, qu'à la volonté du Roy :
« des autres acommodations, je ne sçai que c'est.—Aussi
« ne font pas les autres, respondit M. le chancelier;
« mais en ceste affaire il le faut.—Il ne se peult, re-
« pliqua le premier president; et m'estonne de vous,
« monsieur, qui avés eu l'honneur d'estre de ceste com-
« pagnie, et qui sçavés que c'est que de l'auctorité de la
« cour, comme vous ne la soustenés point autrement. »

On ne peust rien gangner autre chose sur ce grand personnage.

Ce jour mesme, qui estoit le dernier du mois, messieurs du conseil d'Estat, passans par dessus toutes les remonstrances du premier president et de la cour, ordonnerent qu'en attendant la volonté du Roy, la publication de l'arrest (M. le chancelier y ajousta seul et de lui mesmes l'*execution*) donné par messieurs de la cour contre le livre du cardinal Bellarmin surserroit, jusques à ce que Sa Majesté en eust autrement ordonné. Et fust le dit arrest du conseil d'Estat signifié au procureur general le jour mesme, lequel le nonce du Pape fist aussi tost imprimer. Mais les copies en furent saisies par le dit procureur general : dont le nonce se plaint, disant qu'il en vouloit envoier aux Pays Bas, en Savoie, en Portugal, et par tout. Ce qu'aiant entendu le procureur general, fist response que c'estoit en partie la raison pour laquelle il les avoit fait saisir.

Ung libraire nommé Joualin, pris en ce mois à Paris pour lui avoir esté trouvé des *Anticotons*, fust condamné par sentence du chastelet à faire amande honorable. Mais en ayant apelé à la cour, fust renvoié absous, au rapport de M. Mesnard, conseiller, homme de bien et bon François, par consequent mauvais jesuiste.

En ce mois, Saint Germain et Josse son commis, insignes banqueroutiers, par arrest du conseil d'Estat furent condamnés à estre pendus et estranglés en effigie; mais l'execution de l'arrest fust sursis, à cause de la composition qu'ils mirent en avant de vouloir faire avec leurs creanciers. Ce qui est fort suspect de dol et de fraude en matiere de telles banqueroutes : dont ceux qui les font doivent estre extraordinairement et capitalement punis, selon les loix et ordonnances de France du grand roy François, par son edit du 13 juillet 1533; du roy Charles IX, par les ordonnances d'Orleans, article 144; du roy Henry III, aux Estats de Blois, art. 205, confirmées par ses lettres patentes données à Saint Germain en Laye le 25 juing 1582, verifiées en parlement au dit an, le 21 juillet; et nouvellement par le feu roy de bonne memoire Henri IV. Gabriel Bounin, en son Traicté des cessions et banqueroutes, dit que les banqueroutiers sont vrais bucelaires, pyrates, et escumeurs de republiques.

La ferme du sel fust adjugée en ce temps à un nommé Robin, partizan, auquel, avec d'autres associés, on estoit après à en faire bail. Et pour ce que mon nepveu de Benevent le connoissoit et lui estoit ami, et que d'ailleurs j'avois moien d'en faire parler à un des principaus du parti nommé Saint Julien, j'essayai d'y fourrer un de mes enfans nommé François, qui escrivoit bien, pour estre employé sous eux s'il eust esté possible. Mais ils trouverent qu'il estoit trop petit, et firent response qu'ils ne se vouloient servir que d'hommes ja tout faits et duits aux affaires. Dont je ne fus autrement marri, pour la corruption qui y regne, encores que j'aye possible autant d'interest qu'homme de Paris à me desfaire de mes enfans. Mais quand j'oy dire à tout le monde que pour y faire ses affaires il faut estre larron, cela m'en diminue fort le regret, car je l'aimerois mieux voir toute sa vie belistrer que derobber; et combien que l'inclination de pas un de mes enfans ne soit à ce vice (dont je remercie Dieu), et que chacun, en la charge où il est appelé, s'y puisse comporter en homme de bien, si est ce que ceste tentation est forte et malaisée à surmonter en un temps tel qu'est le nostre, où les plus estimés font du vice vertu.

Il n'y a dieux si grands ne si vertueus en ce miserable siecle que les dieux aurin et argentin : tout le monde les adore et y tire; mais sur tous les partizans, gabeliers, fermiers, financiers (*et id genus omne latrunculorum*), ressemblent au bon compagnon qui estant interrogé s'il avoit esté à la messe et s'il avoit veu Dieu : « Oui, respondit-il; et le calice, qui vault « mieux. »

Le dernier du present mois de novembre, on m'a donné l'almanach de Morgard, basti pour l'an qui vient 1611 : lequel, à cause qu'il predisoit toutes choses funestes et malencontreuses, comme pestes, guerres, renversemens d'Estats, avec morts de rois et de roines, fust defendu par la Roine regente, qu'on disoit en avoir eu peur, encores que toutes ces predictions là ne soient que pures chimeres et resveries. Et de fait, demandés au plus habile d'entre eux, qui se vante de vous predire l'avenir, ce qu'il pense qui lui doit arriver à lui mesmes. S'il yous dit qu'il doit estre pendu, faites le noier : vous verrés comme il peut prevoir ce qui n'est pas en sa main.

De moy, je tiens qu'il n'y a rien de plus sot ni de moins sage que l'homme qui s'arreste aux predictions de ces fols astrologues et faiseurs d'almanachs. On sçait aussi que l'astrologie judiciaire, qui est procedée des Ægiptiens et Chaldeens, qui estoient hommes vains, menteurs et idolatres, n'a jamais peu passer en l'Academie ou au Lycée; et non seulement les roys et les empereurs l'ont bannie, et les conciles defendue et prohibée, mais du temps des apostres mesmes nous lisons, és actes XIX, que furent bruslés plusieurs livres *de curiosarum artium.*

In manibus ergo tuis sortes hominum, Domine! C'est la resolution qu'en doit avoir tout bon chrestien, qui est la mienne aussi.

[DECEMBRE.] Le jeudi 2 de ce mois, ung mien ami me fist voir ce beau livre du cardinal Bellarmin, dont on parle tant. Aprés l'avoir leu, je n'en puis dire autre chose, si non que c'est un bon serviteur de son maistre que l'aucteur, lequel pour establir ses affaires ruine celles du nostre tant qu'il peult, sappant et minant les fondemens de l'auctorité royale, pour, aprés l'avoir fait tresbuscher, establir la souveraineté et domination du Pape absolue, mesmes pour le regard du temporel; et par ce moien rendre subjettes et justiciables de Sa Sainteté toutes les puissances temporelles et seculieres. C'est le but de son livre, comme est celui aussi de tous les escrits de nos jesuistes d'aujourd'hui : en quoi je les trouve bien meschans, mais nous encores plus sots si nous l'endurons : car les rois qui s'assujetissent au Pape en ce qui concerne la temporalité se rendent comptables à lui de leurs espées et de leurs droits.

De moi, je tiens cest escrit, estant directement contraire à l'Evangile, pour un ouvrage pur de l'esprit de tenebres et de l'esprit de division, pour lequel combattre il faudroit autres armes que la plume, qui empireroit plus tost qu'elle n'amanderoit ceste affaire : car il y a trop long temps que le coq chante à Romme sans que Pierre s'en soucie.

Ce jour, un de mes amis, advocat en la cour, nommé Dolet, me donna le livre des Libertés de l'Eglise gallicane, compilées par M. Gillot, et de beaucoup augmentées. Ces libertés ont de tout temps servi de bride, de cavesson et de mors serré à l'ambition des papes de Romme. « Je vous advise, dit maistre Guillaume au « Pape, que j'ai mis un bouchon et une enseingne aux « libertés de l'Eglise gallicane, pour dire qu'ici se vend « le bon vin. »

Le samedi 4, M. le lieutenant criminel saisist en l'imprimerie du Carroi (qui en aiiant oui le vent s'estoit absenté) tous ces petits libelles diffamatoires qui couroient, entre autres *l'Anticaton*, *le Tocsin*, *la Copie d'une Lettre du Pays Bas*, qui n'estoit encores achevée d'imprimer; et autres semblables fadezes. Il laissa garnison en la maison de ce pauvre homme, aagé de prés de quatrevingts ans, qui estoit suffisante de ruiner en peu de jours une famille necessiteuse comme la sienne. Aprés il le fist trompeter, lui et son fils, par la ville; et leur fist le dit lieutenant du pis qu'il peust, non obstant les prieres et solicitations de beaucoup d'honnestes gens qui s'en meslerent pour eux. Finalement, il y eust interdiction au lieutenant criminel d'en connoistre : duquel on disoit que la balance n'estoit pas bien juste en justice, à cause de l'avarice de cest homme, *qui, ut trutina in eam partem vergit in quâ plus ponderis, sic ipse in eam ubi plus æris.* C'est la voix commune du peuple que je couche ici : si elle est vraie ou calomnieuse, je n'en sçai rien ; je croi et souhaitte plus tost le dernier, et comme chrestien, et comme son ami.

Quant à l'imprimeur, les morsures de la necessité sont merveilleusement aspres, dit Portius Latro en sa Declamation. Je l'attribue plus tost à cela qu'à autre chose, et au peu de sens et jugement de cest homme, qui pour gangner une piece d'argent s'est voulu mettre la corde au col pour la seconde fois, l'aiiant à peine eschappée du temps du Breton (1586) : auquel, pour avoir imprimé son livre, il eust le fouet au pied de la potence, et peu s'en falust qu'il ne fust pendu avec lui. Et encores que ceux ci n'allassent pas tant au criminel que l'autre, et qu'ils fussent assés commungs à Paris, si avoit il une forte partie contre lui, qui estoit les jesuistes, desquels les libelles diffamatoires sembloient estre auctorizés, n'estans point tant subjects à la recherche que ceux qu'on escrivoit contre eux : dont on se plaingnoit fort, et qui fust cause de faire trouver des amis à cestuici et de la faveur, qui lui vinst bien à point.

D'une part et d'autre, je trouverois bon qu'on chastiast (voire exemplairement) ceux qui s'en meslent, pour ce que tels fatras de mesdisances ne sont que troublerepos et semences de sedition.

Le samedi 11, les archers des gardes aiians eu commandement de la Roine de ne laisser entrer au Louvre, pour ce jour, aucuns seingneurs ne gentilshommes, de quelque qualité qu'ils fussent : M. d'Esparnon s'estant presenté pour y entrer, aiiant esté repoussé par un archer des gardes, l'outragea fort, et lui tira la barbe, encores qu'il n'eust rien fait en cela que ce qui lui avoit esté commandé. Acte de mauvais exemple, et qui n'eust passé sans faire semblant de le voir (comme il a fait) du vivant du feu Roy. De moy, je trouve que c'est proprement trancher du Roy, que faire sans crainte tout ce qu'on fait sans justice. *Impunè quælibet facere*; dit Salluste, *id est regem esse*.

Le mecredi 15, La Barillere, qui n'est pas homme du temps, pour estre trop hardi et libre en paroles, et qui aime les jesuistes comme une espine à son pied (au surplus bon compagnon), en ayant rencontré ces jours passés deux d'entre eux qui passoient leur chemin : « Messieurs, leur dit il en les arrestant, je croy que « vous estes jesuistes. Il y a là un marchand venu de « Chasteleraut, qui a de bons cousteaux et de toutes « sortes : je ne sçay s'il y en auroit point quelcun qui « vous fust propre. Vous y regarderez, s'il vous plaist; « je vous en ai bien voulu advertir. »

Le vendredi 17, M. le prince de Condé sortist de Paris mal content, ainsi qu'on disoit, sans avoir pris congé de la Roine, et se retira en sa maison de Valeri.

Le vendredi 18, ung president des monnoies dit ce jour à un mien ami qu'estant allé voir le nonce du Pape, comme ils fussent entrés sur le discours des monnoies, et des diverses especes qui avoient cours ici, le dit nonce lui avoit tout destroussement dit qu'il ne faloit plus user en France que d'une seule monnoie, qui estoit celle du Pape. C'estoit coucher gros pour son maistre, et la response d'ung homme fier et haultain, neantmoins ignorant, tel qu'il est estimé de tout le monde.

Quant à moy, quand j'oy parler de la gloire de ces gens là, il me semble que je voi de ces vessies enflées et plaines de poix, lesquelles meinent grand bruit; mais si on y fait seulement un petit pertuis d'une esplingue, elles se desenflent soudain, et ne meinent plus de bruit, ains demeurent toutes flestries. « Cellui, dit Seneque *in « Thyest.*, lequel le soleil levant a veu orgueilleus, le « soleil couchant l'a veu abattu. »

Le lundi 27, les jesuistes aiians fait response à l'*Anticoton* (qui les travailloit et pinsoit fort, quelque bonne mine qu'ils en fissent), commencerent d'en faire leurs presens partout au Roy, à la Roine, aux princes, princesses, et à tous ceux où ils avoient credit et accés. Entre autres ils en presenterent un ce jour à M. le comte de Soissons, qui le receust fort bien; à la roine Marguerite, laquelle, contre ce qu'ils pensoient, le receust assés froidement, et aprés un bien leger remerciement leur dit qu'ils ne lui en apportassent plus.

Finallement, ils en presenterent un au lieutenant civil (bien qu'ils sceussent qu'il ne les aimoit gueres), lequel leur demanda de la part de qui ils lui faisoient ce beau present. Aiians respondu : « Du pere Jaquinot, » leur demanda de rechef s'ils se faisoient fort d'en estre advoués; et aiians dit qu'oui, leur fist signer leur deposition, et en prist acte.

Ce libelle, à en juger sans aucune passion, estoit une response sans response, et une vraie cigalle qui estoit fort maigre et crioit fort hault : et toutesfois bien receu, et plus auctorisé qu'un bon livre.

Le mardi 28, jour des Innocens, mon petit Claude,

par un grand inconvenient, fust bruslé dans la garde-robbe de ma chambre, où regardant dans un coffre avec une chandelle allumée qu'il tenoit en sa main, le feu se prist à sa fraize, qui fust toute bruslée; puis au col, aux oreilles, au menton, et ja alloit gangnant le visage et les yeux : qui estoit pour l'achever de consommer et perdre à jamais, n'eust esté que Dieu, le conduisant comme par la main, lui donna l'adresse, tout petit qu'il estoit, de desverrouiller la porte de la garderobbe où il s'estoit enfermé, et où nous entrasmes tout à point pour le secourir, mais non si tost qu'il ne bruslast pour le moins demi quart d'heure avant que pouvoir esteindre le feu.

Il estoit six heures passées, et ja on apportoit nostre souper, qu'on laissa là pour courir au medecin nostre voisin, qui estoit M. de Lisle, lequel nous secourust promptement, et y apporta de bonne volonté tout ce qu'il peust : comme aussi fist Riolant le chirurgien, que nous mandasmes aprés; mais ils monstrerent enfin qu'ils s'y connoissoient l'un comme l'autre. Qui me fust un redoublement d'affliction bien grande : car il estoit prest d'entrer bien tost sans cela sur madamoiselle de Montpensier pour estre son page, estant le plus beau de mes enfans et le plus adroit; et auquel il paroistra toute sa vie, pour l'avoir mis entre les mains des medecins et chirurgiens, qui n'ont peu faire en six mois ce que beaucoup de femmes, et mesmes de village, eussent fait en six jours. Mais Dieu l'a voulu, et l'a ainsi permis pour mes pecchés : c'est là où j'en reviens. *Plura non sinit dolor.*

Voila comment en ce monde il n'y a point de chemin plat : tout y est plain de miseres, d'embarras et d'empeschemens, et la fin de nostre voiage est la mort, qui ne se soucie d'aucune chose en ce monde.

Moi mesmes qui escris ceci, quand je considere bien l'ennui et peine qu'une grande famille donne à un homme comme moy, l'incommodité d'une femme, les penibles pensées à cause des enfans, les necessités de la maison pour les pourvoir, le peu d'affection des parens, les maladies et la vieillesse, avec la froideur des amis (car tout cela se trouvera en la mienne): si je ne me repens d'estre ici si long temps, au moins me trouvay je si lassé de ce chemin, que je n'en puis tantost plus.

Le mecredi 29, M. le prince de Condé, qui mal content estoit sorti de Paris et de la cour, y rentra ce jour.

Les mescontentemens ordinaires de ce prince, qui lui estoient une grande subjection, me ramantoivent le dire notable de Plutarque à Trajan : « Vous autres « princes, dit il, avés l'auctorité de donner liberté à « tous les autres, mais non de l'accorder à vous mesmes.» Ainsi ils peuvent beaucoup plus pour autrui que pour eux.

Ce jour, estant pressé d'argent, je fus contraint de vendre ung petit coffret d'argent doré, fort curieus, que je gardois dés long temps en mon cabinet, sur lequel j'ai perdu douze francs, n'en ayant retiré que quarante huit livres, de soixante qu'il m'avoit cousté du sire Aveline, qui me l'avoit vendu il y a plus de vingt ans, et auquel Loyse de L'Estoille ma fille l'a rendu ce jourd'hui. J'en avois une promesse, signée de sa main, de me rendre la dite somme de soixante livres toutes fois et quantes que je vouldrois, selon laquelle je l'y pouvois justement contraindre. Mais aimant mieux perdre que plaider, joint l'affaire que j'avois de cest argent, je l'ay quitté pour la dite somme de quarante huit livres, que j'ay receu.

L'injustice et la chiquane est si grande aujourd'hui, que durant la paix les hommes ne laissent d'estre en continuelle guerre. *Est publicum in foro publico latrocinium*, disoit feu M. Mangot, advocat du Roy, parlant de l'exercice de toute ceste racaille de chicanous). Leur rencontre est plus dangereuse, et leur composition plus dure, que n'estoit celle du capitaine Mirloret en la vallée de Tourfou, et celle du capitaine Guilleri en la campagne.

A la fin de ceste année, arriverent les nouvelles de la mort de M. de Salignac, ambassadeur pour le Roi à Constantinople.

Nostre vie ressemble à une orloge qui travaille tousjours, jusques à ce qu'elle ait sonné les vingt quatre heures. Nous allons de mois en mois et d'an en an, jusques à ce que les vingt quatre heures aient sonné, et puis il est soir; et quand nous venons à la mort, nous pouvons dire comme l'Espagnol : « Bonne nuict à ja- « mais! » Ainsi le monde nous consomme et la mort nous tue : car personne ne meurt volontiers.

CY GIST BASCO FIGUERA, CONTRE SA VOLONTÉ.

On ne sauroit dire plus grande verité que celle là, gravée pour epitaphe en un magnifique sepulchre qui se void dans une eglise de la ville de Lisbonne en Portugal. C'est celui de tous les hommes de la terre.

Pour moy toutesfois, je croy que c'est un bien que Dieu nous fait, malgré que nous en ayons; et que bien heureux sont ceux qui meurent au Seingneur.

Que mon ame meure de la mort des justes! C'est le souhait de tous les gens de bien : ce sera aussi le mien jusques à la fin de ma course.

Escrivant ceci, les morts et maladies de ceste année m'ont ramenteu le crocheteus de Paris, que j'ay voulu enregistrer ici avec les autres fadezes.

C'estoit un pauvre idiot et ignorant, de la capacité et suffisance des autres crocheteus, qui ne connoissent ni ne prattiquent autre medecine que celle de la cave : lequel neantmoins guairissoit plusieurs personnes (qui n'avoient à mourir) des fievres malignes qui couroient, et où les medecins perdoient leur latin, avec certaines herbes qui leur appliquoit sur les poingnets.

Entre les autres il en guairist M. le president Jambeville de sa fievre et de son assopissement, que les medecins avoient jugé incurable. Ce qui le mist tellement en bruict, qu'on l'envoiioit querir de tous les costés; et ne se parloit à Paris que du crocheteus, qu'on voyoit aller et venir, et se proumener par la ville tous les jours dans un carrosse.

Je puis dire veritablement de moy qu'estant fort malade en ce temps, si je n'eusse quitté les saingnées et remedes des medecins, je fusse mort; et que Dieu premierement, puis le bon traictement et soing qu'on a eu de moi, m'ont rendu ma santé, bien que languissante, mais à quoi toutes les receptes des medecins ni drogues d'apotiquaires et autres charlatans ne sçauroient remedier. Il n'y a que celui de là haut qui a fait la playie qui la puisse guairir, auquel seul je donne gloire en m'humiliant.

[JANVIER 1611.] Le samedi premier de l'an 1611, le Roy alla ouir la predication du pere Binet, jesuiste, duquel le pere Coton avoit fait feste à Sa Majesté, et à M. de Souvrai son gouverneur. Mais il ne fist pour ce jour rien qui vaille : car s'estant mis sur les louanges de saint Loys, à cause de l'eglise où il preschoit, qui lui estoit dediée, descendit à celle du feu Roy, qui avoit donné son cœur aux jesuistes. De quoi il le loua plus que de tout le reste ; et prenant occasion sur le nom de Loys que portoit cestuici, dit qu'il esperoit que Sa Majesté là presente, ne degenerant en rien de la vertu et magnanimité de ses predessesseurs, leur donneroit aussi le sien. Et mille autres fadezes qu'il prescha, discours, disoit on, dignes d'un banc de charlatan, et non d'une chaire de verité. Dont aussi M. de Souvrai s'en retourna, avec le Roy, assés mal content et peu edifié, et le dit au pere Coton.

Le mecredi 5, à quatre heures du matin, fust marié le duc de Guise avec madame de Montpensier (1) dans la chapelle du dit hostel de Montpensier, où ils furent espousés par M. le cardinal de Joieuse, qui y celebra la messe, au sortir de laquelle ils coucherent ensemble. M. de Guise disna à l'hostel de Guise. Ses serviteurs se resjouissoient fort de ce mariage, comme avantageus pour lui et ceux de sa maison.

Le samedi 22 de ce mois, il se rencontra une telle presse sur les ports à avoir du bois (qui estoit extremement cher, et duquel on ne pouvoit encores chevir

(1) *Madame de Montpensier :* Henriette-Catherine de Joyeuse, fille unique de Henri, duc de Joyeuse, maréchal de France, qui s'étoit fait ensuite capucin, et qui étoit connu sous le nom de *frère Ange.* Elle étoit veuve de Henri de Bourbon, duc de Montpensier.

pour de l'argent), qu'on conta ce jour jusques à treize personnes naiées à Paris, y en aiiant eu encores trois le jour de devant; et ne s'en passoit gueres où il n'i eust tousjours quelcun qui, pour en avoir, servist de pasture aux poissons. C'estoit la bonne police de Paris, et le bon ordre et mesnage qu'y apportoit maistre Nicolas Le Jay, lieutenant civil, qui s'aquittoit ainsi bien de son estat (*hoc est* de vingt mil escus depuis qu'il y estoit entré, disoit la glose là dessus, que je ne trouve pas trop mauvaise).

Le duc de Sully s'estant desmis de l'administration des finances volontairement, ainsi qu'on disoit, *id est* selon les autres moitié de gré, moitié de force (et croirois plus tost que ce fust du dernier que du premier), sortist de son Arsenal ce lundi 24 du mois, puis par commandement de la Roine regente mist Chasteauvieux en la Bastille. Ainsi aiiant pris congé de Leurs Majestés, qui lui firent fort bon visage, aima mieux le demander que d'attendre que l'on lui donnast.

Ce ne fust sans grand combat toutesfois, et inquietude d'esprit, que ce sage mondain, extremement ambitieus, prist ce parti et resolution. Au moins je le pense ainsi : car les pensées des grands ne les laissent jamais gueres reposer sur telles affaires. C'est la playie des mousches tresimportunes d'Ægypte : vous avés beau les chasser, elles retournent tousjours.

Le mardi 25, les chambres furent assemblées sur le fait de la Coman (1), où furent decernées quelques

---

(1) *La Coman* : Jaqueline Le Voyer, dite de Comant, femme d'Isaac de Varennes. Elle étoit attachée à la reine Marguerite. Elle accusoit le duc d'Epernon et la marquise de Verneuil d'avoir fait assassiner Henri IV par Ravaillac.

prises de corps et adjournemens personnels. La Villiers Hotoman, la presidente Saint André, et la Charlote Du Tillet sa seur, y comparurent. Les reproches que se firent à la confrontation la Du Tillet et la Coman sur leur mauvaise vie, sont plaisantes. L'honneur du voisinage me les fera taire, combien qu'elles soient assés communes à Paris et par tout, aussi bien que leur mestier, qu'ils se reprochoient. Si la Coman ne se fust meslée que de cestui là, elle n'en eust esté gueres recherchée : mais l'autre est trop hazardeus ; c'est pourquoi il y en a peu qui s'en meslent. Car à se bander pour le bien publiq contre les grands, l'on n'acquiert que des coups de bastons, et bien souvent perte de vie et de biens. C'est ce qui me fait craindre pour elle et pour nous, qui n'avons point d'occasion d'en rire.

Divray, greffier de la cour, dit le lendemain à un mien ami, qui me le redit, que comme il reconduisoit ceste damoiselle de devant Messieurs, elle lui dit qu'elle avoit revelé en confession aux jésuistes tout ce qu'elle sçavoit de ceste menée ; mais qu'ils l'avoient conjurée de n'en point parler. Le dit greffier en avertist aussi tost la cour.

Le dimanche 30, la marquize de Verneuil fust ouie de M. le premier president ; sur les depositions de la Coman, depuis une heure aprés midi jusques à cinq heures du soir ; et ce au logis du dit premier president, où il l'avoit fait assigner pour l'interroger là dessus. Le lendemain, la Roine regente lui envoiia un gentilhomme pour le prier de lui mander ce qui lui sembloit de ce procés. « Vous dirés à la Roine, lui respon« dit ce bon homme, que Dieu m'a reservé à vivre en « ce siecle pour y voir et entendre des choses mer-

« veilleuses, si grandes et estranges, que je n'eusse ja-
« mais creu les pouvoir voir ni ouir de mon vivant. »
Et à un autre de ses amis et des miens qui, lui parlant de ceste damoiselle, lui disoit que beaucoup avoient
opinion qu'accusant tant de gens comme elle faisoit,
et y meslant mesmes les plus grands du roiaume, elle
en parloit à la volée et sans preuves; ce bon homme
levant les yeux au ciel, et ses deux bras en haut : « Il
« n'i en a que trop, dit il, il n'i en a que trop! Que
« pleust il à Dieu que nous n'en vissions point tant ! »

M. d'Esparnon en mesme temps, qui avoit le plus
d'interest en ceste affaire, et lequel poursuivoit ani-
meusement contre ceste damoiselle pour la faire mourir, allant ordinairement au conseil pour cela à M. le
president Seguier, vinst voir M. le premier president
en son logis, pour tascher à en apprendre des nouvelles. Mais ce personnage, avec sa gravité accoustumée, et maintien assés rebarbatif, à l'endroit principalement de ceux qui ne lui plaisoient pas, le rebuta
fort, lui dit qu'il n'estoit pas son rapporteur, mais son
juge. Et comme le dit sieur d'Esparnon lui eust repli-
qué que ce qui lui en demandoit estoit en ami, et qu'en
ceste qualité il en avoit pris la hardiesse : « Je n'ai
« point d'amis, lui respondit le premier president; je
« vous ferai justice : contentés vous de cela. » Duquel rebut M. d'Esparnon s'en estant retourné fort mal
content, et en aiiant fait sa plainte à la Roine, Sa
Majesté lui depescha aussi tost un des siens, avec
charge de lui dire de sa part qu'elle avoit entendu qu'il
traictoit mal M. d'Esparnon ; mais qu'elle le prioit de
le vouloir, en sa faveur, traicter à l'avenir plus doucement et gracieusement, comme un seingneur de la

qualité et merite qu'il estoit. A quoy M. le premier president fist response en ces mots : « Vous dirés à la « Roine qu'il y a cinquante ans que je suis juge, et « trente que j'ay cest honneur d'estre chef de la cour « souveraine des pairs de ce roiaume; mais que je n'ay « jamais veu homme ni seingneur, de quelque grande « qualité qu'il fust, ni duc ni pair, accusé et deferé sur « un crime de leze majesté comme est M. d'Esparnon, « qui vinst voir ses juges tout botté et esperonné, avec « une espée à son costé. Ne faillés de le dire à la Roine. » C'est parler en premier president cela : que je n'eusse enregistré ici, si je ne l'eusse sceu bien et certainement.

Les ambitieus, en la paix, sont les serpens engourdis de froid : il fait dangereus les reschauffer, pour ce qu'ils respandent par tout leur venin. Si c'est choses qui se prattiquent en ce miserable estat ou non, qu'on en demande aux gens sous la gallerie, comme on fait aux jeux de paume.

Le subject de la demande que fist en ce temps M. le comte de Soissons à la Roine, du mariage de madamoiselle de Montpensier avec M. le comte d'Anguien son fils (bien qu'elle eust esté accordée dés le vivant du feu Roy à M. d'Orléans, de l'exprés vouloir et commandement de Sa Majesté, qui en avoit fait faire et passer le contract), cause de grands remuemens à la cour. Messieurs de Guise, d'Esparnon, le cardinal de Joieuse, et autres princes et seingneurs, s'y opposent; et, fort accompagnés, contrequarrent les desseins et forces du comte de Soissons, qui en fin s'accorde, n'estant le plus fort, ainsi qu'on disoit : car d'autres en parlent bien autrement. De moy, je n'en sçay rien, et ne m'en empesche guere.

Plusieurs autres querelles entre les particuliers à la cour en ce mesme temps, mais querelles d'Arioste pour la plus part, vaines, ridicules et legeres. Celle du grand et de Cousine amuse les badaux de Paris, à les voir passer et courir les rues avec leurs chevaux, comme on fait les quaresmeprenans; celle du vicomte de Rabat et La Chastaingneraie fait quitter à la Roine son disner, laquelle envoie à la Bastille La Chastaingneraie, mais pour y entrer et sortir tout aussitost. Brief, ce sont querelles d'enfant, aussitost esmeues, aussitost appaisées.

Geneve, menassé d'un siege par le duc de Savoie, remue la cour, resveille les huguenos, et donne à penser et discourir à beaucoup de gens tant d'un parti que de l'autre, sur les entreprises tousjours nouvelles et perfides de ce petit duc, lesquelles sont en mauvaise odeur à tous les bons et naturels François, tant d'une que d'autre religion.

[FEBVRIER.] Le mardi premier de ce mois, on tinst conseil au Louvre sur la demande que faisoient ceux de Geneve d'estre secourus contre les armées et efforts du duc de Savoie. M. de Maienne s'y trouva, lequel, quoique mauvais huguenot, comme chacun sçait, opina pour le secours; dit qu'estans nos alliés comme ils estoient, et en la protection de ceste couronne, nous estions obligés de les secourir; qu'en ceste guerre il y alloit de l'Estat, et non de la religion; de nostre honneur, et du salut d'une bonne partie de la France. Bref, parla en bon François, et non en Espagnol, comme les jesuistes, qui estoient bien d'un avis contraire, s'ils eussent esté creus.

La Roine regente auctoriza de sa presence et de son consentement l'opinion du duc de Maienne, bien qu'avec retenue possible, et non sans apparence : mais qui sont lettres clauses au commung. Quoi que c'en soit, le secours fust resolu, et beaucoup de jeune noblesse huguenote s'alla enfermer dedans : entre autres, de ces quartiers, La Noue, Bethune, le marquis de Rosni (auquel M. de Sully son pere commanda de s'y aller jetter), et grande quantité de noblesse volontaire de toutes les provinces.

Le mecredi 2, feste de la Chandeleur, maistre Antoine Fuzil, curé de Saint Berthelemi et de Saint Leu, prescha fort hardiment contre les jesuistes, lesquels il appela nouveaux prophetes agraphés; fust suivi d'un bachelier en theologie, nommé David, qui ne les aimoit pas plus que lui. Tous deux exhorterent fort le peuple à se garder du levain de leur doctrine. Et pour ce que Fuzil avoit promis sa chaire de Saint Berthelemi au dit David pour y prescher le quaresme, M. l'evesque de Paris, qui supportoit manifestement les jesuistes, l'empescha, et interdist à David de prescher là ni ailleurs : prenant occasion sur ce qu'on lui avoit rapporté, mais faux, que le dit David avoit presché quelque chose mal à propos sentant son heresie; mesmes qu'il avoit mal parlé des moines et de leurs reigles, et tenu là dessus des propositions hæretiques, qu'on croid estre celles qu'il prescha contre les jesuistes dans l'eglise Saint Innocent et Saint Estienne du Mont, et ne s'en pouvoir verifier d'autre, si tant est qu'ils soient heresies; dont on doute bien fort, et desquelles il faut dire : *Sauf à debattre.* Il prescha en l'une (qui estoit Saint Innocent) que puisqu'on avoit permis aux jesuistes d'emporter le cœur du Roy, qu'à meilleure raison on leur pouvoit enjoindre de rapporter la dent de Chastel. En l'autre (qui estoit Saint Estienne du Mont), taxant couvertement le pere Gontier (ainsi qu'on l'interpreta), dit qu'il n'avoit point touché deux cents escus pour en conter, ni poursuivi l'appointement d'un plat à dix francs par jour. Je laisse aux docteurs à decider s'il y a de l'heresie en ces deux propositions. En la premiere, il ne semble pas qu'il y ait rien de contraire à la foy; la seconde est une question de fait, qui gist en preuve et connoissance de cause.

Le samedi 5, le duc de Sully, qui depuis douze ou quinze jours (comme j'ai noté ci devant) avoit remis entre les mains de la Roine regente une partie de ses charges, sous la permission de Leurs Majestés, sortist de Paris, et s'en alla en sa maison de Rosni pour cinq ou six jours seulement; au bout desquels il revinst pour sonder encore un coup le guay, comme on dit (au moins on a eu ceste opinion, que j'aurois bien aussi), et sentir si on ne se seroit point ravisé. Mais il congneust incontinent que l'air de la cour ne lui estoit plus propre, l'estat des affaires et Leurs Majestés tellement disposées, qu'il n'i aresta gueres sans prendre son congé, disant à Dieu pour un long temps (voire possible pour jamais) au Roy, à la Roine, et à toute la cour.

Sur quoi, encores que je ne m'y connoisse gueres, et que je sois un tresmauvais courtizan, je ne lairrai ici de mettre ce qui m'en semble : à sçavoir que c'est un escalier fort gracieux pour descendre à la mesconnoissance de soimesmes, que la faveur d'une bonne fortune. C'est ce qui, à mon jugement, a plus perdu nostre

M. de Rosni, d'ailleurs grand personnage, grand homme d'Estat, et qui a esté tresfidele serviteur du feu Roy son maistre : ce qu'on ne lui peut oster.

Mais une leçon tresremarquable aux petits qui deviennent grands, comme il a fait, par la faveur de leurs maistres, est de tenir la fortune courtizanne comme un verre, et se garder d'offenser grands et petits, sous la conduitte de celui qui a les yssues de la vie et de la mort en son pouvoir, s'armans de bonne conscience, et d'irreprochables deportemens en leurs charges. Ce qu'il n'a fait, et jamais seingneur ne s'y oublia tant.

Le dimanche 6, le petit Marescot, fils du medecin Marescot qui avoit esté depesché à Florence par la Roine pour la genealogie du sieur Consine son favori, qu'elle avoit fait marquis d'Ancre, et parloit de le faire bien tost, ainsi qu'on disoit, duc et pair de France, revinst à Paris et à la cour, où on parloit diversement de ce qu'il avoit rapporté sur le fait de la genealogie et noblesse de sa race. Mais cela fust tenu fort secret, et n'en a l'on rien veu ici de publié ni d'imprimé. L'extrait qui en a couru et que j'ay veu, et lequel on tient pour le plus certain touchant l'extraction paternelle seulement (car de l'ayeul et bisayeul il ne s'en trouve aucun memoire, ni à Florence ni ailleurs), est que le dit Consine est fils d'un secretaire du duc à Florence, lequel on a veu à Paris mendier ses repas, et n'avoir dequoi avoir des souliers, mesmes sur le seingneur Baltazar aux faux bourgs Saint Germain, qu'il attendoit souvent, n'aiiant dequoi disner, jusques à une et deux heures aprés midi. De sa valeur, outre celle de la table, il ne s'en parle point : on s'en promet toutesfois beaucoup à l'avenir. Dieu le veuille! mais je crains que ce ne soit en fin celle de Philippes de Faunes, qui pour tout exploict de guerre acheva un lansquenet à demi mort.

Quant à sa femme, on a trouvé qu'elle estoit fille d'un menuisier; et pour le regard de son fils, maintenant abbé de Marmoustier, on l'a veu à Florence servir à enterrer les morts.

Voila une authentique et illustre genealogie dont les descendans sont à un instant montés bien haut. Mais l'homme eslevé de bas en hault estat se doit tenir plus songneusement sur ses gardes, dit Marc Aurele; car tel avancement, aussi bien que la vertu, n'est jamais sans ennemis. Au demeurant, comme une bouffée de vent peult faire choir des arbres les plus beaux fruits, ainsi un soudain desastre aneantist et mect à bas, en un rien, la grandeur, la richesse et la felicité des hommes. C'est ce qui m'en semble là dessus touchant ce prodigieus avancement; car pour le regard du fait de ceste noblesse consinienne, je n'en garantis que l'ouir dire, et n'enregistre ici que ce qui est *in ore omni populo.*

Le lundi 14, qui estoit le lundi gras, fust fouetté par les quarrefours de Paris un nommé Lhermitte, qui avoit espousé deux femmes. Sur lequel propos M. Poussemothe mon gendre me conta qu'il tenoit dans les prisons Saint Marceau un prestre prisonnier, lequel aprés avoir long temps entretenu une g...., en fin en avoit fait le marché avec un jeune gars, et que la nuict de devant leur mariage le dit prestre avoit couché avec elle; puis le lendemain matin ayant dit la messe, les avoit espousés.

Le mecredi 16, jour des Cendres, la chaire Saint Berthelemi ayant esté interdite par l'evesque de Paris à David, non obstant son appel comme d'abus et l'auctorité de M. le premier president, qu'il avoit pour favorable : le curé prist la chaire, de peur que quelque jesuiste s'en emparast, et y voulut prescher. Si ça esté par ung zele du salut de son trouppeau comme un bon pasteur, ou par envie et rancune : comme nous sommes tous hommes, je n'en dirai rien, si non que l'un est de Dieu, l'autre est du diable; et que, comme chrestien, je veux plustost croire le premier que le dernier.

Le jeudi 17, pere Coton fait dire aux predicateurs de Paris, par toutes les paroisses, qu'il preschera dans la grande salle du Louvre à deux heures aprés midi. On disoit qu'il devoit faire afficher cest avis par les quarrefours, comme font les charlatans et comediens celui de leurs farces et comedies.

Sur la fin de ce mois, l'estat vacant de president en la cour, par le deceds du president Forget, est mis à l'enchere par force brigants et y contendants, à cinquante, soixante, soixante dix, et jusques à quatre vingt mil escus, par le president Chevalier, ainsi qu'on disoit.

Ça esté un vice au commencement d'acheter les offices; mais ce vice est tourné en coustume, et la coustume en necessité : tellement qu'aujourd'hui c'est imprudence à qui le peult de n'en acheter pas. Cela fait qu'en un Estat depravé comme le nostre l'or est le premier desiré, sans que l'on desire autre honneur que celui qui provient de l'or : si qu'on peult dire que la confusion des rancs, qu'on void aujourd'hui en la plus part des magistrats de la France, est semblable à une nuict, qui tient en mesmes ranc l'honneur et la honte, le merite et desmerite.

Cest estat en fin a esté adjugé au president d'Osambrai pour le prix et somme de cinquante mil escus, que la Roine regente a voulu qu'il ait eu à ce pris. A quoi, selon le bruict commun, elle a esté fort portée par les jesuistes, ne le tenans pas possible pour si homme de bien qu'il est : car encores qu'il soit de leur nourriture et qu'il les aime, comme chacun sçait, si est il trop honneste homme pour les favoriser jamais en leurs factions ordinaires contre cest Estat et le bien publicq. Au reste, bon juge, entier et incorruptible, tressuffisant, docte, et digne de ceste charge; grand catholique, apostholique et rommain, mais auquel je me fierois plus tost qu'en ces bezaciers qui courent aujourd'hui, qu'on demande tant pour la moderation et entretien de la paix. Ce sont les neutres en la religion, que j'apelle vrais bezaciers, pour ce qu'ils ont une religion faite en forme de bezace, laquelle ils mettent devant et derriere, puis à dextre et à senestre, selon qu'elle leur peult plus profiter. Je n'aime ni n'estime tous ces gens là, non plus que les jesuistes : car Dieu hait le front hipocrite par dessus toutes choses, le pharisien plus que la paillarde ni le publicain.

En ce mois, la foire Saint Germain ne se tinst point à Paris, à cause de la mort du Roy : ce qui ne s'estoit point veu depuis la Ligue, temps miserable; et ne sçai si on doit appeler cestuici meilleur. On defendit aussi tous masques par la ville à ces jours gras, combien qu'il y en eust de plus dangereus que ceux de quaresmeprenant qui s'y promenassent tous les jours;

ne fust ce que ces hipocrites agrafés avec leurs tristes mines, qui contrefesoient les Catons. Au reste, tout cher à Paris, tout morfondu, tout resserré, se ressentant de la perte que nous avions faite de nostre maistre; toutesfois bons compagnons comme devant, aussi desbordés, vicieus et meschans que jamais : ce qui me fait mal presumer de nos affaires.

[MARS.] Le samedi 5, la cour, assemblée sur le fait de madamoiselle Coman, et autres prisonniers deferés et chargés par elle de l'assassinat du feu Roy, donna son arrest, qu'on disoit estre l'arrest des areopagites, lesquels remettoient à cent ans aprés le jugement d'une cause où ils trouvoient trop de difficulté. Aussi ceux ci n'en trouvans pas peu en celle qui leur estoit presentée, en remirent le jugement et la decision en une autre saison plus commode, ouvrans ce pendant les prisons aux accusés, et y retenans la Coman seule, qui sembloit en devoir plus tost sortir que les autres.

Mais le temps ne portoit pas de faire autrement; et mesmes M. le premier president, qui assista au jugement, fust de cest advis, aiiant esgard à la qualité des accusés, lesquels toutesfois par cest arrest ne demeuroient nullement deschargés (ce qui les faschoit fort); et à la tranquillité et repos de cest Estat, à la misere duquel il jugea (et non sans raison) qu'il faloit donner quelque chose; et de deux maux eviter le moindre.

Le dimanche 6, David, bacchelier en theologie, cruellement persecuté par l'evesque de Paris, se vinst jetter à genoux aux pieds de la Roine regente, suppliant Sa Majesté de vouloir commander à M. le chancelier de lui faire justice de M. l'evesque de Paris, qui s'estoit declaré son ennemi mortel et capital, sans aucune raison ni subject valable. Ce que la Roine lui promist, et de fait en parla à M. le chancelier, mais de telle sorte que sa recommandation nuisist plus au pauvre David qu'elle ne lui aida : car la Roine ayant mal entendu ce que David lui avoit dit, et pris l'un pour l'autre, dit au chancelier que le dit David lui avoit remonstré qu'il s'estoit déclaré en ceste affaire son ennemi mortel et capital, combien que David parlast de l'evesque de Paris, et non du chancelier; lequel, irrité de tels propos, fust long temps sans en vouloir ouir parler, quelque chose qu'on lui peust alleguer et remonstrer au contraire.

L'evesque de Paris ce pendant triomphoit de ce pauvre homme, qu'il faisoit mourir de faim, et lequel n'estoit en peine que pour avoir dit et presché la verité, trouvant pour son regard de lui assez d'herbages aux champs pour repaistre non ses brebis, non ses troupeaus, non sa bergerie, mais bien son ventre, ses chevaus, ses chiens, ses oiseaus et ses p......, mangeant le pain ordonné pour la nourriture des pauvres ouailles ausquelles la distribution en devroit par lui estre faite, et aux fideles pasteurs et predicateurs tels que David, ausquels il le soustraiioit au lieu de lui en donner. Je ne mets rien ici sans approbation de la plus part des meilleurs curés et docteurs de Paris, entre autres du curé de Saint Pol, le presbytere duquel a servi d'asyle et de cachette à ce bon homme pendant son affliction.

Le mecredi 16, comme j'estois en la boutique d'Adrian Perrier, y vinst le commissaire Langlois, lui faire defense de debiter ni vendre à l'avenir, à quelque personne que ce fust, ni de quelque qualité qu'elle peus estre, le livre d'un jesuiste nommé Sanchés, *de Matrimonio*, imprimé in-folio, ni mesmes d'en tenir ou avoir en sa boutique; portant l'ordonnance (qui me monstra) ces mots : *Pour estre le livre abominable, et la lecture d'icelui mauvaise et pernicieuse.* Il s'estoit vendu toutesfois publiquement à Paris et partout, imprimé et reimprimé avec nom et reputation de l'aucteur, qu'on tenoit pour docte, mais non pour b....., à cause qu'il estoit jesuiste. Mais à la queue gisoit le venin, qu'on descouvrit sur la fin et en la deuxiesme partie de son livre, où il traicte exquisement de ce bel art de sodomie : mais si vilainement et abominablement, que ce papier sur lequel je l'escris en rougist; au surplus, en homme qu'il y a apparance qui en ait fort prattiqué le mestier.

Plutarque recite qu'il y avoit une loy laquelle commandoit que si un coq avoit monté sur un autre coq (en l'absence mesme des poules), il fust bruslé tout vif; estant cest acte comme un augure et presage de malheur, tant ces pauvres paiens avoient en abomination et horreur ce crime tant horrible, dont le semblable ne se trouve point entre les bestes brutes.

Et toutesfois en ce dernier siecle, l'esgout de tous les precedens, on le void prattiquer et enseingner par les jesuistes mesmes, qu'il semble y vouloir porter, comme aux parricides les François, assés et trop enclins aujourd'hui d'eux mesmes à ceste abomination et vilanie.

De moy, pource que j'aime les jesuistes, j'ay voulu avoir ce livre, qui m'a cousté huict francs, relié en parchemin : non que le subject m'en plaise, que j'ay au contraire en horreur et detestation, mais pour testifier de plus en plus la bonne vie et saine doctrine de ces nouveaux prophetes agrafés par leurs propres escrits, que j'ay accreus de cestui ci, et l'ay entassé avec les autres, qu'on trouvera ramassés en bon nombre.

Ce jour, madame de Loré, veufve du cardinal de Chastillon, m'a presté six cens francs, conceus sous une promesse que je lui en ai faite ce jour, signée de ma main, mais à interest du denier douze, qui est le *retentum* ordinaire d'aujourd'hui, caché sous les promesses de ceux qui ont affaire d'argent comme moi, qui lui en ay avancé vingt cinq livres pour la demie année. Nouvelle ruine, mais forcée, pour la survenue de nouvelles affaires qui m'accablent de tous les costés.

Le lundi 21 de ce mois, M. Turquet le bon homme m'a donné la copie d'une lettre qu'il avoit escrite à son fils de Mayerne, medecin du Roy, sur l'importunité qu'on lui faisoit d'abjurer sa religion, et faire profession de la catholique romaine : à quoi il estoit principalement induit et persuadé par M. Du Perron, frere du cardinal, qui lui en avoit baillé ung livre qu'il avoit composé sur ceste matiere; aux principaux points duquel le dit Turquet respond par cestre lettre, qui est escrite d'une vraie ancre de pere, zelé au salut de l'ame de son fils, lequel il conjure, par raisons fortes et judicieuses tirées des saintes Escritures (sauf à en debattre le vrai sens et explication), à ne quitter jamais la profession de la religion en laquelle il a esté nourri et vescu jusques à aujourd'hui : ains y perseverer constant et ferme, comme en la plus vraie, jusques au dernier souspir de sa vie.

Pour moy, je croi que pour les abus (je ne dirai pas legers, mais tresgrands) qui sont en l'Eglise, voire en la doctrine, on s'en peult bien plaindre, mais non pas s'en separer : tout ainsi que la simple image ne fait pas l'idole, mais le culte d'icelle, qui est superstition. Et pour cela n'aprouvé je point ceux qui s'en estans separés y reviennent et rentrent (comme on n'en void que trop aujourd'hui), non par conscience, mais pour un bien de dehors, pour un honneur temporel, ou autre consideration mondaine : forçans miserablement leur conscience, et trafiquans publiquement de leur religion, qui n'est autre chose que se dementir soimesme, et faire de sa foy un gage de fortune et une marchandise du temps. Aussi ne voiiés vous plus gueres disputer de la religion qu'entre la poire et le fromage : au lieu que ces grands misteres divins se devroient traicter divinement et serieusement, non prophanement et bouffonnement comme on fait aujourd'hui.

En ce mois de mars, messire Achilles de Harlay, premier president en la cour de parlement à Paris, lequel depuis trente ans en ça ou environ presidoit et gouvernoit dignement et heureusement ceste grande compagnie, la premiere et la plus celebre de toute l'Europe, aiiant remporté cest honneur d'avoir en ceste charge tousjours bien et fidelement servi le Roy, son Estat et sa couronne, se voiiant chargé d'ans, affligé des gouttes, interessé en sa veue et en son ouie, se desfist en fin (comme il avoit dés long temps proposé) de son estat, sous le bon plaisir et volonté de la Roine, qui lui permist de s'en desfaire à tel pris et à telle personne que bon lui sembleroit, moiennant que Sa Majesté l'eust pour agreable. Ils estoient trois principaus contendans à ceste charge : le president de Thou, qui y pretendoit avoir bonne part, estant appuié d'un costé du credit et faveur de M. le prince, ainsi qu'il cuidoit, et de laquelle il se tenoit fort, et de l'autre aiiant la volonté et la parole du premier president, comme de son proche allié et particulier ami, mais moiennant que la Roine regente le trouvast bon; le president Jambeville, qui avoit la faveur du marquis d'Ancre (qui n'estoit pas peu), aprés lequel il ne bougeoit ne le jour ne la nuit; et le president de Verdun, premier president de Toloze, qui en apparence sembloit le plus foible, mais en effet estoit le plus fort, aiiant le Pape et les jesuistes pour lui.

La Roine se trouvant empeschée sur le chois et election de ces trois personnages, en voulust avoir l'avis du Pape, et lui en escrivist. On n'avoit jamais ouï parler en France que pape aucun se fust meslé de nous donner des premiers presidens, ni qu'on eust envoïié à Romme pour cest effect : elle y envoiia ce neantmoins, et estoit la response que fist le Pape à Sa Majesté conceue sommairement en ces mots : *Il primo, hæretico; il secundo, cattivo; il terzo, non cognosco.* Ce terzo, qu'il ne connoissoit point (si ce n'estoit, ainsi qu'on disoit, par les jesuistes), fust preferé aux deux autres, aprés une solennelle promesse faite par lui à la Roine de n'aller jamais au contraire de ce qu'elle lui commenderoit; et au chancelier, de se comporter et gouverner en sa charge selon son bon conseil, prenant le mot de lui en toutes les affaires d'importance qui se presenteroient. Aprés lesquelles promesses, et le serment presté entre les mains de la Roine regente, furent expediées et sellées ses lettres par M. le chancelier le mecredi 23 de ce mois, à neuf heures du matin, qui fust le jour que Leurs Majestés sortirent de Paris pour aller à Fontainebleau.

M. de Harlay, qui n'agreoit gueres ce nouveau successeur qu'on lui avoit donné en son estat de premier president, faisoit le long à bailler sa procuration, estimant que ce deust estre pour M. le president de Thou, auquel on trouvoit que cest honneur estoit justement deu en toutes façons, et lequel aussi tous les gens de bien desiroient. Joint que M. le premier president lui avoit donné parole de ne se dessaisir jamais de sa procuration en d'autres mains que les siennes, moiennant que la Roine ne s'y monstrast point contraire, comme elle fist du tout, donnant sa response resolue en trois mots à ceux qui l'en importunoient : *No faro mai*, leur dit elle. Sur quoi le president de Thou se voiiant decheu de ses esperances, extremement indigné et courroucé, proposa de se desfaire de son estat : qui estoit ce qu'on demandoit. Mais il en fust desmeu par ses principaux amis, notamment de M. de Bouillon, qui l'alla trouver chés lui pour cela, et lui dit qu'il ne se faloit jamais courroucer contre son ventre ni contre son maistre; et qu'il ne doutast nullement qu'on le prendroit au mot tout aussi tost, voire qu'on en seroit bien aise. Et là dessus le dit sieur de Bouillon estant allé trouver la Roine pour en sonder sa volonté, l'y trouva tellement disposée, que, pour l'envie qu'elle en avoit, elle donnoit au dit president la carte blanche, pour, en s'en desfaisant, y escrire telles clauses et conditions qu'il lui plairoit, lesquelles elle promettoit ratifier et avoir pour agreables. Et pour ce qu'on avoit fait rapport à Sa Majesté que le dit sieur president s'estoit plaind qu'on n'avoit point pris conseil des princes sur ceste affaire, et que si M. le prince de Condé en eust esté creu, il en fust possible allé autrement, la Roine chargea M. de Bouillon de lui porter la lettre (qu'elle lui monstra) que M. le prince lui avoit escrite là dessus, par laquelle il la louoit du bon choix et election qu'elle avoit fait du president Verdun; et que Sa Majesté n'eust sceu honorer de ceste charge un plus homme de bien que lui, ni plus capable et suffisant qu'il estoit de tenir ceste place.

Ce qu'aiiant esté rapporté à M. de Thou par M. de Bouillon avec tous les propos que la Roine lui avoit tenus, le mirent en telle destresse, mais surtout la lettre de M. le prince à la Roine (qui lui monstra), que peu s'en falut qu'il n'en perdist le cœur et la parole.

Voila comme l'ambition est l'Icare des courtizans, qui promet de les porter au ciel, et les fait choir en la mer. Par un tel exemple aussi nous apprenons combien est veritable (bien que mal pratiquée) ceste sentence du Sage, dictée de l'esprit de Dieu : *Nolite confidere in principibus, in quibus non est salus.*

M. de Thou ce pendant, fortifié des sages conseils de M. de Bouillon, se resolut de garder son estat, et ne s'en point desfaire, quelque bon pris et condition avantageuse qu'on lui en offrist : mais bien protesta de n'aller jamais au Palais pour y exercer sa charge, tant que Verdun seroit premier president. Dequoi on ne s'empeschoit pas beaucoup, chacun y remarquant un traict d'ambition plus ridicule que louable.

La Roine, d'autre costé, sachant qu'il estoit fasché (mais non pas elle, qui n'en faisoit que rire), lui envoiia le marquis d'Ancre pour le visiter en sa maison, avec charge de lui dire de sa part qu'elle desiroit le voir et lui parler : ce que le dit marquis executa. Mais il trouva M. le president resolu au contraire de n'i point aller; pria le marquis de lui dire qu'il supplioit Sa Majesté l'en vouloir excuser, et qu'on avoit usé de trop grand mespris en son endroit pour en pouvoir prendre le chemin.

Le marquis d'Ancre ne laissa pour cela d'y retourner le lendemain, non de la part de la Roine, ainsi qu'il lui dit, mais de soimesmes, et comme son ami; et en ceste qualité le pria fort de ne point desdaingner de venir trouver Sa Majesté, de laquelle il s'asseuroit qu'il recevroit autant ou plus de satisfaction et contentement qu'il ne s'en eust sceu possible jamais promettre. Mais il lui fist response que le conseil en estoit pris : qu'il n'i pouvoit aller; que la Roine l'avoit trop mesprisé et mal traicté : ce qui l'avoit navré et ulceré jusques au fond du cœur. « Ce sont discours et paroles de « philosophes que tout cela, lui respondit le marquis. « — J'en aurois bien besoing de quelque bon pour me « consoler, veu ce qu'on m'a fait, lui repliqua M. de « Thou, » demeurant ferme en sa resolution de n'i point aller, comme il fist. On appelle bien tenir son cœur que cela; mais d'un de sa qualité contre une roine et encores regente en France comme elle est, j'en trouve la partie mal faite.

Quant à M. de Harlay, ce bon homme prevoiiant bien que s'opiniastrer contre la volonté de la Roine n'estoit autre chose que vouloir combattre le vent, et qu'enfin bien tost ou tard il en faudroit passer par où elle vouloit, se resolust au plus seur et meilleur pour lui : qui fust de s'accommoder avec ce nouveau premier president, ou plus tost avec sa bourse bien plate, mais enflée et remplie par ses amis, de laquelle il tira premierement cent cinquante mil livres contens, que d'Argouge et Sennami lui fournirent tout en monnoie blanche, n'aiiant voulu prendre de l'or qu'au taux du Roy, et aiiant mesmes rejetté ung sac de grans blancs qu'ils lui voulurent bailler; puis une promesse de Ligni qu'il lui fist, de la somme de cinquante mil livres; et finalement dix mil livres qu'il toucha encores, sur quelque petite pointille et difficulté qu'il trouva en la procuration, laquelle il ne lui voulut delivrer qu'il ne fust paiié des dits dix mil francs. Ce qui se fist le premier avril, jour du vendredi oré, auquel le marché fust bouclé : jour propre et bien choisi, disoit on, pour faire affaires.

Il y eust après les esplingues (qu'on appelle), qu'il falut donner à ceux et celles qui s'en estoient meslés : lesquelles on n'a pas accoustumé de mettre en taxe, bien qu'elles sortent de la bourse de l'acquerant et de l'acheteur, qui en eust encores pour ses cent mil francs, à le prendre tout au moins, ainsi qu'on disoit. Le comte de Beaumont en eust de bonnes, avec lesquelles il piqua et esguillonna fort son pere, à ce qu'il n'avoit pas autrement grande envie de faire : dont il fust blasmé.

Le baron de Rochefort eust aussi les siennes, qui firent encliner à la mode de la cour la balance de sa faveur du costé où donnoit le vent et l'argent. Bref, chacun en emporta sa loque; et fut la bourse de ce nouveau premier president si bien esprainte, qu'on en fist sortir jusques à trois cens dix mil livres : à laquelle somme on a supputé que le dit Estat lui revient, voire à quelque chose davantage.

Sur quoi je ne puis arrester ma plume, que je n'escrive ici et deploré le vilain traficq et infame prostitution qui se fait de nos principaux estats en France pour de l'argent, et principalement de ceux de judicature. Car vendre la justice, qui est la chose la plus sacrée du monde, c'est vendre la Republique, c'est vendre le sang des subjects, c'est vendre les loix, et, en ostant les loiers de l'honneur, de vertu, de savoir, de pieté et de religion, ouvrir la porte aux larcins, concussions, avarice, injustice, ignorance, impieté : brief, à tous vices et ordures.

Il se verifiera, dit un moderne escrivain de ce temps, qu'un seul lieutenant criminel gangne par jour plus de soixante livres, l'un portant l'autre.

Nostre premier president n'en gangnera pas tant que nostre lieutenant criminel (si tant est qu'il soit vrai ce que l'autre en escrit : ce que je ne croi pas); car outre ce qu'en toutes les charges qu'il a maniées il s'y est tousjours porté entier et incorruptible (qui est la plus belle partie qui puisse estre en un juge), il s'est monstré en tous ses autres comportemens et actions si eslongné de ce vilain et sordide vice d'avarice, que jusques à aujourd'hui il n'en a pas seulement evité la note, mais mesmes le soubçon. Pour le regard de l'ambition, à laquelle les plus grands esprits et les plus delicats se laissent aisement aller, il en a tout ce qu'un homme de sa qualité en peult avoir touchant la vanité, qui est une concubine de l'honneur : c'est un vrai moulin à vent, qui ne meut que tant que le vent de la vaine gloire donne dans le voile de ses desirs.

Au reste, homme docte, capable et suffisant pour exercer une grande charge; grand catholique romain, mais à la jesuiste (qui est le pis, et d'où les gens de bien ne tirent pas un trop bon augure); zelé toutesfois à la manutention de la justice et reformation des grands abus qui s'y commettent par tout, mais pour la correction desquels on se doute qu'il se rapportera du tout à son bon maistre, chef de la dite justice. Car la vanité, qui est essentielle en lui, est un air si subtilement corrompu, qu'il gaste en plusieurs subjects les fruits de la vertu.

Les hommes vains, dit quelcun, sont comme cyprés qui croissent sans apporter aucun fruict.

Quant à sa genealogie et maison, il est fils d'un nommé Verdun, tresorier extraordinaire des guerres, allié des Laubespines, des Molans et des Pinarts, à l'ambition desquels il a succedé, et non à leurs grands biens et facultés, car il n'en a pas beaucoup. Que s'il estoit en Suisse comme il est en France, ils diroient de lui ce qu'ils disent ordinairement de leurs gentillastres : *Est parum nobilis, et multum pauper.* La femme qu'il a espousée est fille de Jean Le Guay, marchant de draps de soie à Paris, qui fournissoit beaucoup de bonnes maisons de ceste ville, mesme celle des Montelons et la nostre; et disoit on que ce mariage lui avoit apporté quelques commodités.

De tout ce que dessus, je n'en garantis que l'ouir dire, à fin qu'on ne m'en prenne pas à partie : que je tiens toutesfois pour bien veritable, m'aiiant esté asseuré par gens qui le sont, et qui en peuvent parler. Autrement ne l'eussay je enregistré ici, encores qu'il y ait prou d'autres fadezes.

Pour moy, je tiens que c'est estre veritablement esclave que de dissimuler ou celer la verité dont le taire est nuisible à tout l'Estat. Quant à la mesdisance, je l'abhorre.

Quand le navire est à l'ancre, on n'a que faire de

voiles. Rencontre courtizanne de ce mois qu'on donne au comte D. L., parlant de la Roine, qui estoit sans voile. Plaisante tant que vous voudrés : mais de moy, j'aimerois mieux rencontrer sur autre chose que sur cela.

Il y eust des peintures diffamatoires et vilaines faites là dessus, qu'on fist mesme voir à la Roine comme elle passoit par Essone pour aller à Fontainebleau : mais il n'y avoit point de nom au dessoubs.

[AVRIL.] Le samedi 9, messire Nicolas de Verdun fist le serment à la cour de premier president. Sa harangue fust courte, le sommaire de laquelle estoit qu'il avoit tousjours esté et seroit à jamais serviteur de la cour; qu'il honoreroit comme ses peres les anciens d'icelle, aimeroit ses compagnons et contemporains comme ses freres; et quant aux jeunes, qu'il les aimeroit aussi, et les traicteroit comme ses amis. Le president Blancmesnil lui respondit en peu de mots, gratifiant au nom de la cour son nouvel advenement à ceste dignité. Le president de Thou et le president Jambeville ne s'y trouverent point : si fist bien le president Seguier, encores qu'il fust aussi fasché que les autres de le voir en ceste place, de laquelle il se jugeoit plus capable et digne de la tenir que non pas lui. Aussi avoit il esté ung des poursuivans et competiteurs à ceste charge, mais sourdement et à petit bruict, lui manquant deux choses : la volonté du premier president, qui ne l'aimoit pas, et la faveur du marquis d'Ancre, auquel, du vivant du feu Roy, il avoit un jour en plain Palais jetté bas le chapeau, pour lui apprendre à l'oster devant un president de la cour quand il le voiioit passer : ce qu'il croiioit bien que le dit marquis n'avoit pas oublié. Du reste, il avoit le principal nerf de ceste guerre, qui estoit l'argent, et la voix des jesuistes, aussi bien que Verdun, lequel au sortir de la grand chambre fust conduit par messieurs les presidens Blancmesnil et Molé, au milieu desquels il estoit, et du Palais en son logis, quand ils l'eurent laissé, avec aussi grande compagnie qu'il y estoit venu, faisant la roue avec sa robbe rouge, pour dire : Je suis premier president; et *monstrarier digito*.

Le lundi 11, le dit premier president retourna au Palais avec plus grande suitte encore que le samedi de devant, où arrivé il fist l'ouverture du parlement, harangua fort, mais, ainsi qu'on disoit, ne fist rien qui vaille; allegua force græq et latin, qui n'estoit qu'une enchesnure de lieux communs, encores assés mal digerés et arrangés. Brief, il monstra qu'il avoit des lettres, mais qui n'estoient si bien arrangées que celles du *messager de Poictiers* (responce que fist le premier president de Harlay un jour au feu Roy, sur ce que lui parlant de M. Servin son advocat, Sa Majesté lui disoit qu'il estoit sçavant, et avoit des lettres).

Quand nous pensons faire mieux, il avient ordinairement que c'est lors que nous faisons le plus mal; les plus grands hommes et les plus doctes y sont subjects, et sont journaliers. Nostre presomption quelques fois (et le plus souvent), avec le desir que nous avons de paroistre par trop en telles assemblées, en sont cause. Il pourroit bien estre (et le croi ainsi) qu'à nostre premier president il en soit advenu de mesmes en ceste tant celebre action : car pour emplir un vaisseau de quelque bonne liqueur, il en faut premierement chasser le vent.

Le mecredi 13, fust tenue la mercuriale, en laquelle M. le premier president triompha de discourir sur la necessité de la reformation en tous estats, et principalement sur les grands abus et corruptions de la justice et police de Paris, ausquels il estoit necessaire de donner ordre et y mettre la main, comme il deliberoit de le faire (mais j'ay peur que ce faire demeure en la proposition). Il parla fort contre les brelans et bordeaux tolerés publiquement et impunement, et qu'il les faloit oster. Touchant les brelans, c'estoit chose commune, et aisée à verifier, ainsi qu'on disoit, qu'il y en avoit une milliasse à Paris : mais entre iceux quarante sept se trouvoient auctorizés, celebres et tout publiqs, d'un chacun desquels le lieutenant civil recevoit et touchoit une pistole tous les jours : qui estoit un grand gain brelandier, peu honneste à la verité, mais bien aisé et asseuré, et hors du hazard du jeu.

Pour le regard des bordeaus de Paris, je pense que justement nous pourrions acommoder à ceste ville le dire de Stratonicus, lequel sortant d'Heraclée, regardoit de tous costés si personne ne le voiioit ; et comme quelcun de ses amis lui eust demandé la raison pourquoi il faisoit cela : « D'autant, dit-il, que j'aurois « honte qu'on me vid sortir d'un bordeau ; » notant par sa response la corruption et paillardise qui estoit universelle par toute la ville. Et de fait il n'estoit pas jusques aux crocheteus et saveticrs des coings des rues qui ne le chantassent et criassent tout haut ; et les mesdisans de la cour et du Palais (qui la plus part estoient du mestier) disoient que M. le premier president en devoit commencer la reformation par sa maison.

La Sorbonne, ce jour, alla saluer le dit premier president : à laquelle il fist un grand accueil et fort bon visage, leur promist à tous, et en general et en particulier, toute faveur et assistance ; et pour le regard de leurs privileges, qu'il les y maintiendroit, et les en defendroit envers tous et contre tous, mesmes contre les jesuistes.

Le lendemain, il manda les ministres, qui tous trois y allerent : sçavoir, Montigni, Durant et Du Moulin, accompagnés de trois de leurs anciens, Bigot, Tardif et Rigomier, ausquels il fist pareille chere et recueil qu'aux sorbonnistes ; voulut apprendre d'eux leurs noms et surnoms, et gratifia chacun d'eux en particulier de belles paroles et louanges (qu'on appelle en françois du vent de la cour); leur promist les maintenir en l'observation entiere et inviolable de leur edit. Et sur ce qu'un d'entre eux lui fist plainte de tout plain de singeries et libelles diffamatoires que ces contreporteus de devant le Palais crioient (lesquels, bien que ce ne fussent que fadezes et calomnies, ne laissoient d'esmouvoir le peuple et l'inciter contre eux), il les remercia de l'avis qu'ils lui avoient donné : qu'il y pourvoirroit et donneroit ordre; qu'ils ne crieroient plus que des edits et des almanachs. Finalement, les pria de l'aller voir seulement ; qu'ils y seroient les biens venus, et qu'à leurs plaintes et remonstrances sa porte ne leur seroit non plus fermée la nuict que le jour. Et ainsi les renvoiia fort contens et satisfaits.

Le vendredi 15, un mien ami, conseiller en la cour, homme de bien, et qui affecte la paix et le repos de l'Estat, avec la reformation de la justice et de l'Eglise, m'a conté comme estant allé voir, le jour de devant, M. le premier president, qui lui a tousjours esté ami particulier et privé, il l'avoit trouvé merveilleusement bien disposé, et porté du tout au bien publiq, et à la reformation des abus du Palais et corruptions de la justice, en tout ce qui despendroit de sa charge, sans faveur ni acception de personne. Et pour le regard de la religion, qu'il sçavoit qu'il y en avoit qui remettoient sus la publication du concile de Trente, se promettans de le trouver favorable en cela; mais qu'ils se trompoient, pour ce qu'avant qu'y consentir il y lairroit et l'Estat et la vie. Touchant le different qui estoit entre l'evesque de Paris et la cour de parlement, et de ses apellations comme d'abus, qu'il y consentiroit aussi peu, et se monstreroit plus roide en ceste affaire que n'avoit fait son predessesseur. A toutes ces belles propositions, on ne peult respondre autre chose, sinon : *Dieu lui en face la grace !* On juge en cela par les effects, et non par les paroles. Il en vouloit surtout au lieutenant civil, non à lui, mais à sa corruption et mauvaise police; disoit que le procureur du Roy au chastelet et le dit lieutenant faisoient grande chere aux despens des bourgeois de Paris, et si ne leur en coustoit rien; mangeoient de la meilleure chair qui fust en la boucherie, sans l'acheter. Mais que doresnavant, s'il en estoit creu, ils l'acheteroient comme les autres, ou ils n'en mangeroient point.

Apeloit tous les greffiers larrons (comme ils estoient aussi); mais qu'il y pourvoirroit, et à eux et à leurs greffes. Qu'il vouloit faire pendre quatre ou cinq clercs de procureurs du Palais, qui se vantoient d'estre riches de quarante et cinquante mil escus.

Quant aux procureurs, commissaires, sergens (*et*

id genus omne furtivi generis), il les devoit si bien espousseter et plumer, que ce ne seroient plus que de pauvres haires qui n'auroient plus moyen de ronger et manger tout le monde comme ils faisoient. Brief, il alloit mettre la reformation par tout. Mais il en disoit trop pour faire; et de moy, je ne tiens tous ces grands *parturient montes* que des vessies de vanité, qu'on peult crever avec une esplingue.

Le samedi 16, le premier president aiiant envoié dire au lieutenant civil qu'il eust à lui mettre entre ses mains les registres de la police de Paris, le dit lieutenant s'en estant excusé sur ce que tels tiltres ne se transportoient point d'où ils estoient, et qu'il ne les lui pouvoit envoier : « Dites au lieutenant civil, leur respondit « il, que je n'ay pas entendu aussi en les lui deman- « dant qu'il me les envoiast, mais qu'il me les appor- « tast. » Response d'ung premier president.

Le dimanche 17, le pere Gontier, dans l'eglise Saint Loys des jesuistes, fist une predication fort seditieuse, qui ne scandaliza gueres moins les catholiques que les autres : car il incita tout ouvertement le peuple à la revolte et souslevement contre les huguenots. Et parlant de leur assemblée, qui se devoit neanmoins faire avec adveu et permission de Leurs Majestés, dit qu'ils estoient trois ou quatre pelés qui s'assembloient pour donner la loy à la Roine; mais qu'il n'i en avoit pas pour un bon desjuner, quand on voudroit tant soit peu s'unir et s'entendre. Desquels propos y eust plainte faite à M. le premier president par La Mirande, deputé ici pour les eglises : lequel, sur ceste plainte, manda le pere Gontier, qui le vinst trouver, accompagné du pere Coton et du general de leur compagnie. Le premier president le tansa fort, et lui en donna une reprimende ; mais à la façon de ces maistres qui ne sont pas beaucoup mauvais, qui à leurs escoliers surpris en quelque faute disent, moitié en riant, moitié autrement : « Vous « aurés des verges, si vous y retournés plus. » Le pere Coton excusant son compagnon, faisant le doucet et le mitouard comme de coustume, dit qu'à la verité le pere Gontier s'estoit oublié ; mais que ceux qui connoissoient l'humeur du personnage comme lui l'imputeroient plus tost à un zele et promptitude qui l'emportoit souvent, et lui faisoit faire de telles escapades, que non pas à quelque malice ou mauvais dessein. Il en dit autant à La Mirande, qui s'en moqua.

Le dimanche 24 de ce mois, mourust à Paris M. Du Hamel, advocat en la cour, doien de ceste compagnie, et le plus ancien du Palais : car on lui donnoit quatre vingt dix huict ans. Au reste, homme de bien, et de la vieille marque : ce qui me le faisoit honorer et aimer.

Mourust ce mesme jour à Paris le procureur Dardes, que je connoissois, et qu'on disoit estre honneste homme. Ce que je veux croire ; mais puisque c'est un procureur, je le laisse volontiers aller.

Le mardi 26, nouveaus reiglemens furent publiés par la ville sur les chairs de la boucherie, la chandelle et autres denrées, que le peuple crioit estre rencheries de moitié depuis que Le Jay estoit lieutenant civil. Les bouchers disoient tout hault qu'on avoit pris leur argent, et puis on s'estoit moqué d'eux. J'en trouve l'ordonnance bonne et utile ; mais je me doute que ce sera, comme par le passé, une belle espée qui demeurera au fourreau.

En ce mois mourust M. de Sigongne, gouverneur

de Dieppe, auquel on disoit que le gouvernement d'un haras de g..... et guildines eust esté plus propre que celui d'une telle ville : aussi y estoit.il parvenu par le maquignonnage et sale traficq de ceste marchandise. Il mourust pauvre, et disoit on qu'à peine avoit l'on trouvé de quoi le faire enterrer, combien qu'il fust de ces gouverneurs de Velleius Paterculus, *qui publica ruina malunt quàm sua proteri.*

De ce gouvernement fust pourveu le sieur de Villars Oudan, tenu pour bon serviteur du Roy au parti de la Ligue, aussi bien que feu Sigongne.

[MAY.] Le vendredi 6, un advocat du grand conseil, nommé Le Normand, tenu d'ailleurs pour habile homme, saisi d'une frenesie et alienation d'esprit, entra dans la grande eglise Nostre Dame, monté sur le mulet de M. d'Amboise, criant qu'il vouloit aller tuer le diable jusques sur le grand autel. De fait les chanoines, ausquels il dit mille pouilles, les appelans hipocrites et simoniaques, eurent bien de la peine de le garder d'entrer dans le chœur; lequel aiians fermé, il descendit de son mulet, et s'estant agenouillé devant commença à chanter : *Attolite portas!* Il venoit lors de la maison du cardinal de Gondi, auquel il avoit donné l'alarme, estant entré dans sa cuisine, où il avoit fait mille folies, accompagné d'un pauvre paysan auquel il avoit dit qu'il le meneroit en lieu où il lui feroit faire bonne chere. Et le jour de devant, à Emeri prés Briecontereobert, avoit donné deux coups d'espée à un prestre couché dedans le lit, qui estoit si saoul qui n'en sentit presque rien, aiiant associé le dit prestre avec lui pour aller ensemble faire le voyage de Nostre Dame de

Liesse, lui aiiant fait entendre qu'il ne lui en cousteroit rien, et qu'il paieroit ses despens.

Ceste frenaisie l'avoit saisi par les champs, au sortir de Fontainebleau, pour avoir esté esconduit rudement d'une affaire que dés long temps il poursuivoit au conseil par M. le chancelier, qui avoit un fils qui n'estoit gueres plus sage que cestuici, lequel on disoit avoir voulu estrangler son pere dans son cabinet. C'estoit Pisieux, gendre de M. d'Allincour, homme vain et ignorant, mais superbe tout outre (sur lesquels la main de Dieu s'estend ordinairement). Et Dieu veuille que l'exemple du fils serve au pere d'un bon avisement et donne garde!

Le lundi 9, j'ai vendu à M. de Montaut, advocat en la cour et referendaire en la chancellerie, la plus part de mes petites medalles d'or, qu'on disoit estre antiques; et ce, à raison de trente six livres l'once. Ausquelles je n'ay autre regret, si non pour ne les avoir assés vendues, et tiré de la bourse du dit Montaut, comme mien ami, au pris de quarante livres l'once (qui est le bout toutesfois de tout ce qui s'en peult tirer des plus curieus, quelques belles et antiques que soient les medalles): car on m'a dit que j'en eusse eu autant de lui si j'eusse eu un peu plus de patience, encore que les dites pieces ne le valussent pas; mais bien pour lui, qui m'a desja affiné deux fois de ce costé là. Ce ne sera pas à la troisiesme qu'il y reviendra, si je puis. Je ne m'en prens qu'à mon impatience et promptitude trop grande, qui sont deux vices que j'ay qui portent quant et eux leur supplice, et m'ont tousjours fait beaucoup de mal, que je prie Dieu vouloir corriger en moi par sa grace.

Le mecredi 11, veille de l'Ascension, le Roy et la

Roine revinrent de Fontainebleau à Paris pour y faire faire le bout de l'an du feu Roy, lequel j'ay remarqué (de quelques piteus et tristes accidens courriers et presages de malheurs, si nous ne nous amandons) avenus environ ce temps, et avant le 14 du mois, qui fait la closture et bout de l'an de la miserable et sanglante tragœdie jouée à Paris en l'assassinat de son inviolable et sacrée Majesté, et que j'ai bien voulu enregistrer ici comme notables et veritables :

1. Ung prestre venant de compagnie à Paris avec un soldat qui ne connoissoit point, ni le soldat lui, vendit au dit soldat un anneau qu'il avoit, et en remist l'estimation du pris à la discretion de tel orfevre que bon lui sembleroit. De fait, ils vinrent sur le pont Marchant, où s'estans adressés à un orfevre, en firent le marché, et en passa le dit soldat par l'avis du marchand, contant l'argent au prestre (lequel onques puis il ne vid) de ce que l'autre lui dit qu'il pouvoit valoir. Mais il n'eust si tost acheté et paiié le dit anneau, qu'il fust saisi d'une inquietude et demangeaison par tout le corps, avec une extreme envie de tuer le Roy. Ce que sentant continuellement, et qu'il ne pouvoit oster ceste fantaisie de sa teste, s'avisa de retourner à son orfevre pour le prier de demonter l'anneau de son prestre, à fin de voir ce qu'il y avoit dedans. L'orfevre, tout estonné, lui en demande la raison. Le soldat lui dit que depuis qu'il avoit eu cest anneau, qu'il avoit tousjours esté tourmenté d'une envie de faire un mauvais coup. Finalement aiiant seu que ce coup estoit de la personne du Roy, l'orfevre aiiant des tesmoins, le fist arrester et constituer prisonnier. Le soldat confesse tout, et plus qu'on ne lui en de-

mandoit; le prestre ne se trouve point; dans l'anneau on n'y trouve rien. La procedure deposée par l'orfevre en l'achat de cest anneau rend le soldat innocent, qui s'estoit mesme venu accuser soimesme, joint que sa vie examinée, on ne le trouve que trop homme de bien pour un homme de son mestier. Ainsi il est renvoié. De l'anneau, je n'ay peu apprendre ce qui en a esté fait, bien le bruit commun qui est encore aujourd'hui, que le diable desguisé en prestre avoit baillé au soldat cest anneau : qui n'est un article de foy que je veuille croire, encores que je ne doute point que le diable, deschesné comme il est aujourd'hui, ne joue beaucoup de tels et semblables tours.

2. On voiioit un homme en ce temps, à Dreux et aux environs, courant les champs jour et nuict, tellement enragé et alieńé de son esprit, que trois hommes forts qu'on avoit ordonnés pour le garder n'en pouvoient venir à bout; et n'oiioit on parler aux villes et aux champs, et mesmes à la cour, d'autres maladies que de celles là.

3. En la rue des Noiers à Paris, en une maison qu'on disoit estre un bordeau, se precipita en plain jour un homme par la fenestre, et se rompit tout net le col.

4. Un soliciteur de procés en la vallée de misere tua un soldat des gardes.

5. Ung autre soldat tua un homme prés le Palais.

6. Une vendeuse de fromages, demeurante à Paris prés la rue de la Ferronnerie, donna deux ou trois coups de cousteau à son mari, qui estoit un vendeur d'oranges, lequel lui avoit donné ung soufflet pour avoir battu sa mere.

7. Une nommée la Gouffé, marchande tenant sa boutique au Palais, estant entrée en desespoir d'un chancre qui lui avoit tout mangé et desfiguré le visage, se donna trois ou quatre coups de cousteau dans le corps pour se tuer; mais pas un ne se trouva mortel. Elle avoit un pauvre joubet de mari, qu'elle battoit bien souvent en plain Palais devant tout le monde, ne se contentant pas de le faire cocu.

8. Ung advocat du privé conseil, nommé Laurier, depuis fait brasseur de biere, et enfin cocu d'une plus haute et eminente qualité, trouva en ce temps sa femme, aux faux bourgs Saint Marceau, couchée avec un capitaine des gardes, qu'il blessa. Mais estant recouru par ses soldats, et la femme de l'advocat emmenée, on croid qu'elle demeurera pour proye à M. le capitaine, comme estant jugée de bonne prise.

La reputation de Paris (disoit ces jours passés quelcun) est aujourd'hui si mauvaise au plat pays et par tout ailleurs, qu'on doute fort de la chasteté d'une femme ou d'une fille qui y aura quelque temps sejourné.

Le samedi 14, furent faits par toutes les paroisses de Paris (indiquées le jour de devant) les services pour l'ame du feu Roy. Leurs Majestés le firent aux Fœillans, où elles assisterent. La cour de parlement ne laissa d'entrer et travailler à l'ordinaire, et n'alla point à Nostre Dame. Quelque forme de cerimonie (mais pietre, ainsi qu'on disoit, pour un service roial) se fist à Saint Denis, où le prince de Conti, seul des princes, se trouva.

Trois des plus vieux hommes de Paris, qui ensemble eussent fourni prés de trois cents ans, moururent en ce temps à Paris : sçavoir, Clinchant, joueur de luth, prés Saint Benoist; Montagne, qui se mesloit de la medecine; et Becquet, prés Saint Sevrin, qu'on disoit passer cent ans, homme assés remarqué par ses devotions ordinaires et superstitieuses, et par la Ligue.

Il mourust tout soudain comme il se mettoit à table pour disner, au retour des services qui se faisoient pour l'ame du deffunct Roy, à la plus part desquels il assista.

Deux advis notables arriverent ce jour à Paris : l'un de messieurs Bongars et Ansel, envoiés de Heidelberg; l'autre estoit de Marseille; tous deux en dacte du 4 du mois de may present, desquels j'ay fait l'extraict qui s'ensuit :

« De Heidelberg.

« Vous sçavés que l'Empereur s'estant opposé au gouvernement de Matthias, a fait joug, et ne dispute plus que de sa retraite et de son entretennement, avec quelque apparance d'honneur. Les Estats se maintiennent resolus, et la plus part crient aux oreilles de Matthias que toutes ouvertures de reconciliation sont autant de pieges pour l'attraper. Le baron Chtagimbert est passé à Francfort, venant de visiter les electeurs ecclesiastiques, et allant vers Cassel trouver M. le landegrand de la part du roy Matthias.

« Les ambassadeurs de Silesie, desquels est chef un prince des Ligues, sont arrivés à Prague avec vingt quatre carrosses et cent chevaux.

« On a trouvé au chapelain de l'Empereur deux diables enfermés dans deux verres, et un chien noir qu'il avoit baptizé, et nommé Matthias.

« Les Estats de Boheme ne veulent traicter avec

l'Empereur par entremetteurs ni par escrits, mais bouche à bouche. Thusset et Enagiex sont envoiés vers les catholiques; un autre, qui est lutherien, vers Saxe; et ceux de de là de Hanau, le dernier avril.

« Annibal, comme vichancelier de l'Empereur, et premier secretaire, a eu la gehenne à trois fois, et lui a l'on arraché le dessous des aisselles avec tenailles. Le chancelier de Lupold est traicté de mesmes, pour lui faire confesser les desseins de son maistre, les Estats ne s'estans voulu contenter des articles qu'il leur avoit donné.

« Le marquis de Brandebourg, duc de Saxe, et de Nubourg, sont d'accord de la succession de Juilliers et de Cleves : à quoi a fort travaillé monseigneur le landgrave Maurice, qui s'en va en ses duchés faire executer la transaction faite entre eux.

« L'archiduc Lupold et partie de ses capitaines sont retirés à Passau, taschent à se reconcilier. Leurs gens de guerre, qui sont à Budenic, commencent à s'escouler et desbander, depuis qu'ils ont veu qu'ils estoient mis au ban imperial, et que le duc de Baviere a pris le parti de Matthias. Le roy Matthias demande secours aux unis Estats de Hongrie : ce qui fait croire qu'il se pourra tenir une assemblée.

« En ce subject, nous avons encore nos gens de guerre sur les confins de ***, commandés par le comte Jean de Nassau. Nous attendons ici au premier jour le prince d'Anhalt. »

« De Marseille.

« Pour nouvelles de ce pays, il ne se parle ici maintenant que de sorcelleries qu'on a descouvert par le moien de deux jeunes filles qui se sont venues rendre à la main de justice, lesquelles sont possedées du diable, estant sorcieres, et en ont descouvert plusieurs, entre autres un maistre Loys, chanoine d'une eglise nommée Nostre Dame des Accules, qui s'est trouvé le plus grand sorcier de ceste province, et confessoit les principales maisons de ceste ville, aiiant fait une caballe de seurettes, lesquelles se trouvent la plus part ensorcelées; d'hommes vieux, et femmes jeunes, et enfans, qui causent beaucoup de disputes parmi les catholiques, touchant l'administration des sacremens qu'il administroit, tant de l'autel, communion, baptesme, confession, qu'autres. Il faudroit un volume pour vous dire tout ce qui s'y passe. La caballe est grosse, et en a on emmené jusques à dix sept à la conciergerie d'Aix, accusés de ce crime.

« Nostre prestre sorcier a esté bruslé à Aix le samedi dernier avril, sans rien dire, de peur d'interesser trop de personnes en sa confession.

« Comme j'achevois d'escrire ceci, je me suis souvenu de ce qu'une honneste femme de mes amies m'avoit conté d'un sorcier de Brevanne, à deux lieues de Craune, où elle a une maison : lequel en ce temps jetta un sort sur les vignes où la gelée n'avoit point passé, qui furent à l'instant toutes gelées et gastées. Pour laquelle cause le dit sorcier fust saisi et pris prisonnier par le prevost de l'hostel, et emmené à Paris le 13 ou 14 de ce mois. »

Le dimanche 15 de ce mois, dans le couvent des jacobins de Paris, où le chapitre general de cest ordre s'assembloit, un jacobin nommé Le Maltois, tenu pour grand personnage et docte theologien, disputa ses theses qu'il avoit dediées au nonce du Pape, avec grande louange et approbation de sa suffisance et doctrine.

Ce furent les premieres qui y furent disputées en ceste grande assemblée de toutes langues et nations de ceux de ceste profession, entre lesquels y avoit de tres-habiles hommes et doctes. Et pour ce que beaucoup n'estoient pas encore arrivés, les disputes furent remises au vendredi 20 de ce mois, auquel elles recommencerent.

Ce bon pere Maltois, que je ne connoissois pas de veue seulement, à la recommandation d'un mien ami qui l'alla voir, m'envoiia de ses theses, la bordure desquelles, magnifique et bien taillée, me contenta plus que ne fist l'escriture et le fond de ses propositions, si subtiles pour moy que je n'i pouvois mordre.

Ce jour, à cinq heures du soir, le feu se prist à la cheminée de la cuisine de mon logis, qui nous fist en fin plus de peur que de mal et de dommage : car j'en fus quitte pour cinq ou six escus de reparation. En quoy j'admire sur moy et ma maison une secrette providence de Dieu, de l'assistance duquel elle a aussi bon besoin que pauvre famille qui soit à Paris. Aussi diray je cela, qu'elle ne lui a jamais manqué à la necessité : qui est une de mes grandes consolations en l'estat où je me retrouve reduit aujourd'hui par mes pecchés, car si ce feu eust aussi bien pris la nuit comme il fist le jour, le residu dont je subviens à la nourriture de ma famille couroit grande fortune, et y eust causé une ruine irreparable. Mais Nostre Seingneur y a pourveu.

En ce temps, pour le bout de l'an du feu Roy, on fist un plaisant tableau, où M. de Sully estoit representé nageant dans une grande riviere, qui estoit en l'eau jusques au col, aiiant soubs ses aisselles deux vessies de pourceau, et auprés de lui deux jesuistes qui s'efforçoient de crever les dites vessies, à fin de le faire aller à fonds.

La disgrace de cest homme estoit plainte de peu de personnes, à cause de sa gloire, entre laquelle et la ruine n'i a ordinairement qu'une nuict. *Citius quàm oportuerat effloruisti*, dit Arrianus; *hyems te perimet*. C'est la fleur du courtizan aprés qu'elle est esclose.

Il n'i a donc rien tel que de bien faire pour bien trouver, de bien vivre pour bien mourir, et de bien commencer pour bien finer.

Dieu nous en fasse à tous la grace! (1)

Supplément tiré de l'édition de 1732.

Le dimanche 15, un jacobin, nommé Le Maltois, disputa ses théses adressées au nonce, qui furent les premieres, et discontinuées jusques au vendredi 28, veille de la Trinité, qu'on leur fit défenses de par messieurs du conseil et de la cour de plus disputer.

Depuis ce 15 jusques au 20, on ne disputa point, pour ce que tous n'étoient pas arrivez. Le 20, on recommença, et continua-t-on jusques au dernier du mois, qui étoit le mardi, sans interruption que de deux jours, à cause des théses *An Papa super concilium, aut concilium super Papam?* Richer, grand-maître du cardinal et syndic de la Sorbonne, s'oppose à ces disputes; le president d'Osambrai aussi, qui parla pour les libertez de l'Eglise gallicane. Défenses par la cour de les disputer. Le nonce en fougue s'altere.

(1) Ici se termine le manuscrit autographe des Registres-Journaux de L'Estoile. Les mois qui suivent sont extraits de diverses éditions.

Le dimanche de la Pentecôte, le Roy et la Reine s'y trouverent. L'abbé Du Bois disputa, et par ses crieries étonna tout le monde; dit à un Espagnol qui avoit fort loué le Roy, qu'il louoit Dieu de ce que le Saint Esprit étoit descendu sur lui, pour ce que ceux de sa nation n'avoient guéres accoutumé de louer les rois. Le petit Roy cracque des mains comme les autres.

Le lundi 30 may, le Roy et la Reine s'en allerent à Fontainebleau.

Mercredi 1, M. le premier president fut au chancelier demander, ainsi qu'on disoit, le Saint Esprit pour l'affaire de la Trinité, dont on disoit que ledit chancelier avoit dit qu'il en falloit faire justice, ou pour le moins le semblant.

M. le prince va en son gouvernement de Guyenne. On disoit que le plus beau gouvernement pour lui étoit celui du Roy et de la cour. Fait catholique la mere de Rochefort. L'amitié qu'il porte audit de Rochefort merveilleuse.

M. d'Espernon à Angoulême. On donne avis à ceux de La Rochelle de se garder de lui.

Supplément tiré de l'édition de 1719.

[JUIN.] La Reine jouë beau jeu à Fontainebleau : les jouëurs, Bassompierre, chevalier de Sillery, le marquis d'Encre.

Le baron d'Aubeterre, chevalier de Malte, qui s'estoit fait huguenot pour se marier et rentrer dans son bien, fut arresté prisonnier par le prevost Defunctis, accusé de divers crimes, et par luy condamné à avoir la teste tranchée, son corps bruslé et reduit en cendres; dont il se rendit appellant.

Le dimanche 12, procession de la chasse de sainte Genevieve.

Le lundy 13, un cocher ayant forcé une femme grosse, dont elle estoit morte avec son fruit, est pendu devant la croix Saint Martin des Champs.

Le mardy 14, grands eclairs et tonnerre, qui tomba sur un moulin près Vaugirard, qu'il brusla avec le meusnier qui estoit dedans. Vers Trapes, un des fils de feu M. de Moussy, conseiller de la cour, poursuivant pour estre reçu conseiller en chastelet, fut tué du tonnerre avec son jardinier; un laquais et un autre eut les os du bras bruslés, sans qu'il y parût à la chair. Ceux de Charanton disoient qu'on avoit bien prié madame sainte Genevieve de faire pleuvoir, et non pas de foudroyer, tonner et tuer.

Ce jour, fut enterré à Saint Germain des Prez le banquier L'Huillier.

Mourut mademoiselle de Maupeou, fille de Villemontée, agée de seize ans seulement, de convulsions qui la prennent estant accouchée.

M. de Sourches fut achevé de tuer par Du Bouchet son frere, derriere la chaire de la reine Marguerite, où il s'estoit retiré comme en lieu de franchise.

Le samedy 18, un jeune religieux de vingt-quatre ans, enfant de Pontoise, fut pendu en la Greve pour avoir tué son prieur.

Le dimanche 19, à sept heures du soir, mourut le grand maistre Seguier, sieur de Rancy.

Le lundy 20, on m'a donné la proposition faite par le duc de Sully à l'assemblée de Saumur. Rien de si vain et de si mal pour un homme d'esprit et d'Estat.

Le mercredy 22, le baron d'Aubeterre, parent de

madame de Mayenne, fut jugé et banni pour neuf ans seulement.

Le jeudy 23, l'edit des berlans, publié à la cour, sonné et trompetté. Le premier president en prononça l'arrest.

Le vendredy 24, mourut madame Brulart à sept heures du soir, et enterrée à onze; et le jour même, Froment, financier, beaufrere de Du Mortier.

La legende de saint Nicolas ou des cinq Nicolas se publioit lors, qui sont Nicolas Brulart, chancelier; Nicolas de Neuville, Villeroy, secretaire d'Estat; Nicolas de Verdun, premier president; Nicolas Chevalier, premier president des aydes; Nicolas Le Jay, lieutenant civil.

M. de Miraumont, agé de soixante ans, ayant dit à son homme qu'il allast à la ville, il le trouva à son retour mort, couvert de son drap.

Moururent en ce mois M. Dolet, avocat, agé de soixante huit à soixante neuf ans (il lui fut trouvé onze pierres); M. Bertaut, evesque de Seez; M. de Trigou, sieur de Marivaux, gouverneur d'Amiens, chargé de neuf enfans. Sa femme l'avoit sollicité de vendre son gouvernement; on luy en offroit cent mil escus, et en vouloit cent vingt mil, parce qu'il en tiroit vingt mil par an. Si c'estoit justement ou injustement, on n'en sçait rien.

Le 25, on m'a donné un Eloge de Henry le Grand, composé par Metezeau.

Le lundy 26, mourut madame Roujault, agée de vingt ans; Arriste, greffier au grand conseil, agé de soixante dix huit ans; Bruneau, chanoine de Notre Dame de la Faille.

Ce jour, le Roy et la Reyne revinrent de Fontainebleau.

M. de Linieres et sa femme moururent en ce temps en Anjou, à quatre ou cinq jours prés l'un de l'autre.

Ceux de Troyes ne veulent point de jesuites; disent à la Reyne qu'ils avoient esté cause du soulevement et rebellion contre les roys derniers; et que quand le conseil ordonneroit au contraire, qu'il seroit mal aisé de les y établir sans trouble du pays. Le pere Cotton estoit derriere la chaire de la Reyne, lequel tost après, sous ombre d'aller à Clairvaux, alla à Troyes pour y faire ses menées, et y perdit son temps et sa peine, et luy fut commandé par le gouverneur d'en sortir. M. de Praslin y estoit venu à cet effet.

Ce jour, j'ai acheté l'arrest de la cour de Provence, prononcé contre Louis Gaufridi, prestre beneficier en l'eglise des Accoules de la ville de Marseille, qui fut bruslé vif à Aix le dernier avril 1611.

Le mercredy 29, jour de Saint Pierre, magnificence à Saint Paul, où M. l'evesque de Paris dit la messe, assisté de messieurs les conseillers de la cour d'Eglise en robes rouges.

Ce jour même, l'abbé de Saint Victor chanta sa premiere messe en Sorbonne, où le Roy assista.

En ce mois, M. d'Aumont fut tué à Chasteau Roux, en Berry; M. de Sanselles, maistre des requetes, mourut à Chartres, et le medecin Penna à Paris.

Le jeudy dernier, fut pendu un libertin qui avoit deux femmes, et en avoit fiancé trois autres qu'il vouloit epouser.

Supplément tiré de l'édition de 1732.

En ce mois de juin, le secretaire de M. Desmarais, gendre de M. le chancelier, prisonnier pour avoir fait sceller une remission dont il avoit touché quinze cents pistolles, comme si M. le chancelier l'avoit scellée, et que ledit seigneur chancelier avoit refusée, par une des plus subtiles applications de sceau qui se puisse imaginer. La remission étoit pour le gendre de Roquelaure, qui avoit fouetté excellemment le lieutenant-général de Tulles ; laquelle le feu Roy avoit refusée, et y avoit près de trois ans qu'elle étoit poursuivie.

En ce mois, nouvelles du mariage de M. de Nemours avec la fille de Savoye; et madame d'Aumale comme desesperée, ayant été promis à sa fille. « Mesdames, « disoit le feu Roy, si vous voulez diner avec moi, je « vous donnerai d'un bon et gras chappon, » montrant ledit de Nemours au doigt.

En ce mois, on fait grande garde à La Rochelle, et si exacte, pour l'avis qu'on leur donnoit de se garder, même de M. d'Espernon, qui estoit à Angoulême, qu'un certain homme y étant allé, avoit été arrêté à la porte, et interrogé qui il étoit. Après qu'il eut dit son nom, et nommé ceux qui lui devoient de l'argent, eut commandement de sortir dans vingt-quatre heures. Ce qu'ayant trouvé étrange, on lui montra son portrait representé au vrai et au naïf.

Supplément tiré de l'édition de 1719.

[JUILLET.] Le vendredy premier juillet, deux des seditieux qui avoient excité, quelques jours auparavant, du tumulte au cimetiere de la Trinité, rue Saint Denis, sur l'enterrement d'un enfant de la religion, furent fouettez publiquement sur le lieu même, et y avoient esté jugez par arrest du 28 precedent.

Ce jour, la chute d'une maison, au Marché Neuf, tua et blessa plusieurs personnes.

Le dimanche 3, les deputez de la religion arriverent à Paris.

Le lundy 4, un grand laquais fut pendu devant la porte de Saint Innocent, pour avoir jetté des petards dans le carosse de madame la presidente d'Onsenbray, et avoir donné deux coups de poignard à son cocher.

Mourut ce jour, de mort subite, la femme de Blaise, libraire, agée de trente ans; et un avocat nommé Godart.

Le jeudy 7, Charles Retouple, provençal, chancelier de la justice des voleurs, fut pendu à la Croix du Tiroüer. Il estoit de la religion. Un de son conseil et de sa compagnie eut même fin à la place Maubert, et au même jour.

Bizet, apoticaire, et Hulin, marchand, ruë Saint Denis, moururent au commencement du mois de morts soudaines; et Plandou, provençal, secretaire du Roy, de l'antimoine que luy avoit donné un medecin empirique huguenot.

La Roche Giffart, qui avoit tué à Geneve le fils de M. Turquet, pris prisonnier à Paris le dimanche 10 à dix heures du matin, est mis dehors à dix heures du soir par le lieutenant criminel, du commandement exprès de la Reyne.

Le lundy 11, fut publiée à la cour la declaration du Roy touchant les düels et rencontres.

Le vendredy 15, Baronville, fils de Montescot, tüe-

en düel d'Arques, lequel estoit à M. d'Eguillon, au bout du Pont Neuf, près les Augustins.

Ce jour, fut mis en terre le principal du college de Montagu, nommé Taranne, chanoine de Saint Marceau.

Le samedy 16, fut decapité à la Croix du Tiroüer un gentilhomme qui avoit tué son beaupere; et y avoit quatorze ans que le coup estoit fait.

La nuit de ce jour, deux maisons furent bruslées près le Louvre par l'inconvenient d'une chandelle, et y perirent deux enfans.

Le lundy 18, un gentilhomme qui avoit coupé l'oreille à un avocat fut jugé à un bannissement pour neuf ans.

En ce mois, à Bourges, Paris, docteur de Sorbone, jeune, et homme de bien, disposa tellement le peuple en ses sermons contre les jesuites, qu'un des leurs ayant pris la chaire en l'eglise de Saint Estienne, fut contraint de la quitter.

A Orleans, M. de Marcoussis ayant voulu emouvoir le peuple, y fut repoussé; et M. de Mayenne fit en même temps une reponse genereuse à ceux qui vouloient le pousser à la guerre contre les huguenots.

Le mardy 19, d'Arques, tué en düel, trainé tout mort à Montfaucon, et là pendu au gibet, nonobstant la prieré de M. d'Eguillon; et depuis, Montescot decapité en effigie.

Berton, libraire, mené prisonnier pour le livre de Du Plessis Mornay. « C'est un grand homme que M. Du « Plessis, disoit M. de Villeroy, et une belle plume; « mais il devroit employer son temps à meilleure chose « qu'à tant écrire. »

Le lundy 21, j'ay acheté le livre du pere Silvestre

de Laval, capucin, intitulé *les justes Grandeurs de l'Eglise romaine*, imprimé à Poitiers. Je tiens avec luy que l'Eglise de Rome n'a jamais esté et ne peut estre sans quelque preeminence : mais je dis aussy, avec sainte Aldegonde, que la sainteté des anciens peres n'est pas pour payer aujourd'huy les eguillettes de nostre saint pere le Pape. Il faut bien avoir la barlüe pour ne voir que Sa Sainteté est bien d'une autre manufacture qu'ils n'estoient autrefois.

Acheté le même jour le livre de Turquet, livre d'Estat, bon, judicieux et veritable, mais mal propre pour le temps, et que l'autheur devoit faire imprimer en ville libre, et non à Paris, nonobstant son privilege; et a bien connu que ce qu'on luy en a dit, et moy entr'autres, est vray : qu'il auroit un mauvais garand de ce costé que M. le chancelier, puisque le livre fut saisy, confisqué et deffendu. Mais n'en eut l'autheur autre peine, par la bonté de la Reyne.

Le samedy 23, acheté l'avis de La Primaudaye, imprimé dès l'année 1591, de *la Necessité d'un concile*.

Ce jour, les chambres ont esté assemblées pour la demoiselle de Coman ou d'Escoman.

Cette femme estoit encore belle et libertine, du consentement de son mary, nommé Lancroc, qui avoit esté tailleur de M. de Mayenne, et condamné à estre pendu, pour avoir dit, tenant un couteau, qu'il en eut voulu avoir donné dans le cœur du Roy. Ce qui avoit esté converti en bannissement.

Le mardy 26, furent rouez vifs, à la Croix du Tirouer, trois jeunes hommes, pour un cruel et mechant acte à l'endroit de la femme d'un garde du bois de Boulogne. Il y avoit le fils d'un commissaire nommé Gruan.

Ils accuserent Menard, fripier, et confesserent trente six vols faits par eux.

Le Roy et la Reyne allerent ce jour à Saint Germain en Laye; et disoit on que la Reyne y estoit allée en partie pour ne point estre à Paris quand la Coman seroit executée : ce qu'on disoit devoir estre le lendemain.

Le mercredy 27, fut pendue en Greve une belle jeune fille qui avoit deffait son enfant.

Le jeudy 28, mourut Faulcon, avocat, en la fleur de son age; le pere de Parisot, agé de quatre vingt quinze ans; et la fille de La Noble, fort belle.

Le samedy 30, la Coman jugée, condamnée à tenir prison perpetuelle entre quatre murailles; et cependant ceux qu'elle avoit accusez dechargez et declarez innocens. On travailloit à son jugement dès le samedy precedent 23; et les juges se trouverent partis neuf contre neuf.

M. Le Fevre fut en ce temps fait precepteur du Roy; et M. Desyveteaux, que le Roy aimoit, congedié, pour avoir babillé entre autres de M. d'Encre, et dit que si le Roy pouvoit une fois estre majeur, il leur donneroit gens en teste qui auroient plume et poil.

[AOUST.] Le mardy 2 aoust, M. le chancelier et le premier president allerent à Saint Germain voir les comedies, qui s'y jouoient, de messieurs les enfans de France. Dieu veuille que ce ne soit point le prologue d'une tragedie!

On debitoit ce jour un discours des marques des sorciers, fait par La Fontaine, medecin de la ville d'Aix, sur le sujet du procès fait à Louis Gauffridi, prestre de Marseille.

Le 4, je vis attaché au carcan le nommé La Tour, italien genois, banqueroutier, condamné le jour devant à faire amande honorable à la grande chambre, la corde au col, la torche au poing, nud en chemise, au carcan, et neuf ans de galeres; et ne s'en falut qu'une voix qu'il ne fût envoyé au gibet. Marc Antoine Lassardo, genois, condamné par même arrest à même peine.

Le marquis d'Encre joua, et perdit cent vingt mil pistolles.

Le mercredy 10, le chevalier de Vendome fut congedié de la cour. Le Roy le pleure et luy donne une montre, disant : « J'ay cela à moy, et non autre chose, « que je puisse donner. Quand vous l'oirrez sonner, « souvenez vous de moy. » La Reyne luy envoya les dames pour le rejouir; mais pour neant ne cessa de se tourmenter, et quand elle y vint elle-même il se rassiet, comme s'il n'eut rien fait ny dit.

L'Anti-Jesuite paroissoit lors; et hors les injures, il n'y faut rien chercher. L'autheur est Bonestat, jeune homme. Le facteur de la Guillemot en fut prisonnier.

Parut aussy le Catolicon de Saumur, marchandise meslée.

Le jeudy 11, le Roy et la Reyne reviennent à Paris.

Le vendredy 12, le marquis d'Encre va en Picardie, avec une suite de cent vingt chevaux.

Le lendemain 13, M. Le Fevre, receu precepteur du Roy, luy donne sa premiere leçon.

Montescot decapité en tableau au bout du Pont Neuf.

Querelle du marquis de Nesle et du comte de Brenne, qui avoit receu deux coups de plat d'espée. Le duel demandé, le marquis de Mosny dit qu'il se battra, ou qu'il le tuera. M. le connestable dit qu'il n'a jamais ouy parler qu'à ceux de cette maison on ait donné des coups de plat d'espée.

Le lundi 15, le Roy aux Augustins touche les malades ; le comte de Soissons et le cardinal Du Perron y sont. Le pere Cotton tient le Roy une heure à confesse, et au sortir de là le Roy fut mis au lit, tant il estoit las. L'après disner, retourne à Saint André ouir le sermon de l'abbé de Bourgueil ; dort tout du long. M. de Souvré l'éveille, mais pour neant, et demande s'il n'y a point de moyen de faire porter son lit au sermon.

Un nommé Reboul, qui avoit esté de la religion, et à M. de Bouillon, depuis s'estant revolté, estoit appointé et stipendié du Pape, fut dans ce temps arresté prisonnier à Rome, pour avoir ecrit un libelle diffamatoire contre M. de Villeroy, contenant choses atroces et sanglantes.

Plaintes du nonce du Pape contre la remontrance de M. Servin, desquelles M. de Villeroy fait peu d'estat.

Le livre de Du Moulin pour le roy d'Angleterre saisy, sur requeste repondue du chancelier. Le premier president en fit bailler main levée, à l'instance de l'ambassadeur d'Angleterre.

Le samedy 20 du mois, le chancelier appella Du Moulin homme de bien, et le prie de faire ses preches modestement.

Le dimanche 21, comme les huguenots venoient de Charenton dans un bateau, des mariniers chanterent des chansons execrables ; dont fut fait plainte.

Le Roy, notaire, agé de quatre vingts ans, mourut à Paris. Riche vilain qui se chauffoit, quand il faisoit froid, à l'air de sa cave.

Mourut le petit fils de M. Broué, que le pere Gabriel Cartagne, cordelier conventuel d'Avignon, se disant docteur en theologie, conseiller et aumonier du Roy, vray charlatan, expedia par son or potable, remede à tous maux, dont il avoit fait imprimer les vertus en octavo par Charles Sevestre.

Je l'avois entretenu de mon mal; et il m'avoit conseillé de boire du vin sans eau, qu'il aime bien ainsy, qu'il conseille à tout le monde, et qui est plus son or potable que toute autre chose. Je crois en effect qu'il seroit suffisant pour guerir le mien, et bientost.

Les jesuites firent en ce temps oster de leur eglise de Saint Louis deux tableaux de Charlemagne et de saint Louis, pour mettre en leur place ceux de leurs fondateurs. C'estoit leurs peres Binet et Jaquinot qui les y avoient mis. Le president de Liverdis l'ayant appris, leur dit que s'ils n'y remettoient ceux qu'ils avoient otez, il les leur feroit remettre par arrest de la cour.

M. Servin prié de faire reponse au livre de M. Du Plessis (à quoy il se laissoit aller), le refuse, en estant demeu par ses amis.

Le mardy 23, une marchande, rue des Lombards, meurt subitement à midy, se portant bien à onze heures.

Le vendredy 26, nouvelles de Rome de la mort de Pinelli, doyen, et d'Ascoli, sous-doyen des cardinaux, qui moururent à deux jours l'un de l'autre. Le cardinal de Joyeuse succeda au doyenné; et le Pape fit onze cardinaux, dont l'evesque de Beziers, italien, quoy que françois par son eveché, en est l'un; et le general des jacobins aussy. Le nonce en fut frustré, et M. de

Reims aussy, pour lequel le cardinal de Joyeuse perdit sa besogne. Il fut fait service magnifique à Pinelli; et le Pape y assista, et à celuy d'Ascoli.

Le mercredy 31 et dernier, le marquis d'Encre revint de son voyage de Picardie en grande suite.

Dans ce mois, moururent M. de Bragelogne, cousin de ma femme; madame de Chastillon, et une sienne demoiselle.

Les livres de Du Plessis sont arrestez à la doüane; le nonce du Pape crie à ce qu'ils soient deffendus. Cependant les livres sont rendus, à la charge qu'ils ne seront point vendus dans Paris.

Supplément tiré de l'édition de 1732.

Le dimanche 7, deux gentilshommes députez du Languedoc, l'un pour le tiers Etat et l'autre pour la noblesse, se battirent à cheval vers le Temple, à Paris. Celui de la noblesse demeura prisonnier, et celui du tiers Etat fut tué et étendu mort sur la place, et porté au châtelet. On disoit que la noblesse avoit tué le tiers Etat, et qu'il eût valu mieux qu'il eût été tué, que se laisser prendre.

Supplément tiré de l'édition de 1719.

[SEPTEMBRE.] Le vendredy 2 septembre, meurent madame de Greban et un Allemand de vingt cinq ans, aliené d'esprit, et tous deux de la religion.

Le samedy 3, je vis enterrer dans l'eglise de Saint Germain des Prez un frere de là dedans, nommé Jacques Le Fevre, fils d'un marchand rue Saint Denis; et fut inhumé avec son habit, le visage découvert, tenant une croix en ses mains, qu'il avoit liées. Il mourut le quatrieme de sa maladie, avec trouble et inquietude d'esprit, qui estoit la maladie qui lors regnoit, et en mourut. Le même jour, la femme d'un musicien joüeur de lut, nommé Vincent, agée de trente ans; et le lendemain dimanche 4, un jeune gentilhomme gascon de la religion, à midy, se portant bien encore à neuf heures.

Le mardy 6, fut publié un arrest du conseil pour la moderation des taxes sur les officiers, pour la confirmation, à cause de l'avenement du Roy à la couronne.

Le mercredy 7, les arrests prononcés par M. le premier president, qui dit : *Ego omni officio, ac potius pietate cæteris omnibus, satisfacio; mihi ipsi nunquam satisfacio.* On disoit là-dessus que *sibi ipsi soli satisfacit.* Au surplus, très-long; force grec et latin, la pluspart hors de propos.

Un qui avoit la faveur de la Reyne, et avoit exigé une promesse de seize cents florins pour faire recevoir un procureur au parlement, fut condamné à faire amande honorable et estre mis au carcan, où il fut. Le premier président le fit oster quand il sortit du Palais; et le président Seguier luy contredit fort là-dessus. Il y avoit autour de son col un billet sur lequel il y avoit ecrit : *Affronteur, et vendeur de fumée.*

Mort de M. de Rambouillet, agé de soixante quinze ans.

Le dimanche 11, meurt d'Elbene au college de Cambray, agé de soixante dix huit ans, riche de huit à dix mille livres de rente.

Le lundy 12, M. Dupuis m'a donné une lettre du cardinal Du Perron à Casaubon, pour la reduction du roy d'Angleterre à la religion catholique; et contient cinq à six grands feuillets d'ecriture à la main.

Arrest du conseil d'Estat pour la nourriture et entretenement des pauvres gentilshommes, capitaines et soldats estropiez.

Ce jour, mourut un conseiller de la seconde chambre des requetes, nommé de La Boissiere, gendre du sire Parfait, agé de trente ans. Il estoit fils d'un vinaigrier, et estoit riche de dix mil livres de rente.

Le mercredy 21, J. Perier m'a donné un traitté de son impression, fait par M. Savaron : que *les lettres sont l'ornement des roys et de l'Estat.*

Dans ce mois, moururent M. Botin, conseiller au grand conseil, doyen de la compagnie, qui laisse trente mil ecus en argent à sa fille pour la marier; M. Emery, aussy conseiller au grand conseil; M. Perdulois le medecin; Le Gras, tresorier de France; et autres.

Mourut aussy la duchesse de Mantoüe, sœur de la Reyne regente.

Le dimanche 25, l'ambassadrice d'Angleterre estant accouchée d'une fille, prit le Roy et la Reyne régente pour la tenir, et fut baptisée au logis de l'ambassadeur. La Reyne la fit tenir en son nom par la princesse d'Orange, et le Roy par le duc de Bouillon; et fut nommée Louise-Marie.

Le mardy 27, l'hostel de Luxembourg acheté par la Reyne trente mil ecus. Dolé l'avocat fut appellé au contract.

FIN DES MÉMOIRES ET JOURNAUX DE L'ESTOILE.

COMMENT ET EN QUEL TEMPS

LA REYNE ACCOUCHA

DE M. LE DAUPHIN,

A PRESENT LOUIS XIII;

Des ceremonies qui y furent observées; l'ordre y tenu; les discours intervenus entre le Roy et la Reyne, et sur plusieurs autres occurrences;

Par Louise BOURGEOIS, dite Boursier,
SAGE FEMME DE LA REYNE.

COMMENT ET EN QUEL TEMPS

LA REINE ACCOUCHA.

La nuict du vingt septiesme septembre, à minuict, le Roy m'envoia appeller pour aller voir la Reyne, qui se trouvoit mal. J'estois couchée dans la garde robbe de la Reine, où estoient les femmes de chambre, où souvent pour rire on me donnoit de fausses allarmes, me trouvant endormie : tellement que je croiois que ce fust de mesme, m'entendant appeller par un nommé Pierrot, qui estoit de la chambre; il ne me donna pas le loisir de me lacer, tant il me hastoit. Entrant en la chambre de la Reine, le Roy demanda : « Est-ce pas la « sage femme? » On lui dit qu'ouy. Il me dit : « Venez, « venez, sage femme, ma femme est malade : recon- « noissez si c'est pour accoucher; elle a de grandes « douleurs. » Ce qu'aiiant reconnu, je l'asseuray qu'ouy. A l'instant le Roy dit à la Reine : « M'amie, vous sa- « vez que je vous ay dit par plusieurs fois le besoin « qu'il y a que les princes du sang soient à vostre ac- « couchement. Je vous supplie de vous y vouloir re- « soudre : c'est la grandeur de vous et de vostre enfant.» A quoi la Reine lui respondit qu'elle avoit esté tousjours resolue de faire tout ce qu'il lui plairoit : « Je sçai bien, « m'amie, que vous voulez tout ce que je veux; mais « je connois vostre naturel, qui est timide et honteux,

« que je crains que si vous ne prenez une grande re-
« solution, les voiant, cela ne vous empesche d'accou-
« cher. C'est pourquoi de rechef je vous prie de ne
« vous estonner point, puis que c'est la forme que l'on
« tient au premier accouchement des reines. »

Les douleurs pressoient la Reine : à chacune desquelles le Roy la tenoit, et me demandoit s'il estoit temps qu'il fist venir les princes; que j'eusse à l'en advertir, d'autant que ceste affaire là estoit de grande importance qu'ils y fussent. Je lui dis que je n'y manquerois pas lors qu'il en seroit temps. Environ une heure aprés minuict, le Roy, vaincu d'impatience de voir souffrir la Reine, et croiant qu'elle accoucheroit, et que les princes n'auroient pas le temps d'y venir, il les envoia querir : qui furent messeigneurs les princes de Conti, de Soissons et de Montpensier. Le Roy disoit, les attendant : « Si jamais l'on a veu trois princes
« en grand'peine, l'on en verra tantost : ce sont trois
« princes grandement pitoiables et de bon naturel,
« qui voiant souffrir ma femme, voudroient pour beau-
« coup de leur bien estre bien loing d'ici. Mon cousin
« le prince de Conti ne pouvant aisement entendre ce
« qui se dira, voiant tourmenter ma femme croira que
« c'est la sage femme qui lui fait du mal. Mon cousin
« le comte de Soissons voiant souffrir ma femme, aura
« de merveilleuses inquietudes, se voiant reduit à de-
« meurer là. Pour mon cousin de Montpensier, je crains
« qu'il ne tombe en foiblesse, car il n'est pas propre à
« voir souffrir du mal. » Ils arriverent tous trois avant les deux heures, et furent environ demie heure là. Le Roy ayant sceu de moi que l'accouchement n'estoit pas si proche, les envoia chez eux, et leur dit qu'ils se tins-

sent prests quand il les envoieroit appeller. M. de La Riviere, premier medecin du Roy; M. Du Laurens, premier de la Reine; M. Heroüard, aussi medecin du Roy; le seigneur Guide, second medecin de la Reine, avec M. Guillemeau, chirurgien du Roi, furent appellez pour voir la Reine, et aussitost se retirerent en un lieu proche. Cependant la grand chambre ou ovalle de Fontainebleau, qui est proche de la chambre du Roi, qui estoit preparée pour les couches de la Reine, où estoient un grand lict de velours de cramoisi rouge, accommodé d'or, estoit près le lict de travail; aussi les pavillons, le grand et le petit, qui estoient attachez au plancher et troussez, furent destroussez. Le grand pavillon fut tendu ainsi qu'une tente par les quatre coins, avec cordons. Il estoit d'une belle toille de Hollande, et avoit bien vingt aulnes de tour, au milieu du quel il y en avoit un petit de pareille toille, sous le quel fut mis le lict de travail, où la Reine fut couchée au sortir de sa chambre. Les dames que le Roi avoit resolu qui seroient appellées à l'accouchement de la Reine, comme j'ay dit ci-devant, furent mandées. Il fut apporté sous le pavillon une chaise, des sieges pliants et des tabourets, pour asseoir le Roi, madame sa sœur, et madame de Nemours. La chaise pour accoucher fut aussi apportée, qui estoit couverte de velours cramoisi rouge. Sur les quatre heures du matin, une grande colique se mesla parmi le travail de la Reine, qui lui donna d'extremes douleurs, sans avancement. De fois à autre le Roy faisoit venir les medecins veoir la Reine et me parler, ausquels je rendois compte de ce qui se passoit. La colique travailloit plus la Reine que le mal d'enfant, et mesmes l'empeschoit. Les medecins me demanderent : « Si c'estoit une femme où n'y eust « que vous pour la gouverner, que lui feriez vous? » Je leur proposay des remedes qu'ils ordonnerent à l'instant à l'apoticaire, le quel leur en proposa d'autres à la façon d'Italie, qu'il disoit qu'en pareil cas faisoient grand bien. Eux sçachant l'affection qu'il avoit au service de Sa Majesté, et que si le remede ne faisoit tout le bien que l'on en esperoit, qu'il ne pouvoit faire aucun mal, le firent donner. Il y avoit deux anciennes et sages damoiselles italiennes qui estoient à la Reine, lesquelles avoient eu plusieurs enfans, et s'estoient trouvées à plusieurs accouchemens en leur païs. La Reine avoit eu pour agreable qu'elles se trouvassent à son travail, pour lui servir comme ses femmes de chambre. Les reliques de madame sainte Marguerite estoient sur une table dans la chambre, et deux religieux de Saint Germain des Prez qui prioient Dieu sans cesse.

Le Roi dit qu'il ne vouloit que personne ne donnast son advis que les medecins, selon que je leur aurois rapporté, et que nous en serions convenus ensemble : tellement que je peus dire qu'en lieu du monde je n'ay eu telle tranquillité d'esprit, pour le bon ordre que le Roi y avoit apporté, et l'asseurance que m'avoit donnée la Reine. Il arriva que, pour combattre cette insupportable colique, il fallut plusieurs grands remedes; à quoi la Reine ne resista nullement : car aussi tost que le Roi ou les medecins lui en parloient, elle en estoit contente, pour desagreables qu'elles fussent, ne voulant en rien se rendre coupable de mal. C'est pourquoy plusieurs femmes sont souvent causes, par leur opiniastreté, que les choses leur succedent mal pour eux et pour leurs enfans. Le mal de la Reine dura vingt et

deux heures et un quart. Elle avoit une telle vertu, que
c'estoit chose admirable : elle discerna bien ses douleurs
premieres, et les dernieres d'avec les autres, où estoit
ceste mauvaise colique, selon que je lui fis entendre.
Pendant un si long temps qu'elle demeura en travail,
le Roy ne l'abandonna nullement; que s'il sortoit pour
manger, il envoyoit sans cesse sçavoir de ses nouvelles.
Madame sa sœur en faisoit de mesme. La Reine craignoit, devant que d'accoucher, que M. de Vendosme
n'entrast en sa chambre pendant son mal, à cause de
son bas age; mais elle sentant le mal, n'y prit pas garde.
Il me demandoit à toute heure si la Reine accoucheroit bien tost, et de quel enfant ce seroit. Pour le contenter, je lui dis qu'ouy. Il me demanda de rechef quel
enfant ce seroit. Je lui dis que ce seroit ce que je voudrois. « Et quoi, dit il, n'est il pas fait? » Je lui dis qu'ouy,
qu'il estoit enfant; mais que j'en ferois un fils ou une
fille, ainsi qu'il me plairoit. Il me dit : « Sage femme,
« puis que cela depend de vous, mettez y les pieces
« d'un fils. » Je lui dis : « Si je fais un fils, monsieur,
« que me donnerés vous? — Je vous donnerai tout ce
« que vous voudrez; plustost tout ce que j'ay. — Je
« ferai un fils, et ne vous demande que l'honneur de
« vostre bien-veillance, et que vous me vouliez tousjours
« du bien. » Il me le promit, et me l'a tenu. Il arriva
bien, pendant cette longueur de temps, que ceux que la
Reine avoit jugé qui desiroient de me troubler dirent
quelque chose, et firent quelque mine : dont je ne m'es-
tonnai non plus que de rien, d'autant que je voiois
que, veu le bon courage de la Reine, tout succederoit
à bien, et qu'elle se fioit du tout en moi, comme elle
m'avoit dit. Lorsque les remedes eurent dissipé la

colique et que la Reine alloit accoucher, je voiois qu'elle se retenoit de crier. Je la suppliay de ne s'en retenir, de peur que sa gorge ne s'enflast. Le Roi lui dit : « M'a-
« mie, faites ce que vostre sage femme vous dit ; criez,
« de peur que vostre gorge s'enfle. » Elle avoit desir d'accoucher dans sa chaise, où estant assise, les princes estoient dessous le grand pavillon, vis à vis d'elle. J'estois sur un petit siege devant la Reine, la quelle estant accouchée, je mis M. le Dauphin dans des linges et langes dans mon giron, sans que personne sceut que moi quel enfant c'estoit. Je l'enveloppai bien, ainsi que j'entendois à ce que j'avois à faire.

Le Roi vint auprés de moi ; je regarde l'enfant au visage, que je vis en une grande foiblesse, de la peine qu'il avoit endurée. Je demande du vin à M. de Lozeray, l'un des premiers valets de la chambre du Roy. Il apporta une bouteille ; je lui demande une cuillere. Le Roy print la bouteille, qu'il tenoit. Je lui dis : « Sire,
« si c'estoit un autre enfant, je mettrois du vin dans la
« bouche, et lui en donnerois, de peur que la foiblesse
« dure trop. » Le Roy me mit la bouteille contre la bouche, et me dit : « Faites comme à un autre. » J'emplis ma bouche de vin, et lui en soufflay. A l'heure mesme il revint, et savoura le vin que je lui avois donné. Je vis le Roy triste et changé, s'estant retiré d'auprés de moy, d'autant qu'il ne sçavoit quel enfant c'estoit ; il n'avoit veu que le visage. Il alla vers l'ouverture du pavillon du costé du feu, et commanda aux femmes de chambre de tenir force linges et le lict prest. Je regarday si je verrois madamoiselle de La Renouillière pour lui donner le signal, afin qu'elle allast oster le Roy de peine ; elle bassinoit le grand lict.

Je vis Gratienne, à qui je dis : « Ma fille, chauffez moy
« un linge. » Alors je la vis aller gaye au Roy, lequel
la repoussoit et ne la vouloit pas croire, à ce qu'elle
me dit depuis. Il lui disoit que c'étoit une fille : qu'il le
connoissoit bien à ma mine. Elle l'asseuroit bien que
c'étoit un fils : que je lui en avois donné le signal. Il
lui disoit : « Elle fait trop mauvaise mine. — Sire,
« elle vous a dit qu'elle le feroit. » Il luy dit qu'il estoit
vray, mais qu'il n'estoit pas possible qu'aiant eu un
fils, je la peusse faire telle. Elle lui respondit : « Il est
« bien possible, puis qu'elle la faict. » Madamoiselle de
La Renouilliere entra, qui vit le Roy se fascher avec
Gratienne. Elle vint à moy ; je lui fis le signal ; elle
me demanda à l'oreille : je lui dis à la sienne que ouy.
Elle détroussa son chapperon, et alla faire la reverence au Roy, et lui dit que je lui avois fait le signal,
et mesme lui avois dit à l'oreille. La couleur revint au
Roy : il vint à moi à costé de la Reine, et se baissa,
et mit la bouche contre mon oreille, et me demanda :
« Sage femme, est-ce un fils ? » Je lui dis qu'ouy. « Je
« vous prie, ne me donnez point de courte joye : cela
« me feroit mourir. » Je desveloppe un petit M. le Dauphin, et lui fis voir que c'estoit un fils, que la Reine
n'en vit rien. Il leva les yeux au ciel, aiant les mains
jointes, et rendit graces à Dieu. Les larmes lui cou-
loient sur la face, aussi grosses que de gros pois. Il
me demanda si j'avois fait à la Reine, et s'il n'y avoit
point de danger de lui dire ? Je lui dis que non ; mais
que je suppliois Sa Majesté que ce fust avec le moins
d'émotion qu'il lui seroit possible. Il alla baiser la Reine,
et lui dit : « Ma mie, vous avez eu beaucoup de mal ;
« mais Dieu nous a fait une grand'grace de nous avoir

« donné ce que nous lui avions demandé : nous avons un « beau fils. » La Reine à l'instant joignit les mains, et les levant avec les yeux vers le ciel, jetta quantité de grosses larmes, et à l'instant tomba en foiblesse. Je demandai au Roy à qui il lui plaisoit que je baillasse M. le Dauphin. Il me dit : « A madame de Montglas, qui « sera sa gouvernante. » Madamoiselle de La Renouilliere le prit, et le bailla à madame de Montglas. Le Roy alla embrasser les princes, ne s'estant apperçu de la foiblesse de la Reine; et alla ouvrir la porte de la chambre, et fit entrer toutes les personnes qu'il trouva dans l'antichambre et grand cabinet. Je crois qu'il y avoit deux cents personnes : de sorte que l'on ne pouvoit se remuer dans la chambre pour porter la Reine dans son lict.

J'estois infiniment faschée de la voir ainsi; je dis qu'il n'y avoit aucune apparence de faire entrer ce monde icy, que la Reine ne fust accouchée. Le Roy m'entendit, qui me vint frapper sur l'espaule, et me dit : « Tais-toy, tais-toy, sage femme, ne te fasche « point; cet enfant est à tout le monde : il faut que « chacun s'en resjouisse. » Il estoit dix heures et demie du soir, le jeudy 27 septembre 1601, jour de Saint Cosme et Saint Damian, neuf mois et quatorze jours aprés le mariage de la Reine. Les valets de la chambre du Roy et de la Reine furent appellez, qui portent la chaise prés de son lict, auquel elle fut mise ; et alors l'on remedia à sa foiblesse. Et lui ayant rendu le service que je devois, je fus accomoder M. le Dauphin, que madame de Monglas me remit entre les mains, où M. Heroüard se trouva, et commença delà à le servir. Il me le fit laver entierement de vin et d'eau, et le regarda partout, avant que je l'emmaillotasse. Le Roy amena les princes et plusieurs seigneurs le voir. Pour tous ceux de la maison du Roy et de la Reine, le Roy leur faisoit voir, et puis les envoioit pour faire place aux autres. Chacun estoit si resjouy qu'il ne se peut exprimer; tous ceux qui se rencontroient s'embrassoient, sans avoir esgard à ce qui estoit du plus ou du moins. J'ay entendu dire qu'il y eust des dames qui rencontrant de leurs gens les embrasserent, estant si transportées de joye qu'elles ne sçavoient ce qu'elles faisoient. Ayant achevé d'accomoder mon dit seigneur, je le rendis à madame de Monglas, qui l'alla monstrer à la Reine, qui le vit de bon œil; et par son commandement fut conduit en sa chambre, par ma dite dame de Monglas, M. Heroüard, et toutes les femmes qui devoient estre à luy, où aussi-tost qu'il y fut, sa chambre ne desemplissoit nullement, n'estoit qu'il estoit sous un grand pavillon, où l'on n'entroit pas sans l'adveu de ma dite dame de Monglas. Je ne sçay comment l'on eust pu faire : le Roy n'y avoit pas si tost amené une bande de personnes, qu'il en ramenoit une autre. L'on me dit que par le bourg toute la nuict ce ne furent que feux de joye, que tambourgs et trompettes, que tonneaux de vin deffoncés, pour boire à la santé du Roy, de la Reine et M. le Dauphin. Ce ne furent que personnes qui prinrent la poste pour aller en divers païs en porter la nouvelle, et par toutes les provinces et bonnes villes de France. A l'instant que la Reine fut accouchée, le Roy fit dresser son lict attenant du sien, où il coucha tant qu'elle se portast bien. La Reine craignoit qu'il n'en receust de l'incommodité : mais il ne la voulut jamais abandonner. Je trouvai le lendemain aprés-disner M. de Vandosme, qui estoit seul à la porte de l'anti-chambre, qui tenoit la tapisserie pour passer dans le cabinet par où l'on passoit pour aller chés M. le Dauphin, et estoit arresté fort estonné. Je lui demanday : « Hé quoi! monsieur, que faites vous là? » Il me dit : « Je ne sçay ; il n'y a gueres que chacun par-« loit à moy : personne ne me dit plus rien. — C'est, « monsieur, que chacun va voir M. le Dauphin, qui « est arrivé depuis un peu. Quand chacun l'aura salué, « l'on vous parlera comme auparavant. » Je le dis à la Reine, qui en eust grand pitié, et dit : « Voila pour « faire mourir ce pauvre enfant ; » et commanda que l'on le carressast autant ou plus que de coustume. « C'est que chacun s'amuse à mon fils, et que l'on ne « pense pas à lui ; cela est bien estrange à cet enfant. » La bonté de la Reine a tousjours esté merveilleusement grande. Le vingt neufiesme du dit mois, je fus pour voir M. le Dauphin : son huissier Bira m'ouvrit la porte. Je vis la chambre pleine : le Roy, madame sa sœur, les princes et princesses y estoient, à cause que l'on vouloit ondoier M. le Dauphin. Je me retiray. Le Roy m'apperceust, et me dit : « Entrés, entrés ; ce « n'est pas à vous à n'ozer entrer. » Il dit à Madame et aux princes : « Comment! j'ay bien veu des per-« sonnes, mais je n'ay jamais rien veu de si resolu, « soit homme, soit femme, ny à la guerre ny ailleurs, « que ceste femme là. Elle tenoit mon fils dans son gi-« ron, et regardoit le monde avec une mine aussi froide « que si elle n'eust rien tenu : c'est un Dauphin, qu'il « y a quatre vingts ans qu'il n'en estoit nay en France. » Sur ce je lui repliquai : « J'avois dit à Votre Majesté, « sire, qu'il y alloit beaucoup de la santé de la Reine.

« — Il est vray, ce dit le Roy; je ne l'ai aussi dit à ma
« femme qu'aprés que tout a esté fait, et si la joie l'a
« fait esmouvoir. Jamais femme ne fit mieux qu'elle a
« fait : si elle eust fait autrement, c'estoit pour faire
« mourir ma femme. Je veux doresnavant vous nom-
« mer *ma resolüe.* » Le Roy me fit l'honneur de me
faire demander si je voulois estre la remueuse de M. le
Dauphin, et que j'aurois pareils gages que la nourrice.
Je fis supplier Sa Majesté d'avoir agreable que je ne
quittasse point l'exercice ordinaire de sage femme, pour
me rendre tousjours plus capable de servir la Reine;
qu'il y avoit là une honneste femme qui l'entendoit fort
bien. Je demeurai auprés de la Reine pour la servir en
sa couche environ un mois, puis huict jours aprés, attendant le retour de Sa Majesté à Paris, qui m'avoit
fait commander de l'attendre.

RELATION

FAITE

PAR MAITRE JACQUES GILLOT,

CONSEILLER D'ÉGLISE A LA GRAND'CHAMBRE DU PARLEMENT DE PARIS,

De ce qui se passa audit parlement, séant aux Augustins, touchant la régence de la reine Marie de Médicis, mère du roi Louis XIII, les 14 et 15 mai 1610.

NOTICE

SUR JACQUES GILLOT

ET SUR SA RELATION.

Jacques Gillot étoit d'une famille ancienne et considérée de la Bourgogne. Il naquit vers le milieu du seizième siècle. Ayant embrassé l'état ecclésiastique, il devint doyen de la cathédrale de Langres, et chanoine de la Sainte-Chapelle de Paris. Il succéda à Nicolas de Thou, qui venoit d'être nommé à l'évêché de Chartres, dans la charge de conseiller clerc au parlement de Paris; et il fut admis au serment, en cette qualité, le 19 juin 1573 (1). On le voit, l'année suivante, assister aux obsèques de Charles ix (2).

Les historiens n'ont pas fait connoître les particularités d'une vie plus laborieuse qu'éclatante. On sait seulement que, le 16 janvier 1589, J. Gillot fut en butte aux mêmes périls qu'Achille de Harlay, et qu'il accompagna cet illustre premier président et un grand nombre de ses confrères, traînés par Bussy Le Clerc dans les cachots de la Bastille (3) : plus heureux sans

---

(1) Registres du parlement de Paris, à cette date, au dépôt des archives judiciaires du royaume. — (2) Procès-verbal des obsèques de Charles ix, tiré des mêmes registres, pièces préliminaires des Œuvres de Brantôme, t. 1, p. 109. Paris, Foucault, 1822. — (3) *Voyez* les Remarques sur la Satire Ménippée; Ratisbonne, 1714, t. 2, p. 127. *Voyez* aussi les Mémoires de L'Estoile et ceux de Palma-Cayet à cette date. On a cherché dans les registres du parlement de Paris le procès-

doute dans leur captivité que les magistrats qui, à l'exemple du président Brisson, furent tour à tour les protecteurs, les jouets ou les victimes de la révolte.

Peu de temps après l'assassinat de Henri III, le président de Harlay sortit de prison, en payant une rançon considérable; et il se rendit dans la ville de Tours, où le parlement avoit été transféré par édit de Henri III, du 23 mars 1589. Il paroît que J. Gillot suivit bientôt son vénérable chef; il est au moins certain qu'il étoit réuni au parlement de Tours au mois d'octobre suivant; car on lit sa signature, comme conseiller rapporteur, sur les registres de cette compagnie, à la date du 23 octobre 1589 (1). Son nom est en outre porté sur plusieurs listes de présence.

J. Gillot donnoit à la culture des lettres et aux recherches historiques les loisirs que ses fonctions lui laissoient. Lié avec les plus beaux esprits de son temps, tels que Joseph Scaliger, Pierre Pithou, Philippe Desportes, Jean Passerat, Nicolas Rapin (2), Pierre Le Roy,

---

verbal qui auroit constaté ces faits; mais il n'y a été fait aucune mention de l'attentat de Bussy Le Clerc: on y voit seulement que, le 16 janvier 1589, Achille de Harlay siégeoit avec les présidens Potier et de Thou, et que le lendemain 17 janvier, le président Brisson restoit seul à la tête du parlement de la Ligue.

(1) Registres originaux du parlement de Tours, aux archives judiciaires du royaume, vol. 1er, commençant au 27 mai 1589, et finissant au 17 février 1590, fol. 89, v°. — (2) Nicolas Rapin avoit adressé à J. Gillot plusieurs de ses poésies, et particulièrement une belle élégie latine sur la mort de Philippe Desportes, que l'on regrette de ne pas trouver dans les dernières éditions de ce poëte. Rapin, en mourant, chargea, par son testament, J. Gillot et Scévole de Sainte-Marthe de la publication de ses œuvres. Ceux-ci s'acquittèrent de ce soin, et les dédièrent à Achille de Harlay et au président de Thou. (*Voyez* les OEuvres latines et françaises de Nicolas Rapin. Paris, Pierre Chevalier, 1610; in-4°.)

Florent Chrestien et quelques autres, il les réunissoit fréquemment chez lui dans sa maison sur le quai des Orfèvres. Pierre Le Roy, chanoine de Rouen ayant conçu l'idée de la Satire Ménippée, Pithou, Rapin, Gillot, Passerat et Chrestien y ajoutèrent une foule de traits piquans, et composèrent ainsi cette pièce ingénieuse qui, par le ridicule adroitement jeté sur les Etats de la Ligue, contribua peut-être autant que les armes de Henri IV à éteindre nos discordes civiles. On croit que J. Gillot est l'auteur de la Procession burlesque de la Ligue, et de la Harangue du Cardinal-Légat. Il ne demeura pas étranger aux autres parties de cette satire, si bien marquée au coin de l'esprit français.

J. Gillot mourut au mois de janvier 1619; il fut enterré dans la Sainte-Chapelle de Paris, où l'on voyoit son épitaphe.

La maison de J. Gillot devint dans la suite le patrimoine du lieutenant criminel Tardieu son neveu, qu'une sordide avarice et une fin tragique ont rendu trop célèbre (1). Il paroît que Gilles Boileau, père de Despréaux, habita cette maison : ce qui a fait penser à quelques biographes que l'auteur du Lutrin étoit né dans la même chambre où J. Gillot et ses amis composèrent la Satire Ménippée; mais ce rapprochement a plus de singularité que de fondement (2).

(1) Despréaux a tracé le portrait de Tardieu et de sa femme dans sa dixième satire. Ce lieutenant criminel au châtelet de Paris fut assassiné dans sa maison, le 24 août 1665. (*Voyez* l'édition des Œuvres de Boileau-Despréaux donnée par M. de Saint-Surin; Paris, Blaise, 1821, t. 1, p. 293.) — (2) Voyez la *Notice sur Despréaux*, par M. de Saint-Surin, p. xlv.

On a de J. Gillot les ouvrages suivans :

1° Traité des droits et libertés de l'Eglise gallicane; Paris, Chevalier, 1609, in-4°. Il en parut en 1612 une seconde édition augmentée; mais l'ouvrage de Pierre Dupuy étant beaucoup plus étendu, a fait oublier celui de Gillot.

2°. Instructions et Missives des rois très-chrétiens de France, et de leurs ambassadeurs, et autres pièces concernant le concile de Trente, prises sur les originaux; 1607 et 1608, in-8°. Ces éditions ont été également remplacées par celle donnée en 1654 par Pierre et Jacques Dupuy.

3° Lettre à Abel de Sainte-Marthe, contenant plusieurs particularités de la vie de Jacques Faye, sieur d'Espesse, président au parlement de Paris. Cette lettre a été publiée parmi les opuscules de Loisel; Paris, 1652, in-4°, p. 655.

4° Lettres adressées à Joseph Scaliger, dans le Recueil des lettres de plusieurs personnages doctes à M. de La Scala.

Quelques savans ont attribué à J. Gillot une Vie de Calvin qui a été imprimée à la suite des Hommes illustres de Papire Masson; mais Bayle a bien démontré, dans l'article de cet hérésiarque, que cette Vie étoit de Papire Masson.

L'ouvrage qui fait occuper à J. Gillot une place parmi nos historiens est une Relation de ce qui s'est passé au parlement de Paris touchant la régence de Marie de Médicis.

Gillot a été le témoin des faits qu'il rapporte; son caractère connu doit inspirer une grande confiance. Nous avons cru que cette pièce devoit trouver sa place à la suite du *Journal de Henri* IV, dont elle semble être le supplément le plus naturel.

Cette relation a été publiée pour la première fois par P. Dupuy, qui avoit connu son auteur, et la tenoit vraisemblablement de lui. Ce savant bibliothécaire l'a insérée dans son Traité de la Majorité de nos rois, et des régences du royaume; Amsterdam, 1722, t. 2, p. 263.

L. J. N. Monmerqué.

RELATION

FAITE

PAR MAITRE JACQUES GILLOT.

Le vendredi quatorzieme jour de mai 1610, le parlement seant aux Augustins, où il se tenoit comme de coutume quand l'on prepare le Palais pour les mariages et entrées des rois et reines [1]; l'audience de relevée tenant, à laquelle presidoit M. Potier [2]; sur les quatre heures et demie, M. Le Bret [3], avocat du Roi, plaidant en une cause pour madame de Givri, l'on aperçut que les avocats et procureurs parloient l'un à l'autre à l'oreille; on oyoit un murmure, et voyoit on tous ceux qui étoient en la salle se lever, sortir, rentrer et venir, comme étonnés de quelque nouveau bruit: dont M. l'avocat du Roi se sentoit fort interrompu. Arrive sur ce point M. Servin [4], aussi avocat du Roi,

[1] *Des rois et reines :* La reine Marie de Médicis, couronnée à Saint-Germain le jeudi 13 mai 1610, devoit faire son entrée solennelle dans Paris le dimanche suivant. — [2] *M. Potier :* Nicolas Potier de Blancménil, second président au parlement de Paris. — [3] *M. Le Bret :* Cardin Le Bret de Flacourt, avocat général au parlement de Paris. On a de lui un *Traité de la souveraineté du Roi*, des *Harangues*, et d'autres ouvrages. — [4] *M. Servin :* Louis Servin, avocat général au parlement de Paris, grand magistrat; dont on a des *Actions notables* et des *Plaidoyers*. Il mourut subitement le 19 mars 1626, au moment où il adressoit à Louis XIII, tenant son lit de justice, des remontrances contre des

qui admonesta chacun de se baisser, et faire silence. M. Le Bret continua; et ayant conclu, M. le president ayant recueilli les opinions de messieurs les conseillers assistans à l'audience, prononça que la cour appointoit les parties au conseil. M. Servin incontinent fit avertir M. le president de faire frapper par l'huissier de la baguette, comme l'on a accoutumé quand l'heure est sonnée. La compagnie levée se retire en une petite chambre basse, proche du lieu où l'audience se tenoit. M. Servin raporta qu'un de ses gens lui avoit dit qu'un gentilhomme l'avoit chargé de lui dire que le Roi avoit été presentement blessé dans son carosse. Cependant ce bruit croît, et déjà voyoit on par les rues toute la noblesse courir à cheval, l'épée en la main; et en un moment les gardes du Roi sur le Pont Neuf, avec un grand étonnement par toute la ville. Messieurs du parlement, incertains de la verité (dont aucuns se retirerent, aucuns demeurerent), furent d'avis d'envoyer à M. le premier president [1], qui étoit au lit, détenu de la goute, pour prendre son avis; lequel envoya dire à M. le president Potier qu'il le prioit de ne bouger des Augustins, et de retenir tous messieurs les conseillers qui y étoient; qu'il seroit aussitôt à eux que l'huissier; qu'il se faisoit habiller pour s'y faire porter. Comme il se préparoit, maître Louis Dolé [2], avocat

---

édits bursaux dont ce monarque ordonnoit l'enregistrement. M. Bouguier, conseiller de grand'chambre, fit à cette occasion ces deux vers:

Servinum una dies pro libertate loquentem
Vidit, et oppressâ pro libertate cadentem.

[1] *M. le premier president* : Achille de Harlay. — [2] *Louis Dolé* : Il se distingua dans les fonctions d'avocat au parlement de Paris. On a conservé le plaidoyer qu'il prononça pour les curés de Paris dans l'affaire des jésuites, en 1594. Procureur général de la Reine, il fut

au parlement et procureur général de la Reine, arrive de sa part, et lui dit qu'en cet infortuné et misérable accident il étoit nécessaire qu'il allât au parlement pour assembler la compagnie, et qu'il n'en bougeât jusques à ce qu'il eût de ses nouvelles ; qu'elle desiroit et attendoit cela de lui. Lors ledit sieur premier president pria un conseiller de parlement, qui étoit avec lui et qui s'en retournoit aux Augustins, de dire à M. le president Potier qu'il commandât aux huissiers d'aller par toutes les maisons avertir messieurs de la compagnie de venir presentement aux Augustins : ce qui fut exécuté. Aucuns de la compagnie, bien avertis, tenoient la mort du Roi toute assurée, sans pourtant la publier plus ouvertement. Une grande partie ne croyoit encore que blessure, disant que ce n'étoit rien. M. le premier president arrivé et assis en sa place, le sieur de Beaumont son fils (1) fit dire par un huissier qu'il étoit commandé de la Reine de parler à la cour; on le fait entrer. Il dit que la Reine lui avoit commandé de venir au parlement, de sa part, dire qu'elle prioit la cour d'aviser ensemble tout ce qui étoit besoin de faire en cette grande nécessité, en prendre bonne résolution, et le plus promptement qu'il se pourroit, et lui faire sçavoir. Auquel M. le premier president dit : « Vous « pourrez raporter à la Reine que vous avez vu la com-« pagnie assemblée pour l'effet qu'elle desire, et bien

---

fait conseiller d'Etat sous la régence, refusa les sceaux qui lui furent offerts, et exerça la charge d'intendant des finances. Il mourut à Tours en 1616. Loisel lui a fait une épitaphe en vers latins, que l'on peut voir dans les Mémoires de la Ligue, tom. 6, pag. 188, édition de 1758.

(1) *Le sieur de Beaumont son fils :* Christophe de Harlay, comte de Beaumont, bailli du Palais. Il mourut en 1615, un an avant son père.

« deliberée de servir le Roi, elle et l'Estat. » Incontinent après, par délibération de la compagnie, M. le premier president fit entendre aux gens du Roi, mandez à cette fin, que la cour les chargeoit d'aller au Louvre voir ce qui étoit de ce bruit et en raporter la vérité, afin d'aviser ce que le parlement devoit et pouvoit faire. Messieurs les avocats du Roi exécutans la charge qui leur avoit été donnée, vont au Louvre. Il est impossible d'exprimer par écrit l'étonnement et le deuil qui se lisoit au visage de tous ceux qui étoient là assemblez, representez au vif par les gestes, la face triste, et un incroyable silence entrerompu de soupirs. Peu après, messieurs les avocats du Roi retournez trouverent la compagnie de beaucoup augmentée pendant leur absence, et raporterent avoir trouvé la Reine fort éplorée, assistée du Roi son fils, de M. le chancelier (1), de quelques princes et seigneurs; et avec grandes larmes avoir vu le corps du Roi défunt sur un lit. A ces paroles, furent ouis des cris et soupirs merveilleux, et tant de larmes jettées du profond du cœur, que l'on pouvoit juger que chacun pleuroit son pere et son roi : ce qui fit cesser le rapport de messieurs les gens du Roi, donnant temps à la vehémence de la douleur nouvelle et inesperée qui occupoit entierement les sens, les esprits et d'eux et de toute la compagnie. Ces témoignages et ressentimens douloureux un peu apaisez, ils continuerent leur propos, et dirent que la Reine sçavoit que le parlement avoit toujours eu soin de l'Estat, et que son autorité étoit en la conservation d'icelui; qu'il en avoit toujours fait preuve bien certaine, et à son grand hon-

---

(1) *M. le chancelier :* Nicolas Brulart, marquis de Sillery, garde des sceaux en 1604, chancelier de France en 1607.

neur; desiroit que présentement et sans se départir le parlement pourvût, selon qu'il avoit accoutumé, à la régence (1) et au gouvernement du royaume; que c'étoit chose non seulement nécessaire, mais outre ce fort pressée; que pour empêcher que sur cette funeste nouvelle quelques troubles n'arrivassent, il falloit dès à présent écrire pour pourvoir à la nécessité de plusieurs affaires, et dépêcher à tous les gouverneurs des provinces et des villes et des places, pour contenir les peuples en devoir et repos; que l'on avoit pourvu à la ville de Paris par toutes les places et portes : si bien qu'il n'y avoit rien à craindre; ajoutans que M. le chancelier leur avoit dit que l'on avoit accoutumé de donner le gouvernement et la regence de la personne du Roi et du royaume à la mere du Roi en son bas âge, comme il se verroit par les histoires et registres du parlement; déclarans pour leur regard que non seulement ils le consentoient, mais le requeroient très instamment, et que presentement il en fût délibéré; que la Reine fût nommée et déclarée régente en France, pour gouverner et la personne du Roi et le royaume. Eux retirez, l'affaire fut proposée par M. le premier president, qui representa à la compagnie ce sur quoi elle avoit à déli-

---

(1) *A la régence :* La régence avoit été déférée jusqu'alors, ou par l'expression de la volonté du Roi, ou par les grands, ou par les Etats assemblés. C'étoit la première fois qu'une déclaration de régence étoit demandée au parlement : on l'avoit seulement vu participer deux fois à cet acte de la suprême autorité. A la mort de Charles v, une assemblée des grands, des prélats et du parlement fut convoquée au Louvre; on ne s'accorda point, et l'on s'en rapporta à des arbitres. En 1408, Charles vi étant tombé en démence, un conseil des grands se rassembla au Louvre; l'on y appela le parlement, et la régence fut déférée à la Reine et au Dauphin. (*Voyez* Juvénal des Ursins, p. 2 et 194, édition de 1653.)

bérer en ce triste et funeste accident, témoignant un grand deuil et non sans larmes, et mis en délibération : au milieu de laquelle, ou environ sur la fin, M. d'Espernon entra en pourpoint, son épée en la main, et entra par le haut des siéges où messieurs sont assis quand l'on tient l'audience à huis ouverts; s'aproche de M. le premier president pour parler à lui, ayant mis le pied sur le banc où il étoit assis; auquel ledit sieur premier president dit s'il vouloit pas prendre sa place. Il repondit que non; qu'il supplioit la compagnie d'excuser son incivilité; parle à M. le premier président, et après aux autres messieurs les presidens tout bas comme en passant, et répéta encore cette excuse de son incivilité; pria fort messieurs d'accélerer la délibération, et que l'affaire pressoit; que la Reine attendoit la résolution de la compagnie : s'en retournant par le même chemin qu'il avoit pris [1]. Incontinent après, et

---

[1] *Le même chemin qu'il avoit pris :* Girard, secrétaire et commensal du duc d'Epernon, rapporte dans la vie de ce duc un discours audacieux que ce seigneur, la main appuyée sur la garde de son épée, auroit adressé au parlement pour le forcer de donner la régence à Marie de Médicis. Tout annonce que ce discours n'a jamais été prononcé, et que le duc aura raconté ces événemens à son secrétaire de manière à se donner les apparences d'avoir, au milieu de cette catastrophe, sauvé l'Etat à lui seul. Aucun contemporain n'a parlé du discours du duc d'Epernon, et des menaces qu'il renfermoit. Rigault, continuateur de l'Histoire du président de Thou, s'accorde avec Jacques Gillot; les registres du parlement, qui dans cette occasion ne feroient pas seuls autorité, confirment leur témoignage. Ce fut le chancelier de Sillery qui le premier fit intimer au parlement qu'il seroit bon de donner la régence à la Reine. Les gens du Roi avoient pris des conclusions conformes au désir du chancelier; et la délibération du parlement sur leur réquisitoire étoit presque terminée quand M. d'Epernon entra, parla bas à l'oreille des présidens, et demanda à haute voix que la discussion fût accélérée. Le Vassor et Voltaire, dans leur *Histoire du parlement de Paris*, ont suivi légèrement le récit de Girard;

comme l'on achevoit de délibérer, M. de Guise (¹) entre par le même chemin, aussi en pourpoint, et tenant son épée en la main, botté et éperoné; descend les trois degrez proche de la place où est le premier huissier aux audiences publiques; et s'aprochant pour parler à M. le premier president, il lui dit qu'il prît place : ce qu'il fit, et s'assit en son lieu de pair de France, au dessus du doyen du parlement, qui étoit M. Courtin; où étant, il dit qu'il étoit venu en ce lieu pour donner assurance à la cour de la continuation de son très humble service au Roi et à l'Estat de France, qu'il offroit en ce parlement, promettant ne manquer jamais à ce devoir, et au service de la cour. Auquel M. le premier president répondit qu'il avoit assez de quoi être obligé à l'offre qu'il faisoit, et qu'elle étoit digne de lui; que les registres de la cour en seroient chargez : mais que ce n'étoit assez d'offrir sa personne; qu'il avoit ce grand gouvernement de Provence éloigné d'ici, où il falloit faire preuve par effet des bonnes paroles qu'il avoit données à la compagnie. A quoi il repliqua que déjà il avoit donné ordre à ce qui touchoit son gouvernement; qu'il avoit tout maintenant, et devant que de venir à la cour, presenté son lieutenant et cinq ou six gentils hommes de commandement au Roi et à la Reine, qui avoient fait le serment entre les mains de Leurs Majestez, et incontinent après leur avoit commandé de partir pour aller en Provence; et ajouta que la Reine attendoit nouvelles du parlement. A quoi

on est plus surpris de voir le père Griffet admettre la même opinion, sans en avoir examiné les sources.

(¹) *M. de Guise* : Charles de Lorraine, duc de Guise, gouverneur de Provence, mort en 1640.

M. le premier president lui dit que presentement elle seroit avertie de ce que la cour avoit délibéré et arrêté; qu'elle avoit avisé d'y envoyer quelques uns de la compagnie, pour la rendre certaine de ce que la cour avoit jugé. Etant parti, la délibération fut achevée; et fut arrêté que la Reine mere du Roi seroit et étoit déclarée regente en France pendant le bas âge du Roi son fils, pour gouverner sa personne et conduire les affaires du royaume. Il n'y eut en cette délibération ni discours ni avis contraires. Le parlement se pensoit obligé par tant d'exemples de la reine Brunechilde (1), de la reine Alix, mere de Philippes-Auguste; de la reine Blanche, mere de saint Louis, et autres semblables; même que les rois Charles v et vi auroient nommé leurs femmes pour avoir l'administration et la garde de leurs enfans et du royaume, et nouvellement celui de la reine Catherine de Médicis pendant la minorité de Charles ix, et après sa mort pendant l'absence du roi Henri iii; qu'il ne restoit point de doute à les suivre, et n'y avoit personne capable qui pût traverser la confirmation et approbation de tant d'exemples passés en tous pareils cas. Ce fait, l'on avisa de députer messieurs les presidens Potier et de Thou (2), avec les quatre plus anciens qui étoient lors en la compagnie, messieurs Courtin, Scaron, Pelletier et de Here, lesquels furent chargez de la part de la cour de faire sçavoir l'arrêt à la Reine.

---

(1) *La reine Brunechilde :* La reine Brunehault (en latin *Brunechildis*) fut régente en l'an 578, pendant la minorité de Childebert ii son fils. Elle fut encore régente en l'an 590, pendant la minorité de Thierry ii, roi de Bourgogne et d'Orléans, et de Théodebert ii, roi d'Austrasie, ses petits fils. — (2) *De Thou :* Jacques-Auguste de Thou, président à mortier au parlement de Paris, et le plus célèbre de nos historiens.

Et furent mandez les avocats du Roi pour leur faire entendre la resolution de la compagnie : ce que M. le premier president fit, et après leur dit qu'ils allassent avec messieurs les presidens et conseillers, qui portoient à la Reine la réponse de ce qu'ils avoient proposé et requis : ce qu'ils firent, et tous ensemble allerent au Louvre environ les six heures et demie. Pendant ce voyage, le procureur général du Roi [1] fit avertir la cour, par un huissier, qu'il étoit à la porte dans une chaire, malade et fort incommodé, la supliant de lui permettre de se faire apporter en la chambre : ce qui lui fut accordé; où étant, dit en paroles tristes et dolentes qu'il avoit été averti de ce malheureux et détestable accident peu de temps y avoit; que ses compagnons, comme il étoit averti, avoient commencé de faire leur devoir, et qu'on en avoit déliberé; qu'il étoit venu se présenter pour exécuter les commandemens de la cour, pour ne manquer aucunement au devoir à quoi son office l'obligeoit, desirant sçavoir l'arrêt pour s'employer à l'exécution d'icelui. M. le premier president commanda au clerc du greffe Doisseau de lui lire ce qu'il en avoit écrit : ce qu'il fit; et l'ayant entendu, se retira. Messieurs les deputez du parlement retournent du Louvre sur les sept heures; raportent avoir vu la Reine fort desolée, bien assistée de M. le chancelier et messieurs les officiers de la couronne; lui avoir fait entendre l'arrêt presentement donné au parlement : qu'elle les avoit remerciez du soin et de la diligence que la compagnie avoit aporté en cette affaire si nécessaire et si pressée. Et disans qu'ils avoient vû ce piteux et lamentable spectacle du corps du défunt Roi,

---

[1] *Le procureur général du Roi :* M. de La Guesle.

renouvellerent les pleurs et lamentations en la compagnie ; ajouterent qu'elle prioit que la cour prît encore cette patience de ne point départir qu'elle ne lui eût fait entendre quelque chose dont lors elle prenoit conseil : ce que la compagnie accorda, et demeura assemblée jusqu'à huit heures. M. le premier president voyant la nuit aprocher sans aucun avis, proposa d'envoyer vers la Reine l'un des quatre notaires de la cour, pour recevoir son commandement : ce qui fut trouvé bon. Et fut maître Daniel Voisin (1), l'un des quatre notaires, commandé d'y aller : lequel retourna soudain, raportant que quelques uns des gardes qui étoient sur le Pont Neuf l'avoient averti que M. Bullion (2) étoit parti du Louvre pour venir trouver messieurs du parlement. Et de fait tost après ledit sieur Bullion vint, et dit que la Reine lui avoit commandé de venir encore remercier la compagnie de l'arrêt qu'elle avoit donné presentement, que messieurs les deputés lui avoient fait entendre ; qu'elle avoit été conseillée de venir demain au Palais, et d'y amener le Roi son fils, avec bon nombre de princes, seigneurs, prélats, et autres officiers de la couronne, pour lui faire tenir son lit de

(1) *Daniel Voisin :* seigneur de La Noraye en Touraine, et de Villebourg, aïeul du chancelier Voisin. On voit dans le père Anselme, tom. 6, p. 588, que Daniel Voisin avoit été reçu greffier criminel en chef le 11 décembre 1599 : ce qui est peu conciliable avec la qualité de notaire de la cour, qu'il avoit encore en 1610. Ces officiers avoient été créés pour suppléer les greffiers ; et un arrêt du parlement de Paris du 2 mai 1601 les avoit chargés exclusivement des opérations de scellés et d'inventaires des personnes titrées. *Voyez* La Roche-Flavin, p. 130. — (2) *M. Bullion :* Claude de Bullion, marquis de Gallardon, conseiller au parlement en 1599, étoit alors maître des requêtes. Il fut nommé surintendant des finances en 1632, président à mortier en 1636 ; il mourut en 1640.

justice, et rendre cet acte le plus solemnel qu'elle pourroit; que l'on lui avoit donné ce conseil, dont elle envoyoit avertir la cour, afin de s'y trouver en l'ordre et cérémonie accoutumée, pour confirmation et exécution de l'arrêt donné par icelle. M. le premier president lui répondit que puisqu'elle en avoit pris conseil et avoit volonté de ce faire, la cour s'y trouveroit. Etant M. Bullion parti, il fut arrêté que l'on se trouveroit tous aux Augustins le lendemain de bonne heure, avec robes d'écarlate; et ce fait, chacun se retira sur les neuf heures du soir, ou peu moins. — Suit l'arrêt de la cour.

« Sur ce que le procureur général du Roi a remontré à la cour, toutes les chambres d'icelle assemblées, que le Roi étant présentement décédé par un très-cruel, très-inhumain et très-détestable parricide commis en sa personne sacrée, il étoit nécessaire pourvoir aux affaires du Roi regnant et de son Estat, requeroit qu'il fût promptement donné ordre à ce qui concernoit son service et le bien de son dit Estat, qui ne pouvoit être régi et gouverné que par la Reine pendant le bas âge dudit seigneur son fils, et qu'il plût à la cour la déclarer regente, pour être pourvu par elle aux affaires du royaume. La matiere mise en délibération, ladite cour a déclaré et déclare ladite Reine, mere du Roi, regente en France, pour avoir l'administration des affaires du royaume pendant le bas âge dudit seigneur son fils, avec toute puissance et autorité. Fait en parlement, le quatorzieme jour de mai 1610.

Signé Du Tillet. »

Le samedi quinzieme dudit mois, messieurs les presidens et conseillers du parlement se trouverent, sur les six à sept heures du matin, assemblez, vêtus de robes d'écarlate, en fort grand nombre; entre lesquels y avoit environ quatre ou cinq de messieurs les maîtres des requêtes. Arriverent messieurs les évêques de Beauvais, de Châlons et de Noyon, pairs de France. Etant ainsi assemblez, le sieur de Beaumont vint de la part de la Reine au parlement, et dit qu'il y avoit eu quelque doute le matin si elle viendroit au parlement, non encore bien resolue; toutefois qu'enfin elle avoit pris résolution d'y venir avec le Roi son fils, et qu'il l'avoit laissée qui se préparoit et s'habilloit pour y venir : dont elle vouloit que le parlement fût averti. Cependant que l'on attendoit, M. Courtin raporta une requête pour messire de Lorraine, archevêque de Reims, tendant à ce qu'il plût à la cour le recevoir à faire le serment de pair de France; sur laquelle fut mis, comme l'on a accoutumé, *Soit montré au procureur général*, qui requit l'ordinaire, qu'il fût informé de sa vie, mœurs et religion : ce qui fut fait à l'heure même. Et aussitôt l'information faite et raportée, il passe par avis de le recevoir; et encore qu'il y pût avoir quelque difficulté sur ce qu'il n'étoit point archevêque sacré, ni âgé de vingt-cinq ans, et n'eût autre ordre que de sous-diacre, toutefois, soit pour gratification, attendu la grandeur de la maison, ou que l'on se voulût dispenser de la rigueur de la regle pour la solennité du jour, ou quelqu'autre bonne occasion, l'on n'y fit aucune doute. M. le premier president lui fit faire le serment de pair; et lequel fait, il prit sa place de pair au dessus des trois évesques et pairs ci-dessus nommez. Tôt après, le sieur de Châteauvieux, chevalier d'honneur de la Reine, vint pour parler à part à messieurs les presidens : ce qu'il fit; et autres qu'eux ne sçurent ni le sujet de son voyage, ni ce qu'il leur dit. M. le duc de Mayenne se fit apporter en la compagnie dans une chaise, et se fit mettre au milieu du parquet, vis à vis de messieurs les presidens, ne pouvant, par son infirmité, monter où il devoit tenir son rang, ni se remuer aucunement pour prendre ailleurs place. Après vinrent messieurs de Châteauneuf, de Pontcarré, conseillers au conseil privé, qui prindrent place sur des bancs préparez pour messieurs du conseil privé dans le parquet. Puis après M. le connétable (1) arriva, qui se mit sur ce même banc au dessus d'eux. Messieurs les archevêques de Rheims, évêques de Beauvais, Châlons et Noyon, voyans que la compagnie s'augmentoit, jugerent qu'il leur faudroit changer de la place où ils étoient assis au bas, au dessus de messieurs les maîtres des requêtes et conseillers de la cour, comme ils ont accoutumé et aux audiences et au conseil, et qu'il valoit mieux prendre leur place en haut : dont ils communiquerent à M. le premier president, pour sçavoir de quel côté ils se devoient asseoir aux hauts siéges; lequel, avec l'avis de messieurs les presidens proches de lui, leur dit que quand le Roi venoit au Palais, leur rang étoit à la main gauche, et que la main droite se réservoit aux princes du sang et autres grands et officiers de la couronne, bien qu'ordinairement aux audiences et au conseil ils soient assis à la main droite. Ils ne crurent pas cet avis; qui étoit

---

(1). *M. le connétable*: Henri, duc de Montmorency, maréchal et connétable de France. Il mourut le premier avril 1614.

selon l'observance et coutume ordinaire; et se croyans, sans en délibérer plus avant montent aux hauts siéges de la main droite, et se rangent l'un près de l'autre, selon l'ordre de leur pairie : M. de Rheims le premier, M. de Beauvais le second, M. de Châlons le troisieme, M. de Noyon le quatrieme; avec lesquels M. de Paris se joignant, fit le cinquieme, au lieu de demeurer en son rang de conseiller de la cour, et au dessus de tous, comme il devoit. M. le connétable parla à M. le premier president du rang qu'il pouvoit tenir, et où il avoit à se mettre. Il lui fut répondu qu'il ne pouvoit s'asseoir au dessus des pairs ecclésiastiques. Quoi voyans ces messieurs les évêques, témoignoient et de paroles et de gestes de se vouloir maintenir en ces places, et de l'opiniastrer, se pressans et serrans fort près les uns des autres, disans hautement qu'ils étoient conseillers nés du Roi les premiers et avant tous autres, et firent grande rumeur. M. le connétable enfin monte en haut, et prend place au dessous desdits évêques, où il fut quelque temps. Sur ce, arrivent quatre de messieurs les cardinaux, sçavoir : de Joyeuse, de Gondi, de Sourdis et Du Perron, qui prirent le côté gauche aux hauts siéges. Incontinent après, M. le chancelier arrive, accompagné de cinq ou six maîtres des requêtes en robes noires, au devant duquel on envoya jusques au bas du degré de la porte de l'audience les deux plus anciens conseillers, messieurs Le Voix et Courtin, lequel avoit une robe de velours noir, et s'assit au dessus de M. le premier president, jusqu'à ce que le Roi fût arrivé. Il voit et apprend cette contestation de messieurs les pairs ecclésiastiques; il en communique avec messieurs les presidens, et pria messieurs les presidens de Thou et Camus de parler à eux, et leur remontrer que ce n'étoit ni le lieu ni le temps de disputer cette séance; qu'il falloit que les princes du sang fussent assis du côté du Roi et de la Reine à la main droite, les exhortant de prendre place de l'autre côté, après messieurs les cardinaux: A quoi messieurs les presidens profiterent peu, s'en retournans à leur place sans leur avoir pu persuader ce qui étoit de la raison et de la coutume. Pendant cette dispute, M. le connétable changea de place, et vint se mettre du côté et au dessous de messieurs les cardinaux. Le Roi et la Reine étant sur le Pont Neuf, proche des Augustins, l'on fit avertir messieurs de la cour qu'ils étoient en chemin et venoient. On envoye en la maniere accoutumée deux de messieurs les presidens, qui étoient messieurs Potier et Forget, second et troisieme, avec les quatre plus anciens conseillers, messieurs Courtin, doyen des conseillers; Le Voix, Bauyn et Scaron, jusqu'à la porte de l'église des Augustins. Enfin le Roi et la Reine entrent avec les princes et pairs et ducs, et avec eux des princesses et dames en grande confusion, qui se tindrent au milieu du parquet : ce que jamais ne fut vu auparavant au parlement. Lors on commanda à ces messieurs les pairs ecclésiastiques de sortir du lieu où ils s'étoient pensé maintenir, et quitter la place aux princes : ce qu'ils furent contraints de faire contre leur resolution premiere, et vinrent se mettre du côté de messieurs les cardinaux, qui étoit le gauche, et au dessous d'eux; et M. l'évêque de Paris avec eux, qui devoit être en rang de conseiller de la cour. Alors M. le connétable quitta ce côté où il étoit, et retourna de l'autre, où étoient les princes, ducs et pairs. Le Roi, habillé de violet ou pers bien clair, ayant un bonnet plissé, monte en son trône, paré du dais accoutumé de velours violet, parsemé de fleurs de lis d'or, qui est du roi Louis XII [1]; et la Reine sa mere après. Elle s'assit à la main droite près de lui. A la droite et du même côté étoient messieurs les princes de Conti, le premier; le fils aîné de M. le comte de Soissons, qu'on appelle le comte d'Anguien [2], enfant de quatre à cinq ans : qui fut trouvé nouveau. Après M. de Guise, M. le connétable, M. d'Espernon, M. de Montbazon, M. de Sulli, ducs et pairs; messieurs de Brissac, de Lavardin et de Boisdaulphin, maréchaux de France. A la main gauche, messieurs les cardinaux de Joyeuse, de Gondi, de Sourdis et Du Perron, messieurs les quatre pairs ecclésiastiques, et l'évêque de Paris. Aux pieds du Roi étoit assis bas sur un aurillier M. le duc d'Elbeuf, fort jeune, qui representoit le grand chambellan; et au dessous de lui M. de Chapes étoit couché, comme prévost de Paris. M. le chancelier prit sa place en une chaire couverte de partie du dais sous lequel étoit le Roi, et au dessous de lui, où le greffier du parlement se met ordinairement, et à l'audience et à huys clos. A côté de lui étoit M. de Souvrai, gouverneur du Roi,

[1] *Qui est du roi Louis* XII : Ce dais restoit alors toujours tendu dans la grand'chambre du parlement de Paris, en mémoire de Louis XII, qui venoit souvent y siéger pour rendre lui-même la justice à ses peuples. On voyoit sur l'étoffe la devise du porc-épic, avec ces mots : *Ultus avos Trojæ*, par allusion à la bataille de Ravennes. *Voyez* les Ouvertures des parlemens, par Louis d'Orléans, chap. 27; et les Parlemens de France, de La Rohe-Flavin, p. 289. — [2] *Le comte d'Anguien :* Louis de Bourbon, comte de Soissons après son père. Il mourut dans la révolte le 6 juillet 1641, après avoir battu les troupes du Roi au combat de la Marfée.

à la main gauche, et tout debout. M. le chancelier monte parler au Roi et à la Reine, puis se remit en sa place. Après cela, le silence commandé, la Reine dit ces paroles :

« Messieurs, ayant plu à Dieu, par un si miserable
« accident, retirer à soi notre bon Roi mon seigneur... »
(à ces mots, elle cessa de parler, jettant de grands soupirs et larmes ; et peu après reprenant sa parole, entremêlée de pleurs et soupirs, dit :) « je vous ai
« amené mon fils, pour vous prier tous d'en avoir le
« soin que vous êtes obligez pour ce que vous devez à
« la mémoire du pere, et à vous-même, et à votre
« pays. Je desire qu'en la conduite de ses affaires il
« suive vos bons conseils ; je vous prie les lui donner
« tels qu'aviserez en vos consciences. »

Ayant parlé, elle descendit pour se retirer, comme elle avoit été conseillée de le faire. Mais étant en bas, et au milieu du parquet, et conduite par les sieurs de Chateauvieux et Conchine (1), il survint un nouvel avis contraire au premier, qui fut qu'elle devoit retourner prendre sa place : les uns prenans sujet sur ce qu'il n'y avoit point de moyen de la faire passer ; les autres, qu'elle devoit être présente et assister à cette cérémonie jusqu'à la fin, pour ramener le Roi son fils. Elle en faisoit difficulté, voulant se tenir au premier conseil, qui étoit le meilleur, comme n'y ayant exemple semblable ; se laisse vaincre, et remonte en sa place premiere. Le Roi commença à dire :

« Messieurs, Dieu ayant retiré à soi le feu Roi

---

(1) *Conchine* : Concini, alors premier écuyer de la Reine, bientôt après maréchal d'Ancre, et la principale cause des malheurs de la régence de Marie de Médicis.

« mon seigneur et pere, par l'avis et conseil de la
« Reine ma mere je suis venu en ce lieu pour vous
« dire à tous qu'en la conduite de mes affaires je de-
« sire suivre vos bons conseils, esperant que Dieu me
« fera la grace de faire mon profit des bons exemples
« et instructions que j'ai reçus de mon seigneur et pere.
« Je vous prie donc de me donner vos bons avis, et
« délibérer presentement sur ce que j'ai commandé à
« M. le chancelier vous representer. » Cela fut entendu
de peu de personnes, tant pour le bruit, que pour la
foiblesse de la voix.

Après, M. le chancelier dit : « Ayant plu à Dieu,
« pour nos péchés, retirer à soi le feu Roi, la premiere
« action qui avoit été faite par le Roi son fils qui regne
« à présent a été, par le sage avis de la Reine sa mere,
« de venir en son parlement pour tenir son lit de jus-
« tice, qui donne esperance qu'il sera soigneux de
« rendre et faire administrer bonne justice à tous ses
« sujets, qui est une partie principale de la charge
« royale. Sa naissance et les preuves qu'il donne en
« sa premiere nourriture nous font esperer qu'il sera
« vrai imitateur des vertus de son pere, et qu'il se
« rendra digne fils d'un si grand Roi; et n'y a rien à
« desirer, sinon le defaut d'âge et experience, qui
« sera suppléé abondamment par la prudence et sage
« conduite de la Reine sa mere : la piété de laquelle,
« ses vertus et sagesse, avec un jugement admirable en
« toutes choses, étant connu de ce grand et sage prince,
« prévoyant et disant souvent que par le cours de na-
« ture il devoit s'en aller le premier, il auroit voulu
« lui donner part et connoissance de toutes les grandes
« affaires du royaume, et vouloit qu'elles fussent trai-

« tées en sa présence, pour lui acquérir l'intelligence
« et la capacité de les pouvoir traiter, lui disant sou-
« vent et à tous ses serviteurs, selon l'occasion, que
« son intention étoit de lui remettre entierement après
« sa mort l'administration des affaires de son royaume;
« et peu de jours avant ce funeste accident étant entré
« en discours et considération de la mort, à laquelle il
« se montroit toujours préparé sans la craindre, il dé-
« clara en présence de plusieurs cette sienne intention.
« Il y a plusieurs exemples dans l'histoire de France
« des rois qui, par leurs testamens ou autres déclara-
« tions de leur volonté, ont déclaré les reines meres
« de leurs enfans régentes, pour avoir le soin et l'ad-
« ministration des affaires du royaume. La volonté d'un
« roi qui a tant mérité de la France et de tous les
« François, tant de fois déclarée et repliquée, est un
« témoignage plus exprès et plus certain qu'un testa-
« ment ou simple déclaration : c'est chose à laquelle il
« étoit besoin de pourvoir promptement pour donner
« cours aux affaires, qui ne peut être retardée sans
« trop grand préjudice. »

Après, M. le premier president et messieurs les presidens tous s'étant levez, mirent le genouil en terre, et
M. le premier president commença à dire : « Sire,
« nous étions les derniers jours en méditation perpé-
« tuelle de continuer les louanges accoutumées des
« vertus très admirables du feu Roi d'heureuse mé-
« moire » (sur ces paroles, M. le chancelier prononça
Le Roi veut que vous vous leviez; puis continua :)
« avec allegresse, qui après avoir par sa vertu incom-
« parable, courage invincible et labeur indomptable,
« retiré la France de la main de ses ennemis, délié le

« neud de ses miseres, et, comme un grand Esculape,
« reuni les parts dispersées de son Hipolite déchiré par
« tant de factions, recherché tous les moyens de dorer
« son siecle d'une profonde paix que sa valeur nous
« avoit assurée, et disposé son peuple à nouvelle re-
« connoissance que nous apportoit le couronnement
« de la Reine votre mere, solemnisé avec un applau-
« dissement universel. Mais à présent nous trouvons
« un changement deplorable en cette contemplation;
« car encore que ses vertus soient un digne et perpe-
« tuel sujet de nos discours, que notre intention n'est
« point de changer, toutefois nous avons plaisir et con-
« tentement d'élever les vertus presentes, et mainte-
« nant sommes contraints de parler des passées avec
« pleurs et gemissemens. Quand nous jettons l'œil sur
« votre bonne ville de Paris comme le plus prochain
« objet, paré et embelli d'arcs triomphans, festons et
« autres artifices témoins du contentement public, se
« plaignant de cette éclipse infortunée inopinément
« survenue en tout ce royaume, elle nous remet en
« memoire ce que l'Ecriture sainte dit de Noëmi (qui
« signifie *belle*), qui, ayant perdu ses enfants, disoit à
« ses voisins : Ne m'apelez plus *Noëmi*, mais *triste et*
« *desolée*, pour la perte que j'ai faite. Ainsi nous semble
« que votre ville capitale nous dit : Ne m'apellez plus
« *Noëmi*, car je ne suis plus belle ni parée; ma face
« pâle et défaite ressent plus un sépulcre blanchi que
« tous embellissemens du tout inutiles par la perte de
« mon très cher prince, qu'un traître, déloyal et infi-
« dele parricide m'a ravi entre les bras. Et nous, qui
« ressentons ce miserable accident, serions en deses-
« poir, n'étoit la consolation que recevons en votre pre-

« sence, laquelle contemplans, il nous semble voir l'i-
« mage du défunt, et nous fait croire que ce n'est point
« une perte mais plutôt une éclipse de ce grand soleil,
« lequel, aussitôt qu'il est obscurci en un lieu, fait pa-
« roître sa lumiere en l'autre. Vous êtes seul qui pouvez
« essuyer nos larmes et relever les courages abatus de vos
« sujets, suivant la trace de plusieurs bons rois vos pré-
« décesseurs desquels vous portez le nom, et entr'autres
« de Louis dernier, pere du peuple, sous le dais duquel
« vous êtes assis, qui vous doit inviter à apprendre à
« bien régner, afin que pareil nom de *pere du peuple*
« vous soit donné; et auparavant lui, de Louis dixieme
« et de saint Louis, qui furent assistés au bonheur de
« leur regne du conseil judicieux des reines Blanche et
« Marguerite, très sages et très vertueuses princesses,
« desquelles la prudence et le bon succès des affaires
« plus importans, dont ces deux bons rois leur lais-
« soient la direction, rendoit leur regne d'autant plus
« heureux. Suivez, sire, ce bon exemple; confiez vous
« du tout de vos affaires à la Reine votre mere : la
« régence de cet Etat lui est due; le succès de son ad-
« ministration ne peut être qu'heureux, étant pleine
« d'affection envers vous, et comblée de perfections et
« dons de graces infinis, que la bonté divine fait plus
« reluire en elle qu'en toutes autres princesses de la
« chrétienté. Autrefois a été battu une monnoye en fa-
« veur de l'Impératrice femme de l'empereur Cons-
« tance, en laquelle, outre son nom, étoient gravés
« ces mots, qui auroient plus de grace en leur langue
« qu'en la nôtre : *Sûreté de l'Estat*. Vous ferez chose
« agréable à vos sujets d'ordonner qu'il en soit exposé
« une contenant cette inscription véritable : *Marie de*

« *Médicis, sûreté de la France*; d'autant qu'il ne se
« peut dénier qu'elle ne l'ait affermie, ayant à son avé-
« nement à la couronne relevé les forces de cet Estat
« languissant, sous le désir du bien que peu de temps
« après nous a donné, duquel nous ressentons à pre-
« sent les grands effets, qui vous oblige d'autant plus
« à l'aimer et lui rendre tout l'honneur qu'elle peut
« desirer. La suplication très humble que nous vous
« faisons est d'honorer de votre bienveillance votre
« cour de parlement, qui rend à vos sujets la justice,
« vraye puissance ordonnée de Dieu, gloire et tresor
« des rois, qui retiendra vos sujets en votre obeissance,
« sous laquelle nous protestons vivre et mourir, vous
« faisant à cette fin ce premier hommage et serment
« de fidélité, auquel nous supplions très humblement
« Votre Majesté nous recevoir. Nos vœux et prieres se-
« ront continuelles à Dieu, qu'il lui plaise vous con-
« server et la Reine votre mere pour vous et pour vos
« sujets; donner accroissement à vos jours en toute
« félicité, et un progrès du tout heureux à vos jeunes
« ans; et comme Sa Majesté divine vous rend succes-
« seur de la couronne héréditaire du plus brave et va-
« leureux monarque du monde, aussi vous fasse vrai
« héritier de ses vertus très rares et très singulieres. Et
« quiconque aura l'honneur d'être près de vous soit
« assisté de son saint Esprit et rempli de ses bénédic-
« tions, pour vous bien conseiller; comme au contraire
« quiconque vous contredira et desobéira troublant
« votre Estat, et entreprendra sur votre autorité, soit
« encombré de sa malédiction, et nous fasse la grace
« de vous rendre la fidélité de notre très humble ser-
« vice si agréable, que nous puissions être tenus de vous

« pour vos très humbles et très obéissans et très fideles
« serviteurs et sujets. »

Ces paroles finies, qui furent prononcées d'une voix dolente et grave, M. le chancelier monta vers le Roi et la Reine; et ayant parlé à eux, descend prendre l'avis premierement de messieurs les sept presidens de la cour; après remonte pour le prendre de messieurs les princes, ducs, pairs et maréchaux de France, et puis alla faire le semblable vers messieurs les cardinaux et pairs ecclesiastiques, et l'évêque de Paris; redescend après, et prit l'avis de M. le duc de Mayenne, qui étoit seul en bas, pour son indisposition; et puis à messieurs du conseil privé, qui n'étoient que deux : messieurs les maîtres des requêtes et conseillers de la cour, qui étoient au dedans du parquet; puis vint à l'autre rang desdits sieurs du parlement, et leur dit qu'il croyoit que c'étoit assez, et qu'il ne pouvoit aller dans les barreaux, où étoient messieurs des enquêtes en fort grand nombre. L'avis de tous conforme fut que le Roi séant en son lit de justice avoit ordonné, par l'avis de messieurs les princes, ducs, pairs, prélats et seigneurs de son royaume, et sa cour de parlement de Paris, que la Reine sa mere est déclarée régente en France, pour avoir l'instruction du Roi son fils, l'entiere administration et gouvernement des affaires du royaume, suivant l'arrêt donné en sa cour de parlement le jour d'hier. S'étant rassis, il prononça que le Roi vouloit qu'on ouvrît les portes, et que ses gens fussent ouis, pour dire et requérir ce qu'ils verroient être à faire de leur charge. Les portes ouvertes, le grand bruit apaisé, M. l'avocat Servin, en voix tremblante, et témoignant un grand deuil, dit :

« Sire, si pour dignement servir un roi les paroles
« bien composées avoient autant de force que la franche
« et pure affection d'une bonne ame, ils essayeroient
« vous en offrir à cette premiere entrée en votre lit de
« justice. Mais au lieu que les grandes playes font par-
« ler, l'extraordinaire dont nos cœurs sont affligés ne
« nous laisse qu'une voix tremblante et demy vive : si
« que ne saurions vous presenter pour premices et of-
« frandes que des cris et profonds gémissemens expri-
« mez par une langue toute languissante. Nous vous
« suplions donc très humblement recevoir nos paroles
« entrecoupées par les fortes pointures d'une vive dou-
« leur, qui fait telle partie de nos esprits, qu'ils ne sont
« autre chose que la douleur même, ne pouvant rien
« dire qu'avec un Roi qui croit à Dieu : *Mon esprit
« pâmé d'angoisse se renferme dedans moi, et mon
« cœur, tout abatu d'étonnement, est troublé et dé-
« solé au milieu de moi.* Il n'y a que Dieu qui nous
« peut remettre, pour vous rendre, et à la Reine votre
« très honorée dame et mere, ce qui vous est dû ; c'est
« lui seul qui nous fait respirer, et revenir la parole.

« On avoit accoutumé en l'Estat de Rome de reciter
« des louanges des empereurs après leurs decez ; et
« cela se faisoit lors que les premiers ressentimens de
« la douleur étoient passez, avec diverses fleurs d'é-
« loquence que les orateurs semoient sur leurs tom-
« beaux et en plein sénat.

« Et pour cette heure, sire, nous ne pouvons retenir
« nos esprits pour les arrêter à telles harangues : ce
« que nous disons vient du naïf de notre affection et
« du sentiment de l'état present, sans art et affectation
« quelconque. Ce qu'avons sur tout à faire est de suivre

« l'exemple du consul romain, qui, soudain après le
« trépas du premier César, dit qu'il ne falloit que pro-
« noncer l'arrêt du sénat par lequel tous honneurs
« divins et humains avoient été ordonnez au défunt;
« ajoutant en peu de mots qu'il étoit besoin de pour-
« voir à trois choses : à venger la mort du prince, à
« la sûreté de l'Estat, et à rendre la mémoire du défunt
« auguste et vénérable.

« Le grand nom du Roi votre pere, lequel nous
« pensons encore voir; sa prudence souveraine, sa
« générosité, sa valeur incomparable, sa foi, sa loyauté
« et vérité en ses paroles envers ses sujets et alliez, et
« à l'endroit de ses ennemis mêmes; sa singuliere mo-
« dération et clémence, qui sont toutes vertus royales,
« jointes à l'amour de la justice, reviennent devant nos
« yeux en une image pour vous la faire voir.

« Nous vous présentons cette image afin que vous
« vous rendiez imitateur de ses vertus, tout ainsi que
« vous avez succédé à la vivacité de ce grand esprit,
« de cet esprit principal, de cette ame vigoureuse.
« Toutes les vertus de ce grand Roi votre pere, et pere
« du royaume, nous sont autant de divers sujets de
« nous rafraîchir et augmenter nos douleurs; mais ve-
« nons en là, que nous disions avec un Romain (ce
« que Votre Majesté doit mettre en sa mémoire, et l'y
« conserver par un mâle ressouvenir) : que *les princes*
« *sont mortels, mais la République est éternelle.* Ce
« que nous reconnoissons en tous Estats quand il plaît
« à Dieu de les bénir; et nous esperons de lui cette
« bénédiction au vôtre.

« Cependant il faut rendre les derniers honneurs au
« feu Roi, et avoir en l'esprit ces derniers propos du

« prince Germanicus. Si quelques espérances, si quel-
« que proximité du sang touchent un successeur; si
« quelque dévotion des sujets émût à plorer, déplorez
« l'absence d'un grand prince jadis florissant, et qui
« avoit survécu à tant de guerres et de hazards, qui
« nous a été ôté si malheureusement. Ici la douleur me
« retient, la douleur d'où l'homme mortel tire le nom
« de sa misere.

« Ce qui peut nous consoler en notre affliction est
« que Dieu n'a point laissé la France sans ressource,
« vous ayant ordonné pour régner sur nous, vous,
« sire, d'autant plus relevé que nous remarquons en
« votre bas âge, par une grace particuliere de la faveur
« divine, comme, Dieu donnant l'esprit à ceux qui sont
« nez grands par une grande mesure, l'excellente vertu
« avient aux Césars devant les ans.

« Ainsi on a vu en l'Estat romain qu'étant affligé
« de maux et de calamitez, Dieu lui envoya un prompt
« remede, ordonnant pour empereur Alexandre Sé-
« vere encore enfant, pour la bonne esperance que
« l'on avoit conçue de lui par la belle nourriture qu'il
« avoit eue de sa mere Auguste Mammea, qui par
« même moyen fut déclarée par le sénat régente de
« l'Empire, avec toute puissance et autorité; dont les
« historiens ont écrit que ce jeune enfant étant venu à
« l'Estat, n'avoit rien fait és grandes affaires qu'avec
« sa mere.

« On pourroit ajouter d'autres exemples; mais nous
« sommes en un royaume qui se défere par succession,
« comme les étrangers mesmes ont reconnu : témoin ce
« qu'en a dit Agathias, entre les Grecs, sous le premier
« siecle de nos rois; témoins autres qui ont écrit que

« votre titre est le nom de roi, sans ajouter de quel
« pays, comme a été autrefois celui des Perses.

« Or, pour le gouvernement d'un tel Estat, beaucoup
« plus légitime qu'un électif, il suffira d'alléguer la ré-
« gence de la reine Blanche, mere du roi saint Louis,
« duquel Votre Majesté est issue en ligne directe.

« Que si cette reine mere rendit ce bon roi son fils
« tige saint et sacré de vos ancêtres, et son peuple bien
« heureux par sa bonne administration, nous n'atten-
« dons pas moins de félicitez de la prudente et sage
« conduite de la Reine votre très honorée dame et mere,
« douée de piété, de sainteté et de sagesse ; et ce d'au-
« tant plus qu'elle a connoissance des affaires de vostre
« Estat, dont le Roi votre pere, tres sage et provident,
« a voulu qu'elle fût instruite par ses serviteurs, pour
« bien gouverner votre personne et le royaume, selon
« l'intention qu'il leur en a souventefois declarée. Ce
« qui nous fait esperer que non seulement le premier
« an de votre regne, mais ceux qui suivront par un
« long âge que vous souhaitons, seront couronnez de
« toutes béatitudes.

« Ainsi nous verrons, sire, les certains effets d'une
« ferme esperance qui nous sont promis par le sym-
« bole de votre lis royal ; et ce avec autant ou plus
« de vérité qu'elle fut représentée par cette fleur de lis
« en l'Estat des Romains, lorsqu'on l'imprimoit en la
« monnoye impériale avec un revers portant ces titres :
« *L'esperance auguste, l'esperance du peuple ro-*
« *main.*

« C'est à nous maintenant de louer Dieu pour la sou-
« daine félicité qu'il nous a envoyée à l'issue d'un très
« grand malheur, composant les esprits de vos sujets

« et serviteurs, à vous rendre tous unanimement la
« fidelle et prompte obéissance, et le suplier qu'il lui
« plaise raffermir le trône de Votre Majesté, en la fai-
« sant regner par justice.

« C'est la fin de notre vœu en cette journée, en
« laquelle comme un roi de la Palestine recomman-
« doit à un successeur à l'Empire la cité sainte de Je-
« rusalem, comme premiere de toutes les villes d'O-
« rient, voire le nombril et centre de toute la terre,
« parce qu'elle avoit eu le bonheur de le saluer le
« premier, et montrer le point d'honneur de recon-
« noissance envers son prince, par une affection de
« tant plus signalée qu'elle ressembloit aux vœux des
« premiers nez d'une famille plus aimez et chéris
« que tous les autres, pour avoir proféré premiere-
« ment les doux et saints noms de pere et de mere;
« de même cette principale et mere ville de la France,
« où est la cour des pairs et le premier de vos parle-
« mens, où la premiere voix de votre succession à la
« couronne ayant été ouye, va se répandant par toutes
« les autres provinces de votre Estat, implore votre
« grace par notre bouche, et vous suplie très hum-
« blement d'avoir le sacrifice qu'elle vous offre de sa
« dévotion très agréable : ce qu'aussi elle requiert de
« la Reine votre auguste mere, seante aujourd'hui à
« votre dextre, comme étoit la reine Betsabée au trône
« du roi Salomon son fils, lorsque ce sage prince se
« leva, et, comme dit l'Ecriture sainte, l'adora en se
« prosternant devant elle. Et d'autant que cette votre
« cour de parlement, sur ce que lui avons remontré
« être nécessaire de donner promptement ordre à ce
« qui concernoit votre service et le bien de votre Estat,

« qui ne pouvoit être régi et gouverné que par la Reine
« votre mere pendant votre bas âge, donna hier son
« arrêt, par lequel elle a déclaré la Reine votre mere
« régente en France pour avoir l'administration des
« affaires de votre royaume durant ce temps; nous vous
« suplions très humblement, assisté des princes, pré-
« lats, ducs, pairs et officiers de la couronne, ordon-
« ner que cet arrest sera publié en tous les bailliages,
« senéchaussées et siéges royaux du ressort de cette
« cour, et en tous autres parlemens et siéges de votre
« royaume. »

Ce fait, M. le chancelier monta vers le Roi, et vint, comme ci-dessus est dit, à messieurs les presidens, messieurs les princes, ducs et pairs, messieurs les cardinaux et pairs ecclésiastiques, et évêque de Paris, conseillers d'Estat, maîtres des requêtes et conseillers de la cour; et rassis en sa place, prononça :

« Le Roi seant en son lit de justice, par l'avis des
« princes de son sang, autres princes, prélats, ducs et
« pairs, et officiers de sa couronne, ouï et ce reque-
« rant son procureur general, a déclaré et déclare la
« Reine sa mere régente en France, pour avoir soin
« de l'éducation et nourriture de sa personne, et l'ad-
« ministration des affaires de son royaume pendant son
« bas âge. Et sera le présent arrêt publié et enregistré
« en tous les bailliages, senéchaussées et autres siéges
« royaux du ressort de la cour, et en toutes les autres
« cours de parlement de son royaume. »

M. le chancelier, encore qu'il eut fait entendre à tous que l'avis commun de tous étoit de dire : *Suivant l'arrêt donné en son parlement le jour d'hier*, néanmoins ne le prononça pas. Ce que lui ayant été remontré à part par M. le premier président, il lui répondit que c'étoit par oubliance, et qu'il y seroit mis par écrit; et de fait on lui porta signer où ces mots étoient : *A déclaré et déclare, conformément à l'arrêt donné en sa cour de parlement du jour d'hier.* Ce qu'il fit; et l'arrêt a été imprimé et publié avec cette clause.

FIN DE LA RELATION DE J. GILLOT.

MÉMOIRES

DE MESSIRE

CLAUDE GROULARD,

PREMIER PRÉSIDENT DU PARLEMENT DE NORMANDIE,

OU

VOYAGES

PAR LUI FAITS EN COUR.

NOTICE

SUR

CLAUDE GROULARD,

ET SUR SES MÉMOIRES.

Claude Groulard, chevalier, seigneur de La Court (1) et baron de Monville, naquit à Dieppe vers 1551. Claude son père, et sa mère Hélène Bouchard, jouissoient d'une grande fortune, et ils n'épargnèrent rien pour son éducation. On croit qu'ils faisoient profession de la religion réformée. Il est au moins certain qu'après la Saint-Barthelémy le père de Groulard l'envoya à Genève, où il étudia pendant quinze mois les langues anciennes, sous Joseph Scaliger. Il y contracta avec cet homme célèbre une étroite liaison, que dans la suite il entretint par une correspondance.

Il paroît qu'il abjura le calvinisme après son retour en France; il fut ensuite pourvu, en 1578, d'une charge de conseiller au grand conseil. Aidé de la protection de la maison de Joyeuse, il fut nommé en

---

(1) Le président Groulard est souvent appelé M. de La Court dans les pièces du temps. Au parlement de Normandie, les magistrats portoient le nom de leurs terres; aussi est-il très-difficile de reconnoître les familles à travers ces déguisemens. L'usage étoit contraire au parlement de Paris; on ne désignoit ses membres que par leurs noms de baptême et de famille, quels que fussent leurs titres et qualifications.

1585 premier président du parlement de Rouen, et installé dans ces hautes fonctions le 16 avril de la même année. Animé du zèle le plus ardent pour la sage distribution de la justice, il rétablit l'usage des mercuriales, « ja si longuement délaissées, » disoit-il dans son discours de réception; et dès le 16 juin suivant il commença à rappeler les magistrats à la discipline ancienne, et aux devoirs sévères que leur impose l'espèce de sacerdoce qui leur est confié par le prince.

Au milieu des fureurs de la Ligue, Groulard donna l'exemple d'un dévouement inaltérable au Roi. Après la révolte de Rouen, des lettres patentes données à Blois au mois de février 1589 transférèrent à Caen le parlement de Normandie; le président Groulard s'y rendit avec les membres de sa compagnie qui étoient demeurés fidèles. Le parlement tint sa première séance à Caen le lundi 26 juin 1589, et il commença ses fonctions par l'enregistrement des lettres de sa translation, sur une copie collationnée que le duc de Montpensier, gouverneur de Normandie, avoit envoyée. L'original des lettres de Henri III avoit été intercepté par Viart, procureur du Roi à Beaumont-le-Roger, comme on le voit sur les registres.

Le président Groulard contribua de toute l'influence de sa considération, et même d'une partie de sa fortune, au rétablissement de l'autorité légitime : ce fut lui qui, en 1591, donna le conseil d'assiéger Rouen. Cette ville étoit sans chef, dégarnie de troupes; ses murailles délabrées; elle manquoit de munitions; il sembloit que sa conquête ne demandoit qu'un coup de main. Groulard et ses amis avancèrent au Roi cinquante mille écus; mais Henri IV ayant assiégé Noyon pour plaire à Gabrielle d'Estrées, se rendit trop tard devant Rouen, et l'entreprise fut manquée. Le président suivit le Roi au camp de Darnetal, et ce ne fut pas sans quelque difficulté qu'il parvint à résister aux instances que lui faisoit Henri IV de l'accompagner aux tranchées. Groulard finit par lui demander s'il ne désiroit pas d'être reconnu roi de France. L'affirmative n'étoit pas douteuse. « Apprenez donc à un chacun « à faire son métier, » dit le bon président au Roi, qui éclata de rire, et ne lui en parla plus.

Henri IV, blessé légèrement au combat d'Aumale le 5 février 1592, vint se reposer pendant quelques jours chez Groulard, au château de Saint-Aubin près de Dieppe, où le président se hâta d'aller faire au Roi les honneurs de sa maison.

Il fut mandé, au mois de juillet 1593, avec les principaux membres des cours souveraines, pour assister à l'abjuration de Henri IV. Groulard rapporte dans ses Mémoires les principales circonstances de ce grand événement.

La ville de Rouen, à l'imitation de Paris, rentra dans l'obéissance du Roi le 27 mars 1594; et des lettres patentes adressées au parlement ordonnèrent à cette compagnie de revenir prendre ses séances dans le lieu de sa résidence ordinaire. La cour s'ajourna en conséquence au 2 mai dans son palais de Rouen, après avoir porté sur ses registres cette clause remarquable :

« Et demeurera *retentum in mente curiæ* que les « conseillers de ladite cour demeurés en la ville de « Rouen ne pourront être admis et rentrer dans l'exer- « cice de leurs charges qu'en faisant au préalable ser-

« ment de fidelité, et qu'ils se soient purgés de n'avoir
« été coupables de l'assassinat commis au feu Roy, et
« conspiration de la personne du Roy d'à présent, et
« d'avoir participé et donné conseil à l'emprisonne-
« ment de messieurs les conseillers de la cour (1)...,
« pour, après ledit serment et purgation faite, en or-
« donner par la cour ainsi qu'elle verra bon être (2). »

Groulard se trouvoit à l'assemblée des notables tenue à Rouen au mois de novembre 1596; il en a laissé un journal, qui a d'autant plus d'intérêt qu'il étoit témoin oculaire, et que Pierre de L'Estoile parle à peine de ce qui s'est passé hors de Paris.

Le parlement de Normandie s'étant opposé en 1597 aux vexations que d'avides partisans exerçoient sur le peuple, fit défense d'exécuter des arrêts du conseil qui paroissoient avoir été sollicités par la cour des aides. Le président, mandé par le chancelier, se présenta devant Henri IV, séant en son conseil d'Etat; et il y défendit avec tant de force et de dignité les droits des pauvres sujets, qu'il dissipa les nuages que l'on avoit répandus dans l'esprit du Roi, et justifia la conduite de sa compagnie.

Nous ne le suivrons pas dans les diverses circonstances qui l'amenèrent à la cour. Les lecteurs aime-

(1) Le conseil de l'union de la province de Normandie avoit fait arrêter messieurs La Vache, Sédille, de La Roque, de Croismare, Maynet, de Gruget, et Jacques de Civile. Le parlement ligueur demanda leur délivrance le 12 mai 1589 Il est à remarquer qu'aucun des présidens du parlement de Normandie ne suivit le parti de la Ligue. Le conseiller Le Chandelier remplissoit les fonctions de président de la compagnie. (*Voyez* l'extrait du registre secret du parlement ligueur, dans le manuscrit des Archives judiciaires qui sera indiqué plus bas, tome 2.) — (2) Copie des registres du parlement de Rouen, aux Archives judiciaires du royaume, tome 16, page 13.

ront à entendre Henri IV s'entretenir avec lui, et employer ces expressions simples et naïves qui ont tant de charme dans la bouche de Henri, soit qu'il exprime le vœu de voir tous ses sujets réunis dans une même croyance, soit qu'il s'abandonne au désespoir d'avoir perdu une maîtresse chérie qu'il alloit élever jusqu'à lui, soit qu'il confie à Groulard son projet de mariage, soit enfin qu'il développe et explique avec indulgence les sombres mystères de la politique de Catherine de Médicis, ou qu'il daigne répondre à une question délicate sur Marguerite de Valois. Nous aimons surtout la noble et courageuse liberté avec laquelle le vertueux Groulard se justifie auprès de son maître, et repousse les attaques que des ennemis secrets lui livroient jusque dans le cœur du Roi : on croiroit entendre Henri IV et Sully conversant à Fontainebleau dans l'allée des Mûriers blancs, lorsque ce grand roi, pour éviter les malignes interprétations des courtisans, empêche son ministre d'embrasser ses genoux [1].

Le président Groulard cultivoit et protégeoit les lettres. Il a donné une traduction de Lysias, imprimée chez Henri Estienne, et dont Huet a fait l'éloge. Nous avons lu plusieurs de ses harangues : elles montrent une grande connoissance des écrivains de l'antiquité ; mais, suivant l'usage de son temps, le président Groulard les cite à tout propos, et il met ainsi une fatigante érudition à la place des mouvemens oratoires. Il aimoit tant les lettres latines et grecques, que, même sans citer les anciens, il place au milieu de son discours des mots empruntés des deux langues.

[1] *Voyez* les Mémoires de Sully, deuxième série de cette Collection, tome 6, page 164.

Groulard contribua à la réformation de la coutume de Normandie; il a composé le discours qui y est joint, et qui a paru sous le nom de l'avocat général Thomas. C'est à tort qu'on lui a attribué un commentaire sur cette coutume, qui est de Jacques Le Bathelier, avocat d'Evreux (1).

L'institution du Puy de l'immaculée Conception, ou des Palinods, fondée dès le onzième siècle, confirmée par plusieurs archevêques de Rouen et par le pape Léon x en 1520, ayant perdu pendant les guerres de religion les originaux des bulles, chartes et priviléges qui lui avoient été successivement accordés, étoit sur le point de s'anéantir, lorsqu'en 1595 le président Groulard se fit recevoir de cette académie. Elu prince l'année suivante, il fonda le premier prix des stances, qui consistoit en une tour d'argent, l'une des pièces de ses armoiries. Son exemple fut bientôt suivi; et cette société littéraire, l'une des plus anciennes de France, se trouva richement dotée. Le fils aîné du président Groulard ayant été élu prince en 1611, fonda le second prix des stances (2).

La bibliothèque du président Groulard étoit remarquable par une collection de classiques grecs, dont les marges étoient chargées de ses remarques. On croit qu'elle passa dans celle d'Emeric Bigot, son petit-fils; mais on ignore ce qu'elle est devenue depuis.

(1) *Voyez* le Dictionnaire de Moreri, *verbo* Bathelier. — (2) Cette académie tenoit ses séances dans un des côtés du cloître des Carmes de la ville de Rouen. (*Voyez* les pièces de poésies françaises et latines qui ont remporté les prix en 1736; Rouen, Cabut, 1737. La préface donne l'histoire de l'académie de l'immaculée Conception. *Voyez* aussi les Mémoires biographiques et littéraires du département de la Seine-Inférieure, par Guilbert. Rouen, 1812, tome 1, page 525.)

La ville de Rouen doit au président Groulard la fondation de son hôpital général, à la dotation duquel il contribua par ses bienfaits.

Claude Groulard épousa en premières noces Elisabeth Bouchard, qu'il perdit à Dieppe le 15 février 1584. Il contracta une seconde union, le 20 octobre de la même année, avec Barbe Guiffard, veuve de Robert Leroux, seigneur de Tilly. Elle mourut le 4 janvier 1599.

Groulard mourut à Rouen le 3 décembre 1607, à l'âge de cinquante-six ans. Le parlement en corps assista à ses obsèques, et lui rendit tous les honneurs dus à sa dignité (1). Ses enfans réunirent ses cendres à celles de leur mère, dans un mausolée de marbre blanc qu'ils firent ériger dans le chœur des Célestins de Rouen. Barbe Guiffard y étoit représentée couchée, les mains jointes, la tête appuyée sur un coussin; le premier président, à genoux, étoit tourné vers l'autel. Ce beau monument a disparu dans la révolution. On y lisoit les deux épitaphes suivantes :

D. O. M.

Hic siti sunt cineres et ossa reliquiæ viri clarissimi Claudii Groulard, quondam in Rothomagensi curiâ senatûs principis, qui, juris et æqui severus et acer vindex, nusquam justitiæ candorem impiari, aut æquitatis amussim inquinari passus est; qui, Regis et patriæ certus et fidelis asceta, per intestini et internecini duelli, incendia Neustriæ, multas urbes à malâ factione revocavit. Hic attritum et confectum curis maturius suis et patriæ surdâ Mors appellavit, ætatisque anno 56 debitum flagitanti Parcæ luit. Charissimam conjugem Barbaram Guiffard nono post

---

(1) Copie des registres du parlement de Rouen, aux Archives judiciaires du royaume, tome 17, page 198.

anno ad tumulum consecutus, quos Amor et individuatus Hymen copularat, horum cineres Mors et Libitina sociavit. Hanc abeunti saltem patria gratiam gratificetur, cui pari ingenio atque studio liberos manciparit. Age, viator, et ingentibus illustris viri Manibus perennem quietem adprecare. Obiit cal. decembris ann. 1607.

Claudius Groulard, senator, ex Elizabethâ Bouchard primâ uxore, et Henricus Groulard ex Barbarâ Guiffard, duo filii, mœrentes posuere.

D. O. M.

Barbara Guiffard, patris proles posthuma, à pientissimâ matre religiosissime educata, primas contraxi nuptias cum clarissimo senatore Roberto Ruffo Tillio, quem (quod semper exhorrescebam) duxi. Dein, florenti œtate, amicorum hortatu, secundas felicibus auspiciis inii cum illustrissimo senatûs Rothomagensis præside Claudio Grularto. O me tandem voti compotem, quæ maritum charissimum, quæ liberos quinque jucundissima utriusque matrimonii pignora, bonæ spei et indolis superstites relinquo. Havete, animæ dulcissimæ, et sic habete me ut viverem mortuam et morituram vixisse. Mortua est ann. 1599.

Le président Groulard laissa deux fils, Claude et Henri. Le premier a été conseiller au parlement de Rouen; le second devint conseiller d'État, et ministre plénipotentiaire au traité de Westphalie. Le président laissa en outre quatre filles : Isabelle, mariée à Raoul Bretel, président à mortier au parlement de Rouen; Marie, femme de Nicolas Servien, trésorier de France; Marguerite, qui épousa en 1608 Jean Hallé, sieur du Thuit, maître des requêtes; et Barbe, qui fut mariée à Jean Bigot de Sommesnil. Marguerite Groulard, dame du Thuit, a été l'une des aïeules de M. le comte de Belbeuf, aujourd'hui conseiller à la Cour royale de Paris, à la complaisance duquel nous devons des renseignemens certains sur son honorable aucêtre.

Plusieurs passages des Voyages en cour indiquent que

Claude Groulard avoit composé des Mémoires plus étendus sur l'histoire de son temps; nous avons fait d'inutiles recherches, tant dans la bibliothèque de Rouen que dans celle du Roi, pour en retrouver le manuscrit : il n'en existe aucune trace.

L'ouvrage que nous publions aujourd'hui pour la première fois offre, à peu d'exceptions près, le récit de ce qui s'est passé dans les différentes occasions où le président Groulard a eu l'honneur d'approcher des rois Henri III et Henri IV. Nous avons pensé que ces Mémoires ne pouvoient être mieux placés qu'à la suite du Journal de P. de L'Estoile, dont ils deviennent en quelque sorte le supplément.

M. Barbot-Duplessis, conseiller à la Cour royale d'Orléans, a bien voulu mettre à notre disposition une copie de ces Mémoires, qui est depuis long-temps conservée dans la bibliothèque de sa famille. L'écriture est du commencement du dix-septième siècle. Il en existe une autre copie dans le tome 3 d'une collection qui est au dépôt des Archives judiciaires du royaume. C'est un manuscrit qui renferme la copie d'une partie des registres du parlement de Rouen et d'autres cours souveraines de Normandie. M. Terrasse, conservateur de ce dépôt, nous a donné communication de ce recueil avec une complaisance que nous avions déjà plusieurs fois éprouvée.

Cette seconde copie est moins étendue que la première : il y manque le journal de l'assemblée des notables, et quelques autres morceaux; elle nous a été néanmoins d'une grande utilité pour rectifier les noms altérés, rétablir le sens de quelques passages, et restituer un petit nombre de fragmens omis.

Les registres du parlement de Rouen ne nous ont pas été moins utiles : nous en avons extrait une partie des comptes que Groulard rendoit à sa compagnie des diverses missions dont elle l'avoit chargé auprès de Henri IV. Le président y a souvent donné des développemens qu'il n'a pas insérés dans des Mémoires qu'il ne destinoit peut-être qu'à sa famille. Ces morceaux, importans pour l'histoire, ont été placés dans les notes.

Le président Groulard, dans les deux manuscrits que nous venons d'indiquer, termine en 1604 le récit de ses voyages en cour. Il en fit cependant un dernier deux années après, dont il fit le rapport aux chambres assemblées le 4 juillet 1606 : ce fut à l'occasion de l'édit des vicomtes, obtenu par la reine Marguerite. Nous placerons cette pièce à la fin des Mémoires de Groulard, dont elle paroît être le complément.

Le style de Groulard est lourd et pénible; mais ce défaut est celui de son siècle. Il mêle fréquemment dans son récit des mots latins que nous nous sommes gardés de traduire, de peur d'effacer un trait de la physionomie du bon président. C'étoit d'ailleurs l'usage des magistrats et des orateurs de ce temps, ainsi qu'on le voit quand Christophe de Thou, premier président du parlement de Paris, annonce la mort de Charles IX [1].

L. J. N. MONMERQUÉ.

[1] *Voyez* les Pièces justificatives de notre Notice sur Brantôme, tome 1, page 103; Paris, Foucault, 1823.

MÉMOIRES

DE MESSIRE

CLAUDE GROULARD.

CHAPITRE PREMIER.

*Octuagesimus octavus mirabilis annus
Ingruet, et secum tristia fata feret.*

[1588] C'est ce que tous les anciens astrologues ont dict, et ont dict vray; car ç'a esté l'année de désordre et de confusion, et semence de rebellion, guerre intestine et estrangere, comme il s'est vu par après.

Le duc de Guyse, impatient de la longueur de la vie du roy Henri troisieme, durant laquelle il n'osoit faire esclater ses desseins; après la composition de la premiere Ligue, qui s'estoit mise aux champs l'an 1585; après long temps mal employé à faire la guerre aux huguenots, mais plustost au roy de Navarre, contre lequel estoient leurs menées; estant entrée une grande armée de reistres sous la conduite du colonel d'Annot, et leur ayant donné une lourde atteinte à Auneau l'an 1587 [1], voyant que le simple peuple l'admiroit pour ses exploits, le tenoit pour le seul deffenseur de

---

[1] *A Auneau l'an* 1587 : Le duc de Guise défit les reistres à Auneau le 24 novembre 1587. Ici Groulard paroit jouer sur les mots; il altère peut-être à dessein le nom du colonel des reistres, qui étoit le baron de Dhona. (*Voyez* l'Histoire universelle de de Thou, t. 10, p. 51, de la traduction de 1734; et le Journal de Henri III, t. 45 de cette série, p. 341.)

la religion catholique, et que la noblesse diseteuse, et autres gens abandonnés à cause de leurs debtes, l'excitoient à se déclarer, et qu'il auroit moyen de se saisir de la personne du Roy, et ou le faire garder ou faire tout passer soubs son nom, ou le tondre et rendre moyne, délibera de venir à Paris. Ce que le Roy ayant sceu, luy despescha M. de Bellievre, pour luy dire de sa part qu'il eust à n'entrer à Paris qu'il n'eust autres nouvelles de luy; et cependant envoye au président de Neuilly et à Marteau, prevost des marchands, son gendre, leur faire entendre qu'il ne trouvoit bon les secrettes menées qu'on faisoit, et chastieroit les mutins et séditieux. Ce que tant s'en fault qu'il les retint, qu'au contraire ils envoierent au duc de Guyse le faire haster, luy remonstrer que s'il perdoit ceste occasion il ne la recouvreroit jamais. Cela le feist résoudre; et, contre la volonté du Roy, il s'achemina, lui sixieme, en poste, arriva ledit jour (1) à Paris, alla descendre chez la Royne mere, laquelle le mena au Louvre, luy marchant à pied, affin que les Parisiens, qui luy portoient une affection extraordinaire, le veissent. Chacun de vray s'assembla par les rues, monstrant par tous signes d'allegresse une joye incroyable.

Cela estant venu aux oreilles du Roy, il en fust estonné fort estrangement; toutesfois il vit qu'il falloit faire bonne mine, et l'attendit de pied coy dans son cabinet, où il se rendit sur les quatre heures aprés midy. Quelques uns des serviteurs du Roy, et entre autres les sieurs de Grillon (2) et Alfonse, corse (3),

(1) *Ledit jour*: le 9 mai 1588. — (2) *De Grillon*: Louis de Berton, sieur de Grillon, chevalier de Malte, mestre de camp du régiment des Gardes, que Henri IV n'appeloit que *le brave Grillon*. — (3) *Alfonse, corse*:

estoient d'advis que le Roy le fist tuer à l'entrée de son cabinet, et le pendre aux fenestres, ou jetter en bas dans la rue (1); et chacun a sceu depuis que si cela eust esté exécuté, il eust couppé le pied à beaucoup de malheurs.

Le soir, le Roy prist conseil de ce qu'il debvoit faire, et continua le lendemain; mais le malheur estoit que la pluspart estoient esprits préoccupez et craintifs, qui n'osoient dire qu'à demy ce qu'ils en pensoient. Toutesfois le mercredy fut résolu que le Roy feroit entrer dans Paris trois mille Suisses qui estoient aux environs de Paris : ce qui fut exécuté.

Le 12, jour fatal et miserable pour la France, estant entrés avec quelques soldats du régiment des Gardes, on les departit en diverses places; et cela fut si dextrement exécuté, que ny le duc de Guyse ny ses partisans ne s'en apperceurent que tout ne fust dedans; et sy on fust allé droit en sa maison, on l'eust amené aysement au Roy; mais comme on vid qu'on se contentoit d'avoir posé chacun en son quartier, les partisans reprirent courage, et eux-mesmes ayant tumultuairement deliberé, résolurent de tenter l'esprit des habitants, et leur proposer qu'on vouloit remplir la ville de garnisons; ce que les grandes et superbes villes ont en detestation : de sorte que, sans songer à autre chose, chacun prend les armes, se barricade au coing des rues, et, animés par les gentilshommes de la Ligue

colonel général des Corses, depuis maréchal d'Ornano, mourut en 1610. Il étoit fils du colonel San-Pietro, si brave, mais si cruel. (*Voyez* la partie inédite des Œuvres de Brantôme, tome 4, page 530 et suiv., édit. de Foucault.)

(1) Il paroît que c'étoit aussi l'avis du Roi. (*Voyez* la Relation de Miron, à la suite du Journal de Henri III, t. 45 de cette série, p. 452.)

départis aux principaux quartiers, se jetterent sur les gardes et Suisses, lesquels, pour n'avoir commandement, se retirerent doucement avec honte et malencontre, tant qu'ils se rendirent près du Louvre, où estant, les Parisiens furent si insolents qu'ils poserent de leurs sentinelles contre celles du Roy, près la chapelle de Bourbon.

Cet exploit fut exécuté miraculeusement, et contre l'esperance du duc de Guyse, qui du commencement vouloit monter à cheval et s'enfuir; mais on lui remonstra que les portes estoient fermées, et qu'il ne pourroit sortir. De sorte qu'il prist une autre resolution d'essayer à faire faire barricades, et sy les choses luy succedoient, de gouverner doucement; synon, avoit donné signal qu'au son de la cloche Saint-Jacques de la Boucherie ils missent tout à feu et à sang. Toutesfois il n'en fut pas besoin; car tout leur rioit, ouvroit les bras, detestoit le Roy et les siens, et ne parloit que de se saisir de sa personne; ce qu'ils differerent au lendemain. Mais la nuict, le Roy prist conseil de se retirer et abandonner Paris, aprés avoir fait mille détestations de l'ingratitude de ce peuple, dont il promettoit se ressentir à l'advenir, et par toutes sortes d'ignominies tesmoigner qu'il hayssoit autant cette ville-là qu'il l'avoit autrefois aymée.

Le lendemain matin 13 de may, le Roy sortit par la porte Neufve, feignant aller aux Capuchins, donnant assignation aux plus signalés serviteurs qu'il avoit prés de soy de son intention; et fut son partement sy prompt et hasté, qu'ils se botterent tous dans les Capuchins, et partirent pour se rendre à Chartres, pour adviser aux affaires qui s'offroient. Son departement entendu par le duc de Guyse, il tint conseil de ce qu'on feroit, et s'il le suivroit ou non ; mais n'ayant advis certain du nombre d'hommes qui accompagnoient le Roy, ils n'oserent le suivre, et luy envoyerent seulement des hommes feignans estre fort marris de son absence, comme je crois qu'ils l'estoient ; mais c'estoit à autre intention.

Sa Majesté arrivée à Chartres, depescha de tous costez ; et pour tascher de regaigner la bonne volonté du peuple, il fist un édict de revocation de tous les mauvais édicts qui avoient esté vériffiés et estoient à la foule du peuple ; et fut la déclaration vériffiée avec un applaudissement extresme en la cour [1]. Cependant quelque temps après le Roy délibera de s'acheminer en cette ville de Rouen, et envoya M. d'Emery, maître des requestes, et Beaulieu-Ruzé [2], faire entendre ce qui s'estoit passé, et la juste occasion qu'il avoit de se plaindre de messieurs de Guyse. Suivant ce, le 9 juin ensuyvant, le Roy s'achemina jusques à Vernon. Ce qu'entendu à la cour de parlement, on nous députa messieurs le president de Courvaudon, La Vache et Besneville, conseillers, et moy, pour l'aller saluer, et faire office et offre du très humble service que nous luy debvons : et nous rendismes à Vernon le dimanche 12 de juin ; et l'ayant trouvé à son lever, luy fismes entendre l'occasion de nostre venue. Il nous commanda de nous en retourner, et que ledit jour il iroit coucher à Rouville, et le lendemain à Rouen. Surquoy fault

---

[1] *En la cour* : du parlement de Normandie. — [2] *Beaulieu-Ruzé* : Martin Ruzé, seigneur de Beaulieu, alors secrétaire des commandemens de la Reine-mère. Il fut fait secrétaire d'Etat le 15 septembre suivant. (*Voy.* l'Histoire des secrétaires d'Etat, par Fauvelet du Toc, page 170.)

notter que le comte de Tillieres (1), ayant espousé la belle-sœur de M. d'Elbœuf, avoit secrettement, encor qu'il n'en feist semblant, faict profession de la Ligue; de sorte qu'ayant entendu que le Roy venoit à Rouen, il se fascha fort; et de fait, le treizieme de juin, comme nous nous préparions à recevoir le Roy, ils adviserent ensemble, le pere, le sieur de Chemerault et luy, d'envoyer dire au Roy que le peuple estoit fort esmeu, qu'il y avoit danger de sédition, et qu'il valoit mieux que l'on différast au lendemain : ce qu'ils faisoient, affin d'avoir loisir d'exciter le peuple, et luy persuader qu'on vouloit mettre des garnisons : ce qui sans doute eust fait résoudre les mutins à dénier l'entrée au Roy, qui sur cet advis estant entré en grande perplexité, me depescha le sieur Miron (2), son premier médecin, par lequel il m'escrivist de sa main des lettres fort favorables, que l'on verra avec celles que je garde; et me mandoit que, suivant l'advis que nous prendrions ensemble, il se résoudroit à venir ou non. Ces lettres me furent baillées dans le parlement; et ayant conferé ensemble, je luy representay l'importance du fait; que je n'estois pas sy presomptueux que de vouloir compromettre une chose sy precieuse qu'une personne de roy, et que s'il y avoit quelque conspiration contre sa personne, de garantir qu'elle ne s'executast, ou qu'on ne luy tirast un coup d'arquebuze par une fenestre, ou

---

(1) *De Tillieres* : Jacques Le Veneur, comte de Tillières, lieutenant général de la haute Normandie, gouverneur du Vieux Palais de Rouen, avoit épousé Charlotte Chabot, sœur de la duchesse d'Elbœuf. Tanneguy Le Veneur son père, lieutenant général au gouvernement de Normandie, ne mourut qu'en 1592. — (2) *Voyez*, à la suite du Journal de Henri III, une relation de Miron sur la mort des Guises. Il ne fait qu'indiquer le voyage du Roi à Rouen.

quelque autre malheur semblable : mais que je pouvois bien luy dire que les gens de bien ne desiroient rien tant que veoir le Roy, et qu'en tout cas je croyois que s'il n'y venoit la journée, qu'il n'y entreroit jamais. Retourné, il feit résoudre le Roy à venir, dont nous receusmes tous beaucoup de joye; et pendant le sejour s'est fait la paix, en juillet, qui a été cause de grands maux. Je laisse à part l'honneur qu'il pleut au Roy de me faire et publiquement et particulierement : *tacitum pertentant gaudia pectus*. C'est une partie des rescompenses que j'ay eues des grands services que j'ay rendus, d'avoir eu bon accueil de mon maistre.

CHAPITRE II.

Voyage fait en l'armée et à la cour, en 1590 (1).

[1590] Après que le duc de Mayenne eust honteusement levé le siege qu'il avoit mis devant Dieppe, le Roy, accompagné de ses forces, et de quatre mille Anglois qu'il avoit eus de renfort, alla devant Paris, prist et feist piller tous les fauxbourgs (2), encor que ceulx de dedans, oultre les habitants, y fussent un nombre fort grand de soldats, mais de la Ligue, c'est-à-dire timides et couards. Voyant néantmoins qu'il ne pouvoit forcer la ville, il s'achemina à Vandosme, qu'il prist de force, et feist décapiter le capitaine (3), qui,

(1) Ce chapitre manque sur le manuscrit des Archives. — (2) Le 1er novembre 1589. — (3) *Le capitaine :* Jacques de Maillé-Benehart. (*Voyez* l'Histoire universelle du président de Thou, tome 10, page 614, et tome 11, page 65.)

outre la Ligue, luy estoit ennemy, encore qu'il eust esté honoré de cette charge par le Roy, lors roy de Navarre, qui de là alla au Mans, où commandoit pour la Ligue le sieur de Bois-Dauphin, qui après quelque résistance se rendit par composition. Le Roy mist lors en délibération ce qu'il feroit, ou s'il iroit en Bretagne où ses serviteurs l'appeloient, ou s'il tourneroit vers la Normandie : ce qu'il jugeoit beaucoup plus utile pour luy, de peur que s'esloignant, le duc de Mayenne, à qui le roy d'Espagne avoit envoyé le comte d'Aiguemont (1) avec des forces, ne se feist maistre de sy peu de villes qui deçà Loire estoient en l'obeissance de Sa Majesté, mais, comme il arrive ordinairement, mal pourveues et d'hommes et de munitions, et qui ne pourroient résister sans la présence d'une armée. Ce qui le mettoit en peine estoit qu'il n'avoit poudres pour la moindre bicoque, et n'y en avoit qu'à Caen, où commandoit le sieur de La Verune (2), qui, par les artifices de quelques ligueurs, estoit fort refroidy, et au hazard de prendre party contraire; de sorte que n'assistant point le Roy, c'eust esté et honte et danger. Le sieur Ratte et moy persuadasmes à cet esprit foible d'envoyer jusques au Mans le capitaine Benest, auquel il se fioit fort; et quant-et-quant advertismes de cette résolution le Roy, qui feist sy grand accueil audit Benest, qu'estant de retour il persuada le sieur de La Verune de renvoyer au Roy luy faire offre de toutes les munitions qu'il avoit; qui fut un service signalé, car

---

(1) *Le comte d'Aiguemont :* Philippe, comte d'Egmont, prince de Gavre, fils de celui que le duc d'Albe fit décapiter à Bruxelles le 4 juin 1568. — (2) *De La Verune :* On lit ainsi ce nom au manuscrit, et sur la copie des registres du parlement de Normandie.

le Roy l'acceptant gaigna Mayenne, Allençon, Argentan, et se rendit devant Fallaise, d'où il envoya M. d'O pour me commander de l'aller trouver.

Le garde des sceaux Monthelon (1) avoit, depuis la mort du feu Roy, renvoyé au Roy de present les sceaux; et en attendant qu'il eust trouvé personnage agréable, le Roy les mist entre les mains de M. le mareschal de Biron, qui scelloit les expeditions (ce qui peult-estre ne s'est jamais veu en France); et le Roy escrivoit de sa main les *visa*. Les troubles et les guerres admettent toutes choses licites et illicites. Cela a esté gardé jusques à la fin de cette année, que messire Philippe Huraut fut remis au sceau comme chancelier; *malo magno regni*. Pendant le chemin, M. d'O me fist cognoistre que la volonté du Roy estoit de me les mettre entre les mains; mais quant-et-quant il me bailloit les exoines (2) de cour, fort esloignées de celles des gens de bien. Je luy feis bien sçavoir que sy cela estoit je m'y gouvernerois tout autrement. Il vit que je n'estois point leur homme; de sorte qu'ils ne m'en ont parlé.

La ville de Fallaize estoit tenue pour la Ligue par le sieur de Brissac, qui aux approches fist merveilles de braver, et néantmoins se laissa prendre honteusement, n'y ayant pas seulement bresche pour passer deux hommes de front. Je n'ay jamais veu homme sy estonné.

Le soir 5 janvier, veille des Roys, j'arrivai avec M. d'O, et allay saluer le Roy, qui revenoit des tran-

---

(1) *Monthelon* : François de Montholon, seigneur d'Aubervilliers, garde des sceaux de France, mourut au mois d'octobre 1590. Ce nom est écrit *Monthelon* sur les anciens registres du parlement de Paris.
— (2) *Les exoines* : excuses ; ce mot de jurisprudence paroît signifier ici les manières polies de refuser les gens sans les blesser.

chées, fort resjoui de l'heureux succès de ses entreprises. Il me fist un très bon accueil, me disant qu'il sçavoit que le feu Roy m'avoit aymé, et aussy que je l'avois fidellement servy; qu'en la perte de mon maistre j'en avois un autre qui me promettoit de l'affection davantage, et qu'il me la monstreroit par effect; mais aussy que je l'aimasse, et plus encor que le deffunct, et continuasse à le bien servir, affin qu'estant venu à bout de ses ennemys, comme il esperoit que Dieu luy en feroit la grace, ayant si juste cause à poursuivre, je me ressentisse du bien qu'il feroit à ceux qui l'auroient aymé. Il me feist sçavoir comme il avoit eu très agreable ce qui s'estoit passé à Caen à son advenement à la couronne; que nous avions, avec beaucoup de considerations, empesché les desseins des ennemis, et mesme en la negociation derniere avec le sieur de La Verune; d'autant que s'il fust demeuré obstiné, il ne se fust acheminé vers ces quartiers. Je luy fis response telle qu'un subject doit faire à son prince, ayant contentement de voir ses services receus de bonne part par son maistre, qui est une gloire assez grande et rescompense honorable. Il me fist entendre qu'il eust fait son entrée à Caen; mais qu'il avoit nouvelles que le duc de Mayenne avoit pris Pontoise et venoit assieger Meulan : de sorte qu'aprés une infinité de courtoises cheres [1] il me licentia, et retournay à Caen. Je laisse la façon de laquelle il me receust en la presence du sieur de Brissac (ce seroit vanité que de le dire) : seulement j'adjousteray qu'il commanda à M. d'O et de me traiter et de me laisser sa chambre, où je couchay; et vindrent soupper avec nous M. le mareschal de Biron, baron de Bi-

---

[1] *Courtoises cheres* : bonne mine, agréable réception.

ron son fils, le grand(1), et comte de Thorigny; et fust un plaisant discours du bon pere de Biron, qui dist que qui auroit veu le Roy au Pollet(2), de là aux faux-bourgs de Paris, maintenant dans Fallaise, seroit bien empesché à le remettre au Pollet.

CHAPITRE III.

Voyage fait en l'armée et à la cour, en 1591.

[1591] ESTANT fort ennuyez de la longueur de la guerre et d'estre hors de nos maisons, nous avisasmes un jour d'envoyer M. de Mathan vers le Roy pour l'exciter d'entreprendre le siege de Rouen, où beaucoup d'occasions se présentoient d'en avoir bonne issue. Premierement y commandoit pour lors M. de Tavanes, qui estoit sans creance, et fort hay des habitans. Il y avoit une partie des murailles qui estoient abattues, de sorte que c'estoit comme une bresche faite ; il n'y avoit ny vivres ny munitions. Nous adjoustions que cette ville brideroit Paris; que nous presterions au Roy cinquante mille escus; que nous sçavions que la reyne d'Angleterre aideroit de trois ou quatre mille hommes et vingt canons, et messieurs les Estats des Pays-Bas autant; que cette entreprise seroit beaucoup plus difficile si on attendoit davantage, d'autant qu'ils prattiquoient M. de Villars(3),

---

(1) *Le grand* : le grand écuyer Roger de Saint-Lary, baron de Termes. — (2) *Pollet* : faubourg de Dieppe. — (3) *M. de Villars* : André de Brancas, seigneur de Villars, gouverneur du Havre, tué par les Espagnols en 1595.

gouverneur du Havre, pour le faire venir commander à Rouen(1); qu'il avoit grand nombre de munitions, et estoit vigilant et hardy; qu'outre cela l'armée des reistres arrivoit avec grand terreur.

Tout cela fut trouvé bon par le Roy et approuvé par M. le mareschal de Biron, auquel nous promettions, au cas que l'entreprinse succedast, vingt mille escus; et de faict le Roy depescha en Angleterre et en Flandres, qui envoyerent hommes, navires et munitions, dès le commencement d'aoust. Mais le bonheur de la France n'estoit encor arrivé : car le Roy ayant été recueillir les reistres que le comte d'Anhalt amenoit, au lieu de venir au temps qu'il avoit dit, devenu amoureux ardemment de Gabrielle d'Estrées, pour luy complaire alla assieger Noyon; et pendant qu'il y fut, ceux de Rouen acheverent de traicter avec M. de Villars, qui ayant sceu ce qui se passoit, fist munir la ville, réparer les bresches, et amener du Havre grand nombre de toutes sortes de munitions. La pluspart des soldats anglois mouroient de maladie à Arques; tant qu'enfin l'armée du Roy venue à Rouen ne l'investit que le unzieme de novembre, avec des incommoditez infinies; et y avoit plus de gens de guerre dedans que dehors.

Cependant, comme l'on a de coustume de vouloir faire demeurer garants ceux qui font des ouvertures aux roys, encore que l'on ne fust venu au temps que nous avions dict, que toutes incommodités fussent survenues avec l'hyver, importune saison pour assieger, sy nous envoya-t-on à Caen messagers nous sommer

---

(1) *A Rouen :* Henri de Lorraine d'Aiguillon, fils du duc de Mayenne, gouverneur de Rouen. Etant trop jeune pour diriger le siége, Villars commanda en sa place, comme son lieutenant.

de faire porter nos cinquante mille escus; et fus mandé avec messieurs de Motteville et de Languetot, affin d'aller à l'armée; et partismes de Caen avec M. de Montpensier le 18 decembre dernier, et nous sommes rendus à Louviers le 24, vigile de Noël, ayant évité beaucoup de périls; car il y avoit de petits chasteaux qui tenoient pour la Ligue, comme La Mesengere, Forestiere, et puis Honfleur et Verneuil, où commandoit le sieur de Medavid (1), qui faisoit des courses continuelles. Le jour de Noël, le sieur Du Rolet (2) me communiqua une entreprise qu'il disoit avoir sur le chasteau du bout du pont de Rouen, qu'il s'asseuroit qu'un nommé ...... (3), soldat de son pays et y commandant, luy mettroit ès mains. Je luy remonstray le peu d'apparence qu'il y avoit; que les ligueurs estoient sans foy; l'exemple de Fallaize et d'autres, où ils avoient manqué de parole; que je me doubtois que le sieur de Villars l'auroit sceu, et qu'il l'attraperoit. On ne peult éviter son malheur : l'esperance qu'il avoit d'estre gouverneur de Rouen l'avoit rendu fort insolent; de sorte qu'il alla à Rouen, où il fut trahy par son homme, et maintenant y est détenu en grande captivité, au hazard de perdre sa bonne fortune. Nous nous sommes rendus à Darnestal le 29 du mois (4), et avons esté logés comme en une armée.

Comme je partois de Louviers, M. d'Incarville m'escrivit des lettres par lesquelles il me mandoit que

(1) *Le sieur de Medavid* : Pierre Rouxel, baron de Medavi, comte de Grancey, mourut en 1617. C'est le père du maréchal de Grancey. — (2) *Le sieur Du Rolet* : Henri IV parla à Sully de ce fait. (*Voyez* les Mémoires de Sully, deuxième série de cette Collection, t. 2, p. 202.) — (3) *Qu'un nommé* ... : Ce nom est en blanc sur le manuscrit. — (4) *Le 29 du mois* : décembre 1591.

M. le chancelier (1) estant fort mal avec le Roy, et en danger d'estre desarçonné, s'estoit adressé à luy, et l'avoit prié de traicter avec moy pour les sceaux, qu'il me résigneroit volontairement en luy baillant argent comptant quarante mille livres ; qu'ils en avoient communiqué avec M. d'O, qui le trouvoit bon et le desiroit, promettant me faire rendre l'argent dedans l'an. Toutesfois il n'en fut point de besoing ; car le Roy, qui est de bon naturel, oublia son courroux ; et à le faire fut excité par le sieur de Sancy (2), qui est hardy et impudent, lequel ayant descouvert cette négociation, et indigné qu'on ne luy en avoit communiqué, alla chanter sornettes au Roy, auquel aussy je parlay, et luy dis ce qui s'estoit fait, et que j'avois bien apperceu que c'estoit une tentative que faisoit M. le chancelier, et que je ne desirois pas par argent m'introduire en une telle charge. Il me fist response qu'il avoit agreable la procedure que j'avois tenue, et qu'il se souviendroit de moy. Les affaires de cour ne se peuvent traicter qu'avec artifices, qui sont fort esloignez de mon naturel.

Pendant le séjour que j'ay faict au camp, le Roy par diverses fois me voulut mener aux tranchées. Je le refusai, comme n'estant de la profession des armes ; qu'aussy bien je ne pourrois dire sy elles estoient bien ou mal faictes ; et que s'il arrivoit que je fusse blessé, je ne servirois que de risée et mocquerie à ceux de dedans. Toutesfois il ne perdoit à m'en faire instance, jusques à ce que j'eus moyen de m'en défaire par une demande que je luy feis, s'il ne desiroit pas estre tenu

---

(1) *M. le chancelier* : Philippe Huraut, comte de Cheverny, chancelier de France. — (2) *Le sieur de Sancy* : Nicolas de Harlay, seigneur de Sancy, l'un des plus confidens serviteurs de Henri IV.

et recogneu roy de France, et l'estre aussy. Il me dist que ouy : « Apprenez donc à un chacun à faire son mes-« tier. » Il se mit à rire, et ne m'en parla du depuis.

Or, durant la demeure de Louviers, où estoit M. le cardinal de Bourbon (1), M. le comte de Soissons le vint trouver, qui de là s'est acheminé à Bearn pour rechercher en mariage Madame, sœur du Roy, contre l'intention de Sa Majesté. Je ne sçai ce qui en arrivera (2) : tant y a qu'ayant recongneu, par les discours dudit sieur cardinal, qu'il avoit quelque dent de laict, qu'il blasmoit apertement les actions du Roy, et tenoit des propos qui estoient de conséquence pour mettre division entre les serviteurs du Roy, prenant pour subject la religion, et estant à ce poussé par ces ames foibles qui ne peuvent gouster l'obéissance qui est deue à son prince, de quelque religion qu'il fasse profession, je pensay que j'en debvois advertir Sa Majesté : ce que je fis, le suppliant neantmoins ne faire sçavoir ce que j'en faisois, qui n'estoit que pour son seul service. Il me fist une grande démonstration de joye de ce que je ne luy avois celé, me promist qu'il auroit fort agréable la continuation de mon zele ; et s'estant levé de dedans son lict, où il estoit quand je parlay à luy, il m'embrassa, et me permist d'aller à Dieppe, pour delà me retirer à Caen. Il commanda à M. Du Hertré de nous

(1) *Le cardinal de Bourbon :* Charles, cardinal de Bourbon, de la branche de Condé ; il avoit formé en France le tiers parti catholique. Il mourut en 1594. — (2) *Ce qui en arrivera :* Henri IV, n'étant encore que roi de Navarre, avoit lui-même désiré ce mariage ; il changea ensuite de résolution. Cependant la princesse, qui aimoit le comte de Soissons, vouloit l'épouser ; mais le Roi usa d'autorité, et le mariage ne se fit pas. (*Voyez* les Mémoires de Sully, deuxième série de cette Collection, tome 2, pages 70 et 161.)

accompagner avec sa compagnie de gendarmes, d'autant que ceux du fort de Fescamp, qui avoient des retraictes cachées dans le pays, faisoient des prises tous les jours sur les chemins; et si nous avions dans nostre armée plusieurs traistres qui espioient surtout les gens de robes longues, contre lesquels il semble que toutes leurs menées soient dressées.

Nous sommes arrivez à Dieppe le 15 janvier 1592, où nous avons esté receus avec de la bienveillance infinie. Cependant ç'a esté chose estrange que durant trois mois entiers il ne s'est levé aucun vent d'amont; et au contraire il y a eu un vent d'aval si violent qu'il n'a esté possible de nous embarquer pour aller à Caen, jusques au 4 avril, qu'ayant fait voile dans le navire du capitaine Clemence, nous soyons arrivez à Estrehan, et le lendemain à Caen, d'où il sera difficile de me tirer de longtemps.

Or, pendant qu'estions à Dieppe, le prince de Parme, sollicité par M. du Mayne, et plus encore par le sieur de Villars, qui craignoit à la longue d'estre emporté, s'advança avec une armée pour secourir Rouen, dont Sa Majesté, advertie au commencement de febvrier, prist quelques troupes de cavalerie pour aller voir sa contenance, laissant M. le mareschal de Biron commander en son absence.

Le Roy s'achemina jusque par delà Aumalle, trouva le prince de Parme marchant en ordre de bataille, et le feist attaquer à l'escarmouche. Les troupes du prince estoient si grandes, que le Roy fut contraint de se retirer; et à l'entrée d'Aumalle il fut blessé aux reins d'un coup d'arquebuse. Toutesfois il porta le coup jusques à Neuf-Chastel; et il fut trouvé sy favorable, que la balle, qui entra d'environ deux doigts, ne perça la chemise; et rapporta la balle quant-et-soy.

Le Roy ayant veu que le Neuf-Chastel n'estoit asseuré, vint loger chez moy à Saint-Aubin, où il arriva le 8 febvrier 1592. Le lendemain il m'envoya querir, et l'allasmes saluer audit lieu. Il se promenoit par la chambre, encore que sa blesseure luy fist grand' douleur. Il me dist qu'il me vouloit donner à disner le lundy chez moy; mais estant de retour à Dieppe, nous fusmes advertis qu'ayant sceu que le prince de Parme tournoit vers Dieppe, le Roy partit le lundi de bon matin. En oultre je fus pris d'une fiebvre, dont j'ay esté assez violemment mené.

Depuis le partement du Roy nous fusmes en grande peine à Dieppe; car premierement le sieur de Palleseuil perdit le chasteau et ville de Neuf-Chastel; et si le prince de Parme eust tourné vers nous, c'est sans doubte qu'il eust pris la ville : et fust tenu conseil chez moy, où M. le commandeur de Chaste (1) fist résoudre qu'on brusleroit le Pollet, sy les troupes de l'ennemy s'advançoient. Toutefois il n'en fust point besoing; car on fut tout estonné que le prince rebroussa chemin, comme s'il eust voulu attaquer Rue, dans laquelle commandoit le sieur de Rubempré, gentilhomme fort accomply et valeureux, duquel le pere avoit esté autant favorisant à la maison de Guyse que le fils est affectionné au Roy et à son service. Le Roy se retira à son armée, et envoya quatre compagnies de gens de pied, qui s'embarquerent à Dieppe et allerent se jetter dans

---

(1) *Le commandeur de Chaste* : Aymar de Chaste, chevalier de Malte, commandeur de Lormeteau, vice-amiral de France, gouverneur de Dieppe. Il mourut en 1602.

Rue, avec des commoditez que M. le commandeur de Chaste y envoya. La ville ne fut point attaquée; et estoit le prince de Parme logé dans les environs, et la pluspart des seigneurs de son armée dans Abbeville; et entre autres M. de Bassompierre (1). Je fis entendre au Roy que s'il trouvoit bon, soubs pretexte d'envoyer visiter le sieur de Bassompierre, j'envoyerois Doublet mon secretaire, qui luy rapporteroit fidellement ce qu'il y remarqueroit : ce qui fut fait, et en receusmes beaucoup de bons advis.

Le Roy, ne sçachant que deviendroit le prince de Parme, délibera aprés sa guérison de retourner. Cependant ceux de Rouen feirent une sortie, où ils tuerent beaucoup de nos gens, et prirent l'artillerie qui estoit dans les tranchées; ce qui nous estonna un peu. Toutesfois pour cela le siege ne perdit de continuer; mais ce qui plus fascha le Roy fut qu'on laissa entrer sans combat douze cents hommes de renfort que le prince de Parme y envoya, et sans qu'on les apperceust qu'ils ne fussent sur le bord du fossé. Le Roy estoit à Triel quand il en receust l'advis, dont il fist des reproches sur la négligence de ceux qui estoient à l'armée, car deux cents chevaux seulement les eussent empeschez et defaictz : mais aux armées il se commet, faute de bons espions, de grands traits de clercs d'armes.

Le premier jour du mois de mars, arriverent à Dieppe deux mille hommes, que le comte Maurice envoyoit de renfort au Roy par son cousin Philippe de Nassau. Il les faisoit fort bon voir, car il n'y avoit en tout qu'une charette par compagnie qui portoit les armes des capi-

(1) *M. de Bassompierre* : Christophe de Bassompierre, père du maréchal.

taines, et en tout quelque vingtaine de goujats. Les soldats portoient et leurs armes et leurs harquebuses, et vivoient avec discipline, qui n'est aucunement observée en France. Nous voulusmes faire le procès à Palleseuil pour sa lascheté; mais M. de Bouillon, qui a esté fait mareschal de France, y résista, d'autant qu'il estoit huguenot, et qu'ils se sçavent parer à point nommé les uns les autres.

CHAPITRE IV.

Voyage fait à la cour en 1593.

[1593] LE ROY, à son advénement à la couronne, promist solemnellement à la noblesse qui l'assistoit de se faire instruire à la religion catholique, et envoya une déclaration qui fut enregistrée aux cours de parlement. On le croyoit ainsy, et pour avoir esté le Roy recongneu tousjours prince de parole, et pour estre si homme de bien que l'on esperoit que Dieu auroit particulierement soing de lui; et cela fut cause, avec le debvoir naturel des vrays François et horreur de l'assassinat du feu Roy, que chacun s'evertuoit à le servir de cœur et d'affection. Toutefois quelques ames foibles et peureuses avoient quelque regret de se trouver avec luy et de combattre contre les catholiques, quoyque ligueurs et rebelles, et en sentoient du scrupule en leur conscience. La continuation fist croistre leur aprehension, qui estoit fomentée par les continuels reproches que ceux de la Ligue leur faisoient incessamment, comme s'ils eussent combattu pour ruiner la religion et establir l'heresie. Enfin il se trouva si grand nombre de telles gens, qu'ils s'enhardissoient d'en conferer ensemble, jurant de n'adherer pas à la Ligue, mais aussi de se departir d'avec le Roy s'il ne vouloit entendre à se convertir; et soubs main cela s'appeloit la tierce Ligue, qui avoit pour chef M. le cardinal de Bourbon, qui depuis la mort de son oncle a usé de grandes froideurs, jusques à négotier avec le duc du Mayne, et à tirer parole du sieur de Villars, qui commande à Rouen.

Le Roy en ayant esté adverti à Mantes, délibera de ce qu'il debvoit faire. Aucuns pensoient qu'il debvoit se saisir de ceux qui en estoient les autheurs, et mener les mains basses; les autres furent d'un advis plus doulx, remonstrerent au Roy sa bonté, et la fidelité aussy des catholiques, qu'il ne debvoit mal contenter. Il prist cette voye, et depuis a vacqué à son instruction, dont tous les catholiques ont receu une joye incroyable.

Avant que faire sa profession, il a jugé bon d'envoyer aux parlements, évocquant les principaux pour estre spectateurs de cet acte. M. d'O est député pour venir à Caen m'apporter lettres, affin de m'y trouver. Nous en sommes partis ensemble, M. de Languetot aussy, au commencement de juillet. Passant par Seez, nous avons pris M. l'évesque, qui aussy estoit mandé. Nous arrivasmes à Maillebois, belle maison de M. d'O, esperant trouver et voir le Roy le lendemain; mais le chateau de Dreux s'estant rendu, Sa Majesté partist pour aller à Saint-Denys, affin d'estre prés de ceux qui estoient deputés pour traiter d'une trefve, attendant qu'on peust avoir moyen de parvenir à quelque paix generale, les deux partis commençant fort à se lasser de la guerre, et principalement ceux de la Ligue, qui estoient las de supporter l'orgueil des Espagnols, qui faisoient tous leurs efforts pour faire eslire l'Infante reyne de France; pour à quoy parvenir doublons n'estoient pas espargnez.

Nous arrivasmes à Mantes le onzieme juillet; allasmes saluer M. le cardinal de Bourbon, qui par tous les discours qu'il me fit tesmoigna bien qu'il n'avoit pas agréable beaucoup la conversion de Sa Majesté, et l'estimoit impossible; de sorte qu'il s'attaqua à moy-mesme sur les ouvertures et raisons que je disois au contraire; et il faut notter qu'il estoit gaigné du tout par ceux de la tierce Ligue. Nous y saluasmes aussy M. de Montpensier, qui estoit fort mal de la blessure qu'il avoit receue devant Dreux. Nous partismes de Mantes le 20 juillet, et arrivasmes à Saint-Denys le 22, où nous trouvasmes le Roy et beaucoup de messieurs les deputez arrivez là. Ce fut la premiere fois que j'ay eu le bien de saluer M. le premier président de Paris [1], qui m'a fait et promis grande démonstration d'amitié.

Le 23, Sa Majesté assembla un conseil pour déliberer ce qu'il auroit à faire, au cas que les trefves que l'on negotioit ne s'achevassent pas, se plaignant qu'il n'avoit tenu qu'à ses serviteurs que Paris ne fust reduict en grande necessité; mais qu'ils se contentoient de faire faire des forts, et y entretenir grandes garnisons; et, quelques deffenses qu'il y eust, permettoient soubz passeports de faire conduire des vivres à Paris, et leur donnoient moyen de continuer leur rebellion : toutesfois qu'il essayeroit encore cette fois, et qu'oultre

---

[1] *Le premier président de Paris :* Achille de Harlay.

les forts qui estoient desja, il en feroit encore un à Meudon, affin d'oster tout moyen aux Parisiens d'estre secourus. Le conseil levé, il m'a fait cet honneur de se lever; et me prenant par la main, me fist entendre que c'estoit de M. d'O qu'il entendoit parler, et qu'il le servoit fort mal, d'autant qu'estant gouverneur de Paris il y avoit trop d'habitude, et sy sembloit incliner à favoriser le tiers-party, dont monsieur le cardinal de Bourbon estoit chef. Je n'avois garde de respondre sur cela.

Le jour d'aprés, le Roy nous fist assembler ce qu'estions d'officiers; car beaucoup de ceux qui avoient esté mandez n'oserent y venir, à cause du danger des chemins, et que ceux de la Ligue avoient un crevecœur incroyable de voir le Roy se vouloir faire catholique. Là il nous representa que depuis que Dieu l'avoit appellé à la couronne tout son desir avoit esté de chercher les moyens de son salut, qu'il préféroit à tous les biens du monde, et avoit continuellement prié sa divine majesté de luy en ouvrir le chemin; mais surtout depuis quelques jours qu'il avoit recogneu que ses subjets catholiques le desiroient, qu'il s'estoit mis entre les mains de quelques théologiens, où il avoit tant profité à conférer avec eux, qu'il confessoit avoir esté induict et s'estre enfin résolu de faire profession de la religion catholique, apostolique et romaine : et encore qu'il eust esté dès ses jeunes ans nourry en profession contraire, et confirmé en cette opinion, toutesfois que par la grace du Saint-Esprit il commençoit à prendre goust aux raisons qui luy avoient esté alleguées; et que les armes ne l'ayant jamais peu faire apprehender ny ceder tant soit peu aux artifices de ses ennemys, qu'il s'asseuroit que ses bons serviteurs et subjects l'assisteroient encore avec autant de volonté que jamais. Qu'il sçavoit que, sous ombre qu'à Rome l'Espagnol y avoit plus de puissance que luy, il y avoit quelques ecclesiastiques qui tascheroient de brouiller et destourner un sy beau dessein, qui devoit au contraire exciter les gens de bien à se roidir à l'encontre, comme les cours souveraines avoient fait de tous temps; qu'il ne se souciroit de peril aucun, quand il se verroit confirmé et assisté des personnages vertueux (1).

Il luy fut respondu par M. le premier président de Paris qu'il se pouvoit asseurer de nostre fidelité; et que comme nous n'avions esté retenus d'aucun respect ni consideration mondaine à ce qui estoit de nostre devoir, que nous continuerions tousjours, et que nous esperions que les ecclesiastiques embrasseroient cette affaire avec un zele incroyable; qu'ils estoient assemblez desja pour cet effet, et que s'il plaisoit au Roy on envoyroit vers eux M. le procureur général de Paris, qui oyroit leurs raisons, et leur proposeroit ce que l'on attendoit de leur piété et vertu.

Ce que Sa Majesté trouva bon d'estre fait; et estant de retour, il asseura le Roy que les choses estoient en bon train, non pas sans quelque sourd murmure du cardinal de Bourbon et des évesques du Mans et de Seez, mais qu'ils seroient gagnez par les autres, qui estoient en plus grand nombre. Et de fait quelque temps après ils envoyerent une forme de protestation qu'ils desiroient que le Roy fist, qui estoit une abjuration

---

(1) Ce discours est rapporté différemment par L'Estoile; mais Groulard est un témoin oculaire qui mérite toute confiance. (*Voyez* les Mémoires de L'Estoile, à la date du 24 juillet 1593.)

generale de toutes sectes et opinions contraires à la sainte Escripture, aux conciles et constitutions canoniques, et recognoistre pour chef de l'Eglise visible la personne de nostre sainct pere le Pape, avec la conservation de la liberté de l'Eglise gallicane.

Tout fut trouvé bon, et remis au lendemain à l'eglise Sainct Denys pour en faire la solemnité et cérémonie: ce qui fut exécuté le dimanche 25 juin, avec l'applaudissement de tout le peuple qui se trouva à l'acte; et mesme il ne fut pas possible aux ligueurs d'empescher une multitude infinie qui partit de Paris pour venir voir ce qu'ils n'eussent osé jamais croire, d'autant qu'on leur vouloit persuader que ce n'estoit que feintise, et que jamais le Roy ne se laisseroit amener à cette déclaration. Ils en ont esté fort déceuz, et Dieu veuille que ce soit leur confusion universelle; et à la verité s'il faut qu'ils se recognoissent, et que tous ensemble viennent à recognoistre le Roy, ils feront un party formé qui aura ses députez en cour comme ont eu les huguenots, et qui par demandes importunes empescheront toute réconciliation (1).

Estants à l'église, M. de Schomberg me parla de la négotiation de la treve, et me remonstra qu'il espéroit que ce seroit le seul moyen de remettre la France, qui estoit désolée en tous lieux, quand par le moyen de la treve on gousteroit un peu de la douceur, il seroit difficile de faire rentrer le peuple en guerre; et que d'ailleurs l'Espagnol estoit las de frayer argent; et ne voir point d'advancement pour eux. On fist force feux de joye, et on tira ce qu'il y avoit de pieces de canon,

---

(1) Il en est ainsi arrivé; car ayant fait la paix, se séparant les uns des autres, ils ont perdu leurs forces. (*Note du président Groulard.*)

qui furent ouys de Paris avec un contre-cœur horrible des ligueurs.

La treve fut conclue et achevée aussytost aprés, et publiée par tout; mais pour cela ces esprits envenimez ne peuvent encore digerer leur poison. On voulut faire ouverture d'unir la cour des aydes avec le parlement de Normandie, et en fust-on venu à bout; mais M. d'O remonstra que ce ne seroit pas le moyen de vériffier les édits, ausquels sy la cour des aydes seule se monstre quelquefois difficile, que pouvoit-on croire quand elle seroit unie avec un grand corps? Et je dis au contraire que je tenois que nostre compagnie ne le voudroit point, d'autant qu'à la moindre résistance du monde on créeroit une autre cour des aides; et cependant nous nous trouverions du guet (1), ayant creue sy notable et de presidents et de conseillers. Et voilà comme cela s'en alla en fumée. Je repartis de Sainct-Denis le 7, et me rendis à Caen le 14, ayant esté fort travaillé d'une néphretique, que je guarys à force de boire de l'eaue au chasteau de La Riviere-Thibouville.

Pendant les trefves le Roy se rendit à Dieppe, d'où il me manda et M. de La Verune aussy, et je partis de Caen le 9 de novembre; de sorte que je ne pus assister ny à l'ouverture de la cour, ny à la convocation des Estats, qui se tint peu aprés nostre partement. Là estant, nous sceusmes que le Roy nous mandoit, sur l'esperance qu'il avoit de pouvoir traicter avec M. de Villars, dont nous luy avions donné advis dès le premier voyage. Toutefois rien ne s'est peu achever. Il y avoit du danger sur les champs, malgré la treve. Pen-

---

(1) *Du guet :* Ce passage est obscur, mais il est semblable dans les deux manuscrits.

dant nôtre séjour, le Roy mé feist fort particulierement entendre son intention contre M. le cardinal de Bourbon.

J'adjousterai icy ce que j'ay oublié à mettre en l'autre voyage : c'est que Sa Majesté nous commanda à messieurs le chancelier, premier president de Paris, de Beaulieu, secretaire des commandements, et à moy, de nous assembler, et adviser ce qu'il pourroit faire touchant le mariage de Madame, sa sœur, avec M. le comte de Soissons. Nous ne pusmes y rien résoudre, et remonstrasmes qu'entre les mains des roys y a deux sortes de justice, l'une extraordinaire, de laquelle ce n'estoit à nous à luy parler, et au contraire de l'en divertir quand il le voudroit, d'autant qu'elle approche de la tyrannie; et que pour le regard de l'ordinaire, il y auroit de grandes longueurs s'il falloit en venir par procez, d'autant que M. le comte *sui non faceret copiam;* qu'en tels actes il est dangereux de les dissoudre par procureur, d'autant que quelques petites protestations faictes en cachette mettroient en hazard un autre mariage, et que le meilleur seroit de tenter M. le comte par la voye la plus doulce.

[1594] Je n'ay fait aucun voyage en cour cette année là, qui s'est passée au retour de Caen en cette ville de Rouen, aprés la reconciliation faite avec l'amiral de Villars.

CHAPITRE V.

Voyage en cour, fait en 1595.

[1595] Les rebelles et ligueurs de la France ayant esté deffaicts en bataille par la valeur du Roy, et ceux qui avoient eu recours à sa clémence ayant obtenu pardon, la pluspart d'entre eux recognurent leur faute, et se soubmirent au roy Henry quatrieme, roy de France et de Navarre : aussy est-ce le prince le plus accomply qui ait jamais esté, et surtout pour son courage et bonté incroyable. Neantmoins, comme en ce grand remuement ceux qui avoient pris le party mauvais avoient suivy divers chefs, aussy fut-il trouvé qu'en la réconciliation il y a eu differentes humeurs des personnes avec lesquelles il a fallu négotier : entre autres le vice seneschal de Montélimar (il s'appeloit Colas) ayant désigné dès le commencement renoncer à la France et se donner du tout à l'Espagnol, il se saisit par trahison et infidelité grande de La Fere, où commandoit pour la Ligue le marquis de Maignelay (1), qui estoit l'aisné de la maison de Piennes, lequel il massacra inhumainement en ladite ville; et sçachant bien que cette cruauté ne demeureroit impunie, ayant affaire à de trop grands, et entre autres à M. le mareschal de Rets, la fille aisnée duquel estoit mariée audit sieur de Maignelay, se donna du tout au prince de

---

(1) *De Maignelay* : Florimond de Hallewin, marquis de Piennes et de Maignelay, gouverneur de La Fère, y fut tué en 1592.

Parme, admist dedans sa place garnison d'Espagnols ; de sorte qu'aprés la prise de Laon le Roy délibera d'assieger La Fere : ce qu'il feist, et fut le siege fort long et fascheux, car les ennemys tenoient Dourlens, qu'ils avoient gaigné au moys de juillet, aprés la route du 24 dudit mois, en laquelle M. de Villars, admiral, fut tué. M. de Montpensier, par cette mort, fut recogneu à Rouen; car ledit sieur admiral, encore qu'il fust réconcilié avec le Roy, ne vouloit toutesfois de son vivant permettre que mondit sieur de Montpensier vint à Rouen. Il s'esmut aussytost des soupçons et fantaisies, à cause que Sa Majesté ayant donné le gouvernement à M. de Bellegarde, grand escuyer de France, fort favory, cela fit entrer M. de Montpensier en cervelle qu'on ne voulust encore le traverser en l'authorité qu'il avoit en la province; et à ceci estoit poussé par M. le mareschal de Fervaques, qui soubs ce pretexte pensoit à l'advancement de ses desseings.

Tout encore alors estoit remply de deffiance et de mescontentements infinis, comme entre personnes de nouveau reconciliées, le sieur de Villars, frere du deffunct admiral, n'ayant peu obtenir ny l'admirauté ny le gouvernement de Rouen, et beaucoup d'autres qui ne demandoient que choses nouvelles, d'autant que la paix et le repos leur estoient contraires; le duc du Mayne encore en armes, la Bretagne soubs le commandement du duc de Mercure (1); bref, les choses estoient en branle : ce qui fut cause que Sa Majesté manda M. de Montpensier, et me commanda de l'aller trouver aussy; ce que je fis, et arrivasmes à Chauny le dernier jour de novembre.

(1) *De Mercure :* On écrivoit ainsi le nom du duc de Mercœur.

Messieurs de Dragueville, maistre des requestes, et de Mathan, conseiller à la cour, vindrent avec moy, et ce voyage se passa fort heureusement, ayant esté recueillis à Trye par madame de Longueville (1) fort honorablement; et aussy il sembloit que lors il y eust apparence de mariage entre ledit sieur de Montpensier et mademoiselle de Longueville, qui est une fort vertueuse princesse. Cela eust esté faict; mais la duchesse de Beaufort le fist rompre l'an 1596, le Roy estant à Rouen (2).

Au commencement de décembre j'allay à Traversy, petit chasteau où le Roy estoit logé, à la veue de La Fere. Il y avoit du danger à y aller, à cause des coureurs de Dourlens; mais M. de Fervaques nous fist escorter. Le Roy se trouvoit un peu mal le jour que nous le saluasmes. Il me dit que se confiant à moy comme à son serviteur bien asseuré, il m'avoit mandé pour me faire entendre qu'il ne trouvoit pas bonnes les procédures de M. de Montpensier; qu'il vouloit que M. le grand (3) jouist du gouvernement de Rouen; que je feisse en sorte que dans nostre compagnie il n'y eust de la traverse; que telle estoit son intention. Je feis responce qu'il me faisoit trop d'honneur de cette bonne opinion; que ce n'estoit à moy à controller ses volontez, n'ayant jamais eu devant les yeux que son seul service; et que de ma part j'apporterois ce qui des-

---

(1) *Madame de Longueville :* Marie de Bourbon, duchesse d'Estouteville, comtesse de Saint-Paul et dame de Trie, veuve de Léonor d'Orléans, duc de Longueville. — (2) Catherine d'Orléans, demoiselle de Longueville, mourut aveugle à Paris en 1638, sans avoir contracté aucune alliance. (*Voyez* le père Anselme, Histoire généalogique de la maison de France, tome 1, page 221.) — (3) *M. le grand :* Le duc de Bellegarde, grand écuyer de France.

pendoit de moy pour son contentement. Il me le réitera par plusieurs fois. Cela fait, je pris congé de luy, et allay attendre à Chauny mondit sieur de Montpensier, qui ayant esté licentié par le Roy, revint aussy à cause des Estats, qui se debvoient tenir en décembre à Rouen. En ce voyage M. Le Jumel Lisors, conseiller en la cour, fist l'ouverture de l'estat de procureur general, où il aspiroit; ce qui luy fut accordé moyennant cinq cents escus qu'il donna à madame de Sourdis (1). Nous arrivasmes à Rouen le 14 décembre (2).

(1) *Qu'il donna à madame de Sourdis* : La liaison de madame de Sourdis avec le chancelier de Chiverny causoit alors de grands scandales. (*Voyez* une anecdote qui s'y rattache, dans les Mémoires de Conrart, deuxième série de cette Collection, tome 48, page 245.)
— (2) Le président Groulard, en rendant compte de son voyage aux chambres assemblées du parlement de Rouen, dit, entre autres choses dignes de remarque, ce qui suit : « La derniere fois qu'il parla au dit
« seigneur Roi, il lui avoit donné charge de representer à la com-
« pagnie l'état auquel il étoit réduit; que pour sa personne, il ne fai-
« soit de depenses extraordinaires, n'ayant qu'un seul habit; mais qu'il
« lui étoit besoin de supporter de grands frais pour l'entretenement
« de ses armées, ayant une forte armée de ses ennemis sur les bras,
« lesquels il étoit résolu de combattre avec quelque force qu'il put
« avoir, plutôt que de lever le siege de La Fere; et qu'il étoit contraint
« de recourir aux remedes extraordinaires pour avoir de l'argent, lui
« ayant recommandé la vérification de trois édits. » (Copie des registres du parlement de Rouen, tome 16, page 73.)

CHAPITRE VI.

Assemblée des notables, tenue à Rouen en 1596 (1).

Le jeudy 10 octobre 1596, madame la marquise de Monceaux arriva à Rouen, logea à Saint-Ouen, en la chambre dessus celle du Roy.

Le vendredy 11, je la fus saluer, et le dimanche encor aprés, en ayant eu commandement du Roy par les sieurs de Sainte-Marie du Mont et de Feuquerolles.

Le dimanche 13, M. le connestable (2) arriva, que j'allay saluer; et y estoit desja venu M. le chancelier (3) dès le 7 du moys, en la maison duquel j'ay assisté au conseil par plusieurs fois.

Le 14, le Roy, qui avoit séjourné à Gaillon quelques jours, y vint dans un carosse, et y demeura jusques au mercredy.

Ledit jour de lundy, fut faict à Notre-Dame un service solemnel pour le cardinal de Tolede (4), par commandement du Roy qui l'avoit escript à M. le

---

(1) Ce chapitre manque dans le manuscrit des Archives. — (2) *M. le connestable*: Henri, duc de Montmorency. — (3) *M. le chancelier*: Philippe Hurault, comte de Chiverny. — (4) *Le cardinal de Tolede:* François Tolet, jésuite, savant théologien et prédicateur célèbre, fut fait cardinal en 1593. Il étoit de Cordoue; et, bien qu'il fût Espagnol, il avoit contribué à la réconciliation de Henri IV avec le Saint-Siége. Le président Groulard lui donne à tort le nom de *Tolède*: il étoit d'une famille obscure. Pierre de L'Estoile place ce service au jeudi 17 octobre; il dit qu'il fut célébré en la présence du Roi. Suivant Groulard, il auroit eu lieu le lundi 14 octobre. Groulard est ici témoin oculaire.

chancelier, auquel j'assistay. M. Pigny fist l'oraison funebre.

Le mercredy 16, le Roy fist son entrée. Je le saluay au nom de la cour en son théastre.

Le vendredy 18, je le saluay au sortir de son disner; et m'ayant mené dans la gallerie de son cabinet, je fus environ deux heures avec luy, pour rendre raison de l'estat auquel estoit la ville de Rouen.

Le samedy 19, le Roy jura avec le comte de Schalesbery (1) l'alliance avec la royne d'Angleterre à l'église Saint-Ouen, pendant les vespres, où assista pendant le service ledit sieur comte. Ladite Ligue estoit offensible et deffensible contre tous, specialement contre l'Espagnol (2).

Le dimanche 20, le Roy receut par les mains dudit comte, audit lieu de Saint-Ouen et pendant les vespres, l'ordre de la Jarretiere; et fault notter que pendant le service et la cérémonie ledict sieur comte tenoit la main droicte, et le Roy la gauche: mais après, au sortir, le Roy reprist la droicte.

Et d'autant qu'en ladite cérémonie M. le connestable voulut marcher comme duc, y eust contention entre luy et M. de Nevers pour leur preséance, M. le duc de Nevers la maintenant pour ce que la sienne estoit plus ancienne, et que le droit luy en avoit esté cedé par madame sa mere. M. le connestable maintenoit que le duché de Nevers estoit à la verité plus ancien; mais qu'estant tombé en filles (3), il avoit eu besoing de con-

(1) *Schalesbery*: Le comte de Salisbury. — (2) *Voyez* ce traité dans la Chronologie novenaire, t. 43, p. 289, de cette série. — (3) *Tombé en filles*: En la personne de Henriette de Clèves, qui, en se mariant avec Louis de Gonzague, duc de Mantoue, obtint une déclaration

firmation, laquelle estoit posterieure à l'érection du duché de Montmorency; que quand cela cesseroit, il ne faudroit avoir esgard à la cession de Madame, qui ne l'avoit peu faire à son préjudice. Le Roy prononça pour M. le connestable; dont l'autre fut fort mal content, et ne se voulut trouver en la céremonie, et en partit irrité.

Il y eut aussy autre difficulté entre ledit sieur connestable et M. d'Espernon pour mesme subject. M. le connestable alleguoit que son duché estoit plus ancien; l'autre, que lorsque le feu Roy érigea en duché la terre de Joyeuse et d'Espernon, il y eust declaration particuliere, veriffiée en la cour de parlement de Paris, par laquelle estoit dict que lesdits sieurs de Joyeuse et d'Espernon, à cause de leurs duchez, préféreroient tous autres ducs non princes, encor qu'ils fussent plus anciens (1). A quoy on respondoit que ladite declaration avoit esté extorquée par la trop grande faveur desdits sieurs, comme chacun sçayt, et pendant la disgrace de M. le connestable, qui s'y estoit opposé. Toutesfois le Roy prononça pour ledit sieur; de sorte que M. d'Espernon ne se voulust trouver à la ceremonie : et sur

---

donnée à Moulins le 2 mars 1566, portant que la pairie de Nivernois n'avoit pas été changée par son mariage. Cette déclaration fut enregistrée au parlement, sur lettres de jussion, le 22 juin 1566, nonobstant et sans préjudicier à l'opposition du duc de Montmorency, qui soutenoit que la préséance lui appartenoit. On trouve dans le tome 3ᵉ de l'Histoire généalogique de la maison de France, page 667 et suiv., toutes les pièces et plaidoyers relatifs à cette opposition de la maison de Montmorency, sur laquelle il n'a pas été statué au parlement; mais Henri IV décida, le 25 novembre 1596, en faveur du duc de Nevers. (*Voyez* plus bas les Mémoires de Groulard.)

(1) *Voyez* cette clause extraordinaire des lettres patentes contenant érection du duché d'Epernon, dans le père Anselme, t. 3, p. 848.

ce que le Roy luy dist que M. de Joyeuse qui avoit pareille prétention cédoit, il fist response que ledit sieur de Joyeuse se préjudiciast comme il luy plairoit; mais qu'il supplioit Sa Majesté ne le vouloir contraindre de quitter ce qu'il avoit de marque signalée de l'affection que le feu Roy luy avoit porté; et ainsy il n'y alla point.

Le lundi 21, je fus trouver M. de Montpensier fort matin, pour, suivant son commandement, conférer touchant la lieutenance générale du baillage, de la destitution des capitaines de Rouen, et de son mariage : ce que nous fismes amplement.

Les causes pour lesquelles on dict le mariage (1) avoir esté trouvé bon par le Roy sont, tant le naturel de mademoiselle de Longueville, qu'il tient un peu trop hautain, qui en ces temps remplis de desseins pourroit aucunes fois inciter un prince doux comme est M. de Montpensier; l'autre est que l'on a rapporté, dict-on, au Roy qu'elle avoit dict que Sa Majesté avoit fait tuer feu M. de Longueville son frere, qui aux portes de Dourlens fust frappé d'un coup d'arquebuse dans la teste, à une salve qui s'y fist l'an 1595, et en mourut du coup dans la ville d'Amiens (2). Ce qui a sy fort irrité le Roy contre elle, qu'on ne l'a peu remettre, à cause que

---

(1) *Le mariage :* Il s'agissoit, dans cette conférence, du mariage que Henri de Bourbon, duc de Montpensier, étoit sur le point de contracter avec Henriette-Catherine, duchesse de Joyeuse et comtesse du Bouchage. — (2) *Dans la ville d'Amiens :* Henri d'Orléans, duc de Longueville, mort à Amiens le 29 avril 1595. A l'occasion de cette mort, L'Estoile dit, dans son Journal, que depuis le comte de Dunois les aînés de cette maison n'ont pas passé trente-un ans. Ce fait est inexact, ainsi qu'il est facile d'en faire la vérification dans le père Anselme.

le naturel du Roy, esloigné sy fort de toute meschanceté, assassinat et trahison, n'a peu s'adoucir de chose
aucune qui luy ait esté dicte au contraire. Et neantmoins c'est une chose estrange de ladite mort; car il
y eust un soldat mis en prison, lequel ayant confessé
avoir faict le coup, mais que c'estoit par mesgarde,
pensant tirer à..., qui avoit esté mis hors de la place par
M. de Longueville, et qui par commandement du Roy
debvoit y rentrer; et disoit ledit soldat avoir eu charge
de faire le coup tant par M. de Longueville que par feu
M. de Nevers : et de fait ce fust M. de Nevers qui tira
ledit soldat hors de la prison, et le mit en liberté, sans
permettre qu'il fust passé oultre au jugement et instruction du procès. Sy ainsy est (car je n'oserois penser
que les princes soient pour commander telles meschancetez, qu'ils doivent avoir en horreur), ce seroit un
grand coup de Dieu, duquel les jugements sont iné-
vitables, et qui en temps chastie les personnes.

Le samedy 26, je fus veoir le Roy à son lever, qui
m'asseura vouloir changer les capitaines de Rouen, et
me donna charge de parler à M. de Villars pour le faire
condescendre à abattre le fort du Pont de l'Arche, affin
qu'à son exemple les autres gouverneurs n'en feissent
difficulté.

Ledit jour, fust arresté à la cour que l'on iroit saluer
le Roy en corps de parlement, comme il est accoustumé de faire; et ce que l'on avoit différé estoit que
Sa Majesté, pour ses autres occupations, n'y avoit peu
entendre, et l'avoit remis audit jour.

Le dimanche 27, M. le president de Lisors, six de
messieurs de la grand'chambre et six des enquestes,
avec le premier avocat général, s'assemblerent céans

sur les huict heures; et ayant envoyé prier M. de Montpensier de nous introduire quand le Roy seroit prest, nous nous acheminasmes à Saint-Ouen; et admis dans la gallerie, le Roy estant au bout d'une table debout, m'ayant faict approcher avec la compagnie, m'entendit sur tout ce que je luy proposay avec beaucoup de patience, tant sur la dignité de la justice, l'authorité de la cour, que restablissement de son royaume, et monstra en avoir beaucoup de contentement. Y estoient presens messieurs les princes de Vaudemont et de Nemours, le connestable, le chancelier, l'admiral, Bellievre(1), le premier president de Paris, le procureur general, les mareschaux de Rets et de Matignon, les secretaires d'Estat, et plusieurs autres grands seigneurs ecclesiastiques et seculiers, dont j'ay beaucoup d'occasion de louer Dieu.

Le vendredy premier de novembre, le Roy alla à la messe à Saint-Ouen, accompagné des chevaliers du Sainct-Esprit qui estoient en la ville, lesquels portoient leurs grands colliers de l'ordre sur leurs manteaux ordinaires.

Le samedy 2, messieurs les connestable, chancelier, et autres du conseil, jugerent par provision l'ordre de marcher des parlements, sans nous ouyr ny en avoir conferé ensemble, et ordonnerent que le premier et second president de Paris, le second president de Tholouze (l'estat de premier estant vacant), le premier president de Bordeaux, le premier president de Rouen, le premier president de Bretaigne, et après eux le procureur general de Paris, celuy de Tholouze, et ainsy

---

(1) *Bellièvre :* Pompone de Bellièvre, alors conseiller d'Etat, chancelier de France en 1599.

les autres, marcheroient : ce qu'ayant entendu, j'en fis plainte tant à M. le chancelier qu'à M. de Bellievre. Le mal a esté que M. le connestable, gouverneur de Languedoc, supportoit M. de Sainct-Jory (1), comme aussy le cardinal de Gondy et le mareschal de Rets, à cause de leur nepveu le president de Paulo, qui est à Tholouse. M. le mareschal de Matignon supportoit celuy de Bordeaux, où il est gouverneur; et messieurs le chancelier et de Sancy les presidents de Paris, tant eux que les autres seigneurs qui ont des biens soubs leur parlement: et qui pis est, le president Daffis (2) et le procureur general de Bordeaux m'ayant dict chez M. d'Espernon, le 27 du passé, qu'ils cédoient à messieurs de Paris premier et second, et à M. de Sainct Jory, ayant rejetté la pelotte sur moy, qui considerois que je serois marqué de trop d'ambition, ne voulus pas, voyant la partie sy forte et sy bien faicte, en faire instance plus grande, pour n'estre cause d'interrompre la compagnie en un acte de telle consequence, où il alloit du bien de tout le royaume, et encor que les raisons que j'avois fussent grandes. Car premierement il n'y a eu jusques à maintenant aucun jugement de préséance entre les parlements; car en l'assemblée de Sainct-Germain l'an 1559, et en celle de Moulins l'an 1565, il avoit esté deferé au parlement de Paris; davantage lesdites convocations s'estoient faictes soubs leur district; et qu'au fonds, quand il faudroit en autres lieux ceder à Paris, qu'estant la convocation presente faicte en Normandie, je debvois preferer (3) tous les autres. Cha-

---

(1) *De Sainct-Jory* : Pierre Dufaur de Saint-Jory, président à mortier du parlement de Toulouse. — (2) *Daffis* : Guillaume Daffis, président à mortier au parlement de Bordeaux. — (3) *Preferer* : passer devant.

cun est maistre en sa maison, et la presence de Sa Majesté n'ostoit pas ma fonction, qui pouvois aller au parlement porter toutes les enseignes et marques de mon estat; ce que les autres ne pouvoient, n'estans plus que simples commissaires. Que c'estoit pourquoy messieurs de Paris avoient fait grande instance que l'assemblée se debvoit faire soubs leur ressort, prévoyans bien qu'ils ne précéderoient par raisons; qu'encor que Paris fust comme *matrix*, à l'instar de laquelle on avoit érigé les autres cours de parlement, toutesfois que toutes avoient puissance esgale en ce qui estoit de la justice, comme j'ay plus amplement remarqué au plaidoyé inseré en la réformation de la coustume, soubs le nom de M. Nicolas Thomas [1], encor qu'il ne l'eust fait. Qu'aux assemblées d'églises ceux qui estoient en leur diocese avoient préféré les autres ecclesiastiques, encor qu'ils n'eussent si éminente dignité, comme il se void dans Du Tillet l'an 1551, p. 454, où M. de Paris estant en son diocese, sur le doubte qu'il avoit de ne céder à M. l'admiral de Chastillon, qui estoit gouverneur, fist trouver bon qu'il se retireroit pour cette fois [2]. Qu'au sacre du roy Henry à present regnant, que Dieu veuille accroistre en toutes benedictions, l'evesque de Chartres feist l'office, au préjudice de M. l'archevesque de Bourges; ce qui s'estoit aussy observé aux armées, comme dict Thucidide, livre 5; et dans Livius, livre 28, ayant esté decerné triomphe

---

[1] *Nicolas Thomas*: Il étoit avocat général au parlement de Rouen. — [2] Le président Groulard n'indique pas l'édition de Du Tillet, de laquelle il emprunte cette citation. Le fait se trouve à la page 100 du Recueil des rangs des grands de France, à la date du jeudi 12 janvier 1552, (*ancien calendrier*), tome 2 du Recueil des roys de France, leur couronne et maison. Paris, Pierre Mettayer, 1618; 4 vol. in-4°.

par le senat à Claudius et Livius, consuls, pour la victoire contre Hasdrubal : *Ita convenit, ut... M. Livium quadrigis urbem ineuntem milites sequerentur; C. Claudius equo sine militibus inveheretur* (1), *cùm tamen uterque consul esset, et utriusque auspiciis, militis virtute, res gesta esset; quia, inquit, in provinciâ Livii res gesta erat.* Tant on a déféré, au lieu que cela doit dependre du Roy de rattacher à un lieu les prerogatives qui sont de sa disposition, comme fit Justinian, baillant le droict honorable et metropolitain à la ville dont il estoit né (2); et de faict, en la distribution des provinces de l'Empire, pour dire aussy contre Paris, en preseance on n'a pas garde sy elles estoient gouvernées par un grand magistrat ou par un moindre; elles vont devant ou aprés, selon qu'il a pleu au prince, comme pour exemple Valerius, *repensis in occidentali Illirico*, qui estoit soubs la charge *præfectus prætorio Galliarum*, n'avoit pour la gouverner que *ducem limitaneum*; et les Dalmaties qui les suivoient *habebant præsidem*, et soubs la charge *præfecti prætorio Illirici orientalis, præsides consularibus et consulares præsidibus, passim et promiscuè*, tout devant ou aprés, comme il plaist au prince. Mais quand il faudroit céder à Paris, que pour cela il ne le falloit pas

(1) *Titi Livii historiarum, lib.* 28, c. 9. Le président Groulard fait ici un singulier assaut d'érudition; il cite quelques mots de Tite-Live, et ensuite il retourne le texte de cet historien, pour exprimer en latin sa propre réflexion. — (2) Justinien 1, empereur d'Occident, naquit vers l'an 484 de notre ère, à Tauresium, petite ville de la Dardanie. Il l'érigea en archevêché. Le respect pour les monumens que nous publions a pu seul nous déterminer à ne pas retrancher ce passage des Mémoires du président Groulard. Il est écrit en langage barbare, et d'une obscurité que nous ne pouvons pas espérer d'avoir entièrement dissipée.

aux autres parlements ; car nous avons de tout temps en Normandie un eschiquier, qui est une cour souveraine où toutes les marques de parlement estoient, soit en cognoissance de causes, soit pour la presence des roys, qui y tenoient leur lict de justice, comme fist Charles VIII, selon nos registres, la proposition estant faicte par le chancelier de Rochefort ; que le duché de Normandie estoit réuny à la couronne avant les autres, soubs le temps de Philippe-Auguste, et que de cette province les roys de France tirent plus de secours ; que la ville de Rouen ès assemblées des villes tient le second lieu, n'ayant que Paris devant (aux Estats de Tours l'an 1467 ; Du Tillet[1], p. 415) ; que par la mutation de nom d'echiquier en parlement il n'y avoit rien esté adjousté, ainsy qu'il se void dans l'ordonnance de Louis XII, qui appelle l'eschiquier sa cour souveraine, et que ce qu'il la faisoit sedentaire estoit pour les incommoditez que recevoient les subjects pour la discontinuation et changement de place ; que Tholouse, en son institution de parlement, estoit appellable, *nisi gentes terræ aliter consentiant*, comme il se void en l'ordonnance de Philippe le Bel de l'an 1306. Toutesfois ils jugerent comme dessus est dict, d'où s'ensuit une autre absurdité ; car ils firent que le second president de Tholouse précédoit les premiers des autres parlements, contre ce qui avoit esté observé de toute anciénneté : ce qu'ayant remonstré au Roy en personne, il le trouva mauvais, et nous octroya déclaration qu'en tous autres lieux, actes et cérémonies, cela ne pourroit préjudicier à la preséance des premiers pre-

---

[1] *Voyez* dans Du Tillet le Recueil des rangs des grands de France, tome 2, page 75 de l'édition déjà citée.

sidens; et de faict il se void tousjours dans Du Tillet que *prima primus, secunda secundus dantur*. Cette confusion en fist renaistre une autre; car le procureur général de Paris estimant que par ce moyen il devoit suivre ses presidents, tous les autres presidents s'y opposerent; et eust passé l'affaire, tant il y avoit de brigues, sans la protestation que nous avions fait de ne nous y trouver plus.

Le lundy 4 de novembre, nous fusmes trouver entre nous deputez le Roy, qui alloit à la messe à Saint-Ouen, où nous l'accompagnasmes. Il s'escheut que M. le president Seguier (1), au milieu de la messe, estant au dessoubs de moy, voulut passer au dessus près de M. le premier president de Paris (2); mais je l'en garday, luy disant que hors l'acte je ne luy endurerois la preséance.

L'après disner, Sa Majesté fist la harangue dans la salle de sa maison, qui est très belle et bien faicte, se ressentant de son accoustumée façon militaire, sy agréablement receue d'un chascun que l'on s'en est promis beaucoup de bon augure. Il me fist cest honneur de m'en envoyer par le sieur de Sainct-Bonnet une copie.(3)

Le mardy matin se passa à déliberer sy on feroit deux ou trois chambres, ou quatre; fut arresté que l'on en feroit trois, et l'après disnée fut à les composer: ce qui fut arresté de diverses personnes de tous

---

(1) *Le president Seguier*: Pierre Seguier, deuxième du nom, président à mortier au parlement de Paris, mort en 1602. — (2) *Le premier president de Paris*: Achille de Harlay. — (3). Cette belle harangue de Henri IV a été insérée dans une note sur les Mémoires de P. de L'Estoile. (*Voyez* ci-dessus, tome 47, page 184.)

estats. Ledit jour, le president Daffis, enflé de ce que je luy avois dit, s'adressa à M. de Sainct-Jory pour le préférer. Ils eurent de gros propos, jusques à se reprocher, l'un les confusions de Bordeaux, l'autre la rebellion de Tholouse; et encor que le Roy prononçast qu'en l'assemblée des chambres on tiendroit le rang que l'on avoit eu en l'assemblée générale, toutesfois leur altercation en vint sy avant, que ledit sieur Daffis fut mis en une chambre séparée.

Le mercredy 6 novembre 1596, au logis de l'archevesché, on sépara trois chambres : en l'une présidoit M. de Montpensier, en l'autre M. de Retz [1], en l'autre M. de Matignon [2]. Nous protestasmes, pour la justice, que ce que les officiers de la couronne présidoient ne nous porteroit préjudice, et que nous en demandions acte au Roy, luy declarant neanmoins que ce seroit pour le bien du public que nous concéderions l'honneur ausdits officiers de la couronne. Mais nous arrestasmes aussy que où messieurs d'Eglise, autres que cardinaux, prétendroient nous présider, que nous ne l'endurerions point; qu'il n'estoit point question de faict ecclesiastique, mais d'Estat purement; et que *nullæ debebant esse partes ecclesiasticorum istis in locis*, au préjudice des officiers.

Nota. Que le lundy il y avoit eu deux grandes questions : l'une entre M. de Luxembourg et M. d'Espernon. Le premier objectoit sa maison illustre, en laquelle y avoit eu tant d'empereurs, qu'il estoit pre-

---

[1] *M. de Retz :* Albert de Gondi, duc de Retz, pair et maréchal de France, mourut en 1602. C'est l'aïeul du célèbre cardinal de Retz.
— [2] *De Matignon :* Jacques, deuxième du nom, sire de Matignon, lieutenant général pour le Roi de la province de Normandie.

mier duc. L'autre, que d'un coup il avoit esté duc et pair; que les deux qualités jointes debvoient préférer la seule. Fut dict que M. de Luxembourg n'avoit esté mandé; et partant, ne s'y trouva point.

L'autre fut entre M. le connestable, qui prioit au Roy que M. le duc de Bouillon y eust entrée. Sa Majesté luy dist qu'il valloit mieux qu'il s'en abstinst, d'autant que M. le mareschal de Bouillon estant absent pour la conféderation des Pays-Bas, pretendoit droict à la duché de Bouillon, et qu'il estoit raisonnable de ne le prejudicier. Ledit sieur connestable repliqua que ce seroit faire tort audit duc de Bouillon son beau-frere. Le Roy luy dist qu'il estoit non pour faire tort à aucun, mais bien faveur, qui est un beau traict, comme il est admirable en ses rencontres; ainsy qu'en la premiere assemblée, après sa harangue, sur ce que le cardinal de Gondy luy dist qu'il estoit mineur se voulant mettre en tutelle, il respondit qu'il l'estoit, mais qu'il ne luy falloit point de lettres de relevement pour les folies qu'il eust faites (1).

M. le chancelier ne fist gueres bien à sa harangue.

Estans ensemble à la chambre, nous oppinasmes confusement et sans ordre de rang, pour n'en estre long; et fut arresté que M. le mareschal demanderoit les oppinions, tantost d'un costé, tantost de l'autre. On jura de ne rien reveler; je ne sçay ce que cela pourra servir. On eleust un greffier en chacune chambre; et eusmes M. Mareschal, sieur de Corbet, de Bourges, thresorier de France.

Le huitieme jour, après avoir oppiné en toutes les

(1) Gabrielle d'Estrées fit la même observation. (*Voyez* les Mémoires de P. de L'Estoile, tome 47 de cette série, page 185.)

chambres, et tombé d'advis en la pluspart que l'on commenceroit à examiner la despense du Roy, après que l'on parleroit de recepte, fut advisé que nous oyrions les intendants, toute la compagnie assemblée : ce qui fut exécuté. Mais quand ce vint à se vouloir aller séparer, je l'empeschay, d'autant qu'il eust fallu qu'en nostre chambre M. de Bourges et moy fussions entrés en disputes pour la séance; de quoy M. de Bourges, réassis en sa place, se plaignit, dict que sa qualité d'archevesque n'estoit point débattue; qu'il avoit esté plus ancien conseiller en cour souveraine que je n'avois esté, ayant faict le serment de conseiller ecclesiastique à Paris y avoit plus de quarante-cinq ans; qu'il estoit au conseil d'Estat premier reçeu que moy, et que pour son antiquité il y avoit presidé plusieurs fois. Je respondis en un mot ce qui est refferé cy-dessus : de sorte que nous demeurasmes tous ensemble.

Le 8 après-disnée, et 9 matin, se passa à ouir M. de Heudicourt, qui nous representa plusieurs estats; mais on ne peult y travailler, d'autant que sur ce point on fut adverty que l'on continuoyt à faire des levées en toutes les provinces, qui estoit un très mauvais signe. Fut arresté que l'on iroit en parler au Roy, et pour ce faire y eult des commissaires députez.

Le dimanche 10 novembre 1596, M. le cardinal de Gondy avec quelques autres allerent trouver le Roy; et le lendemain 11 il nous en feist rapport, et dict que Sa Majesté avoit pris agreables nos remonstrances; mais que l'estat de ses affaires ne pouvoit permettre que l'on feist surseoir toutes levées : toutesfois que l'on deputast quelques-uns, qui avec les intendans communiqueroient, et arresteroient celles qui seroient les plus necessaires. Je fus deputé avec M. le premier president de Paris pour y aller; mais la mort de mon pauvre neveu Bouchart m'engarda d'y aller. Il rapporta aussy que Sa Majesté luy avoit déclaré que son intention n'estoit pas que les trésoriers de France eussent opinion en la compagnie; qu'ils estoient mandez pour rendre compte de leurs charges seulement, et faire comme les intendants des finances. Là dessus Marion, tresorier général à Montpellier, pour les autres ses confreres, remonstra que c'estoit une injure qu'on leur faisoit de leur oster leur voix, ayant esté receuz en la compagnie; que les lettres par lesquelles le Roy les avoit évocquez de tous les confins de son royaume portoient qu'ils bailleroient et advis et conseil; que les lettres des autres députez estoient semblables; qu'ils avoient esté presents à la proposition faicte par le Roy; le lendemain avoient assisté pour la distribution des chambres, leur advis demandé par M. le chancelier; qu'ils avoient esté despartis aux chambres; que l'on y avoit choisy en chacune un de leurs confreres pour estre greffier; qu'ils avoient opiné trois jours entiers avec tant de liberté, qu'ils appelloient un chascun de nous à tesmoing de leur franchise; que c'estoit leur faire une note irréparable à leur honneur, d'autant qu'en toute la France on jugeroit qu'ils auroient esté rejettez pour quelque faute par eux commise; qu'ils estoient des principales maisons de leurs villes; qu'ils supplioient toute l'assistance de prendre leur cause en main, et ne permettre qu'ils receussent cette marque. Et eux retirez, fut arresté par la compagnie que Sa Majesté seroit suppliée de les y laisser, et que quand il se parleroit de leur fait particulier, ils seroient tenus de se retirer, et non autrement.

Le mardy 12 novembre, je ne peus me trouver en l'assemblée, à cause que c'estoit l'ouverture du parlement, où, après la solennité accoustumée, avant que monter aux haultes chaires, fut oppiné d'aller saluer Madame, sœur du Roy, qui estoit arrivée le samedy de devant, attendu que toutes les compagnies de la ville y avoient esté avec cerimonies. Fut fort disputé sy M. de Lisors, ou moy, menerions la compagnie. Il disoit qu'à Bordeaux, quand elle y estoit arrivée, M. le premier president y avoit esté; qu'à Tours pareillement M. le premier president de Paris l'avoit faict; que le mesme president avoit esté saluer le prince de Condé, comme premier prince du sang de France; que le mesme avoit esté cette année au-devant du légat, jusques à Saint-Jacques du Hault-Pas; que Madame estoit sœur unique du Roy; qu'il estoit raisonnable qu'elle fust honorée plus que toutes les autres personnes. Au contraire, on disoit que, par vieille tradition du palais de Rouen, jamais le premier president ne debvoit y aller que pour le Roy; que les flatteries et ambitieuses démonstrations d'honneur avoient fait avilir la justice; que tout ainsy qu'à Paris anciennement les princes, mesmes les successeurs immédiats à la couronne, posoient les armes en entrant au parlement, jusques à ce que du temps du roy Henry second quelques uns de ceux qui devenoient courtisans le dissimulerent pour les uns, et qu'enfin cela avoit esté cause que desclaration s'estoit ensuivie que les princes, les connestable, mareschaux de France, pairs, et les gouverneurs des provinces, porteroient l'espée;

que la personne du premier president representoit le plus essentiellement le Roy, à qui mesme l'on faisoit tort; que c'est que l'on eust peu faire davantage à la Reyne sy elle venoit en la ville? Que les exemples ne se doibvent tirer en consequence; que le legat representoit nostre saint pere le Pape, au devant duquel les empereurs et roys alloient, et les accompagnoient le plus souvent à pied; que à ce qui s'estoit faict à Madame à Paris et à Bordeaux pouvoit avoir esté par lettres particulieres et commandement exprès du Roy; et de faict, que M. le premier president de Paris ayant esté saluer M. le prince de Condé, fut par luy dict audit sieur qu'il debvoit sçavoir qu'en l'estat où ils estoient il n'appartenoit cet honneur qu'au Roy, et non à luy, non à tout autre prince : toutes fois qu'il s'y estoit acheminé pour obeyr au commandement qu'il en avoit du Roy. Finallement, fut arresté que je n'irois point, mais que M. le president de Lisors, comme second, iroit, assisté de douze de messieurs de la cour, six de la grand chambre et six des enquestes, avec un des gens du Roy : ce qu'ils feirent, et fut M. le president fort blasmé d'avoir, en parlant à Madame, usé de ces mots *Sa Serenisse Altesse*, dont chacun s'estoit scandalisé, comme de chose qui sentoit trop sa flatterie italienne.

Le mercredy 13, je fus après disner saluer Madame, de laquelle je fus reçeu avec beaucoup de courtoisie, bon accueil et bienveillance.

Le jeudy 14, estant allé au sortir du disner du Roy pour luy parler des affaires de cette ville, estant en son antichambre, je vis les tresoriers generaux de France de diverses provinces parlants à luy, tous à genoux, et ce par la bouche de M. Le Gras, trésorier à Paris, qui, avec beaucoup de passion et véhémence, remonstra que Sa Majesté les debvoit traicter comme ses subjects et serviteurs; qu'il avoit esté tousjours renommé pour sa débonnaireté, et que comme il avoit surpassé ses devanciers en valeur et prouesse, qu'il devoit aussy le faire en pieté et justice; qu'ayant esté jaloux de tenir sa parole ferme et inviolable, qu'il se souvint qu'il n'y a pas un an, ayant esté assisté d'un fort notable prest par leurs compagnies, dont ils couroient encor en rentes et intérêts, il leur avoit promis qu'ils ne seroient supprimez que par mort et forfaicture; que la declaration en avoit esté envoyée en ses cours de parlement, où elle avoit esté veriffiée; et neantmoins que par un nouveau moyen et voye insolite on les avoit tous interdits : ce qui ne se pouvoit faire qu'ayant malversé en leurs charges; qu'il luy pleust destourner cette note infame de dessus leurs visages, eux qui estoient des principales maisons des villes; et s'il y en avoit parmi eux quelques uns dont les desportements fussent scandaleux, il les séparast des autres, les mist entre les mains de sa justice pour les faire punir, affin que la faulte des uns ne retombast pas sur les autres qui estoient innocents. Qu'en ces derniers tumultes ils avoient fidellement servy Sa Majesté et celle de son predecesseur, retenu beaucoup de villes en son obéissance, et remis les autres qui s'en estoient separées : enfin qu'il eust esgard à eux, leurs femmes et enfants, qui seroient miserables si cette rigueur n'estoit adoucie. Le Roy fist responce qu'il avoit bien entendu ce qu'ils luy avoient proposé, et qu'ayant faict venir beaucoup de personnages d'honneur en l'assemblée, il se remettoit

sur eux de ce qu'ils estimeroient propre pour lesdits
tresoriers, desquels il recongnoissoit à la vérité y en
avoir nombre qui s'estoient fidellement acquittez de
leurs charges; mais qu'aussy il y en avoit qui en avoient
abusé: aussy qu'il ne se pouvoit autrement faire, estants sy grand nombre, veu que de douze apostres un
s'estoit oublié, encor estoit-ce celuy qui manioit les
finances; que les siennes avoient esté sy mal adminis-
trées cy-devant, qu'il n'y avoit plus moyen de l'endurer: toutefois qu'il suivroit ce qui luy seroit conseillé.
Fault noter qu'ils demeurerent à genou tant que le Roy
les oyt; qui fut trouvé fort rude.

Je le suivys dans sa chambre; et ayant fait retirer un
chacun, il me mena dans son cabinet, me faisant voir
tout ce qu'il faisoit bastir et accommoder; et y fus plus
d'une heure avec luy et M. de La Force (1). Il me remist pour luy parler d'affaires au lendemain.

Ledit jour, M. de Compain me bailla l'arrest et déclaration pour nos sceances, qui ne fut mis au résultat
du conseil que le 9 novembre 1616, encor qu'il eust
esté arresté longtemps auparavant.

Le vendredy 15 novembre, je fus voir le Roy au
matin à son lever. Il me communiqua l'affaire du mariage qu'il déliberoit faire contracter à M. de Villars
avec la fille de M. de Sancy, affin de lier davantage
ledit sieur de Villars à son service, et m'en demanda
advis : ce qu'attendu sa volonté, je ne voulus contredire, luy disant neantmoins que je n'estimois pas que
cela se peust achever, estant ledit sieur engagé à la
recherche de madame d'O, et M. de Sancy fort avant

(1) *M. de La Force* : Jacques Nompar de Caumont, duc de La Force,
maréchal de France en 1622.

en propos du mariage de sa fille avec le fils aisné de M. de Breauté, qui depuis s'est accordé (1).

Jusques au 22, il n'y eust rien qui se passa de digne de remarque; mais ledit jour ayant eu le Roy advis qu'un capuchin avoit achapté un canon de pistolet, ordonna qu'il seroit ouy chez M. le cardinal de Gondy, où assisteroient messieurs les presidents et procureur general de Paris, et le procureur general de ce parlement, et moy aussy. Là estant, il fut interrogé, et remonstré les justes occasions que l'on avoit d'entrer en soupçon de luy; mais il se purgea de sorte qu'on congneut qu'il n'y avoit subjet d'entrer plus avant en recherche; et d'autant que les interrogatoires avoient esté faicts par ledit sieur premier president de Paris, qui se debvoient faire par moy en ceste ville, où ils n'ont jurisdiction aucune, nous allasmes le lendemain, M. le procureur general et moy, en faire plainte, ou pour mieux dire remonstrances à Sa Majesté, qui l'eust agréable, et nous dist que cela se debvoit faire ainsy, louant la modestie dont nous avions usé.

Le lundy 25 novembre 1596, nous fusmes disner chez M. le president Seguier, M. d'Incarville et moy, pour, par le commandement de Sa Majesté, voir le menu de ce que coustoient les capitulations des villes de ce royaume, où l'on nous fist veoir de grandes villenies, et de l'argent incroyable baillé à ceux qui avoient trahy l'Estat, et esté cause des grandes guerres de la Ligue.

(1) La veuve du surintendant d'O épousa en secondes noces Jacques d'Aumont, seigneur de Chappes, prevôt de Paris; et le baron de Villars se maria en 1597 avec Julienne-Hippolyte d'Estrées, sœur cadette de Gabrielle d'Estrées. Charlotte de Harlay de Sancy fut mariée, le 17 décembre 1596, à Pierre, sire de Breauté, vicomte de Hotot.

Ensuit les sommes de deniers qui ont esté accordez par plusieurs traictez et conferences de provinces, villes et chasteaux, forteresses et hommes, qui se sont réduits en l'obéissance du Roy, compris ce qui a esté accordé à M. le duc de Lorraine (1).

Au sieur duc de Lorraine...............	900,000 escus.
Au sieur de Vitry, pour Meaux..........	36,000
Au sieur d'Alincourt et autres, pour Pontoise................................	124,200
Au sieur mareschal de La Chastre, pour Orléans, Bourges, et à d'autres pour ce mesme subject.........................	250,000
Au sieur mareschal de Brissac et autres, pour la ville de Paris....................	492,000
Au sieur admiral de Villars et autres, pour Rouen, le Havre et le Pont-Audemer....	715,430
Au sieur Médavy et autres, pour Verneuil.	44,000
Au sieur de Boissuze, pour Tombelaine....	20,000
Au sieur mareschal de Balagny, pour Cambray...............................	140,000
Au sieur de Megnieux, pour Montreuil.....	57,400
Au commandeur de Grillon, pour Honfleur.	15,000
Au sieur de Fontaine-Martel, pour Neufchastel...............................	16,000
Au sieur Descluseaux, pour Noyon.........	52,500
A M. de Guyse et plusieurs autres, compris madame sa mere (2)..................	629,500
	3,492,030 escus.

(1) Cette pièce est déjà connue; elle a été insérée d'après les manuscrits de Béthune, de la bibliothèque du Roi, à la page 176 du Journal militaire de Henri IV, publié par M. le comte de Valori en 1821. Les sommes sont exprimées dans ce dernier ouvrage en chiffres romains, manière de compter si peu familière aujourd'hui, que M. de Valori s'est abstenu d'en énumérer le total. — (2) *Variante:*

D'autre part..........	3,492,030 escus.
Au sieur de Lanet (1) pour Coucy..........	8,500
A M. d'Elbœuf et autres, pour Poictiers...	209,833
A M. du Mayne et autres (2)...............	820,000
A M. de Nemours et autres (3)............	220,000
A plusieurs particuliers, pour Lyon.......	60,000
A M. de Bois-Dauphin...................	170,000
Au sieur de Montespan et autres...........	25,000
Au sieur de Lussan........................	41,300
Au sieur de Giniel........................	10,000
Au sieur mareschal de Joyeuse............	372,000
A plusieurs particuliers, pour Troyes......	35,000
Au sieur de La Rivière, pour Mezieres....	70,000
A plusieurs, pour Amiens, Abeville et Beauvais...	93,500
Au sieur de Talhoüet, pour Rhedon (4)....	28,500
Au sieur de Libertat et autres, pour Marseille...	102,000
A M. d'Espernon........................	125,000
A plusieurs, pour Vezelay................	10,500
A diverses personnes, pour diverses places.	80,300
A plusieurs, pour Rocroy, Moncornet, Chaumont en Bassigny, et autres places......	40,000
Au sieur de La Salle, pour Saint-Germain.	10,000
A plusieurs, pour Mascon et Chasteau-Porcian.................................	27,000
Au sieur de Fremicourt, pour Vitry le François...	20,000
Aux sieurs de Chanillac et de Mouflan......	22,000
A plusieurs, pour Rethel et Noyon en Champagne, et autres places................	37,300
	6,129,763 escus.

Compris cinquante mille escus pour madame sa mere. (*Manuscrit de Béthune.*)

(1) *Variante :* Au sieur de Termes, pour Coucy. (*Manuscrit de Béthune.*) — (2) Le manuscrit de Béthune ajoute : « pour son traité et « réduction de Soissons. » — (3) Le même manuscrit ajoute : « pour « son traité. » — (4) On lit Thalmont au manuscrit de Béthune.

D'autre part............	6,129,763 escus.
Au vicomte de Chateauroux...............	8,000
A plusieurs, pour Pierrefons et Chasteau-Thierry...............................	52,000
Au sieur de Rhonez et autres............	38,500
Au sieur d'Estourmel, pour Perronne......	43,000
Au sieur comte de Chaulnes.............	30,000
A plusieurs, pour Marmande, Villeneufve d'Agenois, et autres places en Guyenne..	38,000
Au sieur de La Vauguyon, pour Fronsac...	33,333
Au baron de Chamore, en Bretagne.......	7,000
Au sieur de La Venerie, pour La Garnache.	14,000
Au sieur de La Mothe, pour Pesuis........	6,000
Au sieur de Vaillac, pour le chasteau Trompette................................	18,000
A plusieurs, pour Saint-Poursain.........	24,000
A plusieurs, pour Vienne................	36,000
Somme toute.....	6,477,596 escus.

Il y en aura encor pour trois cent mil escus qui ne sont icy compris; et sy on traite avec M. de Mercure, qui en aura encore bonne somme. *O tempora!*

Ledit jour 25 novembre, le Roy jugea le différent d'entre messieurs de Nevers et le connestable; et fut la preséance adjugée audit sieur de Nevers, d'autant que, par la representation de l'erection de la pairie, il se trouva qu'elle estoit tant pour masles que femelles, et qu'en la confirmation faicte par le roy François, qui avoit ordonné qu'elle prendroit pied du jour de la premiere erection, feu M. le connestable avoit esté present, et ne l'avoit débatue.

Le mardi 26, M. le connestable vint en l'assemblée, et proposa le mal que le royaume ressentoit des garnisons et places fortiffiées, mesmes des gardes que quelques princes et seigneurs avoient; exhorta la compagnie, au nom du Roy, d'y apporter du remede; que dans la France c'estoit chose honteuse de voir les forces entre les mains d'autres que du Roy, de l'affection et bonne grace duquel devoient prendre tous les subjects confiance; que l'on commençast par la cassation des siennes propres, et par la démolition des places de son gouvernement; qu'il y obeyroit, pour monstrer aux autres l'exemple qu'ils devoient suivre; qu'estant bien aujourd'huy avec ceux de la Ligue, bien avec les huguenots, il falloit oster toutes deffiances, et obéir à qui mieux mieux au Roy. Il fut fort loué de cette proposition, comme celle qui pouvoit preparer le chemin à bien esperer de l'Estat. L'affaire mise en délibération et continuée l'aprés disnée, il fut résolu que le Roy seroit supplié faire casser toutes lesdites gardes, démolir les places qui avoient esté fortiffiées pendant ces troubles, et oster les garnisons de toutes les places où il n'y en avoit point avant l'an 1557, que la paix fut faicte avec le roy d'Espagne; et faire entretenir les garnisons aux places frontieres seulement. Il se disoit au contraire que c'estoit chose dangereuse de proposer des choses dont l'exécution ne se pourroit faire, et que de cette grande assemblée ne debvoit sortir aucune chose qui fust par aprés rendue illusoire; qu'encor que les guerres semblassent finies, toutesfois que plusieurs retenoient encor le cœur armé, et y pourroit naistre de très dangereux mescontentements; que les medecines dispensées mal à propos se tournent en venin; qu'aux grandes deliberations il fault adviser tousjours de ne rien mal commencer, et ne tomber d'une extrémité en l'autre; que ce seroit belle chose de ne voir des places fortiffiées dans le royaume; mais qu'on debvoit adviser à l'exemple d'Espagne, où le roy Vitiza ayant, l'an 701 (1), démantelé toutes les places, ne s'advisa pas de l'inconvenient que son successeur Rhoderic en eust l'an 714, ayant esté deffaict en deux batailles par les Maures, que le comte Jullian y avoit amenez : toute l'Espagne fut en moins d'un an en leur puissance, où elle a demeuré long-temps. Qu'en Angleterre jamais nation n'y a mis le pied pour la conquester, qui n'en soit venue à bout après une bataille ; que la démolition sert bien pour rendre les guerres civiles plus courtes, mais elle est dangereuse aux guerres estrangeres ; que l'on a affaire à un prince grand et puissant, qui a des armées en nombre, et bien payées ; qu'on doibt craindre tous événemens. Les autres remonstroient les maux que les garnisons avoient faict ; qu'outre la ruine du peuple, c'estoit l'accablement des finances du Roy ; que l'armée de Sa Majesté en accroistroit de nombre, d'hommes et de commoditez ; que tous aujourd'hui estant François, chacun y apporteroit de la sincerité et de l'obéissance ; que sy, pour peur de n'estre obéy, on faisoit difficulté en une chose sy saincte et sy belle, que pourroit-on attendre de fruict de cette convocation ? Que ceux qui ont encor quelque chose de caché dans l'ame deviendroient beaucoup plus fiers et orgueilleux s'ils voyoient qu'on eust crainte et apprehension d'eux, et que cela les rendroit bien plus audacieux. Laquelle oppinion prévalust, et furent députez commissaires pour en aller supplier Sa Majesté, lesquels y allerent ; et ayant fait entendre le tout bien particulièrement,

---

(1) *L'an* 701 : Ce fait, révoqué en doute par quelques historiens, est placé par Désormeaux sous l'année 706. (*Voyez* son Abrégé chronologique de l'histoire d'Espagne, tome 1, page 163.)

le Roy monstra en avoir autant d'affection qu'eux-mesmes, mais qu'il doubtoit d'y estre traversé par ceux qui moins le debvroient faire : toutesfois qu'il y exposeroit et sa personne et tout ce qu'il a de plus cher, mais qu'on regardast aussy à faire quelque fonds pour attaquer ceux qui voudroient y résister. Cette response en faict appréhender l'yssue.

Le mercredy 17, fut fait le baptesme de la fille que madame la marquise de Monceaux avoit eu dès le 2 de ce mois, qu'elle en estoit accouchée dans le monastere Sainct-Ouen. Le Roy differa à ce jour, qu'il tinst plus favorable d'autant qu'en ce jour il estoit né, avoit gagné la bataille d'Ivry, et beaucoup d'autres choses semblables. La ceremonie fut grande et fort solemnelle, telle qu'elle s'observe aux baptesmes des enfants de France. Il y eust quatre poesles dressez dans l'esglise, l'un à l'entrée, l'autre au fonds, le tiers où l'on despouille l'enfant, et le quatrieme à l'autel. Aprés que les pages furent passés avec flambeaux, precedez par les gardes, les Suisses, les tambours, trompettes, musique du Roy et les violons, suivirent messieurs le mareschal de Matignon portant le cierge, mareschal de Retz portant une grande salliere couverte, d'Espernon avec le bassin, de Nevers avec le vase, de Nemours avec la serviette, de Montpensier avec le cresmeau, de Conti portant l'enfant, qui avoit un grand drap d'argent doublé d'hermines mouchetées, la queue longue de six aulnes, portée par mademoiselle de Guise ; chascun desdits seigneurs ayant une grande tavaiole en escharpe. L'office fut fait par M. le cardinal de Gondy; les marreines estoient madame de Guise, pour et au nom de Madame, sœur du Roy, laquelle à cause de la religion ne pouvoit s'y trouver; l'autre, madame de Nevers; M. le connestable, compere. Madame de Guyse la nomma Catherine-Henriette (1); aucuns disent qu'elle portera le surnom de Vendosme. En la chambre, où estoit Madame, elle fist difficulté de lever l'enfant de dessus le lict, pour le mettre ès mains de M. le prince de Conty : ce qui fut faict par madame la mareschale de Retz. Et encor que Sa Majesté en priast par trois fois Madame, toutesfois elle ne le voulut. On dict qu'elle adjousta qu'à la cérémonie de la fille du roy Charles (2) la Royne mere ne l'en voulut pas prier, encor que lors elle n'eust le rang qu'elle a cejourd'huy, et que ce fust une fille de France. Cela est loué de beaucoup, qui parlent diversement de cette cérémonie, qui a esté executée par des princes sy grands : seulement dict-on que jamais roy de France n'a, en semblables occurences, esté obey sy promptement. Madame de Nemours et madame de Longueville la jeune, ne s'estant peu accorder de leurs rangs, demeurerent en la chambre, comme aussy feist M. le comte de Saint-Pol, pour ne se prejudicier avec M. de Nemours. *O quantùm est in rebus inane !* (3)

Le dimanche 8 decembre, jusques auquel jour rien ne se fist, synon que la confirmation de l'assemblée

---

(1) *Catherine-Henriette* : Elle fut mariée en 1619 à Charles de Lorraine, duc d'Elbœuf, et elle mourut en 1663. — (2) *La fille du roy Charles* : Marie-Elisabeth de France, fille de Charles IX, naquit le 27 octobre 1572, fut baptisée le 2 février 1573, et mourut le 2 avril 1578. — (3) « Les personnes sensées, dit le président de Thou, « blâmèrent cette pompe éclatante pour une fille bâtarde, et dirent « qu'au moins la cérémonie n'eût pas dû se faire en présence du légat, « et des députés des provinces. » (Traduction de l'Histoire universelle de de Thou, 1734, tome 13, page 25.)

pour examiner au vray la recepte de l'Estat et la despense sur les estats particuliers des tresoriers de France, le Roy m'envoya querir, et me fist derechef entendre la grande volonté qu'il avoit de bastir la ville de Saint-Sever (1); et je luy dis ce que nous avions avancé les autres commissaires et moy. Il réitera l'affection qu'il a de la voir advancée, commandant que l'on donnast ordre au payement de l'argent; et d'autant qu'ils eurent nouvelles de quelque brouillerie arrivée à Paris à cause des rentes que l'on ne payoit point, Sa Majesté se disposa d'y aller un tour, et de faict s'y achemina en poste le mercredy onzieme jour (2), laissant le reste des seigneurs de la cour, lesquels, comme tout le reste des deputez, commencerent à desesperer du fruict de l'assemblée, puisque ceux qui ont aydé à remuer l'Estat commandoient encor absolument, et vis l'heure que beaucoup se voulurent débander, et n'y aller plus : toutesfois ils furent retenus par les remonstrances des autres.

Le pape Clément VIII, après la conversion du Roy et submissions faictes à Rome par messieurs d'Evreux

(1) *Saint-Sever* : petite ville de Gascogne, au département des Landes. Cette volonté du Roi ne reçut pas d'exécution. Il paroît que Henri IV avoit formé le projet d'établir dans cette ville une colonie de Mauresques. Depuis long-temps des intelligences étoient pratiquées parmi ces sujets mahométans du roi d'Espagne, qui, pour se soustraire à l'inquisition, vouloient se donner à la France en embrassant la religion réformée. La trahison de L'Hoste, commis de Villeroy, découverte au mois d'avril 1604, empêcha l'exécution de ce plan, dans lequel on ne peut voir qu'une représaille très-politique de la conduite de l'Espagne envers la maison de France pendant la Ligue. (*Voyez* les Mémoires de Sully, deuxième série de cette Collection, t. 8, p. 328 et suiv. ; et les Mémoires de P. de L'Estoile, tome 47 de cette série, page 438.) — (2) *Voyez* les Mémoires de P. de L'Estoile, tome 47 de cette série, page 186.

et d'Ossat, envoya son légat en France, le cardinal de Medicis, archevesque de Florence, personnage fort vertueux, pour essayer d'appaiser le reste des divisions de l'Estat, et preparer quelque réconciliation entre Sa Majesté Très-Chrestienne et le roy d'Espagne. Il fist son entrée à Grenoble, puis à Lyon et à Paris, où ayant soubs les lettres patentes du Roy envoyé ses facultez à la cour de parlement de Paris, luy estant à Montlhéry, et icelles veriffiées aprés quelques difficultez qui y furent proposées à cause du concile de Trente dont estoit fait mention en son pouvoir, les gens du Roy du parlement voulants en faire expresse mention en leurs conclusions, et qu'il y fust mis sans approbation du concile de Trente, luy au contraire en fist instance au Roy, remonstrant que ce seroit faire un affront au Pape, et à luy qui estoit son legat; qu'au moins la verification se fist de ses facultez, sans en faire mention. Ce que pour le bien de la paix universelle le parlement de Paris trouva bon. Lors qu'il y fist son entrée, il demeura au fauxbourg, à Saint-Jacques du Hault-Pas, où le furent trouver pour l'assister messieurs les princes de Condé et de Montpensier, le lendemain, lors de son entrée; et estoient en une chambre, assis en trois chaires, M. le legat ayant mesdits sieurs les princes à ses costez. Là ils entendoient les harangues qui estoient faictes par toutes les compagnies. Y furent de la cour de parlement de Paris messieurs le premier president et president de Blancmesnil, avec une vingtaine de messieurs de la cour. Comme ils entrerent en la chambre, M. le legat se leva, mist la main au bonnet; et ayant M. le premier président commencé sa harangue en latin, ledit sieur legat s'assit, se couvrit, et lesdits sieurs demeurerent debout et descouverts tant qu'ils parlerent. Après leur fut repondu par ledit sieur légat en latin. Ce fait, ils marcherent en corps jusques à l'entrée de la porte; de là ils se separerent chacun chez soy, et laisserent ledit sieur aller jusques à Nostre-Dame, où il y eult de la confusion infinie, et traicterent sy indiscretement ledit sieur qu'enfin ils penserent le tuer; et sans que messieurs les princes mirent la main à l'espée, il y eust eu de la difficulté à le faire retirer. J'ay sceu que M. le premier president parlant à luy, disoit *illustrissime cardinalis*, sans aucun aultre tiltre. Depuis, le Roy estant venu à Rouen, il manda audit sieur legat de s'y acheminer, où il arriva le vendredi 13 decembre; vint par eau d'Elbœuf, s'estant mis sur la riviere de Paris; et d'autant qu'il fut ainsy maltraicté à Paris, il résolut de ne faire point d'entrée. Messieurs les princes de Conty et de Montpensier l'allerent recevoir sur le bord de l'eau, et se mirent avec luy dans un carrosse, jusques à sa maison.

Le samedy 14 decembre, je fus depesché avec M. le president de Lisors et douze de messieurs de la cour, et ung des gens du Roy, et l'allay saluer en sa maison, à l'entrée de laquelle nous fismes que les huissiers ne monstrerent leurs verges; montasmes à la chambre. Il nous vint recevoir avec beaucoup de courtoisie jusques à l'entrée de sa chambre; et y estants tous entrez, je luy fis une harangue latine, dont il monstra avoir tant de contentement qu'il le dist à plusieurs evesques qui l'allerent voir après disner. Il respondit en latin. Avant que parler, il insista que je me couvrisse et toute la compagnie; ce que nous fismes après deux ou trois commandements. Luy demeura debout comme nous, et nous reconduict jusques au milieu de son antichambre. L'après disner, je le fus voir en particulier; et après quelque peu de paroles latines, je parlay à luy en italien; dont il fut fort aise, d'autant que, comme il me dist, jamais ils ne parloient latin que dans le consistoire. Après plusieurs discours, prenant congé de luy, il me conduisit jusques à la porte de son antichambre prés du degré, plus loing mesme qu'il n'avoit faict avec toute la compagnie. Je l'appellay *illustrissime domine*, et *reverendissime cardinalis*; et quelquefois je mis le mot *illustrissime princeps*, pour sa grande qualité.

Le lundi 23 décembre 1596, à Paris, le pont aux Musniers fut emporté le soir sur les sept heures (1), et y eult perte de plus de trois cents cinquante personnes, qui furent noyées. Cela est provenu de la faute des visiteurs, qui ne s'appercevant de la pourriture de quelques poutres, comme le pont estoit enlacé l'un en l'autre, au manquement d'un tout le reste suivit. Les autres adjoustent que c'est punition de Dieu, d'autant que dessus on jetta, l'an 1572, à la Sainct Barthelemy, une infinité de gens dans l'eaue.

Cedit jour, le Roy retourna de son voyage de Fontainebleau, où il estoit allé dès le 11 de ce mois pour donner un peu de repos à son esprit, trop affligé des importunités de ceux qui ne le peuvent laisser une heure en patience. Il estoit demeuré trois jours à Gaillon, où madame la marquise de Monceaux l'estoit allé trouver. Arriva aussi M. de Schomberg, qui rappor-

(1) Ce malheur arriva le dimanche 22 décembre. (*Voyez* les Mémoires de L'Estoile et l'Histoire de Paris, de dom Félibien, tome 2, page 1246. Ce pont étoit un peu au-dessous du pont au Change.)

toit que M. de Mercure ne vouloit point de paix, mais bien encor quelque trefve; ce qu'il continuera longtemps, d'autant qu'il en tire beaucoup de commodité, espere avoir moyen de composer quand il voudra, regarde les desseings et les effets du roy d'Espagne, et sy est aidé en cette résolution de plusieurs petits tyrans de gouverneurs des places du Roy, qui font ce pendant leurs affaires.

Fault notter qu'un peu avant le partement du Roy estoit arrivé en ceste ville un personnage qui se disoit avoir pouvoir du cardinal d'Austriche (1), et s'asseuroit d'estre autorisé, jettant des pourparlers de paix fort advantageux, car il offroit de premiere abordée que l'on rendroit les villes de Picardie qui avoient esté prises sur le Roy, excepté Cambray, et d'autres conditions; que Sa Majesté ne pensast point que ce fust pour le préjudicier aux alliances qu'il avoit avec la royne d'Angleterre et les Pays-Bas; que, traictant avec eux, il feroit le Roy arbitre d'eux tous.

Ceste negociation estoit secrette, et se tramoit, se disoit-on, pour l'affection que le cardinal avoit de voir une paix en l'Europe entre les princes chrestiens, affin d'aller contre le Turc; d'autant que depuis la perte de la bataille advenue à Agria, où les chrestiens avoient esté honteusement deffaicts le 25 du mois d'octobre dernier, l'ennemy faisoit de grands progrez, resolu d'hyverner en Hongrie pour attaquer l'Austriche au printemps, dont il aura bon marché. Aussi que de son naturel il suit les traces de son pere, qui estoit récon-

---

(1) *Du cardinal d'Austriche*: Albert, archiduc, cardinal d'Autriche, gouverneur des Pays-Bas. Il renonça au cardinalat en 1598, et il épousa une des filles de Philippe II, roi d'Espagne. Il mourut en 1621.

ciliateur des princes admirable; où que le roy d'Espagne, tant par sa vieillesse que par le faschieux naturel de son fils, que l'extreme necessité d'argent, avoit eu desir de veoir quelque fin honorable à cette guerre; car mesme il a arresté les deniers qui estoient procedez de la derniere flotte des Indes, dont estoit procedé un murmure incroyable tant de ses subjects que de ceux d'Italie, et surtout des Genevois, qui avoit esté cause de faire arrester le cours à la provision d'argent qu'il avoit faict pour la guerre de France, et que l'armée de France estoit presque rompue, à cause de la peste et de faute de payement. Toutesfois Dieu, qui veult encor, pour la punition de nos faultes, affliger ce royaume, que beaucoup trouvent estre à son declin, ou que, par le ministere du Roy, il veuille monstrer sa puissance l'ayant conservé contre tant de traverses, qu'en sa seule personne, qui est mortelle néantmoins, consiste la fin de ceste monarchie qui semble immortelle, ledit personnage a esté renvoyé sans autre bonne response.

J'oubliois aussy à remarquer que le roy d'Espagne ayant durant l'année dressé une armée navalle pour France et Hollande, sortant de la Quenouille, fut tellement agitée de la tempeste, qu'il y est mort plus de huict mille hommes de guerre et de mariniers; et le reste de la flotte tellement fracassé qu'il est inutile pour cette année. Ainsi Dieu le veuille confondre, et chastier son ambition, et conserver nostre bon Roy et maistre!

Le jour de Noel, le legat fist entendre qu'il vouloit célébrer la grand'messe à Nostre-Dame. Il luy fut préparé un dais du costé gauche du chœur, quasi vis-àvis de la chaire archiépiscopale, où il monstoit de trois degrés, estoit assis dans une chaire; le tout fort richement paré. Il fault notter qu'en Italie *cornu altaris sinistrum* est estimé le plus honorable, tant à cause de l'evangile qui se lit de ce costé là, que du costé du cœur de l'homme, et pour approcher plus prés du soleil levant. En France, on observe le contraire.

Il entra, accompagné de messieurs les cardinaux de Gondy et de Givry (1), donnant bénédiction de costé et d'autre, ayant le nonce avec luy et nombre d'evesques italiens. Le Roy s'y voulut trouver, auquel fut dressé un dais prés de ladite chaire archiépiscopale. Les princes, mareschaux de France, officiers de la couronne, secretaires d'Estat, et plusieurs chevaliers du Saint Esprit, estoient au dessoubz de luy, de mesme costé où j'avois aussy pris place avec M. le procureur général de Paris. Il fallut que tous les chanoynes sortissent dudit costé, et la pluspart estoient aux chaires des chapelains. L'autre costé fut reservé pour le nonce et les evesques tant de France que d'Italie, qui estoient assis indifferemment et meslez; ce que l'on trouva mauvais, d'autant qu'on tenoit que, hors le nonce, le reste debvoit céder aux François. Il resta encor quelque demy douzaine de chanoines aux chaires haultes, et des seigneurs. La messe se fist avec beaucoup de cérimonie et de dévotion. Messieurs les cardinaux estoient sur une forme près l'autel, du costé senestre d'iceluy; et le

(1) *De Givry* : Anne d'Escars, cardinal de Givry, évêque de Lisieux, avoit été un des plus ardens promoteurs de la *sainte Union*. Aussi le pape Clément VIII le fit-il cardinal de son propre mouvement en 1596; mais Henri IV reconnoissant qu'un zèle religieux mal entendu avoit seul égaré ce vertueux prélat, lui accorda son estime, et lui donna depuis l'évêché de Metz.

doyen de Nostre-Dame, et deux des chappelains fort richement vestus, l'un comme diacre, l'autre comme sous-diacre, aydoient à M. le legat, qui fist l'office à la mode d'Italie, la pluspart du temps dans sa chaire, jusques à ce que l'on consacrast, qu'il alla à l'autel, et une fois ou deux devant. Aprés, Sa Majesté toucha les malades des escrouelles, vray miracle et faveur spéciale de Dieu vers les roys de France.

[1597] En tout le reste du temps, jusques au dimanche 12 janvier 1597, ne se passa rien de mémorable en nos compagnies : seulement fut remarquable la ceremonie des chevaliers du Saint-Esprit, que Sa Majesté fit celebrer à Saint-Ouen les 5 et 6 de janvier, avec beaucoup de solemnité et de magnificence.

Deux jours aprés, il feist faire le mariage de M. de Villars avec la sœur de madame la marquise de Monceaux. Il me donna l'estat de secretaire, qui estoit vacant par la mort du sieur de Guierville (1), fort volontiers : mais le don fut inutile, pour autant qu'il y avoit survivance, laquelle je laissay effectuer, les autres estants alliez de mon fils.

Le samedy 11, je demeuray toute la journée avec M. Chaudon, séans à dresser les articles du reglement des finances; mais j'ay grand'peur que tout nostre travail ne soit vain, pour autant que les meschants ont trop la vogue. Le reste de la sepmaine d'aprés se passa à lire ce que nous avions dressé, jusques au samedy 18 dudit moys, que de rechef nous assemblasmes céans

---

(1) *De Guierville* : Charles de Guierville, secrétaire du Roi, étant mort le 13 janvier 1597, fut remplacé par son fils Marc-Aurèle de Guierville. (*Voyez* l'Histoire de la chancellerie de France, par Tessereau, tome 1, page 253.)

pour dresser ce qui concernoit les tailles et la province de Languedoc.

Le lundy 20, fut proposé à l'assemblée l'édit de la vingtiesme des denrées que l'on vendroit en gros, à la charge d'oster toutes autres impositions. Cela fut agité en divers jours, et enfin arresté que l'on y passeroit aux modifications qui y ont esté apposées. On disputa fort; *in utramque partem vicit tandem necessitas*, et le grand besoing de secourir le royaume perdu.

Ledit jour, Sa Majesté me fist entendre la volonté qu'elle avoit de rescompenser le capitaine Boniface et abattre le fort Sainte-Catherine; et qu'inclinant à la grande priere de M. de Montpensier, il laisseroit le sieur Du Mesnil dans le Vieil Palais, osteroit le sergent major et les capitaines, et remettroit les clefs és mains des eschevins. Nous eusmes plusieurs discours, par lesquels il me tesmoigna la confiance qu'il avoit de ma fidelité.

Le vendredy 24, le procureur général de Paris, qui avoit brigué pour porter la parole au Roy, remonstra à la compagnie ce qu'il avoit proposé de toucher. Ce fait ne luy appartenoit pas; mais c'est l'ambition ordinaire de la cour de parlement de Paris.

Le samedy 25, fut achevé le cahier d'estre leu en l'assemblée, pour le presenter au Roy; ce qui fut faict le lendemain 26 janvier par M. de Montpensier, qui supplia le Roy avoir agréable le zele et affection de la compagnie, qui avoit apporté ce qu'elle avoit peu d'industrie pour satisfaire à sa volonté; et que sy tout n'estoit sy parfaict qu'il eust esté à desirer, que la grande corruption de cest Estat ne pouvoit permettre qu'on y prist le remede asseuré : toutesfois que sy Sa Majesté n'est destournée par les mauvais artifices de ceux qui ont ruiné l'Estat cy devant, qu'il ne se peult faire que le royaume n'en ressente du bien, et le Roy du contentement. Sa Majesté fist la responce que pendant que ses ennemis s'estoient opposez au bien de son Estat, qu'il n'avoit peu assembler ses serviteurs, ayant mieux aimé s'opposer de sa personne à leurs desseins; ce qu'il avoit fait avec beaucoup d'esperance de mieux : de sorte qu'estant en quelque repos, il avoit pensé à faire cette convocation; qu'il remercioit tous les députez de la peine qu'ils avoient prise, acceptoit leur volonté et leurs cahiers, qu'il feroit voir à son conseil; et que dans trois jours il feroit la responce : cependant qu'il conjuroit un chacun et leur faisoit deffense à tous de desemparer. Cet acte fut faict en la galérie de Saint-Ouen, en la presence de tous les princes qui estoient en cour; et chascun estoit debout, sans ordre, séance ny rang.

Le mercredy 28 janvier, messieurs du conseil feirent appeler en la mesme galerie plusieurs des deputez, entre lesquels j'estois aussy; ils nous remonstrerent, par les sieurs de Sancy et d'Incarville (1), la difficulté qu'il y auroit d'avoir les deniers que Sa Majesté s'attendoit recevoir, sy on vouloit tenir à la rigueur du departement qui estoit dans nostre cahier (2). Il leur fut fort prudemment répliqué par M. le cardinal de Gondy qu'on ne pouvoit plus y rien changer, et que la

---

(1) *D'Incarville* : Il étoit contrôleur général des finances. — (2) *Voyez* dans les Mémoires de Sully, deuxième série de cette Collection, t. 3, p. 45. Les notables proposoient de diviser en deux portions égales le revenu de la France, qu'ils évaluoient à environ dix millions d'écus, et à ne laisser que la moitié de cette somme à la disposition du Roi.

compagnie n'estoit plus assemblée, et qu'il y avoit trop de délicatesses en leurs demandes, qui ne tendoient qu'à toucher tous les deniers, et continuer les mesmes désordres des années passées; et chacun de nous en jugea autant. De sorte qu'eux, voyants qu'on ne vouloit leur accorder aucune chose, feirent que Sa Majesté le lendemain licentia la compagnie; dont beaucoup prennent très mauvais augure, et que tant de personnages d'honneur, s'en retournants avec peu d'esperance dans leurs provinces, feront remplir toute la France d'effroy.

Cedit jour, on commencea à travailler à la demolition du fort de Saincte-Catherine, mais sy froidement que l'on recongnoist assez le naturel des peuples, qui désirent avec impetuosité ce qu'ayant obtenu ils mesprisent, et n'en tiennent compte.

Pendant ce séjour du Roy, la Royne douairiere envoya au Roy pour le prier de faire inhumer le feu Roy (1); ce qui luy fut accordé par Sa Majesté, laquelle aussy en fut priée par les deputez de l'assemblée : et d'autant que l'on a de coustume en telles occurences faire un service à Rome aux roys de France, le Pape en faisant quelque difficulté, à cause de la prétendue bulle du pape Sixte contenant forme d'excommunication contre le feu Roy, le légat avoit eu charge de Sa Sainteté d'en informer; ce qu'il vouloit exécuter en cette ville par affiches publiques et commissaires deputez (deux des evesques de sa suite). Ce qui fut empesché par les remonstrances que nous en fismes, d'autant

---

(1) *Le feu Roy :* Ses restes avoient été déposés dans l'abbaye de Saint-Cornille de Compiègne. (*Voyez* le Journal de Henri III, tome 45 de cette série, page 408.)

qu'il y avoit grand interest pour la France de voir les *romanistes* exercer aucune jurisdiction au préjudice du Roy, lequel d'ailleurs, par tant et tant de bulles, ne peult estre excommunié. Et en ceci avoit M. le chancelier grand tort, y ayant connivé que s'ils vouloient, pour leur contentement, dans Rome faire quelque chose, que cela seroit meilleur.

Le mesme jour y eult grand debat entre le sieur mareschal d'Ornano, colonel corse, et le sieur d'Esdiguieres, pour le gouvernement de Dauphiné. Ils furent prests de se battre, l'un estant desja hors la porte : cela fust empesché; aussy y eust-il eu du désordre beaucoup, car en cette querelle on vouloit enfiler celle des huguenots et catholiques.

Le dimanche 2 de febvrier, les quatre présidents, six conseillers, et les gens du Roy, furent mandez par Sa Majesté à Sainct-Ouen, où nous nous trouvasmes sur la fin de son disner (1). Là il se plaint à

---

(1) Cette séance est rapportée avec plus de détails dans les registres du parlement. Seulement le président Groulard, par une délicatesse de chef de compagnie, met dans sa propre bouche les observations du président de Languetot. Nous rapporterons ici le passage : « *Du* « *3 février* 1597. La cause de ladite assemblée, proposée par M. le pre-
« mier président, étoit que le jour d'hier dimanche, le Roi l'avoit averti
« qu'il vouloit parler à lui et aucuns de messieurs les conseillers : ce
« que ledit sieur président avoit fait entendre à messieurs Le Brun et
« de Montagu..... Estant entrés en sa chambre, s'estant présentés,
« ledit seigneur Roi leur avoit dit qu'il desiroit parler à plus grand
« nombre de la compagnie, et que tous messieurs les présidens et six
« des anciens conseillers y fussent avec ceux du parquet, et retourner
« à l'issue de son disner : ce qu'ils avoient fait assavoir à messieurs
« les autres presidens, messieurs Le Brun, La Vache, de Montagu,
« Martel, Pericard, Du Quesne, Thomas et de La Porte, avocat et
« procureur généraux. Qu'estant introduits en son cabinet, en présence
« de plusieurs seigneurs, le Roy leur avoit dit qu'il les avoit mandés

nous des dilations que l'on avoit faictes de proceder à la délibération de l'édict de l'an 1577, touchant ceux de la religion. Qu'estant pere commun de la France, il cognoissoit mieux ce qui estoit requis pour le general que nous ne faisions; nous qui estions attachez à nos charges dans une seule province; que les longueurs dont les cours de parlement usoient à la vérification de l'édict luy estoient fort conséquentieuses, d'autant que cela estoit cause que les huguenots avoient refait un corps qu'il seroit difficile d'abattre et de dissoudre, comme il avoit faict lors qu'il s'estoit faict catholique;

« pour leur parler d'affaires qui touchoient le general et le particulier
« de son Etat; qu'il avoit, il y a déja long-temps, envoyé la délibé-
« ration pour faire de rechef publier l'édit de l'an 1577 pour ceux de
« la R. P. R., et celui de la réduction de M. le duc de Mayenne, qui
« concernoit les ligueurs; et toutes choses postposées, nous eussions
« à y procéder, se plaignant des trop grandes longueurs dont on y
« avoit usé, qui ne tournoient pas seulement au mépris de son com-
« mandement, mais aussi à des préjudices irréparables pour tout le
« royaume, n'ayant jamais attendu si peu de démonstrations de bonne
« volonté de sa cour de parlement qu'il en voyoit en cette affaire; et
« partant que dès le lendemain on eût à y procéder. Sur quoi lui fut
« répondu, par ledit sieur premier président, que la compagnie n'avoit
« jamais eu devant les yeux chose en plus grande recommandation
« que ce qui concernoit l'exécution de ses commandemens; mais que
« ce qui les avoit retenus jusques ici de n'entrer en ladite délibération
« étoit sur des considérations qu'ils avoient jugées importantes à son
« Etat; que ceux de ladite religion vivoient parmi eux en toute liberté,
« et plus grande mesme qu'il ne leur estoit accordé par l'édit, et qu'il
« falloit qu'ils fussent poussés à cette demande si pressée par quelques
« uns qui avoient envie de brouiller son Etat. Que lors le Roy avoit,
« en paroles aigres et démonstrations de douleur, dit qu'étant pere
« commun de tout son royaume, il étoit tenu et obligé d'en procurer
« le bien, connoissant mieux que nous, qui sommes attachés à l'exer-
« cice de la justice, ce qui est de besoin pour les provinces de son
« Etat, auxquelles, quand il seroit arrivé quelque altération, nous ne
« serions pas pour en pouvoir répondre, et que l'on devoit désormais

que desja ils entroient en des demandes faschëuses et importunes au préjudice mesme des cours, comme n'y esperants aucune justice; que le seul moyen qu'il y avoit pour y remédier consistoit à ladite vérification, qu'il nous prioit et commandoit de faire, toutes choses cessantes.

Je luy fis response que la longueur dont nous avions usé jusques à ce jour avoit esté pour des considérations qui importoient à son service, tant pour le repos de ceste ville que de toute la province; que ceux desdits huguenots qui se formalisoient tant avoient beaucoup

« estre las de tant de divisions; qu'il estoit roy, et vouloit estre obéi.
« Par ledit sieur premier président lui fut dit que les rois ses prede-
« cesseurs et lui avoient estimé que sa cour de parlement n'estoit pas
« employée seulement à juger les procès, mais que les rois s'estoient
« aussi reposés sur eux de l'union et concorde et manutention des
« sujets qui étoient sous leurs charges; mais que, puisque telle estoit
« son intention de faire proceder à la délibération, qu'ils en averti-
« roient la compagnie, de laquelle Sa Majesté pouvoit esperer tout
« contentement. Et comme le Roy se fut adressé au procureur géné-
« ral, et enjoint d'y donner ses conclusions, estant entré M. Jacques
« Maisnet, sieur de Taucourt, au mesme instant que le Roi l'avoit
« apperçu, l'avoit fait retirer assez rudement; et lui sorti, avoit dit,
« pour le regard dudit Maisnet, que son intention estoit qu'il fût ré-
« tabli, et que cela importoit en ses affaires envers ceux de la R. P. R.,
« lui ayant été remonstré par M. Thomas, avocat général, que ledit
« Maisnet n'avoit été empêché principalement pour le point de la reli-
« gion; mais pour autres cas indignes de sa profession et qualité de
« conseiller. Néanmoins le Roy avoit dit qu'il vouloit qu'il fût rétabli
« pour le fait de la religion; et ce point hors, que l'on procedât à l'en-
« contre de lui pour les autres cas à lui imposés. Enfin avoit ledit
« seigneur commandé absolument trois affaires, qui estoient la publi-
« cation dudit édit de l'an 1577, où il étoit engagé de promesse; la
« réception et rétablissement dudit sieur de Taucourt, et la vérifica-
« tion des articles accordés au sieur duc de Mayenne, n'estant résolu
« de partir qu'il n'en soit satisfait. » (Copie des registres du parlement de Rouen, vol. 16, p. 130.)

d'occasion au contraire de se contenter, puisqu'on leur laissoit plus de liberté beaucoup qu'ils n'eussent peu obtenir quand l'édict seroit passé. Là dessus il répliqua qu'il vouloit que nous y passassions, et qu'il estoit deliberé de ne partir de cette ville que cela ne fust faict. M. de Languetot, après quelques interruptions qui furent faictes, prist la parole : il supplia le Roy de se contenter de ce qui fait avoit esté; que ceux qui luy faisoient cette grande instance estoient poussez par ceux de leur party, qui brouilloient l'Estat. Le Roy se piqua, et de propos en propos ledit sieur de Languetot adjousta qu'il estoit prest de quitter sa cornette, plus tost que d'estre forcé et violenté; ce que Sa Majesté prist avec telle aspreté, que sans ce qu'il fust adoucy, je ne sçay ce qui en eust esté. Il enjoignit au procureur général d'y bailler ses conclusions, ou qu'il commettroit un autre à sa charge. Il nous dist aussy qu'il vouloit qu'on procédast à la vérification de l'édict de la Ligue, et au restablissement de M. Maynet, conseiller, qui pour raison de la profession de religion avoit esté mis hors : et fault noter que ledit Maynet, sieur de Taucourt, estant present et apperceu par le Roy, il luy fist fort rudement commandement de sortir, et avec parolles qui eussent autant fasché un homme d'honneur comme ce personnage là s'en esmeut peu.(1).

(1) Jacques Maynet, sieur de Taucourt, venoit d'embrasser le calvinisme. On lui faisoit en outre des reproches graves, comme de s'être abaissé jusqu'à faire des bouffonneries pour divertir le maréchal de Biron; d'avoir compromis son caractère dans l'armée des reistres, en leur servant de truchement; on l'accusoit même d'un fait contraire aux mœurs. Le parlement lui enjoignit, par arrêt du 15 mars 1593, de s'abstenir, jusqu'à nouvel ordre, d'entrer en la cour. Maynet eut

Après vespres, nous allasmes chez M. de Montpensier pour deliberer touchant les capitaines, lesquels Sa Majésté vouloit estre changez, et en leur place qu'il en fust esleu d'autres. Audit lieu se trouva aussy M. le grand escuyer, qui est lieutenant au bailliage de Rouen; et fut arresté que le lendemain on en prendroit et choisiroit quatre à la cour de parlement, quatre à la cour des aydes, deux aux requestes, deux au bailliage, deux des secretaires du Roy, deux des tresoriers generaux, huict de l'hostel de ville, pour en choisir et eslire par Sa Majesté et moudit sieur de Montpensier la moytié d'iceux : ce qui fut executé, et furent choisis messieurs des Busquets, de Bouville, Morel Lapile, Sainct-Just, Croismare, Fillastre, le lieutenant général criminel Pillon, Le Villain, Le Vasseur, Deschamps et Mariage; car des tresoriers généraux n'en fut faicte aucune

recours au Roi, donnant sans doute à entendre que la sévérité de cette décision n'étoit due qu'à son changement de religion. Henri IV, qui craignoit de mécontenter les huguenots, ordonna, par lettres données à Mantes le 14 mai 1593, que ce conseiller seroit rétabli dans l'exercice de sa charge. Le parlement reçut d'autres lettres de jussion; mais sans refuser positivement, il prit des moyens dilatoires pour se dispenser d'obéir. Le Roi ayant réitéré ses ordres pendant son séjour à Rouen, Maynet se présenta, le 11 mars 1597, à l'assemblée des chambres, disant que le Roi lui avoit fait commandement de prendre sa place, et qu'il n'étoit ni voleur ni larron, et qu'il entendoit qu'elle lui fût rendue. Le parlement reprocha un nouveau fait au sieur de Taucourt: on l'accusa d'avoir frappé un libraire qui colportoit un livre contraire à l'hérésie, et, par cette conduite, d'avoir été sur le point de causer une sédition. Un nouvel arrêt prononça que l'entrée et séance en la cour seroit interdite à Jacques Maynet, jusqu'à ce qu'il eût été délibéré sur sa requête. Ce conseiller reprit dans la suite ses fonctions; mais la copie des registres du parlement de Rouen, qui est sous nos yeux, n'en précise pas l'époque; on y voit seulement qu'il les exerçoit le 16 novembre 1598. (*Voyez* la Copie des registres du parlement de Rouen, tome 15, pages 56, 156, 192; et tome 16, page 148.)

election, s'en estants privez eux-mesmes, et le Roy l'ayant trouvé bon.

Ledit jour de lundy 3 febvrier, tous les susdits capitaines firent le serment en la presence de Sa Majesté, ès mains de M. le chancelier, fors et excepté lesdits Deschamps et Mariage, qui se veulent excuser de la charge. Cest acte est de grande consequence pour le bien et le repos de toutes les personnes d'honneur de la ville, qui est beaucoup plus asseurée qu'elle n'estoit, avec ce que le Roy a faict desmolir la forteresse de Saincte-Catherine; ordonné qu'en l'absence des lieutenants generaux la cour de parlement reprendroit son ancienne authorité, qui par les malheurs des troubles estoit de beaucoup diminuée.

Ledit jour après disner, comme on alloit entrer à la déliberation de l'édict de l'an 1577, vindrent au Palais, de la part du Roy, messieurs de Montpensier et de Bellievre; lequel très gravement, par un long et serieux discours, fist entendre à la compagnie la volonté de Sa Majesté [1]. Après le partement desquels fut continuée la délibération, et le lendemain au matin, où furent représentées beaucoup de choses dignes et dites, tant de part que d'autre, sur la tolérance de deux religions differentes en un Estat. Les uns en monstroient l'impossibilité en la France, en la varieté des esprits; que ce royaume très chrestien avoit tousjours flory en la foy; que depuis trente et cinq ans que les huguenots avoient eu quelque crédit en France, tout y estoit tourné en desolation; que les paix qu'on avait faictes

---

[1] Une analyse fort étendue du discours de M. de Bellièvre a été insérée dans les registres du parlement de Rouen. (*Voyez* la copie de ces registres, tome 16, page 135.)

avec eux n'avoient esté qu'un aiguillon pour faire pis; que Sa Majesté, à son advenement à la couronne, avoit solemnellement promis qu'il conserveroit la religion catholique, l'augmenteroit de son pouvoir; que lors de son sacre à Chartres il avoit réitéré ladite promesse; qu'aujourd'hui il estoit incité à en faire instance par des gens turbulents, pleins de dessein et de desir de brouiller; que nous estions reconciliez en ceste ville depuis la réduction, de sorte qu'il n'y avoit aucun danger de remuement; qu'il ne pourroit y arriver alteration que sous le pretexte de la religion, estant le peuple chatouilleux et difficile à retenir, qui en la presence du Roy n'avoit quasy peu estre empesché d'attaquer ceux qui alloient au presche de Madame; que sur le changement de capitaines, le partement du Roy, l'absence de M. de Montpensier, il y auroit grand danger de ne le pouvoir retenir. Les autres au contraire se fondoient sur la nécessité des affaires de France, où tout estoit encore en très grand danger; que la principale force et esperance consistoit en l'alliance de la royne d'Angleterre et des Pays-Bas, qui menaçoient de la dissoudre sy on ne tesmoignoit plus de volonté envers ceux qui faisoient profession de la religion prétendue reformée; qu'encor que le succez n'eust esté bon des tolerances de diverses religions, toutesfois qu'elles avoient esté authorisées tant par les roys payens que dans le peuple de Dieu; que Josaphat avoit faict *rectum coram Domino* [1], et toutesfois il n'avoit osté les haults lieux; qu'il y avoit des sectes de pharisiens et saducéens, et autres; que les empereurs

---

[1] Cette expression est obscure. Il faut entendre que Josaphat avoit marché avec droiture devant le Seigneur.

chrestiens les avoient conservées pour la manutention de leurs Estats; qu'il falloit craindre d'arracher le bon bled avec l'yvraye, puisque par les guerres on avoit plustost accreu leur zele que diminué; que Sa Majesté estoit obligée, par promesse aux huguenots, à leur bailler l'edict, estant d'ailleurs chose très dangereuse en un Estat d'y voir une partie conservée en authorité et grandeur, l'autre rabaissée et mesprisée : ce qui, par l'opinion de tous les sages politiques, estoit une cause très certaine de sédition; que les huguenots mesmes estoient bien aises de ceste dilation, s'estants assemblez, et demandants desja beaucoup d'autres choses plus grandes, congnoissants qu'on ne pouvoit ne debvoit les fascher en une telle saison; qu'à Rome on ruineroit le crédit du Roy, d'autant qu'estant forcé à faire faire ladite vérification, sy l'on voyoit que ses parlements n'y voulussent consentir, on en rejetteroit la faute sur luy, comme voulant favoriser ce party-là; que c'estoit l'office de bons subjects de prendre sur soy l'envie qui pourroit tomber sur son prince; que les mélancoliques s'aigrissent de toutes sortes de remedes; qu'aussy les huguenots, qui sont frappez au cerveau, se peuvent seulement regaigner par la longueur (1). Toutesfoys que l'on y apposeroit une modification de n'y admettre d'officiers aux cours souveraines, à l'exemple de Valentinian, lequel, encor qu'il ne voulust forcer ses subjects à suivre la religion dont il faisoit profession, *adimebat illis militandi licentiam;* et une infinité d'autres raisons qui firent passer l'edict : et fus chargé avec messieurs les presidents d'aller veoir le Roy, tant pour prendre congé de luy que pour luy

(1) *Par la longueur :* à la longue.

donner raison de ce qui s'estoit passé. Tellement que le mercredy après disner nous y allasmes, et luy en fis la proposition fort au long, entendue de luy avec beaucoup de patience, et tesmoignage de bonne volonté envers la compagnie. Ce fait, il nous prist à part messieurs les présidents et moy, et nous feist promesse par serment de ne leur bailler aucuns offices aux cours de parlement, ny aux lieutenants generaux et presidents de présidiaux. Il nous fist une particuliere énumeration des forces des huguenots, et combien il importoit à son service de ne les malcontenter (1). Fault noter que le

(1) Le discours du président Groulard est porté sur les registres du parlement de Rouen. (*Voyez* la copie déjà citée, tome 16, page 139.) Nous en emprunterons la réponse de ce grand Roi, dont toutes les paroles auroient mérité d'être conservées :

« Le Roi fit réponse qu'il étoit fort satisfait de ce que la cour auroit
« entré en cette délibération, dont le fruit seroit certain pour le bien
« de son Etat en général, pour lequel comme de sa part il s'expo-
« soit volontiers à tous périls et hasards, aussi étoit-ce la raison que
« ses sujets de leur côté secondassent ses bonnes intentions; qu'il louoit
« notre zele et la justice, laquelle il nous recommandoit, avec assu-
« rance que nous le trouverions toujours et bon roi et bon maistre.
« S'estant levé il nous tira à part, messieurs les présidens et moi (c'est
« le président Groulard qui parle). Etant là seuls, il nous conjura
« de continuer à le bien servir, et qu'il n'avoit rien tant à cœur que
« le rétablissement de la religion catholique; et qu'il voudroit avoir
« perdu deux doigts de chaque main, et qu'il vît une seule religion
« dans la France; qu'aujourd'huy elle étoit réduite là, que par force
« il ne s'y falloit attendre; que connoissant les huguenots par la lon-
« gueur du temps qu'il leur avoit commandé, leurs forces étoient
« beaucoup plus grandes qu'on ne s'imaginoit, et que le seul moyen
« de les ruiner étoit en les séparant les uns d'avec les autres, et appre-
« nant aux villes principales qu'ils tenoient à vivre en patience, con-
« noissant qu'on n'useroit de force contre eux; que tous les jours il s'en
« avertissoit (a) beaucoup, et des plus signalés d'entre eux, l'exemple
« desquels seroit bientôt suivi par d'autres; qu'il nous juroit et pro-

(a) *Avertissoit* : retiroit, du latin *avertere*.

légat partit le jour de devant, afin que la deliberation ne se fist en sa presence. Tout le reste du mardy se passa en salutations et adieux aux personnages de qualité.

Le jeudi 6 de febvrier 1597, le Roy partit de Rouen pour s'en retourner à Paris. Je l'allay saluer en particulier, où il me fist démonstration fort grande de contentement, de satisfaction qu'il avoit de mes déportements, et asseurance de recognoistre un jour mes services.

Le vendredy, nous vérifiasmes à la cour le pouvoir de M. le grand escuyer de lieutenant general en la ville et bailliage de Rouen; et il feist le lendemain son serment.

Ledit jour 7 febvrier, fut aussy vériffié l'édict du duc du Mayne, qui partit peu après, dans lequel y a des confessions des plus grandes horreurs du monde, et entre autres de ce qu'ils ne pourroient estre recherchez de la mort du feu Roy [1]. Là dessus fut discouru fort librement, et remarqué les indignitéz de la Ligue, que pour le bien de la paix et du repos nous oublions, affin d'essayer de remettre cest Estat en son entier.

Le soir, chez M. de Montpensier, furent esleuz en

« mettoit que jamais il ne pourvoiroit aux etats de la cour de parle-
« ment, de lieutenans généraux, des baillis, des présidens, des pré-
« sidiaux, aucunes personnes qui ne fussent de la religion catholique,
« apostolique et romaine; et que nous donnant cette assurance, nous
« nous opposassions vertueusement, s'il arrivoit qu'il y fût contrevenu;
« mais qu'il nous conjuroit de prendre le sieur de Taucourt, dont il
« ne feroit d'instance, pour le connoitre peu capable d'une telle charge,
« sans l'instance des huguenots, qui désiroient bien avoir ce prétexte
« pour brouiller. »

[1] *Voyez* les articles 5 et 6 de cet édit, dans la Chronologie novenaire, tome 43 de cette Collection, page 237.

la place des sieurs de La Turgere, Deschamps et Mariage, qui s'excuserent d'estre capitaines, les sieurs Voisin, Dufour et des Essarts. Les clefs furent mises és mains du premier eschevin par mondit sieur de Montpensier, et les capitaines allerent faire leur departement.

Le samedy, messieurs de Montpensier, mareschal de Retz et le grand vindrent au Palais pour assister à la solemnité du serment dudit sieur le grand, qui y fust faict à l'accoustumée, et prist sa place au dessoubs de M. le mareschal. M. de Montpensier pria la compagnie de se conduire par sa prudence accoustumée à ce qui concerne le bien general de la ville, y ayant l'authorité entiere par la volonté du Roy. Je l'en remerciay.

Voilà sommairement ce qui se passa pendant ledit temps que Sa Majesté fut en cette ville de Rouen, où plusieurs accidents autres arriverent de divisions particulieres, des nouvelles du mauvais succez des affaires des chrestiens, de l'ambition desmesurée du roy d'Espagne, qui a faict banqueroute à la pluspart des siens, ayant arresté tous les deniers de la flotte; la route des Espagnols faicte par le comte Maurice, les exploits de M. le mareschal de Biron, qui a défaict la cavalerie espagnole et pris le marquis de Varanbon, et de beaucoup d'autres. Seulement je diray deux choses : l'une, que jamais homme n'en a mieux réchapé que M. le chancelier, sur lequel chacun crioit, et peu ont osé appuyer; ce qui le rendra plus asseuré à continuer ses traicts. L'autre, que la personne de Sa Majesté hors, le reste est remply de desseings, de discours de ce qu'ils se peuvent promettre, corruption en mœurs, désobeissance aux supérieurs, calomnie des gens de bien, et jalousie extreme, le luxe continuant plus que jamais; et tous les traits qui peuvent attirer la malediction de Dieu sur cet Estat, que je le supplie de vouloir preserver.

Faict le samedy 8 febvrier 1597, ayant adjousté seulement que le jour que les capitaines furent changez, l'edict de l'an 1577 deliberé, le fort Saincte-Catherine commencé à demolir, fut le jour des barricades de la ville de Rouen, l'an 1589, les 4 et 5 febvrier, qui ont esté cause de grands maux; et encore diray-je qu'entre les plaisirs que le Roy a eus pendant son séjour, a esté celuy de la chasse; que de trente-deux cerfs qu'il a courus il en a pris trente et un : de sorte qu'il se délibere vouloir bastir l'autre costé de la ville hors le pont.

CHAPITRE VII.

Voyage fait en cour, en 1597.

S'ESTANT faict des plainctes griefves, à la Saint-Martin, que messieurs de la cour ont de coustume de s'assembler, des exactions que commettoient sur le peuple certains commissaires députez par la cour des aydes, se donna arrest en la cour (1) de deffenses

(1) *Arrest en la cour* : Un premier arrêt, du 14 avril 1597, avoit défendu d'exercer des vexations pour le recouvrement de l'impôt du sel; mais un arrêt du conseil, du 24 avril, ayant ordonné qu'il seroit passé outre, des lettres patentes avoient été adressées à Antoine Le Camus, sieur de Jambeville, président au grand conseil, pour qu'il eût à faire faire la répartition de l'impôt. Le parlement s'assembla, et il rendit,

d'executer les recherches de ceux qu'on pretendoit n'avoir pris du sel ez années précédentes, que l'avarice intolérable des fermiers et maltostiers avoient introduictes. L'arrest envoyé au conseil par ceux de ladite cour des aydes, la pluspart desquels *laborant infamiâ* d'estre pensionnaires des partisans, soudain obtindrent arrest par lequel on ne se contenta pas seulement de casser le nostre, mais mesme fut ordonné que le president et le rapporteur comparoistroient en personne au conseil; ce que ceux de ladite courtelette feirent publier par les prosnes, triomphans des cendres de leur pays, lequel ils ont vilainement asservy à l'impost, et autres excessives charges. Cela ayant esté veu en nostre cour, je fus prié d'aller en cour comme de moy-mesme, sans dire que j'en eusse charge, et ce tant pour parler au Roy qu'à M. le chancelier.

le 20 mai 1597, un arrêt dont les termes sont trop notables pour que nous ne les rapportions pas ici : « La cour, les chambres assemblées,
« a ordonné et ordonne que très-humbles remontrances seront faites
« au Roy, de la conséquence de la commission de M. Antoine Le Camus
« et autres semblables octroyées en faveur d'aucuns particuliers, et
« contre les délibérations et arrêts donnés en ses parlemens pour le
« bien de son service, et pour empêcher le désespoir du peuple, et
« le contenir en l'obeissance et l'affection naturelle qu'il doit à Sa Ma-
« jesté; et cependant a fait et fait inhibitions et defenses au sieur de
« Jambeville, et à tous autres, de proceder à l'execution de ladite
« commission, ni d'aucunes autres commissions en ce ressort, qu'elles
« n'aient été au préalable présentées et vérifiées en la cour, sur peine
« d'être tenus et déclarés pour ennemis et perturbateurs du repos pu-
« blic; et defenses pareillement à toutes personnes d'y obéir et en-
« tendre; et enjoint ladite cour à tous juges et officiers de tenir la
« main à l'execution de l'arrêt d'icelle du 14 avril, lequel, à cette fin,
« sera envoyé à tous les bailliages de ce ressort, pour y être de rechef
« lu et publié avec le présent arrêt aux prônes des messes paroissiales
« de chacune desdites paroisses, à ce qu'aucun n'en pretende cause
« d'ignorance. Fait à Rouen, en parlement, le 20e jour de may 1597.»

Je partis le 21 décembre, et me rendis à Saint-Germain la veille de Noël. Le lendemain, je fus saluer le Roy, qui estoit fort seul, à raison de ce que la pluspart estoient à Paris pour la célébration de la feste. Admis en la chambre par M. de Lomenie, le Roy estoit seul avec M. de Fresnes (1), secretaire d'Estat. Il me demanda qui me menoit. Je luy fis entendre que c'estoit seulement pour le saluer. Il adjousta que nous avions bien faict du mesnage, et que j'estois venu à propos pour adviser ce qui s'y feroit. Je luy fis responce que nostre compagnie avoit trop fait de démonstrations de fidelité pour estre soupçonnée d'aucune chose qui ne le contentast, et que je m'asseurois que je luy ferois oster toute mauvaise impression. « Nous verrons demain, dit-il ; » et là dessus sortit pour aller à la messe au chasteau, me commandant d'entrer dans son carrosse prés de luy : ce que je feis. Il me remist pour le lendemain : ce pendant à M. le chancelier et à M. de Bellievre, que nous eussions à conferer ensemble ; ce que nous fismes l'aprés disner ; et aprés plusieurs discours, je fus remis au 27 pour estre ouy par le Roy mesme en son conseil : et cependant mirent par devers M. de Fresnes-Canaye (2) les Memoires qu'ils avoient à l'encontre de nous.

Je trouvay audit lieu M. le chancelier fort adoucy, qui avoit la puce à l'oreille d'estre chassé, le Roy ne pouvant plus supporter les plaintes extraordinaires qui se faisoient de toutes parts à l'encontre de luy. Aussy n'y a-t-il eu de chancelier depuis cent cinquante ans

---

(1) *M. de Fresnes* : Pierre Forget, seigneur de Fresnes, secrétaire d'Etat en 1589. — (2) *De Fresnes-Canaye* : Philippe Canaye, sieur de Fresnes, conseiller d'Etat, mort en 1610. On a de lui trois volumes in-folio de négociations.

plus ennemy des cours souveraines, du bien du peuple et de la justice, toute son ambition n'estant que d'agrandir sa maison, et de contenter à quelque prix que ce peust estre l'avarice insatiable de madame de Sourdis qui le possedoit; en sorte qu'elle luy faisoit sceller toutes les meschancetez du monde. M. de Bellievre se monstroit plus dur contre nous, et de faict il papegioit (1), comme j'appris depuis du Roy mesmes.

Le 27, estant venu le Roy en sa chambre, se fist bailler une chaire; et ayant d'un costé M. le chancellier et Canaye, il me fist approcher, et mettre de l'autre. Ce matin-là, M. le connestable et tous les princes de Lorraine y estoient. Le Roy luy dist qu'il eust à proposer ce dont on se plaignoit de nous; ce que l'autre fist en peu de paroles, disant que nous avions entrepris sur la charge de la cour des aydes, et donné un arrest par lequel nous les voulions exposer à l'envie du peuple, qui tourneroit au grand préjudice du Roy et de son service, et seroit un acheminement à sédition, et à rendre le peuple plus difficile à porter les charges de l'Estat. Je fis response que je suppliois très-humblement Sa Majesté de croire que le mot de *sédition* estoit sy odieux en nostre compagnie, que tant s'en fault que nous voulussions en donner du subject, qu'au contraire nous ne songions pas à autre chose qu'à chastier ceux qui se voudroient oublier; qu'ayant entendu les plaintes excessives du pauvre peuple, affligé par certains larronneaux de commissaires du sel, nous avions ordonné qu'il en seroit informé, et le Roy adverty de tout; que nous n'estions pas destinez seu-

---

(1) *Il papegioit*: il parloit comme un perroquet. Ce mot vient de *papegai*, qui est le nom du gros perroquet.

lement à rendre la justice à quelques particuliers, mais aussy à faire contenir le peuple en paix et respect, et le garder de toute oppression; que ceux de la cour des aydes s'étant montrez peu curieux du bien de leur pays, nous avoient donné subject d'y penser, et n'abandonner pas le simple peuple aux cruelles exactions de ces voleurs; que nostre debvoir nous y obligeoit; que nous ressemblerions à cet Athenien qui disoit que jamais il ne quitteroit le gouvernail, et que quand le navire seroit submergé, on luy trouveroit encor au poing; et pour destourner ce faict, je dis qu'il falloit bien que la France fust à son aise et le Roy sans travail, puisqu'on faisoit amuser un si grand prince, duquel les cogitations ne pouvoient estre que de hautes entreprises, pour ouyr les differents des deux cours et leurs disputes, que d'un seul mot d'escript il pouvoit appaiser.

Le Roy se mist à rire et se leva, nous laissant là tous sans rien dire. Toutesfois je ne perdis pas à demander un nouvel arrest, qui me fut promis: mais jamais on ne l'a peu avoir du chancelier, qui me dit que c'estoit assez; qu'on n'en parleroit jamais, comme on n'a plus fait, emportant pour tout la cour des aydes la honte d'avoir esté, par sa jalousie, cause d'un mal irréparable pour nostre pauvre patrie, qui s'en sentira à jamais (1).

(1) Le président Groulard ayant rendu compte à sa compagnie de l'objet de sa mission, il nous a paru convenable de joindre son rapport à ces Mémoires. — « *Du mercredi 7ᵉ jour de janvier 1598, les chambres assemblées.* Par le premier président a été proposé qu'ayant « eu cette compagnie avis des mauvaises impressions que l'on avoit « données au Roy contre elle, principalement à cause du differend « d'entre icelle et la cour des aides, M. Thomas (*avocat général*) avoit

Le Roy monta en hault à la chambre de madame la duchesse, où il m'appella pour me licentier, et après plusieurs discours me dist, voyant madame de Sourdis:

« été prié de s'acheminer vers le Roy, où étant avoit mandé audit
« sieur premier président que sa présence y étoit nécessaire. S'y étant
« acheminé, ledit sieur premier président étoit allé trouver M. le chan-
« celier, qui lui avoit dit que le conseil du Roi étoit fort malcontent
« contre cette compagnie. Ayant été parler au Roi, lui avoit com-
« mandé de le venir trouver le lendemain à son lever; ce qu'il avoit
« fait : et le Roi l'ayant vu, lui avoit demandé ce qu'il y avoit entre
« son conseil et cette compagnie; auquel ledit sieur premier président
« avoit répondu que c'étoit qu'elle s'estoit montrée affectionnée au bien
« de son service, et le Roi lui avoit dit qu'il eût à accommoder cela
« entre eux. Etant au conseil où étoit ledit sieur chancelier, le sieur
« de Bellievre et le sieur président en la chambre mi-partie, sur la
« confidence qu'ils avoient faite, ledit sieur chancelier avoit dit qu'il
« sembloit que la compagnie, par les termes de l'arrest qu'elle avoit
« donné sur le fait du sel, ainsi qu'ils étoient couchés, vouloit exciter
« le peuple à sédition contre ledit conseil; qu'il croyoit néanmoins
« que c'avoit été le greffier qui avoit dressé l'arrest, sans qu'il eût été
« reçu par devant ledit sieur premier président; que depuis en ayant
« été de rechef parlé au Roi, il avoit dit que ce n'étoit pas grand'chose.
« Néanmoins l'avoit ledit sieur premier président supplié qu'il fût ouï
« en son conseil, et qu'il n'y avoit grand ni petit qui ne pensât qu'il
« se dût ensuivre une suspension contre cette compagnie par ce que
« l'on faisoit courir... Etant le Roi en son conseil, avoit fait faire lec-
« ture des arrests qui avoient été donnés tant audit conseil qu'en cette
« cour, sur laquelle lecture ledit sieur chancelier homélioit, pour
« rendre ledit arrest plus odieux. Avoit ledit sieur premier président dit
« qu'il n'étoit venu exprès pour le differend d'entre elle et la cour des
« aides, et qu'autrement il auroit eu plus de mémoires et instructions
« de cettedite compagnie; et néanmoins avoit remontré à Sa Majesté les
« causes pour lesquelles sondit parlement avoit ordonné que remon-
« trances lui seroient faites sur la conséquence de l'arrêt donné en
« sondit conseil touchant l'imposition du sel sur le plat pays, et que
« les ordonnances y astreignent ses parlemens lorsqu'il se présente
« quelque difficulté; et que les remontrances étoient pour le bien de
« son service, et que par l'establissement desdits parlemens ils n'es-
« toient tenus rendre raison à autres qu'à la propre personne du Roy,
« duquel il reconnoissoit le conseil être composé de grands person-

« Voyez-vous cette dame? elle est bien faschée, car
« son bon amy le chanceller s'en va. Je bailleray les
« sceaux au bon homme de M. de Bellievre, qui s'en

« nages; et néanmoins qu'il n'avoit été jusques ici vu ni entendu que
« lesdits parlemens eussent rendu raison audit conseil : et quant à la
« sédition que ledit conseil dit cette compagnie avoir voulu exciter,
« qu'elle étoit exempte de ce crime, ayant montré assez de témoi-
« gnages de sa fidelité et obeissance envers Sa Majesté; et qu'au con-
« traire ledit conseil avoit par ses arrests tellement vilipendé la justice,
« qu'elle étoit exposée au mépris du peuple; et avoit ledit sieur pre-
« mier président commencé à discourir du fond, qui étoit de la con-
« séquence de l'impôt sur le sel, dont, en l'an 1544, la connoissance
« avoit été attribuée aux parlemens de Paris et de Rouen, et avoit été
« remontré combien cette charge étoit insupportable en ce pays de
« Normandie; que le payement des tailles en étoit diminué, et les
« prisons remplies de prisonniers, où ils pourrissoient, tellement
« qu'il en avoit été tiré jusqu'à cent vingt corps morts pour une fois;
« qu'il faudroit nouveaux officiers, nouveaux commis pour cet impôt
« dans les villages, outre l'insolidité des tailles qui est du tout insup-
« portable, qui est encore une autre insolidité pour ledit impôt; sup-
« pliant Sa Majesté, pour ces considérations, d'avoir pitié de son
« pauvre peuple. Le Roy, qui avoit été imbué qu'il venoit un grand
« trésor de cet impôt, commença à dire qu'il vouloit que ledit impôt
« fût levé pour la necessité des affaires, et sembloit qu'il voulût
« tourner le reste en risée. S'estant approché dudit sieur premier
« président, lui avoit dit en ces termes : Pour l'honneur de Dieu,
« appointez-vous ensemble, et que je n'en oye plus parler. — M. le
« chancelier, qui voyoit la disposition du Roi, avoit voulu pratiquer
« de tirer l'affaire en longueur, et dit que puisqu'il n'étoit venu exprès,
« que dans quatre mois ceux qui étoient mandés par l'arrest du conseil
« comparoîtroient. Ce qu'ayant ouï ledit sieur premier président, et
« aussi que l'on vouloit ordonner que les arrests de cettedite cour
« seroient biffés, seroit allé trouver après midi ledit sieur chancelier,
« auquel il auroit remontré que ceux qui étoient mandés par ledit
« arrest étoient âgés et valétudinaires, et ne leur étoit possible de se
« présenter... S'étoit ensuite retiré par devers le Roy, et parlé à M. le
« connestable, qui s'étoit montré assez affectionné envers cette com-
« pagnie... Lors le Roi, qui étoit sur le point de voir l'état de sa
« maison, les avoit fait entrer, et leur avoit demandé en ces termes :
« Eh bien, vous êtes-vous appointés? Je veux que cela soit tellement

« acquittera mieux; et sy c'est du consentement de ma
« maistresse. » Je pensois que cela seroit; mais en matiere d'affaires de cour, quand elles despendent des dames elles reçoivent bien des changements : et de fait peu de temps après madame la duchesse la rappointa.

Je me suis rendu à Rouen le premier de l'an 1598. J'oubliois à dire qu'allant prendre congé de M. de Bellievre, il nous parla d'un édict d'érection de haultes justices; et luy remonstrant que c'estoit chose peu agréable à la province, il me dist qu'il se souvenoit à la verité qu'estant un jour allé trouver la royne d'Angleterre de la part du feu Roy, comme elle luy eult promis quelque expedition que son conseil ne trouva bon, le lendemain elle luy dist qu'elle avoit changé d'opinion, et qu'elle estoit sortie de Normands qui pouvoient se desdire. « Pour preuve, c'est que les
« gardes nobles de mon royaume sont à moy, comme
« elles estoient anciennement en Normandie; et sy
« toute la justice despend de moy, n'ayant voulu ad-
« mettre les haultes justices » (et de faict il n'y en avoit

« accommodé que je n'en oye plus parler; ajoutant qu'il étoit bien
« raisonnable que pour le fait des commissions extraordinaires son
« parlement les vît, pour connoître s'il y avoit quelque chose préju-
« diciable à son service ; mais avec telle correspondance qu'il ne s'en
« ensuive rien de préjudice en ses affaires et au bien public. Et après
« avoir par Sa Majesté fait voir l'état de sa maison, avoit fait monter
« ledit sieur premier président en sa chambre, lequel avoit prié
« Sa Majesté de donner arrest pour la décharge de cette compagnie :
« ce qu'elle avoit commandé être fait, et dont Sa Majesté avoit donné
« la charge audit sieur de Bellievre, lequel ledit sieur premier pré-
« sident avoit prié de vouloir continuer la bonne affection de laquelle
« il avoit toujours embrassé l'état de la justice... C'est ce qui s'est passé
« en ce fait, qui étoit de grande importance pour cette compagnie. »
(Copie des registres du parlement de Rouen, tome 16, page 178.)

quasy point anciennement en ce pays; mais les flatteurs et facilité du sceau y ont apporté ce desordre). Ce sont les propos que nous eusmes ensemble.

CHAPITRE VIII.

Voyage de cour, en 1598.

Le mois de juillet, je receus lettres du Roy par lesquelles il me commandoit de l'aller trouver, pour chose dont il me vouloit communiquer. Le 11.º du mois, je partis de Rouen avec M. le commandeur de Sainct-Vaubourg, messieurs de Mathan et Cabart, conseillers en la cour. Je me rendis à Sainct-Germain le 15. Le Roy me commanda d'aller à Paris; et de là, y ayant sejourné huit jours, me rendre à Monceaux.

Y estant, y arriva M. le duc de Bar[1], qui, estant hors d'esperance d'espouser Madame, sœur du Roy, venoit prendre congé de Sa Majesté. Mais au lieu de ce faire, il la trouva en si bonne disposition, qu'ils arresterent toutes les difficultés; de sorte que son voyage fut rompu. Je saluay le Roy comme il alloit à la messe, lequel me fist bon accueil, me commanda de disner avec luy; ce que je fis : et y avoit à la table plusieurs dames et seigneurs. L'après disnée se passa sans que le Roy me dist rien, synon qu'il avoit fait un coup à sa façon accoustumée, qui est d'achever les affaires quand

[1] *M. le duc de Bar :* Henri, duc de Bar et de Lorraine en 1608, après la mort de son père. Epousa la princesse de Navarre Catherine, le 30 janvier 1599.

les hommes les tiennent toutes desesperées, comme il estoit arrivé au faict de M. de Bar, qui, pensant s'en retourner mal content, avoit obtenu de luy ce qu'il avoit voulu. Il alla à la chasse, et pensoit faire destourner un coup près du parc, où il nous feist aller; et de foys à autres venoit voir ce que nous faisions.

Le soupper se feist en la grande allée, où de rechef il me commanda de me trouver, et seoir en sa table. S'estant levé, il me feist faire deux tours de la longue allée, tenant d'une main madame la duchesse, et j'estois de l'autre. De là il nous mena à son jardin avec les dames, et nous feist promener jusques à minuict, dont j'estois las infiniment. Lors il me dist que m'ayant recogneu pour un de ses fidelles serviteurs, il avoit bien voulu me communiquer une affaire qui le touchoit, qui estoit la résolution prise de se faire séparer d'avec sa femme; et ce qu'estant fait, il me communiqueroit aussy par après de son mariage, d'autant qu'il estoit délibéré donner ce contentement à ses sujects.

Je louay Dieu de ce qu'il l'avoit inspiré à une sy bonne œuvre, qui luy apporteroit du repos infiny; mais que pour sa séparation elle ne despendoit seulement que du Pape, qui en semblables occurences s'en est toujours fait croire, et de la bonne fortune du prince. Il me parla de l'alliance de sa sœur, me dist que son desseing estoit d'esteindre toutes brigues et menées de son royaume. Je respondis que je ne pensois pas qu'il y en eust en France, sy ce n'estoit des huguenots. Il me respondit qu'il y donneroit bon ordre, et qu'il les desferoit les uns par les autres, ayant depuis peu fait surprendre la ville d'Aiguesmortes sur le gouverneur d'icelle par un autre gentilhomme de la mesme religion; et entre autres discours, comme nous en eusmes plusieurs, il me dist ces mots : « C'est chose estrange « que je ne pense point qu'il y ait eu prince qui plus ait « tué de gens de sa main que moy en batailles et ren-« contres; mais qu'il alloit se coucher avec tant de re-« pos d'esprit, qu'il n'avoit sur luy aucun remords de « conscience. Et voilà mon beau-frere qui est appellé « le *bon duc;* encore a-t-il faict tuer Tremblecourt, qui « ne l'avoit pas mesme offensé en son honneur. » Et cela disoit-il à cause qu'avec le duc de Bar estoit le sieur de Chanvallon (1), auquel il avoit faict bonne chere, encor qu'il fust soubçonné d'avoir eu beaucoup de faveurs extraordinaires de la reyne de Navarre sa femme, et qui pour ce subject avoit pensé estre tué par le commandement du feu Roy. Ces propos suivis de plusieurs autres, il nous ramena dans sa chambre, et de là fist monter en la chambre de hault, où estoient ses enfants, qu'il esveilla, pour monstrer que, quelque petits qu'ils fussent, ils ne pleuroient pour chose qu'il leur feist. Je pris congé de luy, et il commanda à madame de Sourdis que l'on me mist en une bonne chambre, avec ces mots : « Qu'elle fist l'honneur de la maison de sa niepce. » Le lendemain je partis de grand matin coucher à Lusarches, puis à Trye, où estoit madame de Longueville, laquelle nous fist grand accueil.

Le 22 aoust, allant au Bogouet, je trouvay sur le

---

(1) *De Chanvallon :* Jacques de Harlay, seigneur de Chanvallon, chambellan du duc de Bar. L'auteur du Divorce satirique parle des amours de la reine Marguerite et du seigneur de Chanvallon, auxquels il semble que Henri IV ait fait ici allusion. (*Voyez* le Journal de Henri III, édition de 1720, tome 1, page 178.) Il ne faut pas confondre ce Chanvallon avec celui qui épousa la comtesse de Moret. Ce dernier étoit neveu de celui dont il est parlé ici.

milieu du chemin M. Nicolas Le Cerf, procureur en la cour, lequel m'apportoit des lettres de M. le president de Languetot, par lesquelles il me conjuroit qu'attendu l'extremité de sa maladie, je fisse ce debvoir pour sa maison d'aller en cour essayer d'obtenir résiguation de son estat en faveur de M. de Sainct-Aubin, et dispense des quarante jours. Je m'acheminay à Paris avec mon nepveu de Reville, et m'y rendis le 26 dudit moys, où je trouvay que desja les nouvelles estoient que ledit sieur estoit décedé, et estoit M. ... [1], maistre des requestes, qui avoit donné l'advis; tellement qu'en ayant communiqué avec M. d'Incarville, je résolus de n'en parler point davantage, d'autant qu'en telle incertitude on ne m'accorderoit chose aucune : et toutesfois le lendemain je receus nouvelles qu'il estoit amendé audit sieur de Languetot (comme de faict il estoit), et que le meilleur seroit de n'en faire instance. Voyant M. le chancelier, il me demanda ce que j'en sçavois; je luy fis responce qu'il se portoit bien. Il me dit qu'on le vouloit celer : je n'en voulus rien dire davantage. J'allay saluer le Roy, qui estoit aux Thuilleries, lequel me ramena dans le Louvre, et monstra sa grande gallerie et la salle qu'il avoit projettée, qui à la verité monstre la grandeur du maistre, car il n'y a rien de semblable en toute l'Italie, et surmonte les ouvrages de tous les anciens.

Il me fist, devant tous les princes et seigneurs qui y estoient, reception selon son accoustumée bonté, et me dist à l'oreille entre autres choses : « Je veux faire « renouveler la race des princes du sang de plus forts « et vigoureux qu'il n'y en a. » Je ne luy respondis

---

[1] *M. ... :* Ce nom est en blanc sur les deux manuscrits.

chose aucune, estant trop dangereux de parler de telles choses, dont l'évenement ne peult apporter que du péril. Je pris congé de luy aussytost, ayant faict entendre que je ne venois audit lieu que pour le saluer, et m'esjouir de sa bonne disposition. Il me recommanda et son service et le bien de ses subjects, et que le servant bien je trouverois en luy un bon maistre, lequel recognoistroit un jour les services que je luy avois faicts; et m'ayant embrassé, me licentia.

De là j'allay au conseil, où je trouvay que l'on faisoit le departement des commissaires pour le régalement des tailles, et leur dis que je ne pensois pas qu'il peust arriver grand profit de cela, et que le peuple estoit encore trop pauvre; qu'il falloit donner temps au monde pour se remettre, affin de supporter les charges que l'on vouloit luy imposer; et encor que de cet advis fussent beaucoup de messieurs, toutesfois c'estoit l'opinion arrestée de M. d'Incarville, qui n'a pas beaucoup profité, et au contraire a plus chargé le pays que jamais, et préparé la voye à oster les priviléges des villes qu'elles avoient de longue main gaignez par fidelles services, qui sont très dangereux pour faire aymer un prince par ses subjets, encore que ce soit ce que plus ardemment il doit rechercher, la fin de leurs conquestes estant principalement pour donner repos aux siens et les enrichir, et en ce faisant les disposer à courageusement employer et vies et biens. Toutesfois c'est chose estrange qu'ayants un sy bon roy et craignant Dieu, qui luy a donné paix universelle, et mesnager de nature, et peult-estre beaucoup pour un roy sy magnifique, les dispensateurs de ses finances néantmoins font pis que jamais; car on leve plus, on paye moins, le peuple est plus affligé que l'on n'a esté au fort des miseres. Or comme ce n'est point la volonté et l'inclination du Roy de maltraiter les siens, il fault prier Dieu qu'il luy suggere quelque bon conseil et advis qui puisse tourner au bien de cest Estat, qui de si longue main se mine et ruine peu à peu.

Je partis le lendemain pour me rendre au Bogouet, où estoit ma femme et toute nostre petite famille, avec laquelle je fis le voyage de Caux et de Saint-Aubin, où depuis la pauvre femme n'entra, et y fist son testament, présageant quasi ce qui luy est arrivé. Dieu nous veuille assister par sa sainte grace!

CHAPITRE IX.

Voyage de cour, en 1599.

[1599] CETTE année de son commencement m'a fort affligé, par la perte que je feis de ma femme le 4 janvier, *quæ maximum sui desiderium mihi reliquit*. J'avois vescu avec elle, depuis le 20 octobre 1584, en grande amitié; elle m'avoit suivi pendant mon exil pour la Ligue avec beaucoup de constance; elle craignoit Dieu et l'honoroit beaucoup, estoit fort charitable aux pauvres, et servoit d'exemple à sa famille de toutes choses bonnes. Elle mourut, après s'estre délivrée assez heureusement de Barbe. Devant que mourir, elle m'avoit prié de la faire nommer Hélene, en memoire de feue ma mere : mais d'autant qu'elle décéda et que je n'avois fille de son nom, j'aimay mieux qu'elle l'eust (1).

Post exsequias et justa persoluta, j'allay le vendredy sainct au Bogouet, où messieurs d'Incarville et secrétaire Nicollas me vindrent voir; et là eusmes nouvelles que madame la duchesse de Beaufort, de laquelle a esté parlé ailleurs, estoit morte de convulsions à Paris (2), dont peu de personnes eurent regret, d'autant que c'est chose bien certaine que le Roy avoit deseigné de l'espouser vers la *Quasimodo:* ce qui eust apporté de grands troubles en France, car son mary (3) estoit encor vivant, séparé soubs une cause fausse; et le Roy n'estoit pas séparé d'avec sa femme. Mais l'affection qu'il luy portoit estoit sy grande, et *motus numero liberorum*, et la puissance d'un Roy *cui quod lubet licere videtur*, qu'il eust peu passer sur toutes ces difficultez, dont tous les vrays serviteurs de Sa Majesté avoient et de l'apréhension infinie et de la douleur très grande. Dieu y a remedié lorsque les hommes en désesperoient; et me souvient qu'il me fut dict que M. le mareschal de Bouillon, en parlant un jour avec quelque autre, et regrettant le malheur de la France, avoit dict qu'il avoit veu plusieurs fois le Roy depuis qu'il le servoit en de grandes agonies, voire jusques à des précipices; mais que Dieu l'avoit tousjours retiré lorsqu'on pensoit qu'il deust choir, et qu'il esperoit en voir autant en cet acte, comme il est

---

(1) Barbe Groulard fut mariée à Jean Bigot de Sommesnil, conseiller à la cour des aides de Rouen. — (2) *A Paris :* Gabrielle d'Estrées, duchesse de Beaufort, mourut à Paris le 10 avril 1599. (*Voyez* le Journal de Henri IV à cette date.) — (3) *Son mari :* Nicolas d'Amerval, seigneur de Liancourt, gouverneur de Chauny.

arrivé. Ce qui tesmoigne de plus en plus l'assistance de Dieu envers le Roy, qu'il fault prier qu'il continue jusques à la fin, car tous les hommes ne l'eussent peu en destourner; et neantmoins la France sent encore les malheurs de la royne Eleonor (1), qui estant repudiée, se maria avec le roy d'Angleterre, luy portant la Guyenne, l'Anjou, la Tourraine, et tant d'autres places qu'on a bien eu du mal à regaigner depuis.

Le 28 avril 1599, je m'acheminay en cour avec messieurs de Fromonville mon nepveu, et de Tilly mon beau-fils; trouvay le Roy à Saint-Germain-en-Laye, et presque toute la cour en dueil et habits lugubres. Ce voyage ne s'est faict que pour m'acquitter de mon debvoir, et saluer mon maistre, lequel à la verité me feist une reception fort amiable; et y vis, le dimanche 2 de may, bailler le bonnet au cardinal de Sourdis par le chambrier du Pape, qui le presenta au Roy, lequel le mist sur la teste dudit cardinal avec les solemnitez et cérémonies accoustumées; et là se voyoit la mutation des humeurs de cour, car chacun disoit tout hault que sy la duchesse de Beaufort fust morte quelque peu auparavant, elle n'eust laissé cest honneur à son cousin, qui a eu cette faveur pour les agréables services de sa mere madame de Sourdis, encore que le Roy ne l'aimast gueres, d'autant qu'elle excitoit sa niepce à beaucoup de choses fascheuses et demandes importunes, contre la volonté du Roy et bien de ses affaires.

(1) *La royne Eleonor :* Eléonore ou Aliénor de Guyenne, répudiée par Louis VII en 1152, épousa Henri II, roi d'Angleterre : ce qui causa des guerres de plusieurs siècles. L'auteur a tort de comparer des positions aussi différentes. Marguerite de Valois n'apporta à Henri IV aucun droit au trône; son père les lui avoit transmis avec son sang.

Cela faict, et chascun estant retiré, le Roy me retint dans sa galerie, où il commença par des regrets infinis de la perte de sa maistresse, qui tesmoignoient une douleur sy grande qu'elle ne se pourroit exprimer; et le mal rengregeoit par la veue des enfants, et surtout de M. de Vandosme, qui n'avoit que cinq ans, lequel à la verité a un esprit plus qu'ordinaire, et qui se faict admirer par un chascun. Je luy remonstray ce que je peus, et comme il falloit se conformer à la volonté de Dieu; et m'enhardis de le supplier, comme avoient faict messieurs de Paris, qu'il ne nous privast pas plus longuement du bien que nous esperions recevoir de son mariage, s'il luy plaisoit y entendre; qu'en vain il auroit tant travaillé pour mettre la France en repos, s'il ne laissoit après luy un successeur qui peust faire jouir nos enfants de la félicité que chacun s'en promettoit; que cela mesmes l'asseureroit davantage; qu'il y avoit encor beaucoup de reliques de la Ligue, et de personnes qui s'estudioient à nouveautez, voyants qu'il leur faudroit doresnavant vivre avec regle; que l'on sçavoit que beaucoup faisoient des menées secrettes, qui se dissiperoient en un moment; qu'un successeur d'un grand prince rend sa memoire plus admirable et ses subjects en plus de repos, recognoissant à qui et soubs qui ils doibvent passer le reste de leur âge, et nourrir leurs enfants en la mesme devotion et affection qu'ils auront de leurs jours portée au pere.

Il me dit que c'estoit son desir, mais qu'en matiere de mariage de prince il y avoit beaucoup de considerations, d'autant que leur grandeur ne permettoit point qu'ils peussent s'allier qu'à princes souverains; qu'aujourd'huy en la chrestienté il y avoit l'infante d'Espagne, mais qu'elle sembloit estre destinée ailleurs, et que le roy d'Espagne ne voudroit le permettre, pour les grandes pretentions que l'on pourroit avoir; qu'en Allemagne il y en avoit une ou deux, mais que c'estoit à faire à cent mille tallers, qui se consommeroient en voyages. Mais qu'à Florence il y avoit une vertueuse princesse, de bonne habitude, avec laquelle il esperoit avoir bientost des enfants; qu'il ne se pouvoit faire que son mariage ne fust grand, d'autant qu'elle avoit des demandes beaucoup à faire à son oncle, non pour l'Estat, car c'est fief masculin, mais pour les meubles du pere, que le duc de Florence ne pourroit honnestement luy retenir; qu'il luy debvoit desja plus de cinq cent mille escus; qu'il s'en acquitteroit par ce moyen; et oultre, qu'il auroit une bonne somme de deniers pour employer à ses affaires, et à nettoyer son royaume des debtes excessives qu'il portoit, et voyoit n'y pouvoir autrement remédier; qu'il feroit chose agréable au Pape, et regaigneroit plus de crédit que jamais dans le consistoire, qui enfin est la clef du bien ou du mal du royaume et de l'Europe; et qu'il feroit d'autant diminuer la creance et faveur que le roy d'Espagne y avoit de trop longue main.

Je luy fis responce qu'en quelque lieu qu'il s'alliast, je croyois que Dieu, qui l'avoit assisté tousjours, ne l'abandonneroit point, encore que les grands princes s'allient plustost pour avoir lignée que pour advantages qu'ils reçoivent de leurs femmes. Toutesfois en riant j'adjoustay que s'il se marioit avec l'infante de Florence, qu'il en prendroit comme de la lance d'Achille, qui guerit et blessa Telephe; et que d'où le mal seroit venu en France, de là la guerison viendroit. Quelques uns m'ont desja dit cela, me respondit-il; et adjousta (ce que j'admiray) : « Mais, je vous prie, dict-il, qu'eust « peu faire une pauvre femme ayant par la mort de « son mary cinq petits enfants sur les bras, et deux fa- « milles en France qui pensoient d'envahir la couronne, « la nostre et celle de Guyse? Falloit-il pas qu'elle « jouast d'estranges personnages pour tromper les uns « et les autres, et cependant garder comme elle a faict « ses enfants, qui ont successivement regné par la sage « conduite d'une femme sy advisée? Je m'estonne qu'elle « n'a encor faict pire. » Cela dict par luy, *dedi manus*, et adjoustay seulement : « Quoy qu'il en soit, il faut « confesser qu'elle ne vous aymoit pas, et qu'enfin elle « s'estoit du tout laissée emporter par messieurs de « Guyse, pour la hayne qu'elle vous portoit. — Il est « vray, dit-il; mais en cela elle a esté trompée, car au « lieu de me nuire elle m'a mis la couronne sur la teste, « que j'eusse eu beaucoup de peine de conquerir sans « les ligueurs, qui pensants me ruiner sont demeurez « soubs le faix, et ne servent que pour tesmoigner et « ma valeur et ma clemence, ayant oublié sy facile- « ment les mauvais tours qu'ils m'avoient faict. » Là dessus, de propos en autre, je le remis sur un discours que M. le mareschal de Retz me fist l'an 1588, après les barricades de Paris, le feu Roy estant à Rouen. C'est qu'estant allé avec la Reyne mere et feu M. de Nevers [1] vers Sa Majesté, qui lors estoit seulement roy de Navarre, on luy avoit faict des propositions

---

[1] *M. de Nevers*: Louis de Gonzague, duc de Nevers et de Mantoue, auteur de Mémoires qui ont été réunis par Gomberville à un grand nombre de pièces historiques en 1665. Il mourut en 1595.

pour le bien de la paix, jusques à luy offrir qu'on renfermeroit sa femme dans un monastere, ou plustost qu'on la feroit mourir, et qu'il espouseroit la fille du duc de Lorraine. Sa Majesté respondit qu'il ne le vouloit point, et que jamais il ne consentiroit à une sy execrable meschanceté. La Royne luy respondit: «Vous « serez donc cause de grandes tragédies. » Il respondit : « Une chose me console ; c'est qu'estant vieille comme « vous estes, vous n'en verrez point la fin ; » et que cela fut cause que la Royne s'en retourna sans rien faire. Sa Majesté me dist que tout cela estoit vray; et après m'avoir tenu encor plusieurs propos, me licentia.

Je partis le lendemain avec M. l'archevesque de Rouen, dans son carosse; il nous mena coucher à Gaillon, d'où le lendemain nous partismes pour me rendre à Rouen.

C'est une chose estrange que, tost après que je fus arrivé, je fus saisy d'un flux de sang, dont j'ay esté fort long-temps malade et foible ; et le mesme jour en fut aussy saisy M. d'Incarville, ensemble de grandes douleurs de nephretique, qui s'estants accreuz par le decedz de M. de Saldaigne son frere, il en prist tel desplaisir qu'il en mourust. Ce qu'ayant sceu, ma maladie me rengregea fort, ayant faict perte d'un amy signalé, avec lequel j'avois eu de la privauté, et mesme volonté et inclination au party du Roy plus que tout autre. Il a laissé une fort belle réputation pour l'administration des finances. Il est ensepvely à Sainct-Germain de l'Auxerrois, à Paris.

CHAPITRE X.

Second voyage fait en cour, en 1599.

La France commença, sur la fin du regne du roy Henri II, à estre agitée de troubles et divisions que la simulté de hayne des maisons de Guyse et de Montmorency excitoit, et estant feu M. le connestable (1) aimé dudit Roy, qui l'appelloit ordinairement *son bon compere*. Il feist tant, que le Roy commanda à messieurs de Guise de se retirer de la cour, luy ayant esté souvent remis en memoire que telle avoit esté la volonté du roy François premier son pere, lequel par ses derniers propos, avant que mourir à Rambouillet, luy recommandant les affaires de son royaume, entre autres choses luy avoit commandé de chasser messieurs de Guise; et que s'il ne le faisoit, il arriveroit qu'ils le mettroient un jour en pourpoint, et son peuple en chemise (2). Je ne croyois pas aisement ces propos; mais oultre qu'ils sont escrits y a plus de quarante ans, le bon homme de M. de Villeroy (3) m'a dit avoir esté présent auxdits propos, et confirmé par M. de Fleury son gendre (4).

(1) *M. le connestable:* Anne de Montmorency. — (2) Charles IX mit en vers cet avis de son aïeul:

> Le roi François ne faillit point,
> Quand il prédit que ceux de Guyse
> Mettroient ses enfans en pourpoint,
> Et tous ses sujets en chemise.

(3) *M. de Villeroy:* Nicolas de Neufville, seigneur de Villeroy, secrétaire des finances du roi François I en 1539, mourut très-âgé, vers 1594. — (4) *M. de Fleury son gendre:* Denise de Neufville-Villeroy

La mort du roy Henri II advenue, les choses changerent fort, d'autant que le roy François second ayant espousé la royne d'Escosse, niepce desdits sieurs de Guise, ils furent incontinent remis en grace, l'estat de lieutenant general du Roy baillé à M. de Guise, et l'intendance et maniement de toutes affaires et finances entre les mains de M. le cardinal de Lorraine. Ce fut lors à M. le connestable à se retirer en sa maison, et à y vivre comme un homme privé; et passerent sy avant, qu'ils firent constituer prisonnier le prince de Condé, auquel ils faisoient faire le procez; et desja se préparoient les eschaffauds pour l'exécution, comme s'il eust esté condamné[1]. Pendant ce regne, ceux qui s'estoient retirez de l'obéissance de l'Eglise romaine commencerent à bon escient à lever la teste; et quelques uns d'entr'eux s'estans en armes trouvez à Amboyse, vouloient executer une estrange entreprise contre le Roy et lesdits sieurs de Guyse; mais estans descouverts, la pluspart furent tuez, et les chefs principaux exécutez à mort par la justice : et comme les aigreurs continuoient par l'animosité que le Roy en avoit conceue, estimant que ce fust à sa personne propre à qui ils vouloient

---

épousa, au mois d'avril 1568, Henri Clausse, seigneur de Fleury et de Marchaumont, grand-maître des eaux et forêts de France.

[1] On trouve les plus curieux détails sur cette procédure dans l'Histoire de l'Estat de la France sous le règne de François II; 1576, in-8°, p. 687 et suiv. Les Guise vouloient à tout prix éteindre la branche de Bourbon, afin que le trône leur fût moins contesté. Le prince de Condé fut condamné à mort, et devoit être exécuté le 26 novembre 1560. On vouloit arrêter le roi de Navarre, et le condamner sous quelque prétexte; mais la mort de François II conserva le sang de saint Louis. (*Voyez* l'Histoire du président de Thou, tome 3, p. 570 et suiv. de la traduction.)

s'attaquer, il fut frappé de maladie, dont il mourut assez promptement.

Par son deceds, le royaume tomba entre les mains de Charles ix, qui soudain par l'entremise de la Royne mere, à laquelle les procédures de messieurs de Guyse estoient suspectes, rappela M. le connestable en cour : mais au lieu d'avoir du repos et de l'ordre, la minorité du Roy fut cause et donna le moyen de brouiller tout l'Estat, à cause de la régence et du gouvernement que les princes du sang vouloient avoir contre la Royne, laquelle se raccommoda avec messieurs de Guyse, et fist aussy que M. le connestable se réconcilia avec eux; et lors d'un accord commun s'attaquerent au prince de Condé, qui, par l'advis et conseil de l'admiral de Chastillon, s'estoit déclaré chef des huguenots (ainsy furent appellez ceux de ladite religion, qui ne vouloient recognoistre le Pape pour chef de l'Eglise); et après quelques traittez, et des Estats généraux tenus à Orléans, se leverent les armes par toute la France à cause de ladite religion, qui despuis ce temps là ont duré jusques à ce jour, et consommé une infinité d'hommes, par meurtres inhumains et batailles sanglantes; et encor que quelques fois on discontinuast soubs prétexte de quelque paix, soudain le mal recommençoit, jusques à ce que le roy Henry iv ayant eu la raison de la Ligue, dont sera parlé ailleurs, se résolut aussy de faire la paix avec les huguenots, affin de se donner quelque repos après tant de travaux qu'il s'estoit donnés et qu'il avoit endurés, et du soulagement à ses pauvres subjects, qu'une sy longue suite de guerres et de calamitez avoit de tous poincts ruinés. Cela fut cause qu'après la honteuse et ignominieuse capitulation du duc de Mercure, il leur donna un edict à Nantes, par lequel entre autres choses il accordoit aux huguenots des chambres en chaque parlement où leurs causes seroient jugées, et qu'ils seroient admis aux charges et Estats, qui est ce que plus ils ont desiré : et de faict le bon M. de Morvilliers (1), le plus grand personnage de son aage, disoit tousjours qu'il n'y avoit pas tant d'interest à la millieme partie de leur accorder de prescher publiquement partout, que de leur donner accez aux charges et estats; car c'est peu à peu s'insinuer, sans esperance d'estre rabaissez.

Cest esdit ayant esté présenté à la cour de parlement de Rouen, on me pria d'aller jusques à Bloys, où lors estoit le Roy, avec messieurs Le Brun, Perigard et Duquesne, conseillers, et de Lisors, procureur general. Ce qu'encores que je me trouvasse fort mal des reliques d'un flux de sang qui m'avoit presque conduit au trespas, j'accorday neantmoins. Et arrivez, trouvasmes du changement, par la mort de M. de Cheverny, chancelier, en la place duquel le Roy avoit choisy M. de Bellievre. Je luy fis entendre que nous avions esté desputez vers Sa Majesté pour luy faire remonstrances sur l'edict de pacification, et vers luy pour nous esjouir de la belle election qu'avoit faicte Sa Majesté, luy commettant ce qui estoit de plus precieux en son royaume, qui estoient les sceaux et la surintendance sur la justice ; que l'ayant tousjours cogneu affectionné au bien d'icelle, dont aussy il recevoit une honorable rescompense, nous esperions qu'il continueroit encore envers nous cette bienveillance. Il

---

(1) *M. de Morvilliers* : Jean de Morvilliers, évêque d'Orléans, garde des sceaux de France en 1568, mourut à Tours le 30 octobre 1577.

nous remercia, et promist de tellement faire honorer la justice, qu'il s'efforceroit de remettre peu à peu les désordres qui s'y estoient glissez par les troubles (1). De là il nous mena saluer le Roy, qui nous fist fort bonne reception, mais nous remist à l'après disner pour estre ouys.

Sur les deux heures il nous mena dans le jardin, où

(1) Le président Groulard est entré dans plus de détails, en rendant compte de son voyage au parlement : « A été dit par ledit sieur premier président qu'ils étoient partis de cette ville (*de Rouen*) le mardi
« 10 août dernier, et acheminés en la ville de Blois, où ils étoient
« arrivés le lundi ensuivant 16 dudit mois; et trouvé que le Roy étoit
« parti quelque temps auparavant pour aller à Paris. Le lendemain
« étoient allés voir M. le chancelier, auquel ils firent entendre que la
« compagnie n'eût tant tardé à lui témoigner comme elle s'étoit réjouie
« de ce qu'il avoit plu à Sa Majesté l'appeler à cette charge, et lui
« venir offrir l'obeissance et service qu'elle lui doit, n'eût été qu'ayant
« été député pour venir faire quelques remontrances à Sa Majesté
« pour le bien de son service, ils avoient eu pareillement charge de
« le saluer de la part de cette compagnie, et en ce faisant le supplier
« très-humblement de continuer à embrasser la justice, et lui vouloir
« faire octroyer par Sa Majesté l'effet de ses très-humbles requestes et
« supplications. Avoit ledit sieur chancelier grandement remercié la
« compagnie, et rendu témoignage d'une singuliere affection envers
« elle, promettant d'avoir toujours une bonne correspondance avec
« les compagnies souveraines; qu'il savoit bien qu'il s'étoit passé beau-
« coup de choses, au préjudice de leur autorité, qu'il falloit attri-
« buer à la licence des guerres ; et que quant à lui il essayeroit à ra-
« mener toutes choses à l'ancienne discipline de la France, en ayant
« eu commandement du Roy; joint qu'il avoit été nourry en toutes
« ces grandes compagnies, où il pouvoit avoir appris combien il étoit
« nécessaire de conserver l'autorité de la justice; et que si tout d'un
« coup l'on ne pouvoit parvenir à ce qu'on desiroit pour le bien,
« qu'il le faut imputer à l'imperfection des hommes; et cependant
« qu'il se falloit conjointement évertuer; priant de rechef cette com-
« pagnie d'avoir une bonne correspondance avec lui, et qu'il appor-
« teroit tout ce qui seroit en lui au fait pour lequel ils avoient été
« députés. » (Copie des registres du parlement de Rouen, tome 16, page 221.)

s'estant faict apporter un siege, je luy parlay ainsy qu'il se void au registre (1); dont il tesmoigna avoir eu du contentement, et de ce que nostre compagnie avoit monstré cette obéissance à ses commandements (2). Y estoient presents, quand je parlay, messieurs le mareschal de Bouillon, de Rosny et Du Plessis, avec plusieurs seigneurs; et nous mena tous à la longue allée, que je feis à peine, me sentant encor des lassitudes du retour de la maladie. Il envoya querir un carrosse, dans lequel je me mis au retour avec messieurs de Bouillon et Du Plessis, et eusmes des discours divers touchant ce que j'avois dict au Roy.

Le lendemain, nous saluasmes le Roy à son lever; et attendant qu'il fust dans son cabinet, on nous monstra les lieux où le duc de Guyse avoit esté tué, et nous

---

(1) On lit sur les registres du parlement de Rouen le discours du président Groulard. Son étendue n'a pas permis de le placer ici. (*Ibid.*, page 222.) Le parlement de Normandie n'enregistra l'édit de Nantes, en 1599, qu'avec des restrictions qui excitèrent les réclamations des religionnaires, au point qu'ils refusèrent de leur part de l'exécuter jusqu'en 1609. Le Roi, fatigué d'envoyer au parlement des lettres de jussion auxquelles il n'étoit point fait droit, manda plusieurs membres du parlement. Ils rendirent compte de leur voyage le 3 août 1609. Le Roi les avoit reçus avec sévérité, et le chancelier de Sillery leur avoit dit dans les termes les plus forts qu'ils eussent à obéir. (*Voyez* la Copie des registres du parlement de Rouen, t. 16, p. 272 et suiv.)
— (2) Voici ce qu'on lit sur les registres du parlement de Rouen:
« Le Roi leur ayant sur ce dit qu'il leur savoit fort bon gré de ce
« qu'ils estoient arrivés et s'estoient disposés à ses commandements,
« et que son principal desir estoit de voir quelque jour un chacun
« réuni à la religion catholique; et que cela estant, il n'auroit du re-
« gret de mourir un an après, et qu'il feroit tant avec le Saint-Pere
« que les choses s'y disposeroient; mais que ce n'estoit assez d'aller à
« la messe, qui n'en faisoit les œuvres: et quant aux modifications
« particulieres de son édit, qu'il en falloit conférer avec M. le chan-
« celier. » (Copie des registres du parlement de Rouen, tome 16, page 225.)

fut dict beaucoup de particularitez sur ce subject. Tant y a que le Roy allant à la messe et me parlant, me dist : « Voicy un lieu où s'est joué d'estranges jeux, « qui m'ont mis la couronne sur la teste, et par ceux « qui moins y pensoient. » J'adjoustay une chose mémorable : que le jour de sa nativité, qui estoit le 13 décembre (1), estoit celuy de la mort du duc de Guise, qui fut tué le 23 décembre, car il fault adjouster les dix jours de correction du calendrier ; de sorte qu'aujourd'huy on peult dire que le Roy est né le 23 décembre. Toutesfois il célebre encore le jour de sa nativité au 13 décembre.

Les jours suivants se passerent en plusieurs altercations qu'il fallut avoir chez M. le chancelier, pour l'establissement de la chambre de l'edict, avec les députez des huguenots. Nous dressasmes les articles ; commissaires et conseillers nommez ; revocation des évocations qu'on faisoit au grand conseil et chambre de l'édict à Paris ; et autres choses qui se voient au rapport que nous en fismes au retour (2).

Avant que de prendre congé du Roy, il me tira à part et m'usa de ces parolles : que, suivant ce qu'il m'avoit autresfois dict, il estoit résolu à la recherche de l'infante de Florence ; qu'elle estoit cousine germaine de l'Empereur et du roy d'Espagne. Il me commanda de n'en parler à personne, et qu'il n'y avoit que messieurs le chancelier, Villeroy et Rosny qui le sceussent ; qu'il ne vouloit point qu'il fust sceu, d'autant que l'Empereur y estoit desja engagé ; mais qu'il

(1) *Le 13 décembre* : Henri IV est né à Pau le mercredi 13 décembre 1553. — (2) *Voyez* les registres du parlement de Rouen, audit lieu.

avoit résolu avec le duc de Florence qu'on ne leur en parleroit point que tout ne fust accordé.

Je luy parlay d'accorder à M. de Languetot la résignation de son estat de président, et dispense des quarante jours. Il me dist que cela porteroit de la conséquence, pour les importunitez qu'il recevroit de pareilles demandes; mais qu'il me promettoit de s'en souvenir pour l'amour de moy. On n'oseroit aux princes par trop insister; mais je recogneuz bien qu'il n'estoit pas beaucoup content sur ledit sieur de Languetot, pour quelques propos qu'il luy avoit tenus à Rouen, dans Saint-Ouen, l'an 1596, quand on voulut faire rentrer M. de Taucourt en l'exercice de sa charge, de laquelle nous l'avions mis hors à Caen, la cour y estant; d'autant qu'il faisoit profession de la religion pretendue reformée. Il est vray que nous prismes un pretexte *de moribus*, pour oster toute occasion à ceux de la religion de crier (¹).

Nous apprismes une chose notable de la Royne mere, qui mourut à Bloys l'an 1589, à laquelle un devin avoit dict qu'elle mourroit à Saint-Germain. Pour cette occasion il y avoit longtemps qu'on ne la pouvoit persuader de venir à Saint-Germain-en-Laye ny autre paroisse : et neantmoins il s'est escheu qu'à Blois le chasteau est soubs une paroisse qui s'appelle Sainct-Germain, où elle est inhumée; et voilà comme il est difficile d'éviter ce qui est arresté.

(¹) *Voyez* plus haut ce qui a été dit du sieur de Taucourt, pages 357 et suiv.

CHAPITRE XI.

Voyage fait en cour, *en* 1600.

[1600] LE moys de may, les preparatifs se faisoient pour la guerre de Savoye par le Roy, où l'on prejugeoit qu'il y auroit de l'incommodité, sy on ne donnoit quelque contentement aux Suisses sur le renouvellement de l'alliance, et payement des grandes debtes qui leur estoient deues; d'autant qu'ils sembloient menacer de rompre et de se donner à l'Espagnol, qui les en sollicitoit. La conséquence en a esté trouvée sy dangereuse, que cela a servy de pretexte pour faire passer une infinité d'edicts aux cours souveraines, que toutesfois on a mal employez ailleurs. Tant y a que le Roy nous manda, messieurs de Motteville, premier président en la chambre des comptes; Deshameaux, premier président à la cour des aydes; et nous acheminasmes, menant avec nous mon nepveu de Reville, conseiller au grand conseil.

Arrivez à Paris, le Roy nous remist à Sainct-Germain, où estant il nous fist entendre que déliberant s'acheminer de bref pour la Savoye, il nous avoit mandez pour nous faire entendre sa volonté sur le secours qu'il esperoit recevoir de ses bonnes villes, affin d'avoir moyen de conserver l'amitié des Suisses, sy importante à cest Estat, que desja les habitans de Paris luy avoient faict offre de soixante mille escus; qu'il n'en attendoit pas moins de ceux de Rouen; et particulierement que nous trois, qu'il tenoit pour ses bons serviteurs, devions y apporter ce qui despendroit de nous.

Je luy fis response qu'il ne pouvoit doubter de nostre fidelité et dévotion; mais que j'estois contraint de luy representer la pauvreté de la ville de Rouen, qui ne se pouvoit remettre depuis les guerres, à cause des grands imposts dont elle estoit chargée; que de bailler un emprunt particulier c'estoit une chose impossible; que la navigation de marchandise n'alloit plus, et que ce n'estoit que misere. Toutesfois, pour ne manquer à nostre affection, qu'estans de retour nous remonstrerions à nos compagnies sa volonté, et essayerions de les y disposer. Il repliqua qu'il vouloit avoir cent mille livres. Nous remonstrasmes que Paris n'ayant baillé que soixante mille escus, jamais en telles contributions Rouen n'avoit esté qu'au tiers ou quart, ainsy que M. de Motteville l'attestoit, mesmes ayant longtemps exercé l'estat de tresorier general. Enfin il nous dist qu'il envoyroit deux declarations, l'une pour prendre un escu par tonneau sur chacun navire qui entreroit dans nos ports, l'autre de dix sols pour muid de vin qui entreroit dans Rouen. Nous n'osasmes insister davantage, et prismes congé de luy.

Il me parla particulierement de quelque plainte qu'on faisoit de recherches contre ceux qui avoient pris quelques Espagnols, et me dict que ne devions pas favoriser lesdits Espagnols; et puisqu'ils ne vouloient pas permettre que l'on traictast aux Indes, Bresil, et autres lieux au delà de la ligne, et qu'au traicté de paix dernier il n'y avoit peu rien gaigner, qu'il n'entendoit pas qu'on fist recherche aucune de ce qui avoit esté executé par nos gens ausdits lieux; et puisqu'ils prenoient nos vaisseaux quand ils les y trouvoient, qu'ainsi on leur debvoit rendre la pareille. Cecy arriva sur un procez que l'on vouloit faire en la cour de parlement contre le capitaine Chauvin, duquel la barque avoit pris un navire espagnol. Et estant de retour à Rouen, je le fis entendre à nostre compagnie, qui a fait superceder à toutes poursuittes; mais les Espagnols n'ont pas discontinué de nous faire bien du mal.

J'oubliois à dire que quelques uns de ceux qui approchent plus prez du Roy nous advertirent que ledit argent et celuy de Paris estoit destiné pour aider à payer Verneuil, que le Roy donnoit à mademoiselle d'Antragues [1], de laquelle il estoit lors fort passionnement amoureux. Je ne l'ay peu croire, d'autant que ce prince a bien esté subject à aimer, et ardemment, mais il avoit tousjours preferé ses affaires à ses plaisirs; et puis qu'il est dangereux d'y contredire.

CHAPITRE XII.

Voyage de cour, en 1601.

[1601] LE moys de may 1601, je receus lettres du Roy et de M. l'admiral [2], par lesquelles il me com-

[1] *Mademoiselle d'Antragues*: Catherine-Henriette de Balzac-d'Entragues. (*Voyez* les Mémoires de Sully, deuxième série de cette Collection, tome 3, page 311; et tome 5, page 269.) — [2] *M. l'admiral*: Charles de Montmorency, duc de Danville, amiral de France en 1596, mourut en 1612.

mandoit de me rendre à Paris avec M. de Chaste, pour délibérer des moyens qu'il faudroit tenir pour tirer raison des indignitez commises par les Espagnols, Anglois et Flamands, aux marchands françois trafiquants sur la mer.

J'arrivay à Paris le dernier du mois; et ayant sceu que le Roy estoit à Fontainebleau, et que de longtemps il ne retourneroit, je m'y acheminay. Le Roy me fist fort bonne réception, et me presenta luy-mesme à la Royne pour la saluer; ce que je fis, luy disant qu'en eux deux je voyois la benediction de Dieu, l'heur de la France et la felicité des subjects; et qu'estant grosse comme elle estoit, je priois à Dieu, comme tous autres bons François, qu'il luy pleust l'assister, affin que nous peussions bientost voir un dauphin, et par ce moyen confirmer le repos et bien des subjects. Ils tesmoignerent l'un et l'autre avoir agréable ce que je leur avois dit.

Sa Majesté me fist un long discours pour me dire que le bruict qui avoit couru qu'il avoit donné mon estat au sieur de Jambeville, comme vacant par mort, estoit faux; qu'il avoit eu des nouvelles de mon indisposition à Lyon, dont il avoit receu du desplaisir; ajoutant : « Et dis de vous ce que je ne veux point « vous dire en votre présence. » Mais que s'estant de longue main réservé à disposer des estats de premiers présidens quand ils vacqueroient, il avoit dict à M. le chancelier qu'il fauldroit bien adviser qui ils mettroient en ma place; il me pria de le croire. Je fis responce que, n'ayant jamais eu devant les yeux que son seul service, je ne pouvois ny ne debvois trouver mauvais ce qu'il en eust faict; que c'estoit mon maistre, qui m'avoit promis du bien quand il s'offriroit; que je n'emporterois pas ma charge quand il plairoit à Dieu m'appeler. Et là dessus se passerent quelques petits propos pleins de bienveillance, qui est la monnoye dont on paye le plus souvent les bons services. Il me commanda de me trouver l'après disner en un conseil solemnel qui se tiendroit; ce que je fis.

Le Roy y présidoit, assis au bout de la table; M. le comte de Soissons à main droite, assis, et après luy messieurs les mareschaux de Biron, de Brissac et de Laverdin; à costé gauche, messieurs le chancelier et admiral, et moy. Sur d'autres bancs, de costé et d'autre, estoient messieurs de Sillery, de Mesmes[1], de Rosny, de Sancy, Calignon [2]; derriere le Roy, M. le grand escuier. Messieurs de Villeroy, de Gesvres [3] et de Beaulieu, secretaires d'Estat, y estoient; mais ne leur fut demandé opinion. Le Roy fist la proposition, qui estoit pour une sédition arrivée à Poictiers, où M. d'Amours estoit allé pour establir l'impost d'un sol pour livre, qui avoit esté arresté en l'assemblée generale de Rouen dès l'an 1596. Ceux de Poictou y avoient resisté; M. d'Amours, commissaire, voulant procéder à

---

[1] *De Mesmes* : Jean-Jacques de Mesmes, conseiller d'Etat en 1600. Au lieu de ce nom, on lit dans le manuscrit des Archives M. de *Messe*, ou Maisse, qui étoit aussi un homme fort distingué dans le conseil sous Henri IV. — [2] *Calignon* : Soffrède de Calignon, ministre protestant, chancelier de Navarre. Il travailla, avec M. de Thou et messieurs de Schomberg et de Vic, à la rédaction de l'édit de Nantes. Il mourut au mois de septembre 1606. (*Voyez* le Journal de L'Estoile à cette date, tome précédent, page 11.) — [3] *de Gesvres* : Louis Potier, seigneur de Gesvres, secrétaire d'Etat. On lit à la place de ce nom, sur le manuscrit des Archives, celui de Ruzé, qui étoit aussi secrétaire d'Etat à cette époque; mais il y a erreur dans ce dernier manuscrit. Ruzé est le même que M. de Beaulieu.

l'establissement, avoit esté en danger de sa personne, et contraint de sortir avec hazard. Sa Majesté remonstra qu'en chose de telle conséquence il ne vouloit y rien entreprendre sans bon advis, affin que les autres villes ne prissent subject de se rebeller : et incontinent le Roy dist à M. de Caumartin (1) qu'il eust à luy en dire son advis, lequel s'estant levé (car quand le Roy y est present chacun se leve à mesure que l'on opine, mesmement les princes du sang et M. le chancelier), l'a dist en bons termes; et après qu'il se fut teu, ce ne fut plus le Roy qui demanda les opinions, mais M. le chancelier.

Tous convindrent qu'il falloit y adviser avec beaucoup de prudence, de peur que, par ce commencement, la porte ne fust ouverte à sedition et mespris des commandements du Roy; qu'on debvoit y envoyer des forces, loger dans la ville les gardes du Roy et ses trois compagnies de chevaux-legers; que la justice estant ainsi assurée, on informast à loisir contre les seditieux. Aucuns disoient que la rebellion estant notoire, il falloit dès à présent les priver de leurs privileges; que cette ville-là estoit remplie de seditieux et mutins, qui ne demandoient que troubles. Finalement il passa que l'on prépareroit des gens de pied et de cheval pour y aller, et cependant qu'on verroit à quel debvoir ils se mettroient, et qu'en tous cas on les assiégeroit plustost. Cela faict, chascun s'estant levé, Sa Majesté me fist l'honneur de me conduire en la chambre de la Royne, et de là parmy ses bastimens. Le soir, je pris congé de luy en son cabinet, où il me

---

(1) *M. de Caumartin* : Louis Lefèvre de Caumartin, conseiller d'Etat, garde des sceaux le 23 septembre 1622, mourut le 21 janvier 1623.

continua des faveurs en apparence des plus estroictes qu'il est possible, et parlay avec luy avec beaucoup de liberté, telle toutesfois qu'un subject doit à son prince.

Le lendemain je demeuray encor à Fontainebleau, qui estoit le 4 juin 1601. Là j'appris que Sa Majesté avoit eu une grande prise avec M. de Rosny, qui fut sur le point d'estre disgracié. Ce fut à cause qu'il s'opposoit à un don que Sa Majesté vouloit faire à madame la marquise de Verneuil-d'Entragues. Il parla fort librement; et Sa Majesté, comme elle est remplie de bonté, s'adoucist, et le remist dans sa bonne grace. Il faisoit desja bon voir les courtisans, qui s'attendoient de le voir hors de faveur, laquelle à la verité, en matiere de cour des princes, est fort incertaine. M. Zamet fut cause de l'appointement; il remonstra au Roy que le sieur de Rosny estoit très utile serviteur pour l'Estat, et qu'il l'avoit desja bien monstré : et à M. de Rosny il dist qu'il ne debvoit s'opposer aux volontez du maistre; qu'il y a habileté à perdre; que pour cent mille escus bien despendus il gaigne le cœur de beaucoup de personnes, qui se perd pour estre trop tenant; que comme on veult estre obey en sa maison particuliere, et que l'on ne vouldroit endurer d'un serviteur qui contrediroit son maistre à tout propos, qu'il fault estre retenu prez et vers Sa Majesté. Cela les rapointa.

Le soir, me fust parlé de l'édict des présidents de nouvelle creation, et restablissement de conseillers supprimez. Toutesfois ce ne fut pas avec telle instance qu'il n'apparoisse bien que Sa Majesté ne s'en soucie pas beaucoup; et aussy y a-t-il peu d'apparence de continuer le désordre que la multiplicité des officiers apporte.

Je laissay le lendemain au matin M. le commandeur de Chastes avec lequel j'avois logé, et m'en vins à Paris.

Le jeudy 7 de juin, je fus saluer la cour de parlement de Paris, et fus aux expeditions du conseil environ une heure; puis on monta en hault, où j'eus rang qu'ils ont coustume de donner aux présidents, asçavoir après tous leurs présidents, et n'ayant que robe noire. Il fault leur en faire autant quand ils seront chez nous. Là se plaida une assez belle cause de quelque confrairie que l'on cassa. Je fus veu et receu de tous avec beaucoup de demonstrations de bienveillance (1).

Les douzieme, treizieme et quatorzieme jours se passerent au conseil privé à Paris, pour parler du faict des Anglois et des Espagnols, où fut arresté que l'on feroit instance avec eux de vivre en mesme liberté, et qu'on auroit la raison des cruautez qu'ils avoient commises. Nous arrestasmes, par l'advis du conseil, chez moy, ce que l'on y feroit, où se trouverent messieurs le commandeur de Chastes, de Vicq (2), gouverneur de Calais et de Commartin.

Ledit jour, Vienne, controlleur général, fist arrester

---

(1) Les registres du parlement de Paris font mention de la présence du premier président du parlement de Rouen à l'audience du 7 juin 1601. Il n'y est indiqué que par sa dignité; son nom a été laissé en blanc. La cause qui fut plaidée ce jour-là étoit l'appel interjeté par le procureur général d'une sentence du bailli du Berri, du 17 mars 1600, qui avoit maintenu une confrérie de saint Jérôme, ou pénitens blancs, nouvellement établie à Bourges. L'avocat général Servan attaqua les statuts de cette confrérie comme impies, attentatoires à la mémoire du feu Roi, et à la sûreté de la personne de Henri IV. Le discours de l'avocat général est analysé sur les registres. (*Voyez* les registres du parlement de Paris à cette date, aux Archives judiciaires du royaume.) — (2) *De Vicq*: Dominique de Vic, gouverneur de Calais, capitaine de cinquante hommes d'armes, conseiller d'Etat, mourut le 15 août 1610.

l'estat de mon fils de Torcy à cinq cents escus pour le quart denier; dont il y eult bien de la rumeur, et en fut le Roy sy indigné quand il le sceult, que, par brevet du 22 juillet 1601, il ordonna que les depesches seroient expediées gratuitement, avec remise mesme du droict de marc d'or. Un tesmoignage sy grand de bienveillance fait qu'à jamais je doibs prier Dieu pour sa prosperité. Cette gracieuseté me fut procurée par le moyen de M. de Lomenie (1), grand audiencier de France, aymé et chery du Roy; et par M. Desportes Beauvilliers, mon ancien et grand amy.

Le Roy, en continuation des graces de Dieu, ayant eu un fils qui nasquit à Fontainebleau le 27 septembre 1601, un peu après dix heures de soir, cela donna une telle resjouissance à toute la France, que chacun se disposa à l'aller saluer. Je fusse party incontinent pour cest effet; mais j'estois attaché à la séance des Estats de la province, où je devois assister comme de coustume : de sorte que je ne peux m'acheminer plustost que le 19 d'octobre, accompagné de mes fils de Tilly et de Torcy, avec lesquels j'arrivay à Paris le 21 dudit mois; et me préparant pour aller à Fontainebleau, je fus adverty que le Roy estoit venu en poste à Paris : de sorte qu'il me fallut préparer pour le saluer. Ce que je fis le mardy matin, en la maison du sieur de Montglat (2) son premier maistre d'hostel, où il avoit couché. L'ayant veu là, et faict entendre que le principal

---

(1) *M. de Lomenie :* Antoine de Loménie, seigneur de La Ville-aux-Clercs, secrétaire d'Etat, mourut en 1638. — (2) *De Montglat :* Robert de Harlay, baron de Montglat, premier maistre d'hôtel du Roi, mourut en 1607. C'est un des aïeux maternels du marquis de Montglat, auteur des Mémoires.

subject de ma venue estoit pour voir monseigneur le Dauphin son fils, il me fist un gracieux accueil, me faisant paroistre qu'il avoit ce voyage pour agréable, jusques à dire hault, en la présence des princes et seigneurs qui estoient en sa chambre, ces mots : « Pleust
« à Dieu que, comme il ouvrira les yeux, il peust en
« vous regardant recognoistre que vous estes un de mes
« serviteurs, qui a autant de contentement et de joye
« de sa naissance qu'aucun autre, et qui le servira
« fidellement, et que tous ses bons subjects s'en doivent
« resjouir! » Je respondis que les bons en avoient du subject, d'autant que doresnavant ils auroient asseurance de s'esjouir des biens que Sa Majesté leur avoit donnez par ses longs travaux durant la guerre, et par l'agreable paix; et les meschants aussy, d'autant qu'il faudroit que cy-après ils chassent leurs ambitieux desseins, et apprinssent à vivre du leur, sans estendre leurs cupiditez sur les biens d'autruy. « Il est vray, dict-il;
« aussy est-ce ce que M. de Laverdin, mareschal de
« France, avoit dit quand il nasquit que c'estoit un
« cavesson (1) pour ramener ceux qui portoient trop
« hault. »

Ce faict, il me fist cest honneur de me commander de monter avec luy dans son carosse, dans lequel estoient messieurs le mareschal de Bouillon, de Villeroy; et peu après y arriva aussy monseigneur le comte de Soissons. Il nous mena à une maison près Sainct-Anthoine, où il avoit logé quelques manouvriers qui avoient entrepris faire d'aussy bons crespes, satins et damas (2) qu'en Italie mesme : chose fort rare à voir, et

---

(1) *Un cavesson* : terme d'équitation; demi-cercle de fer qui, placé sur le nez du cheval, sert à le dompter. — (2) *Crespes, satins et damas:*

dont arrivera beaucoup de bien à la France pour les manufactures. Par après il nous mena en une autre maison (1), où il avoit ramassé les reliques éparses de ceux qui autrefois avoient travaillé à Paris en haulte-lice, desquels il n'en estoit resté que quatre, ausquels il donna appointement, et des apprentifs aussy : de sorte que de ce costé là il remettra cet art presque perdu. Là se traicterent beaucoup d'ouvertures sur le bien et profit qui revient des manufactures, trop longues à desduire.

De là le Roy nous ramena chez luy, où il me commanda de demeurer, et disner en sa table; ce que je fis, assis au dessoubz de monseigneur le comte de Soissons. De là, après d'autres signes de bienveillance, il me licentia, et me permist d'aller à Fontainebleau voir monseigneur le Dauphin son fils. Nous passasmes le soir à souper chez M. le chancelier (2), qui avoit esté malade d'une dissenterie, mais se portoit mieux. Là j'appris les nouvelles de cour (c'est-à-dire de toute incertitude et inconstance, car il sembloit qu'on se

---

La manufacture de crêpes fut établie quelque temps après dans le château de la ville de Mantes; et Henri IV fit construire un grand bâtiment au parc des Tournelles, près la porte Saint-Antoine, pour loger les ouvriers qui travailloient aux étoffes de soie. (*Voyez* la Chronologie septennaire de Palma Cayet; Paris, 1605, fol. 448 et 449.)

(1) *Une autre maison :* Au couvent des jésuites de la rue Saint-Antoine. Cette maison n'étant pas habitée depuis que ces religieux avoient été renvoyés de France en 1594, Henri IV y plaça en 1597 le peu d'ouvriers en tapisserie de haute-lisse qui existoient encore. Il confia la direction de cet établissement à Toussaint Du Breuil, célèbre peintre de ce temps, et à Du Bourg, artiste habile en ces sortes d'ouvrages. Cette manufacture fut transférée aux Gobelins en 1603. (*Voyez* les Antiquités de Paris, par Sauval, tome 2, page 506; et la Chronologie septennaire, au fol. 408.) — (2) *M. le chancelier :* Pompone de Bellièvre. Il se démit de sa charge en 1604.

lassast dudit sieur chancelier, devenu à la vérité un peu pesant pour son âge), des brigues et des menées que d'autres faisoient pour s'insinuer en grace; que madame la marquise de Verneuil s'estant raccommodée avec M. de Rosny, ils avoient résolu d'y faire pourvoir. Toutesfois, le bonhomme *clavum affixus et hærens nusquam amittebat* (1); et d'autant que j'avois receu ces faveurs du Roy, chacun aussy se mist à dire que je pourrois y avoir part, comme de peu de chose les François font de grands discours. J'ay trop d'occasions de louer Dieu de ce que je suis; mais qu'il me fasse la grace de m'en bien acquitter. Mondit sieur le chancelier ne m'en parla en façon aucune; toutefois son esprit estoit fort travaillé de ces traverses, ausquelles neantmoins il fault que toutes les personnes d'honneur se disposent, et que *impavidos feriant ruinæ* (2); car certes en cet estat-là peu y ont passé le reste de leurs jours sans grandes secousses et jouets de fortune.

Le 25 d'octobre 1601, j'arrivay audit lieu de Fontainebleau avec mesdits fils, et oultre messieurs d'Arquensy et Du Til, l'un mon allié et ayant esté pourveu d'un estat de conseiller en la cour de parlement de Rouen, et l'autre, mon nefveu, en celuy de conseiller au grand conseil, tous deux jeunes hommes de grande esperance. Il nous arriva un malheur sur le chemin: c'est que le jeune lacquais de M. d'Arquensy s'estant jetté sur le derriere du carosse comme il pensoit se mettre bas, fut attrapé par la roue entre ledit carosse, et froissé tout le corps, sur lequel la roue passa, luy

---

(1) Ce texte paroît altéré dans les deux manuscrits. — (2) Allusion à un vers de l'ode d'Horace, *Justum et tenacem propositi virum*, etc.

rompit le diaphragme, et le rendit mort sur la place. Ce dit jour, M. de La Verriere, qui avoit ci-devant esté gouverneur de Metz, estant dans un carosse qui renversa, se rompit le col; et sur un vallet de pied du Roy passa un chariot, qui luy rompit les jambes. Je laisse à discourir qui peult estre la cause en mesme temps de telles infortunes, et quelles sont les constellations (1).

Nous arrivasmes à Fontainebleau comme on raccommodoit M. le Dauphin, que l'on menoit pour passer l'hiver à Saint-Germain en Laye; et nous eusmes le moyen de le voir à l'aise, et ce fut le jour que premierement on luy donna de la bouillie, d'autant que sa nourrice, encor qu'elle eust du laict en abondance, ne le pouvoit rassasier. Je trouvay que son medecin estoit M. Hérouart, qui avoit servy feu M. de Joyeuse, et renouvelasmes les anciennes cognoissances. La Royne nous fist un accueil fort gracieux, comme elle est de bon et benin naturel. Elle attendoit cette journée-là le Roy, qui vint aussy un peu après; ce qui fut cause de nous faire demeurer, pour avoir le moyen de le saluer : ce que je fis sur la fin de son soupper, après lequel il me mena dans son cabinet, où entre autres choses il me fist jouer aux echetz contre M. l'evesque d'Evreux (2), estant un jeu qui pour lors avoit vogue en cour; et, avec grand signe de contentement, s'assit au bout de la table près de la Royne, et voulut estre juge du jeu; lequel achevé, comme je pensois prendre congé

---

(1) Les gens les plus sages de ce temps croyoient à l'astrologie judiciaire. Quand il naissoit un prince, on ne manquoit pas de tirer son horoscope. — (2) *L'evesque d'Evreux* : Jacques Davy Du Perron, évêque d'Evreux, fut fait cardinal en 1604.

de luy, il me dist que je l'attendisse à Paris, qu'il vouloit que je fusse au conseil qu'il deliberoit de tenir pour pourvoir aux affaires d'Espagne; ce que je fus contraint d'accepter.

Et de faict estant de retour à Paris, je sejournay là jusques au jour de la Toussaints, que le Roy nous ayant donné rendez-vous au Louvre à sept heures du matin, je m'y acheminay avec M. le chancelier, et attendismes qu'il fust levé. Estants en son cabinet de hault, luy venu, chacun par son commandement prist place; et y estoient messieurs le comte de Soissons, mareschaux de Biron, de Bouillon et de Brissac, M. de La Rochepot, qui estoit revenu d'Espagne où il avoit esté ambassadeur (1), M. de Chastes, vice admiral; de l'autre costé messieurs le chancelier, de Rosny, de Maisse, de Pontcarré, Jeannin, Calignon et moy, en mon rang; et debout, messieurs les secretaires d'Estat.

Avant que faire la proposition, Sa Majesté nous monstra un desseing qu'il avoit de faire un grand et beau port en un lieu qui sembloit se disposer naturellement, près de Bayonne et de Fontarabie, où il y avoit asseurance pour grande quantité de vaisseaux; et nous dist que c'estoit un malheur que ses subjects de Sainct-Jean-de-Luz et d'autres places voisines estoient contraints de mettre à la mercy du roy d'Espagne et eux et leurs navires, d'autant qu'ils n'avoient aucune retraite en lieu de France, et qu'ils estoient contraints d'hiverner au Passage, qui est soubs la dition de l'Espagnol: ce qui estoit cause de grands maux, d'autant que les Espagnols plus hardiment abusoient

---

(1) *Ambassadeur*: La franchise de l'hôtel de l'ambassadeur n'avoit pas été respectée. (*Voyez* la Chronologie septennaire, fol. 251.)

de nos gens, et qu'en ce lieu-là on ne croiroit pas aisément le grand nombre qu'il y avoit de navires et de matelots. Et il deliberoit pour cet effet de se servir de M. Brard (1), qui est ingénieur ordinaire, lequel se trouva là, et luy commanda de monstrer quel estoit le desseing.

Ce faict, le Roy proposa qu'il avoit faict assembler la compagnie pour lui dire qu'ayant eu la paix avec le feu roy d'Espagne, qui estoit prudent et advisé, il desiroit surtout l'entretenir avec son fils, recongnoissant les maux que ses subjects avoient enduré pendant ces misérables guerres; mais que depuis l'avenement à la couronne du roy Philippe troisieme, il avoit recogneu, ou de la foiblesse d'esprit grande en luy, qui s'estoit abandonné à toutes sortes de voluptés, se laissant gouverner par le seul duc de Lerme qu'il avoit advancé en cette dignité, n'estant que simple marquis de Denia auparavant, homme avare et indiscret; ou qu'il avoit en l'esprit de recommencer la guerre. Et de faict que, soubs divers pretextes, il avoit depuis la paix saisy et arresté les navires françois qui estoient, soubs la foy publique, allés traicter en Espagne, et pour lesquels relascher, après avoir gehenné les hommes, mis à la *cadene* (2), rompu leurs voyages, confisqué bien la valeur de deux millions d'or; qu'il y alloit tellement de son honneur, qu'encor qu'il recogneust l'importance de cette guerre, il y resteroit mille fois plustost que de le plus endurer; qu'outre les maux que la licence de la guerre apporte, il sçayt que ses subjects recepvront beaucoup d'incommoditez,

---

(1) *M. Brard :* On lit *Erard* dans le manuscrit des Archives. — (2) *A la cadene :* à la chaîne.

ne pouvant trafiquer; que ses traites domaniales diminueront : mais néantmoins que ce n'estoit rien, eu egard aux autres maux. Il fut resolu que l'on sçauroit de l'ambassadeur du roy d'Espagne sy son maistre vouloit traicter avec conditions honorables, et telles que de roy à roy sont requises; et qu'on attendroit la response. Cependant qu'on renouvelleroit les deffenses de traicter en Espagne, jusques à ce que par le Roy en fust autrement ordonné. Ce n'estoit pas mon advis, ny de beaucoup d'autres; mais le Roy proposa et disposa.

Cela faict, je pris congé pour m'en retourner en Normandie, d'autant mesme que la Saint-Martin approchoit. Avant que de partir, M. le chancelier me pria de remonstrer à nostre compagnie les plaintes que Sa Majesté reçoit de la noblesse des fraiz excessifs de la justice; que nostre compagnie y prist garde, fist cesser les doléances; et par son exemple conviast les juges inferieurs à bien faire.

Je luy recommandai l'expedition pour M. Carpentier, conseiller, qui avoit resigné à M. d'Arquensy, et desiroit obtenir continuation de privileges, et voix deliberative. Je luy remonstray les vertus du personnage. Il me fist responce qu'il y auroit egard; mais qu'il avoit entendu que quelques uns des parlements, sans lettres du Roy, bailloient séance et voix à ceux qui avoient servy vingt ans; ce qu'ils ne debvoient faire : autrement, qu'il observeroit ce qu'en cas pareil il avoit veu faire à feu M. le chancelier Ollivier [1] y avoit quarante-trois ans, où il veit sceller un relief

---

[1] *Ollivier* : François Olivier, chancelier de France en 1545, sous les rois François I et Henri II, mourut en 1560.

d'appel d'arrest de Paris, où l'un des juges avoit assisté, encor qu'il n'eust lettres du Roy; et qu'en ce cas-là il tenoit les parlements pour juges appellables; que ce n'estoit point à eux, ny de leur pouvoir, d'admettre des juges qui avoient résigné, quelque temps qu'ils eussent exercé; que cela estoit de la simple et seule puissance du Roy, qui met et oste les juges à sa volonté; qu'il sçait qu'à ceux qui ont servy vingt ans le Roy ne le denye point, sy ce n'estoit que la personne, pour quelque nouveau subject, ne luy fust point agréable; mais que les roys sont trop jaloux de leur grandeur pour la communiquer à aucuns de leurs subjects. Et qui plus est, il me dist qu'il avoit resolu cy-après que les officiers de finances, quelques brevets qu'ils obtinssent du Roy, n'auroient de luy lettres patentes d'entrée, pour la grande conséquence. Finallement, il me parla de faire tenir les mercuriales. Nous arrivasmes à Rouen, de retour, le lundi premier novembre 1601.

Les vanitez de cour ne m'ont jamais enflé; mais je ne nieray pas que les bons accueils que j'ay receus de mes maistres, plus grands peult-estre qu'aucuns de ma robe, ne m'ayent esté agreables, et ne m'excitent de plus en plus à me dédier à les bien et fidellement servir, *et ideò ne mihi vitio vertatur* ce que j'ai escrit, qui doibt faire evertuer ceux qui le liront à bien faire; et j'en rends graces à Dieu, *cui grata et accepta fuit pietas in Regem, et charitas mea in patriam dulcissimam.*

CHAPITRE XIII.

Voyage de Caen, en 1602.

[1602] La fureur et rage des guerres civiles de la France, executées soubs le pretexte de religion l'an 1562, s'estendit jusques sur les sepulchres et monuments des hommes, et sur les églises et lieux saincts, dont la memoire a esté despuis cause de beaucoup de cruautés qui ont esté commises sur ceux de la religion prétendue réformée en divers temps. Dedans Caen il y a une abbaye d'hommes, nommée Sainct-Estienne, bastie et fondée par le duc Guillaume le Conquérant, et en laquelle il ordonna d'estre inhumé, comme il fut. Il la dota de grands biens, et la bastit superbement. Ausdits troubles, la ville de Caen ayant esté prise par le feu sieur admiral de Chastillon, il y eult quelques insolents qui rompirent le sepulchre du duc Guillaume, descouvrirent l'eglise qui estoit couverte de plomb, emporterent le bois du comble; de sorte qu'à faulte de réparations tout estoit tombé en grande ruine et desolation gothique. L'abbaye estant és mains du sieur de La Ferriere d'O, sur la plainte qui en fut faicte à la cour de parlement par le procureur general, il fut ordonné que l'on adviseroit à la réparation, et que pour cet effect seroit pris quelques nombres de deniers sur le revenu, qui par la disposition des canons est affecté aux réparations et entretenements des églises. Aussytost l'abbé, qui estoit seule-

ment commendataire, ou pour mieux dire *coméda-
taire*, s'en plaint au Roy en son conseil, qui ordonne
que M. Adrian Martel, conseiller ecclesiastique, et
moy, avec un des gens du parquet, nous transporterions sur les lieux : ce que nous fismes le 19 avril 1602.
Et vint avec nous M. Gilles Anzerey, sieur de Boisnormand, second avocat général; et arrivez à Caen,
fismes procez verbal de tout, et quelques légeres ordonnances pour la reformation de la vie monastique,
clausion des moynes qui divaguoient, et pour leur
vivre et nourriture en commun, ayant remis le surplus à la discretion de la cour.

Ladicte ville de Caen est honorée d'une belle université, où il y a faculté des arts et sciences libérales.
Par mesme moyen ayant jugé à propos de voir l'estat d'icelle et la regler, nous le fismes entendre au recteur, qui vint nous saluer en corps le 22 dudit mois,
et fist une longue harangue en latin, à laquelle je fis
responce en mesme langaige, qui se voit parmi mes
autres Mémoires. Tant y a que nous ouysmes les plaintes
de tous les docteurs, et ce qu'ils requeroient pour continuer l'exercice qui se vouloit perdre; comme il fault
confesser qu'après une longue suite d'années l'avarice
et corruption s'estant glissées parmy les régents et
escoliers en toutes les escoles de la France, la barbarie
suivoit de près, et y a grand danger qu'elle ne gaigne
peu à peu, y ayant mesme quelque fatalité et destin
pour voir changer le domicile des Muses, qui ayant,
despuis cent à six vingts ans, faict demeure en France,
se veulent attirer et chercher ailleurs plus de support
que nos mœurs vitieuses ne leur permettent. Nous
leur en fismes beaucoup de remonstrances publiques

et particulieres, ne pouvant qu'avec regret voir une perte sy fascheuse. Dieu veuille inspirer nos cœurs à en faire nostre profilt, et que nous ne nous privions pas d'une chose sy saincte et sy rare que la nourriture et education de la jeunesse, à laquelle on ne sçauroit laisser un plus bel heritage que le chemin de la vertu, qui seule apporte un contentement solide!

Nous excitasmes aussy ceux du corps de la ville en general de contribuer en ce qu'ils pourroient à une chose qu'ils debvoient tenir si chere; et aussy à se disposer de contribuer à rendre leur riviere (1) navigable depuis Argentan, qui a esté tenté plusieurs fois, et qui se peult effectuer. Cela rendroit la ville beaucoup meilleure, le pays en ressentiroit du bien infiny, et ce seroit une belle marque pour la postérité. J'en ay escript au Roy et à M. de Rosny, affin d'approuver ce qui s'est projetté (2). Nous sommes repartis le 29 avril, et arrivez à Rouen, en assez bonne disposition, le premier de may.

CHAPITRE XIV.

Voyage de cour, en la même année.

Le mois de juillet, estant à Sainct-Aubin, je receus des lettres de Sa Majesté, du 25 du moys, escrites de Sainct-Germain, par lesquelles il me mandoit que je m'acheminasse audit lieu, affin d'apprendre de luy ce

---

(1) *Leur riviere*: la rivière d'Orne. — (2) *Ce qui s'est projetté*: Ce plan ne paroit pas avoir été exécuté.

qui seroit de son intention pour le gouvernement de cette province, après le jugement du duc de Biron, duquel j'ai escrit ailleurs (1). Je m'y acheminay le 30, en la compagnie de mes fils de Tilly et de Torcy, et de M. de Grémonville; et arrivasmes à Poissy le premier août, où le sieur de Saincte-Marie-de-Mont vint me voir; et après avoir quelque temps devisé avec luy, je sceus que c'estoit luy et M. le mareschal de Fervacques qui me faisoient venir pour me faire entendre la volonté du Roy, touchant les charges qu'ils ont en ceste province de Normandie.

L'après-disner, arrivé à Sainct-Germain, j'allay saluer le Roy, qui jouoit en son cabinet; et m'ayant receu de bon œil, peu après quitta le jeu, me fist entrer en la chambre de la Royne, qu'il me fist saluer, et commanda que l'on apportast M. le Dauphin, qui estoit en son onzieme mois, fort et vigoureux plus que l'on ne pourroit croire d'un enfant de son aage. Le Roy le baisant, dist ces mots : « Pauvre enfant, « on t'a voulu estouffer par trop tost! » Ce qu'il disoit à cause de la conspiration du duc de Biron (2). Le reste ne se passa qu'en discours des derniers propos dudit duc, de son désespoir, de son ignorance, qui ne sçavoit pas une seule priere, ny françoise ny latine; qui est grand pitié. Il estoit aisé, à voir la contenance du Roy et à ses discours, qu'il estoit fort ulceré contre luy, tant à cause de son ingratitude extraordinaire, pour sa cruelle entreprise, et pour les

---

(1) *J'ai escrit ailleurs :* On voit par ce passage, et par quelques autres semblables, que le président Groulard avoit écrit des Mémoires plus étendus. — (2) C'étoit le lendemain de l'exécution du duc de Biron. (*Voyez* la Chronologie septennaire, fol. 313.)

paroles injurieuses qu'il avoit vosmy avant que mourir contre le Roy, jusques à l'accuser de lascheté et couardise. Je luy dis que par tous ces propos il apparoissoit bien que le duc de Biron n'estoit pas sy résolu qu'il en faisoit semblant; car encor qu'il voulust monstrer qu'il mesprisoit la mort, sy avoit-il eu de la foiblesse quand elle s'estoit presentée, ayant manqué de courage et de fermeté. Que ce n'estoit point injure faicte au Roy que de le taxer de peu de cœur; qu'il avoit trop monstré par ses actions continuelles qu'en magnanimité il avoit surpassé non seulement les roys et les princes, mais quelques gentilshommes que ce peust estre; qu'il n'avoit que par trop souvent faict appréhender ses fidelles subjects, qui le voyoient exposer, pendant les guerres civiles et estrangeres, à toutes sortes de périls, autant que le moindre soldat de son armée; qu'il debvoit sur tout contenter son esprit, et rendre graces à Dieu de ce qu'il s'estoit tiré avec tant de prudence d'une telle conspiration et de sy longue trame.

Il fist apporter son couvert en sa chambre, où je l'entretins de propos communs pendant son souper, voyant bien qu'il ne vouloit parler d'affaires sérieuses pour le soir. Tellement que je pris congé de luy. La nuict, il se trouva fort mal d'un dévoyement d'estomach, qui le travailla encor le jour ensuivant; de sorte que je ne sortis du logis que le matin, que je l'allay trouver au Pallemail (1), d'où il fut contraint de se retirer incontinent.

---

(1) *Au Pallemail*: au jeu du mail. Il étoit situé à l'entrée de la forêt de Saint-Germain-en-Laye, le long du mur de la terrasse. Les Anglais donnent encore à ce jeu le nom de *pallmall*.

Or il fault notter qu'un nommé Espinay, de Caen, m'avoit meslé avec quelques autres seigneurs de ce pays, comme sy nous eussions faict une ligue ensemble contre M. le mareschal de Fervaques; ce qu'ayant entendu de bon lieu, j'en escrivis au Roy une lettre, qui est au livre des lettres. Le lendemain matin m'estant présenté pour entendre sa volonté, je le trouvai qui s'en retournoit du Pallemail, où il se trouvoit mal d'un grand dévoiement, et ne put parler d'affaires que le lundi matin, que je le fus trouver en sa chambre, où estoient messieurs le chancelier, premier président de Paris, procureur général, et d'autres du conseil. Là luy fût remonstré par M. de Rosny que sa sœur (1) avoit donné sa fille au sieur de Sainct-Blanquart, frere du mareschal de Biron, à qui Sa Majesté avoit faict don de tous les biens du deffunct; et qu'encore que quelques uns des parents plus esloignez eussent pris le dueil, toutesfois qu'il ne l'avoit permis ny à sa sœur ny à sa niepce, que Sa Majesté ne l'eust trouvé bon. Elle luy fist responce qu'il nous en parlast à tous qui estions assemblez, et que suivant nostre résolution il eust à s'y gouverner. Le faict nous estant proposé, le procureur general du Roy dist que l'on n'observoit point en France la rigueur de la loy romaine, et que plusieurs dames dont les maris avoient esté executez à mort l'estoient venues saluer en habit de deuil, sans qu'elles en eussent esté reprises; et ne pensoit pas que l'on s'y deust rendre difficile. Je ne fis point de difficulté de

---

(1) *Sa sœur:* Jacqueline de Gontaut-Saint-Geniez, dame de Badefol, nièce de Rosny, avoit épousé Jean de Gontaut, baron de Biron, seigneur de Saint-Blanquart, auquel le Roi venoit de donner la confiscation des biens du maréchal.

dire que mon opinion n'estoit pas telle, et surtout en crime de leze majesté au premier chef; que l'on ne pourroit voir les heritiers accoustrez en dueil, que cela ne blessast le Roy, comme ayant apporté de la partialité en ce faict; et messieurs de la cour seroient blasmez d'injustice, comme ayant faict mourir un homme que l'on pouvoit regretter publiquement; que ces grands jugements ne sont jamais exempts de calomnie, n'y ayant que trop d'esprits curieux qui controllent les actions les plus saintes et meilleures. De cest advis estoient messieurs le chancelier et de Sillery; toutesfois la pluspart, congnoissant l'inclination de M. de Rosny, estoient d'advis de le permettre : mais M. le premier president de Paris luy dist qu'il ne falloit point qu'il dist nous en avoir communiqué, et qu'honnestement nous ne le pouvions conseiller. J'adjoustay qu'au moins il devoit donner ordre que sa niepce ny son nepveu ne devoient venir en cour pendant qu'ils porteroient le dueil; que cela blessoit les yeux du Roy, d'autant que l'on ne void gueres une personne en cest habit que l'on ne s'enquiere de la cause; et que le Roy ne pourroit estre que trop offencé s'il le sçavoit, d'autant qu'au lieu de se conjouir de la grace que Dieu avoit faict à Sa Majesté d'avoir préservé son peuple d'une horrible conjuration, il sembleroit qu'on en regrettast les chefs, qui debvoient avoir infamie perpetuelle d'une sy insigne meschanceté. Il dict qu'ils se garderoient bien de s'y trouver [1].

Le conseil estant séparé, je suppliay le Roy de me licentier aussy pour m'en retourner en Normandie. Il

---

[1] Il n'est fait aucune mention de cette discussion dans les Mémoires de Sully.

me remist à messieurs de Fervaques et de Saincte-Marie, après son disner; et de faict il nous appela et nous mena dans sa gallerie, où, après quelques propos tenus de plusieurs choses, il nous fist entendre que par la mort du duc de Biron il avoit donné le gouvernement de Bourgongne à M. le Dauphin, affin de prevenir plusieurs princes et seigneurs auxquels il ne le vouloit donner; qu'il avoit faict lieutenant general au gouvernement M. de Bellegarde, grand escuyer; qu'il avoit donné ordre qu'on demolist toutes les forteresses et citadelles basties depuis les troubles, afin que le peuple cogneust qu'il estoit delivré de beaucoup de tyrannies que l'on exerçoit soubz ce pretexte, n'ayant reservé que le chasteau de Dijon, de Talant(1), Seurre et Auxonne; que par cette promotion M. le grand quittoit la lieutenance qu'il avoit aux bailliages de Rouen et Gisors; qu'en son lieu il avoit choisy M. de Fervaques, et pour son lieutenant M. de Saincte-Marie. Il leur commanda à l'un et à l'autre de s'y gouverner avec douceur et respect; qu'ils obéissent et vescussent bien avec M. de Montpensier, et qu'ils ne fissent aucune entreprise, grande ou petite, que je n'en eusse communication; que nous vescussions en bonne intelligence, et telle que son service s'en portast bien; qu'à la verité il avoit eu quelque peu de malcontentement contre M. de Montpensier, lequel suivoit de mauvais conseils, encor qu'il ne deust songer qu'à luy complaire; et que sur les bruicts d'émotions qui avoient couru, au lieu de faire entendre à un chacun que l'intention de Sa Majesté estoit de soulager son peuple et

---

(1) *Talant* : village à une lieue à l'ouest de Dijon, où il y avoit un château fort.

maintenir la noblesse, qu'estant à Champigny, comme plusieurs l'allerent saluer et se plaignoient de l'Estat, il ne leur en disoit rien, de sorte que la pluspart pensoient qu'il y auroit du trouble; qu'il recognoist le naturel de M. de Montpensier bon, mais que quelques fois il inclinoit plus qu'il n'estoit besoing à ceux qui taschoient de luy persuader que les affaires allant en confusion, les siennes se porteroient mieux : et particulierement se plaignoit de messieurs de Bouillon et d'Espernon comme ayants trop de puissance sur luy; mais qu'il le retireroit hors de leurs desseins, quand il luy feroit cognoistre que sa grandeur et son bien ne consistent qu'au repos de la France, au respect qu'il doibt porter au Roy; et partant que son intention estant de le traicter en bon parent, c'estoit aux autres à luy defferer, de sorte qu'il n'eust occasion de se plaindre d'eux : et nous recommanda à tous son service.

Je pris congé de luy : toutesfois l'après disner il m'envoya chercher, comme j'estois chez M. de Villeroy; et l'ayant esté trouver, il me commanda de rechef de vivre avec discretion et prudence avec ces messieurs les nouveaux pourveuz à la lieutenance. Il me remonstra que la plus grande peine qu'il avoit estoit l'élection des hommes aux charges de conséquence; que la pluspart ayants esté nourris dans les troubles et desordres, l'esprit en estoit alteré : toutesfois que Dieu lui feroit la grace de faire nourrir par autre maxime une pepiniere de bons François près de M. le Dauphin son fils, qui avec le temps se rendroient capables des charges, sans aucun autre dessein que le service et bien du royaume. Cependant qu'il avoit choisy M. de Sainte-Marie, lequel l'avoit si fidellement servy depuis dix-huict ans, qu'il ne voyoit aucun en Normandie qu'il deust préferer à luy; et que M. de Montpensier avoit tort de n'avoir trouvé bon cette élection; qu'il n'estoit pas deliberé de pourvoir aux places selon l'affection des grands; que l'affaire luy touchoit plus qu'à eux; que par longue experience il debvoit mieux cognoistre qu'eux ceux dont il entendoit se servir : cependant que je ne perdisse pas de luy donner librement mon advis de ce que l'on pourroit faire qui fust au préjudice de son intention. Le voyant ferme à ce point, je n'en voulus pas faire d'instance davantage, d'autant que les princes sont ordinairement soupçonneux, et pensent qu'on ne s'oppose à leur volonté que pour quelque desseing particulier : de sorte que cela me retint, et priay seulement que cette affaire se peust terminer à son contentement, et que ce nous seroit beaucoup d'heur de ne voir aucune division entre ceux qui ont les charges dont il luy plaist nous honorer; toutesfois qu'en matiere de royauté le moins qu'il pouvoit y avoir d'officiers qui approchassent par participation de cette eminente dignité, que ce seroit le meilleur; que je ne manquerois jamais à la fidelité que je luy avois promise. Et là dessus je pris congé de luy, et me suis rendu au moys d'aoust à Rouen.

CHAPITRE XV.

Voyage de cour, en 1603.

[1603] LE 23 aoust, le Roy arriva à Rouen avec la reyne Marie de Medicis sa femme, ayant sejourné à Saint-Germain et à Gaillon plus long-temps qu'il n'avoit deliberé, esperant réconcilier avant que partir M. le comte de Soissons, qui s'estoit tellement piqué contre M. de Rosny, qu'il n'y avoit moyen aucun de l'adoucir (1); et n'y servirent de rien messieurs les mareschaux de Brissac et de Rochepot, qui avoient esté deputez exprès par le Roy, qui, ne voulant differer longuement son voyage de Normandie, entra à Rouen ledit jour (2), et y demeura jusques au jeudy 4 de septembre, qu'il alla coucher à Motteville, ayant desir de voir un beau jardin qui y est, et s'est trouvé le plus beau qui fust en France, comme il est, pour palissades et autres gentillesses. Avant que partir, il me commanda d'aller à Caen le trouver, ne m'ayant pas entretenu de ce qu'il avoit envie de me dire:

De faict je m'acheminay audict lieu de Caen le 10 de septembre, et y arrivay le vendredy 12; et y fist le Roy son entrée le lendemain, et la Reyne aussy.

---

(1) *Voyez* les Mémoires de Sully, deuxième série de cette Collection, t. 5, p. 55; et les Mémoires de P. de L'Estoile, t. 47, p. 399, de cette série. — (2) Le parlement attendit le Roi et la Reine à l'entrée du degré de sa chambre, à Saint-Ouen : « La compagnie l'a salué « avec une basse reverence, sans toutefois avoir mis le genouil en « terre, cela n'estant accoustumé que lors des entrées des rois et « reines. » (Copie des registres du parlement de Rouen, t. 17, p. 82.)

Les sieurs de Fervaques et de Sainte-Marie, ennemis de M. de Crèvecœur, ayants imbu l'esprit du Roy de plusieurs impressions contre luy, soit pour s'en venger ou pour avoir le gouvernement de la place, tant que Sa Majesté luy tira le chasteau [1] des mains, disant qu'encor qu'il l'eust bien servy, toutesfois qu'il le vouloit approcher de sa personne, et luy donner une bonne pension, d'autant qu'il ne le recognoissoit propre pour y commander, veu mesmes les disputes et querelles qu'il avoit eues avec les lieutenants généraux, ausquels il ne vouloit obeyr. Les autres disent que le Roy prist bien ce subject, mais qu'il y avoit quelque autre chose qui penetroit bien plus avant; que le comte d'Auvergne et le prince de Joinville l'avoient décelé [2] comme ayant participé à la conjuration du mareschal de Biron, faict offre de sa personne et de son pouvoir à M. le mareschal de Bouillon lorsqu'il s'est absenté de la cour, et mesmes à M. le comte de Soissons; de sorte qu'ils tenoient que ce qu'en faisoit le Roy estoit pour bailler la place à M. de Rosny, ou au sieur de Béthune son frere. Ce sont secrettes intelligences qui ne viennent en évidence qu'avec le temps; tant y a que le Roy voulut estre creu, mesmes sur des paroles que M. l'admiral avoit dittes, et mit hors ledit sieur de Crevecœur. Il bailla la place à un de ses ordinaires, qui est le sieur de Bellefonds [3], lequel avoit suivy tousjours le party de la Ligue, et a esté capitaine des gardes de M. le duc de Mayenne; qui

---

[1] *Le chasteau* : le château de Caën. — [2] *Voyez* le Journal de L'Estoile, tome 47, page 366, de cette série. — [3] *De Bellefonds* : Bernardin Gigault, seigneur de Bellefonds, aïeul du maréchal de ce nom. Il étoit gentilhomme ordinaire.

faisoit discourir d'autres sur les occurrences du monde, en l'élection que faisoit le Roy, tirant un ancien serviteur fidelle pour ung de la Ligue; que le mesme choix avoit esté faict du sieur de Sigongne pour Dieppe, et qu'ainsy il sembloit que le Roy ne fist compte que de ceux qui l'avoient desservy. Pour moy, j'en suspendray mon opinion ; car le Roy est prince judicieux, clairvoyant, et que le temps qui a couru a rendu soubçonneux, ayant tant descouvert de desseings particuliers, que c'est merveilles qu'il y résiste avec sy forte resolution : et certes la conspiration du mareschal de Biron estoit grande, et où des plus grands avoient trempé par divers respects, s'estants laissés emporter non à infidélité, mais à blasmer l'estat present des affaires, et faschez qu'ils n'y gouvernoient à leur fantaisie. D'une chose je prie Dieu qu'il veuille faire voir clair au Roy de ceux qui luy doibvent fidelité : *non omnes qui clamant nomen Domini sunt servi Domini;* tant y a que le seigneur de Crevecœur ne voulut prester l'oreille à aucune rescompense, disant qu'il aymeroit mieux mourir de faim que de couvrir par argent la honte qu'il recevoit. Mais aussy peult-on asseurer que les sieurs de Fervaques et de Saincte-Marie furent bien camus de voir que la place n'estoit en leur disposition : ce que le Roy très sagement a gardé, car ils ont des imaginations qui peuvent faire esclorre de dangereuses conséquences.

Je fus adverty par quelques miens amys que le Roy estoit fort courroucé à l'encontre de moy, et qu'il s'en esclairciroit avant que de partir. Cela ne m'esmeut en rien, car ma conscience estoit mon tesmoin, et mes services parloient assez pour moy. Et de faict, le mercredy 17, le Roy m'ayant aperceu au chasteau, m'appella, et tira vers le donjon; où nous fusmes près de deux heures à parler seuls; ayant faict retirer toute sa suitte. Là il commença à me dire qu'il s'estoit aperceu que depuis un an je m'estois fort refroidy de son service; que j'avois blasmé le gouvernement de la France, mesdit de son conseil, et faict beaucoup de choses esloignées du zele que j'avois eu à son service. Je luy fis responce, avec une franche et honneste liberté, que je m'estimois mal heureux si quatorze années de fidelles services, sans aucune rescompense que de ses bonnes graces, qu'il m'avoit quelquefois departies plus que je meritois, ne fussent suffisantes pour empescher les calomnies de gens artificieux qui me hayssoient sans sçavoir pourquoy; que la condition de ceux qui marchoient en rondeur de conscience estoit bien miserable, puisque faisant bien, ils estoient rescompensez par une medisance qui s'insinue quelquefois dans les oreilles des princes, lesquels le plus souvent rescompensoient par là leurs plus fidelles serviteurs; que sy j'avois failly, je luy demanderois pardon, et ne penserois recevoir honte, me jettant à deux genoux devant luy : mais aussy qu'estant net, je ne prétendois luy demander pardon, ny pas seulement me purger, d'autant que toute offense gist ou en faicts ou en parolles; en faicts, que j'attendois de luy l'esclaircissement, n'en sçachant aucun; qu'en parolles je m'en pensois encor plus net, car oultre le respect que je cognois qu'il fault porter au maistre, je sçay combien ces discoureurs mal-à-propos estoient dangereux à un Estat reglé; que j'avois dressé toutes mes actions au bien de son service, y estant obligé et du commande-

ment de Dieu et de mon instinct, dont je luy avois
rendu tant de preuves que je n'en demandois autre
tesmoing que luy; que de ce qu'il me diroit sçavoir
ou cognoistre de luy-mesme, je n'en parlerois point;
et acquiescerois à ce qu'il voudroit; mais que je mar-
cherois la teste haulte contre toute autre personne; et
que s'il y avoit quelqu'un qui s'y voulust presenter,
je luy ferois recevoir une honte. Il me repliqua que je
l'avois bien servy; mais que ce n'estoit rien de commencer qui n'achevoit; que j'avois monstré de la froideur à Saincte-Marie, qui estoit sa créature; que j'a-
vois mal parlé de M. de Rosny mesme, et que j'avois
faict une ligue dans Rouen, comme sy je me fusse
voulu opposer au sieur de Saincte-Marie soubz ombre
que M. de Montpensier ne l'avoit agréable. Je luy
respondis que je voyois bien que c'estoit de la charité
de Sainte-Marie, contre lequel je ne m'estois jamais
ligué, ayant assez en horreur toute pratique secrette;
mais que c'estoit un homme présomptueux; qui pensoit nous mener à la baguette; qu'à la verité toutes
les personnes d'honneur ne luy faisoient pas d'accueil,
ne le visitoient point, ne s'offroient à luy, d'autant
qu'il mesprisoit un chascun et menaçoit; et que ce
n'estoit pas merveille sy on ne le vouloit rechercher;
que pour moy j'avois un naturel franc et libre que je
conserverois jusques à la mort, et que ny perte d'honneur ny de biens ne me feroient fléchir mal-à-propos;
que sy Saincte-Marie nous vouloit rechercher par les
voies qu'un gentilhomme doibt prendre au gouvernement d'une grande ville, il y trouveroit autant de
correspondance qu'il en sçauroit desirer; qu'il nous
avoit baillé M. de Montpensier pour gouverneur;

qu'il est prince du sang et son parent proche; qu'il falloit que nous l'honorassions, et principalement ne recevans de luy que bons traictements, rien au prejudice du service de Sa Majesté, et qu'il falloit ou luy obeir, ou nous tirer hors d'avec luy; qu'autrement nous serions blasmables de nous y opposer par orgueil ou témérité. De M. de Rosny, non plus que de messieurs de son conseil, je n'avois jamais parlé qu'avec le respect qui est requis: de luy, pour ce qu'il m'avoit tousjours tant faict de démonstrations de bienveillance, que je le recongnoissois pour un de mes affectionnez amys, et sur lequel j'avois autant de confiance; d'eux, pource que, oultre l'honneur que j'avois d'estre allié à plusieurs, je recognoissois que ce conseil n'avoit esté jamais composé de personnages à qui j'eusse plus d'obligations pour les faveurs continuelles que je recevois d'eux. Finallement, avec une infinité d'autres discours que la douleur, mon innocence et ma liberté me suggeroit, je m'emportay à luy dire que j'avois une grande consolation en moy-mesme de ce que je me pouvois vanter qu'il me parloit à un lieu où il fut bien besoing, l'an 1589, que je luy fisse un signalé service, d'autant que sy tant soit peu j'eusse branslé au manche, il n'eust esté maintenant en peine de me parler, d'autant qu'il ne fust entré dans la Normandie. Que j'en rappellois son souvenir, et que j'avois cette confiance de m'en pouvoir vanter, et un regret quant-et-quant que ce fust le mesme lieu où mon maistre me monstrast estre fasché; que les hommes ne sont volontiers malins ny meschants gratuitement; que je le priois de me dire sy luy-mesme m'avoit faict ou dict quelque chose où il peult croire que je fusse alteré pour

son service. Il me dist que non. « Or ne croyez donc
« pas, sire, lui dis-je, ces esprits malins et remuants
« qui ne font rien qu'à desseing. » Là dessus, après
tant de discours, il me remist au lendemain qu'il me
vouloit parler encor, une heure avant son partement.

Ce que je peus tirer de ses discours est une passion
qu'il a d'advancer Saincte-Marie, comme le naturel
des princes est de s'aheurter où ils voyent qu'il se faict
des oppositions; et que voulant que je vescusse avec
correspondance avec luy, il me vouloit parler hault,
pour m'y attirer ou d'une façon ou d'autre. Je l'allay
trouver le lendemain, et pris congé de luy. L'heure
ne fut pas une douzaine de paroles. Après que je luy
eus dict que je le pouvois asseurer que la ville de
Rouen estoit en tel estat que de son vivant il en dis-
poseroit tousjours, et après sa mort il en seroit de
mesmes à monseigneur le Dauphin : « Continuez cela,
« dist-il. — Nous le ferons, respondis-je; mais que ces
« gens n'y apportent de l'alteration. » Il me tesmoigna
pour la fin estre content de moy. Aussy est-ce mon
seul desir.

Je remarquay que M. de Fervaques surtout m'y
avoit fort brouillé, d'autant que de son naturel il ne
peult gouverner ses maistres qu'en leur faisant de mauvais contes.

Le Roy partit de Caen; et moy, en la compagnie
de M. le president de Motteville, de messieurs de Grémonville, Servien, de mes gendres et de mon fils, me
vins rendre au Bogouet le 21 dudict mois; et en tout
ceci il y a eu de l'artifice du president La Porte, qui
est un dangereux brouillon : mais je ne m'y fieray pas,
puisqu'il est tel.

J'oubliois à remarquer que Henry Groullart, mon fils, fut par moy laissé à Caen pour estudier, et mis chez M. d'Estourailles avec son fils, qui est mon filleul. Henry n'a que sept ans sept semaines, en septembre 1603 (1).

CHAPITRE XVI.

Voyage de cour, en 1604.

[1604] LE jeudy 23 décembre 1604, j'arrivay à Paris, d'où je partis pour m'en retourner à Rouen le 2 janvier 1605. La cause de mon voyage fut principalement pour voir le Roy, comme il fault que ceux qui sont constituez en charges, et cogneuz par leurs princes, se presentent de fois à autres devant leur maistre, et pour s'insinuer tousjours en sa bonne grace, et pour entretenir la créance qui leur est donnée. C'est bien chose certaine que beaucoup de gens ont tasché par divers artifices de me nuire près du Roy; mais ma fidelité et ma conduite, et les services que j'avois faicts, ont eu plus de puissance sur luy : de sorte que sy bien quelquesfois il ne m'a faict pareille reception, il n'a pourtant perdu à tesmoigner qu'il avoit contentement de mes actions; et puis je desirois voir ce que deviendroit l'emprisonnement du comte d'Auvergne. Et pour le tout repeter de plus haut :

(1) Henri Groulard devint conseiller d'Etat, et fut employé comme ministre plénipotentiaire au traité de Westphalie.

Le feu roy Charles ix estant parvenu à la dignité au commencement des guerres civiles de l'an 1561, estant encor fort jeune, fut nourry en beaucoup de délices et voluptez par la royne Catherine de Medicis sa mere, et ses ministres, afin de pouvoir avec plus de licence s'emparer du gouvernement de l'Estat, haussant et baissant qui il luy plairoit. Ils luy baillerent plusieurs belles filles, et entre autres Marie Touchet, nativfe d'Orléans, de singuliere beauté, mais de petite extraction; et d'elle il eult un fils, qui fust au commencement nourry et destiné pour l'Eglise, et fut grand prieur de France, recogneu naturel dudit Roy; enfin, par la mort de la Reyne mere et sa disposition, fait comte d'Auvergne; jeune prince debauché, d'humeur volage, maligne et incompatible, qui ayant jetté le froc aux orties, parvint au mariage de la fille aisnée de Henry de Montmorency, connestable de France, de laquelle il a eu plusieurs enfants. Sa mere, Marie Touchet, fut mariée avec le sieur d'Entragues, duquel entre beaucoup d'enfans elle eult une fille nommée Henriette de Balsac, de laquelle le roy Henri iv, après la mort de la duchesse de Beaufort, fille du sieur d'Estrées, devint sy extremement amoureux, qu'il se laissa aller à luy signer une promesse qui ressentoit comme une obligation de mariage (1); jouist d'elle, en a des

---

(1) On voit dans les Mémoires de Sully, tome 3, page 313, de la seconde série de cette Collection, que l'on n'avoit pu retrouver dans les papiers du duc la copie de la promesse de mariage faite par Henri iv à mademoiselle d'Entragues. Une expédition authentique de cette pièce existe dans le manuscrit 277 du supplément de la bibliothèque du Roi. Elle n'a jamais été imprimée, et il nous semble qu'elle est de nature à trouver sa place à la suite du Journal de Henri iv. La voici textuellement : « Nous Henry iv, par la grace de Dieu roy de

enfans; néantmoins ne perd à faire traiter le mariage de luy et de l'infante de Florence, très belle et vertueuse princesse, fille du duc de Florence, de laquelle il a eu un fils, au grand contentement de tous ses

« France et de Navarre, promettons et jurons devant Dieu, en foy et
« parole de roy, à messire Françoys de Balzac, sieur d'Entragues,
« chevalier de nos ordres, que nous donnant pour compagne damoi-
« selle Henriette-Catherine de Balzac sa fille, au cas que dans six
« mois, à commencer du premier jour du présent, elle devienne
« grosse, et qu'elle accouche d'un fils; alors et à l'instant nous la
« prendrons à femme et légitime espouse, dont nous solemniserons
« le mariage publiquement et en face nostre mere sainte Eglise, selon
« les solemnités en tels cas requises et accoustumées; pour plus grande
« approbation de laquelle promesse nous promettons et jurons comme
« dessus de la ratifier et renouveller soubz nostre seing, incontinent
« après que nous aurons obtenu de nostre saint-pere le Pape la disso-
« lution du mariage d'entre nous et dame Marguerite de France, avec
« permission de nous remarier où bon nous semblera. En tesmoing
« de quoy nous avons escrit et signé la présente au bois Malesherbes,
« ce jourd'huy premier d'octobre 1599. — *Signé* HENRY. »

On lit au bas : « Nous soussigné, François de Balzac, sieur d'En-
« tragues, reconnoissons et certifions que l'escript ci-dessus est le vray
« et seul escript fait par le Roy à nostre supplication et instance au
« temps et lieu porté par iceluy, et depuis mis en nos mains, lequel
« nous avons présentement rendu à Sa Majesté en présence de messei-
« gneurs le comte de Soissons et duc de Montpensier, M. le chancelier,
« les sieurs de Sillery et La Guesle, procureur général, et Jeannin,
« conseillers au conseil d'Estat. Fait à Paris, le deuxieme jour de
« juillet 1604. — *Signé* F. DE BALZAC. »

Plus bas est encore écrit : « Nous soubzsignés, conseillers et secré-
« taires d'Estat de Sa Majesté, certifions ledit sieur d'Entragues avoir
« escript et signé de sa propre main la recongnoissance et certification
« cy dessus escripte. Faict au lieu, jour et an susdicts, en presence des
« princes et sieurs cy dessus nommés, lesquels pour témoignage de ce
« ont signé les présentes. — *Signé* CHARLES DE BOURBON, HENRY DE
« BOURBON, BELLIEVRE, N. BRULART, DE LA GUESLE, P. JEANNIN, DE
« NEUFVILLE, et POTIER. »

Enfin plus bas est écrit :

« Collationné sur l'original par nous soussignez, à Paris, le sixieme
« jour de juillet 1604. — *Signé* DE NEUFVILLE et POTIER. »

subjects, et par une singuliere grace de Dieu. Cependant il continuoit à vivre entre les embrassements de sa femme légitime et de ladite fille d'Entragues, à laquelle il donna le chasteau et belle maison de Verneuil, qu'il erigea en marquisat, et en eult un fils : *hinc causa irarum;* car cette fille disoit publiquement qu'elle estoit femme du Roy, appeloit son fils dauphin : ce qui picqua estrangement la Royne, les princes du sang et les principaux officiers de la couronne, de sorte qu'ils firent tant que le Roy delibera de r'avoir la promesse qu'il avoit faicte, encor qu'elle n'eust pas esté suffisante; mais c'est tousjours pretexte de brouiller. Cela donna du contentement aux gens de bien, mais il fut cause aussi d'un autre mal; car la marquise pensa à elle, fist semblant d'avoir peur qu'après la mort du Roy il n'y eust danger et pour elle et pour son fils : tellement qu'elle s'accosta plus estroictement de son frere de mere le comte d'Auvergne, l'humeur duquel luy estoit assez cogneue, et qu'elle sçavoit avoir esté de la conjuration du mareschal de Biron, et obtenu sa grace de la clemence extraordinaire du Roy; de quoy au lieu de faire son profit, il le tourna en poison, et, desireux de remuements, pratique avec le duc de Savoye et le roy d'Espagne, qui employoit de ce temps là tout son or et argent des Indes à corrompre les esprits mutins de la France. De cecy le Roy adverti, se saisit dextrement dudit comte, du sieur d'Entragues son beau-pere, à qui il en avoit communiqué; et poussé de juste courroux, ayant aussi faict arrester la marquise, faict faire leur procez par la cour de parlement de Paris, où après plusieurs ouvertures, examens, confrontations, enfin fut donné arrest par lequel lesdits sieurs d'Entragues et comte furent condamnez à avoir la teste tranchée en Greve, comme criminels de leze majesté; la marquise par un *amplius* (1), et cependant qu'elle demeureroit soubz bonne et seure garde : le tout néantmoins remis à la discretion du Roy. En ces entrefaictes arrive à Paris le duc de Lenox, de la maison de Stuart, proche parent du roy d'Angleterre et d'Escosse, qui se faict maintenant appeller roy de la Grand'Bretaigne. Ses predecesseurs, depuis cent à six vingts ans, avoient faict de grands services aux roys de France, et en des charges honorables dedans et dehors le royaume, soubz le nom d'Aubigny, qui est une terre en Berry où le pere du jeune duc (ayant pris alliance avec le sieur d'Entragues et espousé sa sœur, duquel il avoit eu ce fils, qui gouvernoit fort particulierement le roy de la Grand'Bretagne) avoit faict sa demeure.

Chacun jugea que cette venue apporteroit de la consideration à la poursuitte et au jugement de cette affaire, comme il fist; car le Roy pardonna audit comte d'Auvergne, se contentant de le retenir prisonnier en la Bastille, et au sieur d'Entragues, qu'il renvoya en sa maison, et à la marquise aussy : et eust l'amour telle force, qu'elle n'obtint pas seulement grace du Roy, mais il fist entendre à la cour qu'on luy portast le procès, charges et informations, qu'il fist jetter dans le feu, tirant du registre l'arrest, affin qu'il n'en restast aucune marque ny relique : ce que la cour de

---

(1) Un *amplius* : Il fut ordonné qu'à son égard il seroit plus amplement informé. (*Voyez* les Mémoires de L'Estoile, tome 47 de cette série, page 485.)

parlement effectua. Quelle en sera la suite? Dieu le sçayt; car la Reyne a toute cesté affaire fort à cœur, et pour sa considération, et pour le repos de la France et la conservation de M. le Dauphin.

Il arriva pendant tout ce mesnage que Sa Majesté descouvrist que le sieur de Sigongnes, qui faisoit l'entremetier des amours, devint luy-mesme amoureux, et n'eust aucune honte qui le peust retenir qu'il n'escrivist plusieurs lettres à la marquise, la sollicitant de l'aymer, avec des hardiesses intolérables et pleines de mespris du Roy, qui fut sy bon neantmoins qu'il se contenta de chasser hors de sa presence ledict Sigongnes, le renvoyant en son gouvernement à Dieppe, où il pille, exige et consomme toutes les denrées de la ville par sa prodigalité insatiable (1). Je n'en estois marry, car c'estoit un de ceux qui plus me calomnioient prés du Roy ; et toutesfois je fus si foible ou bon (comme on voudra le dire), que je m'accorday avec ce perfide et infidelle, qui est hay de tous les gens de bien de la province. Je ne sçay ce qui m'en arrivera.

(1) Le Roi lui pardonna au bout de quelque temps. (*Voyez* les Mémoires de Fontenay-Mareuil, tome 5o de cette série, page 73.)

FIN DES MÉMOIRES DE CLAUDE GROULARD.

EXTRAIT DES REGISTRES
DU PARLEMENT DE ROUEN.

Du mardi matin 4 juillet 1606.

Les chambres assemblées, compris les requêtes. — La cause de ladite assemblée étoit pour ouïr le rapport de M. le premier président sur son voyage et députation par devers le Roy, pour le fait de l'édit des vicomtés; et a été par le sieur premier président représenté à la compagnie comme; suivant ce qui avoit été délibéré il y a environ trois semaines ou un mois, lui et messieurs les présidens Maignard, Lefebvre et de Civile, s'estoient acheminés en cour. Peu après qu'ils furent arrivés, trouvèrent moyen de se faire ouïr par le Roi, après avoir été saluer M. le garde des sceaux et M. le duc de Sully. Le Roy les entendit avec beaucoup de bénignité et de douceur, prenant de bonne part ce qui lui avoit été représenté par la compagnie; les exhorta de bien et dignement s'acquitter de leurs charges; trouvoit bon les remontrances qui avoient été faites, et en voyoit l'importance; desiroit de deux choses l'une, que étant ce qu'il est dans l'Estat, il vouloit être obéi en ce qu'il ordonnoit, et que s'il s'y trouvoit quelques difficultés en sa cour de parlement, elle ait incontinent à lui en faire des remontrances, sans tirer à des longueurs (ce que Sa Majesté promettoit entendre toujours benignement); et l'autre étoit l'instante poursuite de la reine Marguerite, à laquelle il avoit fait don de l'édit des vicomtes, et desiroit la gratifier : et néanmoins ayant avisé à la conséquence qui lui avoit été représentée, il ne vouloit plus qu'il eût lieu, mais que l'on eût à aviser avec M. le garde des sceaux de contenter d'ailleurs la reine Marguerite. Ayant été lors présenté à Sa Majesté par ledit sieur premier président ce qui étoit du devoir de leurs charges et acquit de leur conscience, suivant le commandement de Sa Majesté avoient été voir la reine Marguerite, qu'ils avoient trouvée; et comme elle ne manque de beaux discours, avoit mis en considération l'état où elle se trouvoit; qu'elle étoit venue se jetter entre les bras du Roy pour lui servir de pere, et représenté le bienfait qu'elle avoit fait à la France, et particulierement à M. le Dauphin; que le Roy lui avoit beaucoup promis, sur l'espérance du fruit qu'elle pourroit tirer de l'édit des vicomtes, dont il l'avoit gratifiée. Et étant l'après disnée au logis de M. le garde des sceaux, où étoit l'évêque de Rieux, chancelier de ladite reine Marguerite, avoit de rechef représenté à M. le garde des sceaux l'importance dudit édit, le trouble et la confusion qu'il apportoit à la justice; le préjudice aux tailles et aydes; que c'étoit directement leur ôter leurs loix et leurs coutumes tout d'un coup, casser les oppositions des princes et seigneurs qui empêchoient la vérification de l'édit, qui par l'ordre judiciaire devoient être ouïs auparavant que d'être condamnés. Enfin se seroit adressé audit évêque de Rieux, auquel il avoit représenté lesdites incommodités, et demandoit si la reine Marguerite entendoit que l'édit demeurât aux termes qu'il étoit, sans y ajouter ni diminuer. L'on avoit dit que l'on adviseroit s'il étoit besoin de quelques déclarations, et que la reine Marguerite leur avoit dit que pour toutes choses elle ne demandoit que la vérification de l'édit en son contenu, et que s'il s'y présentoit quelques incommodités, elle en auroit des déclarations pour les lever, à quoi elle se rendroit du tout facile. Lui avoit fait entendre qu'après un édit qui étoit une fois passé, il y avoit bien peu de moyens d'y pourvoir. M. le garde des sceaux ayant trouvé bon de faire entrer les vicomtes et les ouïr, leur avoit été représenté par le vicomte de Rouen les grandes incommodités de cet édit, et le notable intérêt qu'ils y avoient; qu'ils avoient payé au Roy de grandes sommes de deniers depuis peu de temps; se submettoient à la recherche de leurs actions par tels commissaires qu'il lui plairoit députer; et que leur ôter leurs états et offices, cela étoit bien rigoureux. Néanmoins étoient lesdits vicomtes entrés en la proposition de quelques offres, jusqu'à vingt-cinq ou trente mille écus qu'ils se soumettoient payer sans aucune répétition, en ayant seulement leurs quittances. On représenta alors deux ou trois édits qui venoient de la boutique des partisans ; et ayant été avertis par M. le duc de Sully qu'il avoit passé plus outre, et que l'intention du Roy n'étoit de tirer de l'édit cent ou cinquante mille écus comme aucuns particuliers s'étoient avantagés d'offrir, mais bien de se contenter de médiocre taxe sur ceux qui y seroient pourvus, s'étoient retirés, et eurent avis que la reine Marguerite s'étoit allée plaindre au Roy. Incontinent après furent envoyés querir, et avertir que le Roy les vouloit ouïr sur quelque ouverture d'édit que l'on disoit qu'ils avoient faite : à quoi ils avoient fait réponse qu'ils n'avoient fait aucune ouverture d'édit et de chose qui fût à la charge du peuple, et désavoueroient en plein conseil ceux qui l'avoient mise en avant. Lors s'étoit mise une dispute entre les partisans pour qui auroit le droit du premier avis : lesdits édits étant portés au conseil, où jà avoit été ouïe la proposition ou offre que lesdits vicomtes avoient faite jusqu'à quarante mille écus, que M. le garde des sceaux avoit jugé plus que raisonnable, et s'être lesdits vicomtes mis en devoir, avoit été faite une ouverture que le Roi tireroit de ses coffres soixante mille écus pour contenter la reine Marguerite. Ce que toutefois n'ayant encore sceu lors, ledit sieur garde des sceaux leur avoit dit que l'on les avoit voulu ouïr sur quelques avis d'édit, et qu'ils avoient proposé ce que ledit sieur premier président leur avoit dit qu'ils n'étoient venus pour faire aucune proposition et ouverture d'édit, mais seulement leurs très humbles remonstrances des incommodités de l'édit des vicomtes, à ce qu'il plût à Sa Majesté le révoquer, et avoir pitié de ses pauvres officiers, M. le duc de Sully étant ferme en son opinion qu'il ne falloit donner davantage à la reine Marguerite que l'offre des vicomtes. La reine Marguerite étoit retournée par devers le Roy, qui l'avoit renvoyée par devers le sieur de Sully, lequel lui avoit dit qu'il feroit la volonté du Roy. Le samedi, furent retrouver Sa Majesté, qui étoit aux Tuilleries, pour prendre congé d'elle; laquelle les avoit exhortés de dignement exercer leurs charges et s'acquitter de leur devoir, et surtout éviter par cette compagnie de ne résister à ses volontés; et que si du commencement elle trouvoit quelques remontrances et difficultés à proposer, elle eût à le faire promptement; et après leur dit qu'ils pouvoient se retirer, et retiendroient deux ou trois des vicomtes, auxquels elle leur feroit entendre sa volonté. Et lors prirent leur congé, et firent leur adieu le plus promptement que faire le purent, afin d'éviter quelque nouveau dessein, ayant été assistés de M. de Montpensier, qui s'y étoit montré fort affectionné; s'étoient retirés à Saint-Germain pour saluer M. le Dauphin, où le Roy arriva aussitôt, revenant de la chasse; lequel ledit sieur premier président fut saluer, et fut fort aise de les voir : et comme Sa Majesté descendoit pour rentrer en son carrosse, fut rencontré au bas de l'escalier par M. le président de Bernieres et conseillers qui étoient avec lui, auxquels Sa Majesté dit qu'ils vinssent avec lui en son logis, se retournant devers ledit sieur premier président, qui à cause de son indisposition ne les pouvoit suivre; et les ayant mené voir M. le Dauphin, sur lequel Sa Majesté jettoit les yeux d'une grande affection, et après avoir salué M. le Dauphin, avoient pris leur congé, et s'étoient retirés. Et depuis a entendu que le sieur de Luncz avoit apporté quelque édit qu'il n'avoit encore vu, disant ledit sieur premier président qu'il avoit obmis à dire que le Roi leur avoit parlé des corsaires pour servir en ses galeres, même en celles de Malthe; à ce que la cour avinst à commuer les condamnations de mort contre les criminels à la peine des galeres, et vouloit qu'on y tînt la main, et d'en fournir le plus grand nombre que l'on pourroit, et de ceux que l'on jugeroit des plus forts, et propres pour y servir. Le jeudi précédent, M. le duc de Sully leur en avoit aussi parlé, auquel ledit sieur premier président avoit remontré les inconvéniens qui en arrivoient, et plus souvent on renvoyoit en liberté ceux qui y avoient été condamnés; leur avoit dit qu'ils les pouvoient reprendre, et que les ordonnances y étoient, et que l'on eût à y envoyer un rôle des condamnés auxdites galeres qui étoient de présent aux prisons. Et est tout ce qu'ils ont pu faire en leur voyage, se souvenant ledit sieur premier président que tous les avis et ouvertures d'édit et nouvelles inventions ne provenoient que de cette Normandie.

Et a été dit outre, par M. le président de Bernieres, que

sur ce que la cour leur avoit écrit pour l'ordonnance de messieurs du conseil de faire porter audit conseil, par les receveurs et payeurs des gages de cette compagnie, leur état et rôle, il en avoit parlé à M. ...., qui lui avoit dit que l'intention du conseil n'étoit point de toucher aux gages, et au contraire de conserver les compagnies plus que jamais, et n'étoit à autre fin que pour quelque contention qui étoit entre les chambres des comptes.

MÉMOIRE

DE

MICHEL DE MARILLAC,

GARDE DES SCEAUX.

NOTICE

SUR

MICHEL DE MARILLAC.

Michel de Marillac naquit à Paris le 9 octobre 1563. Sa famille, l'une des plus considérables de l'Auvergne, avoit produit plusieurs hommes célèbres, et particulièrement Charles de Marillac, archevêque de Vienne, ambassadeur à Constantinople et en Angleterre sous François I. Nourri dans la piété, Michel de Marillac en observa fidèlement les préceptes pendant toute sa vie. Il demeura étranger aux divertissemens de la jeunesse, comme aux délassemens de l'âge mûr; et, continuellement appliqué à l'étude et aux considérations les plus graves, il acquit une maturité précoce, et une grande capacité pour les affaires.

Ayant été reçu en 1586 conseiller au parlement de Paris, un zèle religieux mal dirigé l'entraîna dans le parti de la Ligue; mais invariablement attaché aux bases de la monarchie, et pénétré d'une profonde horreur pour la domination de l'étranger, il eut le courage de faire la proposition sur laquelle fut rendu l'arrêt du 28 juin 1593, qui frappa de nullité tout ce qui seroit fait au préjudice de la loi salique. Marillac devint maître des requêtes en 1595; il se défit de cette charge sous la régence de Marie de Médicis, dans l'intention de vivre en simple particulier, et de vaquer plus librement aux œuvres de la charité; mais le chancelier de Sillery proposa à la Reine de le retenir auprès d'elle comme conseiller d'Etat ordinaire ; et cette princesse, qui connoissoit la vertu et le mérite de Marillac, le fit entrer dans le conseil du Roi, sans qu'il eût sollicité cet honneur. Il fut appelé à la surintendance des finances conjointement avec M. de Champigny, par lettres du 27 août 1624; et au mois de juin 1626, le chancelier d'Aligre ne pouvant accompagner le Roi dans ses voyages à cause de son grand âge et de ses infirmités, Marillac fut fait garde des sceaux.

La multitude et l'importance des affaires n'empêchèrent point Marillac de travailler à l'amélioration de nos lois. Il présida à la rédaction de l'ordonnance de 1629, que les Etats-généraux de 1614 avoient sollicitée, mais qui partagea bientôt la disgrâce de son auteur, et fut appelée par dérision le *Code Michau*. C'est cependant un beau monument de notre jurisprudence, bien qu'à l'exception d'un seul article elle soit tombée en désuétude.

Michel de Marillac, que Marie de Médicis avoit élevé aux premières charges de l'Etat, s'attacha à cette princesse par un sentiment de reconnoissance qui n'étoit point contraire à ses devoirs, mais qui l'entraîna nécessairement dans une ligne opposée à celle que suivoit le cardinal de Richelieu. Aussi Marillac fut-il une des victimes de la *journée des dupes;* et le 12 novembre 1630, M. de La Ville-aux-Clercs, comte de Brienne, se présenta dans sa maison de Glatigny pour lui redemander les sceaux de la part du Roi. Il fut conduit prisonnier à Caen, puis transféré à Lisieux, et de là à Châteaudun. Marillac supporta cette disgrâce en héros chrétien. Il eut la douleur de voir mourir sur l'échafaud le maréchal de Marillac son frère, immolé sous un léger prétexte au ressentiment de Richelieu. Michel de Marillac s'occupa pendant sa prison de la composition de quelques ouvrages de piété, et il mourut le 7 août 1632, sans avoir recouvré sa liberté.

Marillac a donné une traduction de l'Imitation de Jésus-Christ, qui parut anonyme en 1621 ; elle a eu depuis un grand nombre d'éditions. Il a traduit les Psaumes en vers français. On lui attribue une relation de la descente des Anglais dans l'île de Ré, qui a été imprimée en 1628 (1). Il a laissé divers ouvrages manuscrits, dont les plus remarquables sont le Recueil des Conseils du Roi, et le Traité de la Cour de parlement de Paris (2).

Avant d'éprouver sa dernière disgrâce, Michel de Marillac fut souvent desservi auprès du Roi. Ses mœurs sévères lui faisoient apporter dans ses fonctions une rigueur de devoir qui lui concilia l'estime des honnêtes gens, mais qui attira sur lui la haine de ceux qui eurent à se plaindre de ses refus. Il étoit l'ami du cardinal de Berulle, qui avoit la confiance de la Reine. En écrivant le Mémoire que nous publions pour la première fois, il eut sans doute l'intention de le faire mettre par ce prélat sous les yeux de Marie de Médicis. Il y fait connoître la conduite qu'il tint dans diverses circonstances difficiles, et particulièrement la part qu'il prit à l'arrêt sur le maintien de la loi salique. Un grand magistrat du temps, M. Du Vair, ancien garde des sceaux, avoit inséré dans ses œuvres une pièce intitulée *Suasion de l'arrêt donné au parlement pour la manu-*

---

(1) *Voyez* le père Lelong, tome 2, p. 452, n° 21,459. — (2) *Ibid.*, tome 4, pages 465 et 468, n°s 32,403 et 32,874 du supplément.

tention de la loi salique (1). Il sembleroit, à l'entendre, qu'il ouvrit le premier l'avis consacré par l'arrêt du 28 juin 1593. Marillac, pressé par ses ennemis, revendique un honneur qui lui appartient. Il donne le détail de ce qui se passa au parlement, et développe, dans la lettre dont il accompagne son Mémoire, la cause des jalousies et des haines qui l'avoient exposé à perdre la confiance du Roi. Cette lettre peint une grande ame : le garde des sceaux de Marillac y paroît inspiré par un sentiment profond et religieux de ses devoirs. On ne peut accuser l'ambition de l'avoir dictée, car Marillac, toujours désintéressé, transmit à peine aux siens le modique patrimoine qu'il avoit reçu de sa famille.

Nous avons trouvé ce Mémoire dans le tome quatrième du manuscrit 902 (*Histoire*) de la bibliothèque de l'Arsenal, qui contient beaucoup de pièces écrites par Conrart (2). La copie que nous avons suivie est de la main de cet académicien. Il nous a semblé qu'une pièce qui donne de nouvelles lumières sur l'acte du parlement ligueur qui a le plus contribué à replacer Henri IV sur son trône devenoit un utile complément des Mémoires de P. de L'Estoile.

La lettre de Marillac n'est point datée ; mais le cardinal de Berulle ayant été revêtu de la pourpre en 1627, et étant mort en 1629, cette pièce a été écrite durant cet espace de temps.

L. J. N. MONMERQUÉ.

(1) Œuvres de Du Vair; Rouen, 1622, in-8°, page 51. — (2) *Voyez* sur ces manuscrits notre Notice sur Conrart et sur ses Mémoires, tome 48 de la deuxième série de cette Collection, pages 22 et 28.

LETTRE PRÉLIMINAIRE
DE MICHEL DE MARILLAC,
GARDE DES SCEAUX,
AU CARDINAL DE BERULLE.

Votre charité me donnant permission de vous parler de mon estat et de ma condition, je prends la liberté de m'y estendre un peu.

Je suis parvenu à une charge que je n'ay jamais desirée ni procurée; mais j'ay souvent considéré en moy-mesme ce que doivent faire ceux qui en soustiennent le fardeau. Il y a trente-trois ou trente-quatre ans que j'ay commencé d'estre près de ceux qui l'ont exercée, et que j'ay eu l'honneur de les voir tous, souvent et familierement. J'ay veu la conduite et l'esprit de tous, et jugé ce qu'il me sembloit qu'ils pouvoyent et devoyent, et en quoy ils manquoyent. Cela estoit sans dessein, par une naturelle inclination à m'appliquer aux objets présens. Quand je me suis veu en la charge, tout ce que j'avois jugé et pensé des autres est venu en mon esprit, et me suis senty obligé de faire ce que auparavant j'avois estimé devoir estre fait, et d'éviter ce que j'avois blasmé; ce qui m'a esté pénible extremement, car je ne sçay qui je n'ay point fâché, et la fréquence des peines aigrit l'esprit, et le rend prompt à la vehemence des paroles; en quoy j'ay aussy souvent blessé ou attristé ceux qui ont eu affaire à moy. Cela m'abat si fort, avec quelques autres peines, que je n'ay quasi un seul moment de contentement en l'esprit; outre que l'ame n'a nulle liberté de s'arrester à aucune satisfaction, ni de la regarder.

Je diray particulierement en quoy je fâche le monde. Premierement ma condition les a fâchés, et vous savez combien impatiemment cela a esté porté par beaucoup de gens : je ne diray pas à cause de l'incapacité, car ils ne s'amusent pas à cela; mais, à mon avis, parce que j'ay mené une vie qui leur sembloit dissemblable. Et puis l'envie attaque toujours l'élévement; et la difference des opinions, dont on se servoit pour mot du guet de la faction, tout cela m'a mis en butte à plusieurs.

Les grands et les courtisans sont souvent fâchés des difficultés que je fays aux dons et gratifications qu'ils obtiennent en apparence du Roy, car son nom y est, mais en effet il n'en sçayt rien, et quand je luy en parle il ne sçayt que c'est : tellement qu'ils se trouvent déceus, et manquent à ce qu'ils auroyent, si je croyois aux dépesches qu'ils m'apportent. Cet article regarde les courtisans; ceux qui sont proches du Roy; les parens, les domestiques et favorisés de ceux qui ont pouvoir, pour qui les maistres s'employent par fois; par fois aussy c'est sous l'abry de leur faveur qu'ils parlent, et ce sont ceux-là qui portent plus impatiemment les refus et les difficultés; car ne leur pas déférer *ad nutum*, c'est crime. De là vient qu'ils vous déchirent à tous propos, sans dire les vrays sujets qu'ils en ont; et les ministres et les rois en prennent des impressions qui forment les dégoûts et ce qui s'ensuit; et il faudroit estre tyranniquement asservy à une crainte infâme de s'en aller pour les satisfaire. Il y a par fois des expédiens et des moyens d'en échapper honnestement, dont je me sers; joint que la créance de trouver de la difficulté aux choses injustes empesché beaucoup de gens de se présenter; mais ils ne laissent pas pour cela d'estre offensés de ce qu'ils ne peuvent faire les affaires qu'ils desirent.

De cette nature est encore ce que je garde l'ordonnance pour l'érection des duchés, marquisats, comtés et baronnies, qui empesche que tant de gens ne s'élevent à des dignités fort disproportionnées à leur estat, se ruinant pour faire des dépenses conformes à leur dignité, et ruinant aussi leurs voisins, qui sont autant qu'eux, et qui ne peuvent supporter leur élevement; ce qui est cause qu'ils tendent ou à mesme dignité, ou à mesme train et despense, et font honte à l'Estat et aux grandes maisons, voyant ces grands titres communiqués à petites gens et petites terres; qui n'ont pas la valeur ni les conditions que l'on leur donne. Cela fait déplaisir à beaucoup de gens de qualité, et à leurs amis et parens. Nous sentons la honte de la licence qu'on y a eu; nous l'avons toujours sentie; et tous les gens d'honneur, et qui sont amateurs de l'Estat, en ont toujours fait des plaintes.

Les conseillers d'Estat estoyent dechus à une confusion telle que vous savez qu'ont veue les premiers temps de nostre âge. Nous soupirions ensemble après quelques réglemens; nous avons continuellement sollicité et pressé nos prédécesseurs d'y donner ordre: ils l'ont fait plusieurs fois par écrit, après de longues, penibles et importunes sollicitations; mais jamais ils ne se sont mis en devoir de l'exécuter: les uns n'ont pas eu assez de volonté, et les autres pas assez de vie. Quand j'y suis arrivé, j'ay pensé à exécuter plustost qu'à ordonner; car je me suis souvent plaint de cette maniere de régler en papier, et ay toujours jugé que l'exécution estoit en la main du magistrat, et qu'une exécution valoit mieux que trente ordonnances. Cela a fâché beaucoup de gens, les uns se trouvant hors du conseil, et les autres réduits à servir peu de temps en l'année.

Puis après, la difficulté d'en recevoir de nouveaux; à quoy la facilité estoit telle que de jeunes gens sortant de l'escole n'avoyent point de honte de le demander, et un homme de moyenne qualité n'estimoit comme rien d'estre admis à cette charge.

Les secretaires d'Estat donnoyent des brevets à tous leurs amis, ou recevoyent leurs sermens sous la cheminée; et il y en a un nombre incroyable qui les ont eus ou par argent ou par faveur, dont les roys n'ont jamais ouy parler.

La difficulté de les recevoir fâche ceux qui les prétendent; elle fâche aussi les secretaires d'Estat, et pour cela et pour les dons, car ils gratifioyent qui bon leur sembloit; ce qu'ils ne peuvent à présent. Et cela va plus loin qu'on ne peut dire, un fâché en rendant cinquante mal satisfaits.

Si le Roy continue à tenir ferme sur ce réglement, les plus qualifiés du royaume s'estimeront bien honorés d'avoir la qualité de conseiller de Sa Majesté en son conseil; et nous commençons à en voir la pratique.

J'ay fermé la porte à la réception d'advocats au conseil, à cause qu'il y en a une multitude ennuyeuse, qui ne servent qu'à diffamer le conseil et nous remplir de chicanes : de sorte que je n'en reçois plus, quoyque j'en sois prié par les plus grands, les Reynes, leurs domestiques, et officiers les plus considérables, les principaux du conseil, mes parens et mes meilleurs amis. Mais Dieu m'a donné la force de résister à tous; et je m'y trouve obligé par l'obligation que j'ay à la charge, à la dignité du conseil du Roy, au bien de la justice, et au repos des sujets de Sa Majesté; mais le monde ne se paye point de cela. Ceux qui sont refusés me veulent mal ; mais ceux qui me prient pour eux m'en veulent encore plus, non seulement parce qu'ils n'ont pas ce qu'ils demandent, mais encore parce, disent-ils, que l'on dira qu'ils n'ont point de crédit. J'en ay veû de bien affligés pour cela, et ce point m'a fait beaucoup d'ennemis.

Je retranche les chicaneries autant que je puis, et rejette du conseil toutes les affaires que je puis renvoyer aux cours, qui est ce que je dois faire; et en plusieurs incidens semblables je diminue l'employ des uns et le profit des autres.

Je diminue fort aussi le profit des greffiers et des secretaires du conseil, retranchant les matieres, et ouvrant les oreilles aux plaintes qui me sont faites de leurs exactions, et y pourvoyant; ce que j'ay quelquefois fait en plein conseil, à cause que l'insolence y est excessive.

Tout cela offense beaucoup de gens ; et néanmoins c'est ce dont on a toujours demandé réglement, dont on s'est toujours plaint, et dont les parties reçoivent de grandes vexations.

Il y a un point qui se pourroit étendre davantage, qui est que retenant les personnes dans les regles de l'ordonnance, je fays déplaisir à beaucoup; car on vient au conseil pour tout; et ce qu'on n'oseroit penser de proposer ailleurs, on l'y demande hardiment, mais à notre honte.

Je ne donne jamais pour rapporteur ceux que l'on me demande, mais celuy que je juge plus à propos. J'en aÿ receu des instances infinies, mesme avecque larmes; à quoy il faut résister. J'ay bien soin de ne bailler pas celuy qui sera suspect, et admets facilement l'exclusion. Or le mal estoit tel autrefois, que nous avons veu que les maistres des requestes avoyent leurs taxes; de sorte que pour avoir un tel il falloit donner tant: et j'ay veu mesme de mon temps des exemples que j'ay évités, Dieu mercy, mais ils m'ont appris ce qui se faisoit. Or c'est une grande vexation de donner un juge au choix de l'une des parties, et il s'en voit tous les jours des inconveniens au rapport des requestes; car pour cela la partie choisit qui elle veut, et souvent on rapporte pour ses biens proches parents.

Pour les *committimus*, qui sont lettres par le moyen desquelles un homme peut faire venir ceux contre qui il a affaire de tous les coins du royaume aux requêtes du Palais ou de l'hostel à Paris, le privilege est pour les domestiques et officiers des roys, des reynes, des princes du sang, et quelques autres; en quoy il y a des abus insupportables. Cette qualité estoit communiquée à une infinité de personnes qui n'y ont aucune fonction, avec grand abus et oppression; car on fera adjourner pour trente francs un homme du fond de la Provence ou des monts Pyrenées, qui aymera mieux payer, encore qu'il ne doive rien, que de quitter sa famille et son labourage pour si peu de chose. Cela produit des oppressions qui crient vengeance ; et parceque je les retranche, je fâche un très-grand nombre de personnes; ce qui déplaist encore aux juges, par devant lesquels les causes iroyent si je les accordois.

A la suite de cela sont les évocations générales, que je retranche, ou y résiste de toute ma force, parcequ'il y a un très grand nombre d'oppressions dont l'exageration estonneroit.

J'ay marqué ces articles généraux dont il m'est souvenu, et il y en a encore plusieurs autres; mais des particuliers à l'infiny, et de très grande peine. Vous jugerez par tout cela si j'en ay, et si je donne, en la corruption du siecle, sujet à beaucoup de gens de ne m'aymer gueres; car tout ce que je vous ay representé, horsmis très peu de chose, sont points de l'inobservance et mepris desquels on s'est toujours plaint.

Il y a mille autres désordres à quoy, avec le temps, il faudra travailler, si Dieu nous le permet et nous en laisse la charge. Mais il faut laisser establir les unes avant que de mouvoir les autres.

MÉMOIRE

DE

MICHEL DE MARILLAC,

DE LA LIGUE,

ET PARTICULIEREMENT COMME PENDANT ICELLE IL A ESTÉ LE PREMIER QUI A FAIT LA PROPOSITION SUR LAQUELLE EST INTERVENU ARREST POUR AVOIR UN ROY CATHOLIQUE ET FRANÇOIS, ET EMPESCHER QUE LA COURONNE FUST TRANSFERÉE EN MAIN ESTRANGERE, AU PRÉJUDICE DE LA LOY SALIQUE.

CHAPITRE PREMIER.

Il est vray que ledit sieur de Marillac est demeuré à Paris durant le temps de la Ligue, s'estant porté à ce party, ainsi que plusieurs autres, par le seul interest de la religion catholique, croyant que s'il eût réussy par une bonne conduite, il y eût eu un grand avantage pour icelle : aussi, quelque créance qu'il y eût, et encore qu'il eût la bienveillance fort particulierement de tous ceux qui avoyent pouvoir, jamais il ne s'en est prévalu en son particulier.

Il n'y a jamais eu don ni bienfait quelconque, et n'a esté en tout ce temps payé ni des gages de son office de conseiller de la cour, ni des rentes qu'il avoit sur la ville de Paris; il n'a jamais eu charge, et n'en a recherché aucune; il a toujours tendu à réunir les esprits et à parvenir à la réconciliation universelle, et y a travaillé fort utilement; et ce soin de la paix publique luy concilia dès lors la malveillance de ceux qui vouloyent la guerre, comme il luy arriva par trois actions signalées qu'il fit pendant ce temps de la Ligue.

La premiere, quand il proposa et fit résoudre, par arrest du parlement, que l'assemblée des Estats ne seroit à autre fin que pour procéder à la déclaration et rétablissement d'un prince catholique et françois.

La seconde, quand il proposa à l'assemblée de l'hostel de ville de Paris qu'il estimoit à propos de faire une déclaration bien ample touchant les intentions du party, et faire entendre qu'elles n'estoyent que pour trouver les assurances de la religion catholique, et que les trouvant on estoit prest de quitter les armes.

La troisieme, quand il fut le premier qui fist la proposition sur laquelle fut donné ce grand arrest concernant la loy salique, lesquelles actions et la suite d'icelles méritent bien que nous en parlions plus au long cy-après en ce chapitre.

Depuis, survint la réduction de Paris en l'obéissance du Roy. Il fut appelé au conseil de cette affaire pour sa bonne conduite; en sorte que n'ayant aucun commandement en son quartier, il eut néanmoins corps de garde toute la nuit [1], en son logis, des bourgeois de sondit quartier affectionnés au service du Roy, qu'il avoit secretement assemblés pendant que les chefs de la dixaine dormoyent; et fit prendre des gens de guerre à celuy qui devoit aller ouvrir la porte

---

[1] *La nuit :* du 21 au 22 mars 1594.

Neufve (1), lequel n'avoit provision que de valets, et fit avec ses amis prester douze cents escus à M. le mareschal de Brissac pour payer les lansquenets, afin qu'ils luy fussent assurés, comme il arriva, d'autant qu'ils le servirent suivant son intention ; au desceu des Espagnols, Napolitains et Walons.

Et le Roy sachant sa disposition, ne voulut pas qu'il demeurast auprès de luy, où il estoit allé pour le trouver à Chartres, le dimanche (2) immédiatement précédant celuy de son sacre, et luy fit dire par le sieur d'O qu'il revinst à Paris, comme il fit, et y servit utilement, comme j'ai dit. Et après la réduction de Paris, on trouva à propos, pour le service du Roy et sureté de ladite ville, de congédier d'icelle ceux qui s'estoyent rendus plus signalés au party de la Ligue ; et à cette occasion les députés du parlement, revenus de Tours, estant assemblés avec le sieur d'O, gouverneur, demandoient nommément entre autres que ledit sieur de Marillac fût de ce nombre : mais le sieur d'O leur ferma la bouche, disant qu'il avoit commandement du Roy de leur dire qu'il le vouloit conserver ; qu'il le connoissoit bien ; qu'il n'avoit point affaire de leurs passions, et ne vouloit point qu'on lui touchast. Ce sont les propres mots que ledit sieur d'O leur dit, comme il le redit lui-mesme depuis audit sieur de Marillac.

Quelque temps après la réduction de Paris, la Ligue étant encore en armes, arriva le décéds ou ab-

---

(1) *La porte Neufve :* Henri IV entra dans Paris par cette porte, qui étoit placée sur le quai des Tuileries. (*Voyez* les Mémoires de P. de L'Estoile, tome 47 de cette série, page 3.) — (2) *Le dimanche :* 20 février 1594.

sence du capitaine de la dixaine où demeuroit ledit sieur de Marillac, lequel fut fait capitaine au lieu d'iceluy, pour monstrer la confiance que le Roy avoit en luy, dont les registres de la maison de ville sont encore chargez.

CHAPITRE II.

Ensuit ce qui se passa à la Ligue concernant la loy salique, et autres actions importantes.

DANS le party de la Ligue, et longtemps auparavant la réduction de la ville de Paris en l'obéissance du Roy, se formerent deux factions, assavoir de ceux qui vouloient un roy catholique et de lignée royale, qu'on appeloit la *Ligue françoise*, qui estoit en effet de reconnoistre le roy de Navarre pour roy de France, se faisant catholique; et de ceux qui vouloient aussi un roy catholique, quoique estranger, moyennant qu'il fust puissant pour les maintenir, qu'on appeloit la *Ligue espagnole*. La Ligue françoise emporta enfin le dessus, par le courage et résolution que prirent messieurs du parlement, demeurés à Paris, de donner cet arrest notable concernant la loy salique, qui a esté de si grande importance, qu'à l'occasion d'iceluy ou du tiers-party le Roy se fit catholique, et tous les esprits françois se rallierent.

Or ledit sieur de Marillac a esté de cette bonne Ligue, et en un point tellement remarquable, qu'il a esté celuy qui le premier a fait la proposition qui a donné cause audit arrest.

Et pour l'entendre, il convient remarquer que M. le garde des sceaux Du Vair ayant inseré entre ses actions et traités oratoires un discours intitulé *Suasion de l'arrest donné au parlement pour la manutention de la loi salique*, en l'argument duquel il a mis que, sur le sujet des propositions préjudiciables à l'Estat qui se faisoient aux Estats assemblés dans le party de la Ligue, *quelques uns des conseillers des enquestes requirent qu'on assemblast les chambres pour pourveoir aux affaires publiques, sans rien spécifier*; sur quoy il faut considérer que ces mots : *Quelques uns des enquestes requirent*, etc., ne se peuvent entendre d'aucuns particuliers comme tels simplement; car jamais cela ne se fit que quelques particuliers, de leur chef et mouvement seuls, demandassent l'assemblée des chambres; mais ils s'entendent des enquestes en corps parlant par leurs députés. Ceux qui sont versés à l'usage du parlement entendent assez la signification de ces paroles, et qu'elles monstrent que cette pensée estoit premierement née dans le corps des enquestes, qui par conséquent en avoyent parlé, et y avoyent esté excités par quelque proposition, et avoyent député deux conseillers de chacune chambre pour demander à la grand'chambre ladite assemblée, comme il se verra par le discours suivant.

Le 23ᵉ jour de juin 1593, M. de Marillac, lors conseiller en la cour de parlement en la seconde chambre des enquestes, estant au bureau de ladite chambre, représenta à ladite compagnie que l'on traitoit en l'assemblée des Estats plusieurs choses de grande conséquence, qui sembloyent obliger la compagnie d'ouvrir les yeux pour aviser à ce qui seroit bon de faire. Il commença pour le sujet de la treve, qui estoit lors pour dix jours, et avoit esté accordée et continuée de dix jours en dix jours, depuis le 2e mai jusques à ce temps, laquelle on faisoit difficulté de continuer (car ceux qui tendoyent à rupture ne pouvoyent souffrir aucune chose qui peust donner moyen aux François de se revoir ensemble), et que cela estoit de grand préjudice. Il representa aussi que l'on proposoit de faire un roy, et que le parlement s'y devoit opposer, déduisant cela plus au long; et enfin il conclud qu'il seroit à propos de députer deux de la compagnie pour aller à la premiere chambre des enquestes demander aussi deux députés, pour aller tous ensemble à la grand'-chambre demander l'assemblée des chambres pour délibérer sur cela. Lors les cinq chambres des enquestes estoient réduites en deux, à cause de l'absence de plusieurs [1].

Ce discours étonna la plus grande part de ceux de la compagnie, non qu'ils ne l'approuvassent grandement tous; mais une partie par contrainte (qui estoit grande, d'autant que le danger n'estoit pas moindre que de la vie), partie par opinion que cela ne serviroit de rien, rejettoyent au commencement la proposition : mais ledit sieur de Marillac insistoit toujours, mesme qu'ils estoyent obligés de faire quelque chose en une affaire si importante; qu'ils estoyent officiers de la couronne, et qu'ils devoyent au moins faire quelque acte qui servît à la posterité pour tesmoigner qu'ils

[1] Le parlement avoit été transféré à Tours par lettres patentes de Henri III, du 23 mars 1589.

n'avoyent point approuvé ce qui se faisoit par violence. Enfin on accorda de députer quelqu'un avec luy, et on nomma l'un des conseillers de la mesme chambre qui n'estoit pas si ancien que luy en reception. Sur cela il prist sujet de remonstrer à la compagnie, et de la prier de députer un plus ancien que luy en reception; qu'il seroit assez chargé d'envie d'avoir fait cette proposition, sans avoir encore celle de porter la parole à la premiere chambre. A quoy, après le refus de plusieurs, la compagnie s'accordant, députa M. de Soulfour, qui l'accepta volontiers.

Lesdits sieurs de Soulfour et de Marillac allerent de ce pas à la premiere chambre des enquestes en la maniere accoustumée, où, après leur avoir fait entendre le sujet de leur voyage, ils demanderent qu'il pleust à la compagnie députer deux conseillers d'icelle, pour aller tous ensemble à la grand'chambre demander l'assemblée des chambres, pour délibérer s'il seroit à propos de prier M. de Mayenne de continuer la treve, et d'aviser aussi sur plusieurs autres affaires importantes. Cette compagnie se trouva aussi surprise et estonnée que la seconde chambre, et après quelques difficultés nomma deux conseillers; mais ils n'en voulurent jamais nommer de plus anciens, afin que la parole et le hazard demeurassent à la seconde chambre. Ils députerent M. Fayet, depuis president aux enquestes, et M. Le Prestre. Tous ces quatre ensemble allerent à la grand'chambre, en laquelle ledit sieur de Soulfour, plus ancien, fit la mesme proposition qu'il avoit faite à la premiere chambre. Ils trouverent la compagnie aussi surprise de ce langage; lequel néantmoins elle reçeust fort bien; et ils accorderent l'assemblée, et qu'elle se feroit le vendredy prochain, lendemain de la Saint-Jean.

Ledit jour vendredy 25 juin, les chambres furent assemblées; et comme l'on commençoit à déliberer, arriva en la cour M. le président Vetus, envoyé par M. de Mayenne, priant la compagnie de ne point passer outre à cette déliberation; que dans le dimanche prochain il conclueroit la treve; et si cela n'estoit, il trouvoit bon que la compagnie s'assemblast pour délibérer, et luy faire entendre ce qu'ils verroyent bon estre.

Le lundy matin 28 du mois, n'ayant eu aucun avis, le parlement s'assembla; et au lieu de parler de la treve, de laquelle seulement M. de Mayenne pensoit que l'on deust traiter, on s'arresta principalement sur cette élection ou nomination d'un roy, dont on parloit aux Estats (1).

(1) Du Vair, député aux Etats de la Ligue, entre à ce sujet dans des détails qu'il est bon de rapprocher du Mémoire de Marillac : « Je « vous confesse, messieurs, dit-il aux chambres assemblées du parle-« ment, que je fus extrêmement estonné quand, dimanche 20 de ce « mois (juin 1593), j'ouïs en l'assemblée des Estats faire le récit de « ce qui s'estoit passé en la conference, et entendis les offres que fai-« soient ceux du parti contraire de la conversion du roy de Navarre; « et lorsque chacun, au moins ceux qui ont rien de françois, com-« mençoient de respirer comme à la poincte du jour de nostre repos, « j'entendis au mesme instant proposer aux Estats de supplier le roy « d'Espagne de donner sa fille à un prince françois que l'on eliroit « pour roy; et encor plus quand je vis que l'on vouloit résoudre cette « proposition sur les entre cinq et six heures du soir, et depescher « cela comme l'entrée de table du soupper. J'en dis librement ce que « j'en pensois; et pour ce que je ne pouvois autrement arrester le « cours de la déliberation, je protestai que nous n'avions aucune « puissance pour déliberer de ce fait, qui estoit disposer de la cou-« ronne; et sommay le prevost des marchands d'assembler la ville « afin d'avoir pouvoir particulier pour résoudre un tel fait, comme

La cour manda les gens du Roy, qui, ayant entendu le sujet de l'assemblée, prirent par la bouche de M. Molé [1], faisant lors la charge de procureur gé-

> « nommément, lors de nostre députation, il avoit esté ordonné qu'a-
> « vant que les députés dissent leur advis de ce qui regardoit le fait
> « de la couronne, ils en prendroient l'advis de la ville. Je feis enre-
> « gistrer ma protestation, interrompis pour ce jour le cours de ceste
> « déliberation, et croyois à la vérité que la conséquence en ayant esté
> « cogneue, et les personnes ayant eu le loisir d'y penser, on n'oseroit
> « plus le remettre sur le bureau. Toutesfois, comme ceux qui font ces
> « poursuites sont gens qui ne manquent point de résolution et d'au-
> « dace, toute cette semaine ce mesme traicté s'est continué en privé
> « entre peu de personnes, et a passé si avant qu'hier en pleins Estats,
> « les trois chambres assemblées, fut proposé qu'il avoit esté advisé
> « entre les princes d'offrir aux ambassadeurs d'Espagne que les Estats
> « passeroient procuration à M. de Mayne pour envoyer vers le roy
> « d'Espagne des ambassadeurs qui luy nommeroient pour roy de
> « France un prince auquel il donneroit l'Infante en mariage. Voilà,
> « messieurs, l'estat où sont les affaires. Je voy vos visages pâlir, et un
> « murmure plein d'estonnement se lever parmi vous, et non sans
> « cause ; car jamais peut-estre il ne s'ouït dire que si licencieusement,
> « si effrontement on se jouast de la fortune d'un si grand et puissant
> « royaume, si publiquement on traficquast d'une telle couronne, si
> « impudemment on mist vos vies et vos biens, vostre honneur, vostre
> « liberté à l'enchere, comme l'on fait aujourd'huy : et en quel lieu ?
> « au cœur de la France, au conspect des loix, à la vue de ce sénat,
> « afin que vous ne soyez pas seulement participans, mais coulpables,
> « de toutes les calamités que l'on ourdit à la France. Resveillez-vous
> « donc, messieurs, et desployez aujourd'hui l'authorité des loix des-
> « quelles vous estes gardiens ; car si ce mal peut recevoir quelque
> « remède, vous seuls l'y pouvez apporter.... Quelle pitié que nous
> « ayions veu ces jours passés seize coquins de la ville de Paris faire
> « vente au roy d'Espagne de la couronne de France, luy en donner
> « l'investiture sous leurs seings, et luy en prester le premier hom-
> « mage ? etc. » Nous nous arrêtons à regret. Ce morceau est empreint
> d'une véritable éloquence. Quelle position pouvoit en effet en inspirer
> davantage à un magistrat français, même au milieu de ses égaremens
> politiques ? (*Voyez* les Œuvres de Du Vair ; Rouen, 1622, in-8°,
> page 59.)

[1] Edouard Molé, conseiller au parlement en 1567, fut procureur

néral, leurs conclusions fort généreuses et convenables au sujet; et sur icelles la cour délibérant, s'en ensuivit l'arrest qui sera cy après transcrit. Les opinions se portèrent, non à remonstrer, mais à casser tout ce qui se faisoit aux Estats contre la loy salique et les lois fondamentales du royaume. Et comme l'on veit le cours et consentement des opinions, quelqu'un interrompant la suite, proposa qu'il estoit bon d'envoyer à l'heure mesme demander audience à M. de Mayenne pour les députés de la cour, afin que l'arrest qui interviendroit peust estre executé auparavant que l'on sceust ce qu'il contenoit. Ce qui fut approuvé : et à l'instant on envoya vers M. de Mayenne pour luy demander cette audience, pour laquelle il donna l'heure entre onze et douze. Ainsi la délibération fut parachevée, et l'arrest conclu tel qu'il est publié; et M. le président Le Maistre député pour l'aller faire entendre à M. de Mayenne, avec quelques conseillers. Sur le point de partir, il vint un gentilhomme de la part dudit sieur de Mayenne prier la compagnie de remettre l'audience à une heure après midy. Cela étonna un peu la compagnie, craignant que l'on voulust éluder l'action; mais il fallut faire bonne mine. Ainsi chacun se retira pour aller disner à la haste.

Incontinent après, ledit sieur président Le Maistre [1] et vingt conseillers, entre lesquels estoit ledit sieur de Marillac, se rendirent au Palais, et de là partirent à

général pendant la Ligue; père de Matthieu Molé, premier président du parlement de Paris, et ensuite garde des sceaux. (*Voyez* dans les Mémoires de L'Estoile, tome 46 de cette série, page 440, en note, le discours latin qu'il composa pour le soutien de la loi salique.

[1] *Le Maistre* : Jean Le Maistre, président à mortier au parlement de Paris. Il avoit remplacé Barnabé Brisson. Il mourut en 1601.

pied, passant sur le quay des Augustins, pour aller trouver mondit sieur de Mayenne, qui logeoit à l'hostel de Nevers (1), auquel lieu ils le trouverent en une grande salle haute, accompagné de peu de personnes, entre lesquelles estoient M. l'archevesque de Lyon (2) et M. de Rosne (3).

M. le président Le Maistre, après avoir quelque peu discouru des droits de la couronne et de l'interest de ce qui se traitoit, de l'ordre de ce qui s'estoit passé au parlement, ce que contenoit la résolution qui y avoit esté prise; il finist son discours en ces mots: « Et partant, monsieur, la cour m'a donné charge de « vous dire qu'elle a cassé tout ce qui se fait et se fera « cy-après en l'assemblée des Estats contre la loy sa- « lique et les loix fondamentales du royaume. » M. de Mayenne se monstra estonné de ce langage et de cette maniere de parler, et répondit peu de paroles, disant entre autres : « Vous vous fussiez bien passés de don- « ner un arrest de si grande importance sans m'en « communiquer. » Et aussi tost la compagnie se retira; et depuis il prit occasion de conferer avec M. le président Le Maistre et quelques conseillers; mais il n'y peust trouver d'accommodement, ny les fléchir. Il se passa entre eux des paroles si courageuses, qu'il ne se peut rien dire davantage (4). Depuis, ledit sieur de

---

(1) *A l'hostel de Nevers :* Cet hôtel a été remplacé par l'hôtel de la Monnoie. Il y a encore sur le terrain une petite rue qui porte le nom de rue de Nevers. — (2) *L'archevesque de Lyon :* Pierre d'Espinac, archevêque de Lyon, l'un des plus grands ennemis de Henri IV. — (3) *M. de Rosne :* maréchal de la Ligue. (*Voyez* les Mémoires de P. de L'Estoile, tome 46 de cette série, page 295.) — (4) *Voyez* les propos tenus entre M. de Mayenne et le président Le Maistre, dans les Mémoires de Nevers; Paris, 1665, in-folio, tome 2, page 633.

Mayenne se résolut de casser cet arrest; mais il n'osa l'entreprendre, le voyant appuyé de tant de gens de qualité, et sachant que la compagnie y estoit tellement affermie, qu'ils avoyent fait tous serment de perdre plus tost la vie que de se départir de leur arrest.

C'est ce qui a deu estre connu pour la vérité de cette action, et pour entendre ce que dit M. le garde des sceaux Du Vair avoir esté requis par quelques-uns des conseillers des enquestes, qui sera mieux entendu, estant ainsi expliqué plus au long, pour ce que le principal de cette action a esté le courage dudit sieur de Marillac de la proposer en un temps où le péril estoit si évident, qu'il falloit s'exposer à toutes choses extrêmes pour oser quelque chose de semblable. M. Du Vair fit en cette action très dignement, comme il a toujours fait, mais non pas avec une si longue déduction que ce qui est dans le traité susdit. Les opinions furent assez libres et résolues, mais sans véhémence ni exagération, ains simplement et en la plus part avec grande retenue et crainte, estant lors un acte de grande générosité de dire ce que l'on pensoit, quoique foiblement. M. de Mayenne ne pensoit pas que l'on luy deust parler d'autre chose que de la treve, et avoit pour cela souffert cette déliberation, pour ce qu'il estoit bien aise que la compagnie luy en fist instance, pour s'en servir contre les partysans de l'Espagne, qui, craignant l'accommodement des François, empeschoyent la continuation de la treve, et portoyent les affaires à rupture; ce que M. de Mayenne essayoit d'éviter.

Ensuit l'arrest qui intervint au parlement le 28 juin 1593.

« Sur la remonstrance cy-devant faite à la cour par
« le procureur général du Roy, et la matiere mise en
« déliberation, ladite cour, toutes les chambres as-
« semblées, n'ayant, comme elle n'a jamais eu, autre
« intention que de maintenir la religion catholique,
« apostolique et romaine, et l'Estat et couronne de
« France, sous la protection d'un roy très-chretien,
« catholique et françois, a ordonné et ordonne que
« remonstrances seront faites cette après disnée par
« M. le président Le Maistre, assisté d'un nombre de
« conseillers de ladite cour, à M. le duc de Mayenne,
« lieutenant général de l'Estat et couronne de France,
« estant de présent en cette ville, à ce qu'aucun traité
« ne se fasse pour transférer la couronne en la main
« de prince et princesse estrangers; que les lois fon-
« damentales du royaume soyent gardées, et les arrests
« donnés par ladite cour pour la déclaration d'un roy
« catholique et françois exécutés; et qu'il ayt à em-
« ployer l'authorité qui luy a esté commise pour em-
« pescher que, sous prétexte de la religion, la cou-
« ronne ne soit transferée en main estrangere contre
« les loix du royaume, et pourvoir le plus prompte-
« ment que faire se pourra au repos du peuple, pour
« l'extreme nécessité en laquelle il est réduit. Et néant-
« moins, dès à présent, a ladite cour déclaré et dé-
« claré tous traitez faits et à faire cy après pour l'es-
« tablissement de prince ou princesse estrangers nuls,
« et de nul effet et valeur, comme faits au préjudice
« de la loy salique et autres loix fondamentales du

« royaume. Fait en parlement, le 28ᵉ jour de juin
« 1593. — *Signé* Du Tillet. »

Cet arrest estant considéré, donna grand estonnement à tous ceux de la faction, voyant cette compagnie opposée à leurs desseins, croyant que les François se rangeroyent fort volontiers à son opinion. Ils avoyent essayé, mais en vain, de gagner les principaux en plusieurs occasions, et entre autres en une assemblée tenue le 28 may audit an 1593, présent M. de Mayenne, sur les prétentions du duc de Feria pour l'infante d'Espagne, en laquelle ceux dudit parlement qui y estoient se monstrerent fort courageux à résister à ses propositions, et faire voir qu'ils n'y pouvoyent consentir. Les sieurs Le Maistre, président, Damours et Du Vair, conseillers, y parlerent fort librement et résolument; et ledit sieur Molé, procureur general, entre autres y parla fort vertueusement, et dit au duc de Mayenne que sa vie et ses moyens estoyent à son service; mais qu'il estoit vray François, né François, et qu'il mourroit François, et perdroit la vie et les biens devant que jamais estre autre.

Toutesfois ceux de la faction ne laissoyent pas d'agir continuellement, et pousser en avant leur dessein, méprisant les résistances qu'ils voyoyent à cause de la foiblesse de ceux qui leur estoyent contraires, ayant dans la ville la garnison d'Espagnols, Napolitains et Walons, avec la faction populaire, et ne pouvant croire que personne osast leur résister ouvertement. Ainsi les propositions continuoyent d'estre agitées; et cette poursuite se faisoit jusques à tant que l'arrest de la cour intervint de la façon que j'ay dit, lequel en rompist entierement le cours, et affoiblit en telle sorte le dessein de la faction, qu'il ne resta que dans la mauvaise volonté de ceux qui en estoyent les conducteurs, sans faire effet aux autres. De sorte que M. de Vitry, gouverneur de Meaux, député en ladite assemblée des Estats, fit dès lors une protestation contre cette négociation de royauté, et se retira à Meaux en son gouvernement, où dès lors commença le traité de sa réduction au service du Roy; en quoy il fut incontinent suivi de plusieurs autres (1).

J'obmets plusieurs actes particuliers, tesmoins du courage et de l'intention tant dudit sieur de Marillac que d'un grand nombre d'officiers et personnes de qualité pour la conservation de l'Estat en son entier, et des loix et coustumes du royaume. Mais d'autant que dans ledit arrest se lisent ces mots : « que les arrests « donnés par ladite cour pour la déclaration d'un roy « catholique et françois seroyent exécutés, » il est à propos de faire entendre de quels arrests cela s'entend, et comme ils sont intervenus.

Pour cela, il convient de savoir que le cardinal de Cega, évesque de Plaisance, fut en l'année 1592 envoyé légat en France; les facultés duquel furent rapportées au parlement par M. Bellanger, conseiller

---

(1) *Voyez* le Manifeste de M. de Vitry à la noblesse de France, dans les Mémoires de la Ligue; Amsterdam, 1758, in-4°, tome 6, page 14. M. de Vitry reçut de Henri IV trente-six mille écus (*voyez* les Mémoires de Groulard, page 337 de ce volume); mais il déclare, dans la pièce qui vient d'être citée, qu'il lui étoit dû vingt-sept mille écus pour les montres de sa compagnie : ce fait peut donner une idée des sommes énormes qui furent réclamées du Roi. La plupart de ceux qui traitèrent avec Henri IV avoient fait la guerre à leurs frais.

d'Eglise, et furent passées fort légerement : de sorte que plusieurs n'observerent qu'après une clause fort préjudiciable à l'Estat, insérée dans lesdites facultés, qui estoit de procurer l'assemblée des Estats du royaume pour estre en iceux fait élection d'un roy. Et ceux qui se trouverent surpris de cette clause, offensés qu'elle eust passé sans quelque remarque, projettoyent dès lors d'y remedier, et par quelque acte contraire faire connoistre combien ils estoient esloignez de ces pensées d'élection, insupportables en ce royaume successif, et ne laisser passer aucune occasion qui leur peust servir à cette intention.

En ce temps il arriva que messieurs du parlement séant à Chaalons, ayans eu avis de cette bulle et de l'enregistrement d'icelle fait au parlement de Paris, donnerent, le 18 novembre ensuivant (1592), un arrest contre ledit cardinal légat, ladite assemblée, les lieux où elle se feroit, et les personnes qui s'y trouveroyent, autant que leur affection, leur courage et l'importance du sujet pouvoit requerir [1].

La nouvelle de cet arrest estant arrivée à Paris, ceux que j'ay dit qui ressentoyent plus cette surprise prirent résolution de se servir de cette occasion pour faire un acte public de l'intention contraire à cette bulle; et de fait le parlement estant assemblé sur cet arrest de Chaalons le 22 decembre ensuivant, l'on y arresta tout ce que la chaleur et la contrariété des esprits pouvoient suggerer; et la délibération estant parvenue presque aux derniers conseillers, ledit sieur de Marillac, qui estoit l'un de ceux qui avoyent résolu

---

[1] Cet arrêt est rapporté dans les Mémoires de P. de L'Estoile, tome 46 de cette série, page 295.

de faire une publique déclaration contraire à cette clause d'élection, proposa qu'il ne suffisoit pas de prononcer contre l'arrest donné à Chaalons, mais qu'il estoit besoin d'ajouter quelque clause qui manifestast l'intention de la compagnie sur le fait de l'Estat, et effacer l'opinion que l'on faisoit courir de leurs desseins comme contraires et préjudiciables à l'Estat, et faire entendre la fin pour laquelle les Estats estoyent convoqués : ce qui fut approuvé par la compagnie. Et ce point particulier estant mis en déliberation separée, fut arresté d'ajouster cette clause : « D'exhorter tous « les députés des trois ordres de se trouver soigneuse- « ment à ladite assemblée des Estats, lesquels estoyent « convoqués, non à autre fin que pour proceder à la « déclaration et establissement d'un prince catholique « et françois, suivant les loix du royaume. »

La résolution ainsi arrestée, furent commis pour dresser l'arrest messieurs Le Maistre, président; Damours, Du Tillet, conseillers, et un autre dont je ne sçay le nom. Deux jours après, les chambres furent rassemblées pour entendre la lecture de l'arrest dressé par lesdits députés, et ne s'y trouva que cinq ou six conseillers des enquestes, dont ledit sieur de Marillac estoit l'un.

L'arrest ayant esté leu, cette derniere clause délibérée spécialement s'y trouva obmise, par la faute de celuy qui avoit escrit, ou autrement; dont ledit sieur de Marillac, qui en avoit promeu la délibération, avertit ledit sieur Du Tillet, derriere lequel il estoit; car ledit sieur Du Tillet estoit dans le parquet de la grand'chambre, au bureau, et ledit sieur de Marillac, conseiller, dans les barreaux. M. le president de Hacqueville, qui présidoit, demanda audit sieur Du Tillet : « Que dit le sieur de Marillac? » Il luy répondit : « Qu'une telle clause a esté obmise. » Ledit sieur président dit : « Il a raison; il la faut remettre; » ce qui fut fait. Et ainsi cest arrest fut terminé, publié et imprimé en cette façon, portant ces mots : « Que ladite « assemblée des Estats n'estoit convoquée que pour « procéder à la declaration et establissement d'un « prince catholique et françois, suivant les loix du « royaume; » lesquels mots de *déclaration* et *establissement* renversoyent tous les desseins d'élection et de nouveauté. C'est ce qui est allégué dans ledit arrest du 28 juin 1593, « et que le contenu en icelui sera « observé. » Mais d'autant que par ce dernier arrest il est parlé des assemblées des Estats, cela m'oblige encore à parler de la convocation d'iceux, et de ce qui en donna sujet.

Il est vray que les principaux officiers dans ce party ont toujours eu intention de réunir les esprits, pour prendre ensemble des conseils par lesquels on peust remédier aux craintes que l'on avoit, et empescher que ny la religion ny l'Estat ne reçeussent préjudice.

Ce fut pour cela que lors de l'establissement d'un conseil général à Paris, le 17 fevrier 1589, dans les véhémentes et plus grandes chaleurs du party, cette clause fut néantmoins ajoustée : « attendant l'assemblée « générale des Estats, » dès lors assignés au 15e jour de juillet prochain. Ce conseil au commencement n'avoit esté projetté que pour Paris, afin d'oster la domination que le menu populaire entreprenoit, et mettre les affaires entre les mains de personnes de qualité qui ne fussent pas susceptibles de toutes les violences qui s'exerçoyent lors, et peussent peu à peu porter les affaires à la modération qui estoit requise, pour se pouvoir rallier et réunir, comme il est arrivé, pour ce que leur dessein, quoyque conduit lentement, mais avec perseverance et vigilance, a fait qu'ils n'ont perdu une seule occasion en laquelle la prudence, le courage et la discretion peust agir et profiter, et enfin parvenir honnorablement au but qu'ils prétendoient.

Ce conseil, dis-je, au commencement n'estoit projetté que pour Paris, et il fallust beaucoup d'artifice et d'industrie pour le faire consentir aux premiers de la faction populaire, vers lesquels, et trois ou quatre officiers qui négocioyent cet establissement, le pere Odot-Pigenat, jésuite, faisoit les allées et venues; et enfin moyennant que l'on accorda d'y mettre aucuns d'entre eux, ils y consentirent. Mais en le formant on s'avisa de le faire général pour le party; et pour cela, dans l'acte de son establissement et dans les réglements dressés, cette clause y fust ajoutée: « Atten- « dant l'assemblée des Estats. »

Mais la force de la faction emportoit par terre tous les conseils, et n'y avoit pas lieu pour lors aux avis pacifiques; tellement que cette convocation d'Estats fust sans effet, jusques à ce qu'un autre sujet en fist naistre l'occasion, et obligeast ceux qui l'empeschoyent auparavant à le procurer eux mesmes; ce qui arriva en ceste maniere:

Le party de la Ligue estoit plein de confusion, sans regle et sans ordre; la forme ancienne de l'Estat n'y paroissoit point. Les gouverneurs des provinces se rendoient souverains, et n'obéissoient qu'autant qu'il leur plaisoit. Ils consommoient tous les deniers des provinces, et ne contribuoient rien au général. Les princes mesmes estoient divisés entr'eux, jaloux et envieux les uns des autres, et tous contrariant à M. de Mayenne, sans reconnoistre ses ordres; de sorte que les choses estoient en un extresme dereglement pour la guerre, les finances et le gouvernement, et ce désordre s'espandoit en toutes les autres parties : ce qui lassoit tellement tous les officiers et personnes principales et amateurs de l'Estat, qu'il s'excita en l'an 1591 un sentiment quasi universel de desirer la paix, et de prier M. de Mayenne de régler les affaires, donner quelque acheminement au repos public, et faire cesser tous les maux que l'on voyoit; de sorte que l'on convoqua dans Paris une assemblée de ville générale pour aviser aux affaires, et remonstrer à M. de Mayenne ce qui seroit jugé plus expédient.

L'ordre est, pour ces assemblées generales, que l'on y depute de tous les corps, assavoir du parlement, de la chambre des comptes, autres compagnies, comme aussi du chapitre de Notre-Dame, des autres chapitres et principaux monasteres.

L'on fait des assemblées particulieres en tous les seize quartiers, pour députer de chaque quartier deux personnes qui se trouvent en la maison de ville. Le prevost des marchands y preside; les eschevins, les conseillers de ville et les quarteniers s'y trouvent.

En ces assemblées des quartiers fut proposé de sommer le roi de Navarre de se faire catholique, pour ce que le seul sujet de la religion tiroit les esprits du plus grand nombre, et ne cherchoient que l'assurance en cette crainte pour poser les armes. De seize quartiers qu'il y a dans Paris, il y en eut treize qui chargerent leurs députés de cette proposition, par mémoires signez de tous ceux qui s'estoient trouvez aux assemblées, de sommer le roy de Navarre de se faire catholique.

Ladite assemblée de ville fut tenue le dernier jour d'octobre 1591, sur le sujet que j'ai dit, en laquelle les opinions suivirent leur cours ordinaire. Et estant arrivées au rang des députés du parlement, ledit sieur de Marillac, l'un des conseillers, député de la seconde chambre des enquêtes, parla fort courageusement, et dit, entr'autres choses, que la proposition qu'aucuns faisoient de sommer le roy de Navarre de se faire catholique estoit de grande importance; que ce seroit une soumission à laquelle il n'estimoit pas encore à propos de se ranger : neantmoins, que ceux qui la faisoient avoient un grand exemple pour justifier leur avis, assavoir :

Que Valentinian II ayant, à la suggestion de sa mere Justine, embrassé l'arianisme, commença de persécuter les catholiques, et spécialement saint Ambroise. Cela donna sujet à Clement Maximus, son lieutenant général en Angleterre, de se porter empereur, pour la défense de l'Eglise. Il envoya sommer Valentinian de se convertir, et cesser de persécuter les catholiques. Valentinian appella Théodose à son secours, lequel le réduisit à la foi catholique, et puis l'assista; mais Clément Maximus montrant qu'il avoit pris la religion pour pretexte et non pour raison, ne laissa pas de continuer la guerre; dont Dieu le punit, et y fut tué. Ce qui servoit de grande justification à ceux qui proposoient cet avis, duquel il estimoit à propos de se servir pour témoignage de la sincérité de leurs intentions, mais non pas de leur faire encore si expressement en ces simples termes, mais bien de faire le mesme effet en une autre maniere qui lui sembloit plus efficace, assavoir de publier une déclaration bien ample, contenant qu'ils ne prenoient les armes que pour l'assurance de la religion, et que lorsqu'ils auroient trouvé cette assurance ils les poseroient fort volontiers. Que cela lui sembloit nécessaire pour justifier leurs armes à toute la France, estendant ce discours plus au long; dont il ne se fait plus particuliere mention en ce lieu, où je ne remarque que la substance des actes.

Il estoit déja tard, et les flambeaux estoyent allumez avant qu'il eut achevé son opinion. C'est pourquoi l'assemblée se rompit, pour se rassembler après les festes.

Le 4 de novembre, les mesmes deputez se trouverent de relevée en la maison de ville; et estant tous en leurs places, l'on continua la deliberation. L'opinion estoit demeurée à M. Fayet, député de la premiere chambre des enquestes, dont j'ay parlé cy-devant, lequel estoit assis immédiatement après ledit sieur de Marillac. Ainsi ledit sieur Fayet commença de dire son avis avec courage, fondé et appuyé de bonnes raisons; mais avant qu'il peust conclure, M. de Mayenne survint en l'assemblée, lequel ayant pris sa place au dessus du prevost des marchans, dit qu'il avoit appris les opinions qui avoyent esté tenues au dernier jour, mesmes que l'on parloit de sommer le roy de Navarre de se faire catholique; que puisque nous estions liez et unis avec les princes, seigneurs et les bonnes villes, il n'estoit pas raisonnable de prendre une résolution si importante sans leur en communiquer; qu'il convoqueroit les Estats en cette ville de Paris, pour, avec l'avis commun de tout le party, prendre le conseil qui seroit approuvé de tous; et partant, qu'il desiroit que personne ne proposast ni suivist cy-après cet avis de sommer le roy de Navarre, et qu'il seroit contraint de tenir pour ennemy celuy qui le tiendroit. A ce mot la compagnie se leva et se rompit, estimant sa liberté opprimée par ce langage.

Ensuite de cela, ledit sieur de Mayenne fist la convocation des Estats, à l'occasion desquels (estant arrivé le cardinal legat) intervindrent les arrêts cy dessus; mais nonobstant ladite convocation des Estats, M. de Mayenne ayant considéré l'avis qui avoit esté proposé de justifier les armes du party par une déclaration publique de la substance que nous avons dit, il fit au mois de decembre ensuivant une declaration contenant amplement les raisons de ses armes, tendant à la reunion des catholiques du royaume; exhortant les princes, prelats, officiers de la couronne, principaux seigneurs et autres catholiques qui servoyent le roy de Navarre, d'entrer en conference, leur promettant sauf-conduit et seureté s'ils vouloient venir à Paris; laquelle déclaration fut énregistrée en parlement le 5 janvier ensuivant (1).

Cette declaration esbranla fort tout ce qui estoit auprès du Roy, et considererent qu'elle les pouvoit ruyner; qu'il n'estoit plus question que de la religion; et s'ils ne faisoyent voir qu'ils en avoient soin, et ne

(1) *Voyez* cette pièce dans la Chronologie novenaire de Palma Cayet, tome 41 de cette série, page 209.

cooperoyent eux-mesmes, qui estoyent catholiques, à trouver les assurances que l'on en demandoit, que tout le royaume seroit contr'eux, et toutes les puissances catholiques de la terre, veu mesme que la paix ne dependoit que de ce point. Le Roy mesme en eut grande apprehension, luy estant remonstré par les principaux de ses serviteurs que tous les catholiques se réunissant, il demeureroit destitué. Tellement qu'ils aviserent qu'il ne falloit pas laisser cette declaration sans reponse, ny manquer de faire voir qu'ils avoient autant de soin que personne de l'assurance de la religion et de la paix; au moyen de quoy cette declaration fut suivie d'une reponse desdits princes, prélats et officiers de la couronne, et principaux seigneurs catholiques, estant près du Roy [1], par laquelle, après avoir fait entendre la syncerité de leurs intentions, ils declarerent qu'ils acceptoyent la conference, et estoyent prests d'y entrer; mais ils demandoyent que ce fust en une autre ville que Paris, n'y pouvant prendre la sûreté qui est requise pour une telle action. Et de suite en suite, après plusieurs reponses et répliques, le lieu de la conference fut arresté à Surenne, après plusieurs concertations de Saint-Maur, Montmartre, Chaillot et autres; et fut accordée treve de quatre lieues à la ronde pour dix jours, commençant le 2 may audit an 1593, continuée de dix jours en dix jours jusques au dernier juillet, qu'elle fut faite générale pour trois mois, puis continuée pour deux mois jusques au dernier decembre; et de là naquit le tiers party, la conversion du Roy le 25

---

[1] *Voyez* dans la Chronologie novenaire de Palma Cayet, tome 41, p. 231, de cette série.

juillet 1593, la treve generale le dernier du mesme mois, la réduction de Paris, et la déliaison de toute la Ligue.

Ce recueil des actes qui ont produit les dernieres actions a esté fait en cette maniere, reculant vers les causes de ces événements à mesure que les actes qui en font mention en ont donné sujet, pour faire entendre ce qui estoit contenu en iceux; mais en effet, prenant les choses par leur commencement, la suite en est claire, et se remarque facilement que les plaintes et sentiments du dereglement du party de la Ligue, le desir de la paix et de l'assurance de la religion, causérent l'assemblée generale de Paris du dernier octobre et 4 novembre 1591. Cette assemblée produisit deux actes, la convocation des Estats et la declaration de M. de Mayenne, pour exciter les princes et seigneurs, prelats et officiers de la couronne, principaux seigneurs et autres catholiques estant près du Roy, à venir à une conference, pour assurer la religion et l'Estat, et faire la paix. La conference produisit la treve, la communication familiere entre les François de l'un et de l'autre costé, et la disposition à se reunir; la conversion du Roy, et ce qui s'en ensuivit.

L'assemblée des Estats produisit l'opposition aux desseins des Espagnols qui s'y manifesterent; et ledit arrest de la cour cassant tout ce qu'ils faisoyent contre l'ordre des loix et coustumes du royaume, s'en ensuivit la division, séparation et dissipation du party, et les traittez particuliers des gouverneurs de diverses provinces et des villes se reduisant un à un au service du Roy : en quoy il ne faut pas oublier que ceux qui agissoyent principalement, secrettement et plus puissamment pour la réunion des esprits et accommodement des affaires, eurent grand soin de faire que les deputez de la ville de Paris pour les Estats fussent personnes assurées, qui n'eussent aucune part en la faction : ce qui leur succéda pour la plus grande partie (1).

Desquelles choses il se remarque aisément que Dieu, voulant sauver la France de l'orage qui la menaçoit, retint au party de la Ligue un bon nombre de gens qualifiez, sinceres et fideles à la religion et à l'Estat, qui postposans tous intérêts sont toujours demeurez fermes pour servir à l'un et à l'autre, et que la divine bonté a bien voulu se servir d'eux en un effet de si grande importance; ensorte qu'il a voulu que les premiers et plus efficaces moyens pour acheminer les affaires à une si heureuse fin soyent venus d'eux, dont je me contenteray de rapporter icy le témoignage du feu Roy ès lettres qu'il fit expedier pour le retablissement de sa cour de parlement de Paris, du 28 mars 1594, par lesquelles *il veut et ordonne que les conseillers et autres officiers de ladite cour qui avoyent obtenu provisions des roys ses predecesseurs, et residé à Paris durant le trouble, soyent remis et reintegrez à l'exercice de leurs charges;* ayant jugé lesdits conseillers dignes de cette sienne grace et faveur pour la constance et vertu qu'ils ont monstrées en plu-

---

(1) A la fin du penultiesme article qui finit par ces mots : *La plus grande partie*, il y avoit quelques lignes rayées, contenant ces paroles : « Et cette compagnie se trouva si généreuse à la conservation
« des droits du royaume, qu'ils refuserent audit sieur cardinal de
« Cega, legat, l'entrée de sa croix en la salle de l'assemblée, pour luy
« faire connoistre qu'il n'y avoit aucune jurisdiction. »
(*Note de la main de Conrart.*)

sieurs choses, et mesmement en la résolution qu'ils prirent de faire l'arrest qu'ils publierent et soustindrent vertueusement au mois de juin précédent, contre ceux qui s'efforçoyent de troubler et rompre les ordres de la succession légitime de ce royaume.

FIN DU MÉMOIRE DE MICHEL DE MARILLAC.

TABLE DES MATIÈRES

CONTENUES

DANS LE QUARANTE-NEUVIÈME VOLUME.

Registres Journaux de P. de L'Estoile sur le règne de Louis XIII, depuis le 15 mai 1610 jusqu'au 15 mai 1611. Page 1

Comment et en quel temps la Reyne accoucha de M. le Dauphin, à présent Louis XIII. 225

RELATION FAITE PAR MAITRE J. GILLOT.

Notice sur J. Gillot et sur sa Relation. 241
Relation faite par maitre J. Gillot. 245

MÉMOIRES DE MESSIRE CLAUDE GROULARD.

Notice sur Claude Groulard et sur ses Mémoires. 277
Mémoires de messire Claude Groulard. 287
Extrait des registres du parlement de Rouen. 434

MÉMOIRE DE MICHEL DE MARILLAC.

Notice sur Michel de Marillac. 441
Lettre préliminaire de Marillac au cardinal de Berulle. 445
Mémoire de Michel de Marillac. 453

FIN DE LA TABLE DU QUARANTE-NEUVIÈME VOLUME.

www.ingramcontent.com/pod-product-compliance
Lightning Source LLC
Chambersburg PA
CBHW051618230426
43669CB00013B/2086